HUMANITIES AND SOCIETY

U0829423

马克思主义与历史学

一种批判性的研究

S.H.Rigby

[英国] S. H. 里格比 著　吴 英 译

译林出版社

图书在版编目（CIP）数据

马克思主义与历史学：一种批判性的研究 /（英）S. H. 里格比（Rigby, S. H.）著，吴英译．—南京：译林出版社，2019.7（2022.3重印）
（人文与社会译丛 / 刘东主编）
书名原文：Marxism and History: A Critical Introduction
ISBN 978 - 7 - 5447 - 7801 - 5

Ⅰ.①马…　Ⅱ.①S… ②吴…　Ⅲ.①马克思主义 - 史学理论　Ⅳ.①A851.692

中国版本图书馆 CIP 数据核字（2019）第 110868 号

Marxism and History : A Critical Introduction, Second Edition
Copyright © 1987, 1998 by Stephen Rigby
First published by Manchester University Press, Manchester, UK
This edition arranged with Manchester University Press
Simplified Chinese edition copyright © 2019 by Yilin Press, Ltd
All rights reserved.

著作权合同登记号　图字：10-2018-027 号

马克思主义与历史学：一种批判性的研究　[英国] S.H. 里格比 / 著　吴　英 / 译

责任编辑　张海波
装帧设计　胡　苨
校　　对　蒋　燕
责任印制　单　莉

原文出版　Manchester University Press, 1998
出版发行　译林出版社
地　　址　南京市湖南路 1 号 A 楼
邮　　箱　yilin@yilin.com
网　　址　www.yilin.com
市场热线　025-86633278
排　　版　南京展望文化发展有限公司
印　　刷　江苏凤凰通达印刷有限公司
开　　本　880 毫米 ×1230 毫米　1/32
印　　张　13.625
版　　次　2019 年 7 月第 2 版
印　　次　2022 年 3 月第 2 次印刷
书　　号　ISBN 978-7-5447-7801-5
定　　价　78.00 元

版权所有 · 侵权必究

译林版图书若有印装错误可向出版社调换。质量热线：025-83658316

主编的话

刘 东

总算不负几年来的苦心——该为这套书写篇短序了。

此项翻译工程的缘起，先要追溯到自己内心的某些变化。虽说越来越惯于乡间的生活，每天只打一两通电话，但这种离群索居并不意味着我已修炼到了出家遁世的地步。毋宁说，坚守沉默少语的状态，倒是为了咬定问题不放，而且在当下的世道中，若还有哪路学说能引我出神，就不能只是玄妙得叫人着魔，还要有助于思入所属的社群。如此嘈嘈切切鼓荡难平的心气，或不免受了世事的恶刺激，不过也恰是这道底线，帮我部分摆脱了中西"精神分裂症"——至少我可以倚仗着中国文化的本根，去参验外缘的社会学说了，既然儒学作为一种本真的心向，正是要从对现世生活的终极肯定出发，把人间问题当成全部灵感的源头。

不宁惟是，这种从人文思入社会的诉求，还同国际学界的发展不期相合。擅长把捉非确定性问题的哲学，看来有点走出自我囿闭的低潮，而这又跟它把焦点对准了社会不无关系。现行通则的加速崩解和相互证伪，使得就算今后仍有普适的基准可言，也要有待于更加透辟的思力，正是在文明的此一根基处，批判的事业又有了用武之地。由此就决定了，尽管同在关注世俗的事务与规则，但跟既定框架内的策论不同，真正体现出人文关怀的社会学说，决不会是医头医脚式的小修小补，而必须以激进亢奋的姿态，去怀疑、颠覆和重估全部的价值预设。有意思的是，也许再没有哪个时代，会有这么多书生想要焕发制度智慧，这既凸显了文明的深层危机，又表达了超越的不竭潜力。

于是自然就想到翻译——把这些制度智慧引进汉语世界来。需要说明的是，尽管此类翻译向称严肃的学业，无论编者、译者还是读者，都会因其理论色彩和语言风格而备尝艰涩，但该工程却绝非寻常意义上的“纯学术”。此中辩谈的话题和学理，将会贴近我们的伦常日用，渗入我们的表象世界，改铸我们的公民文化，根本不容任何学院人垄断。同样，尽管这些选题大多分量厚重，且多为国外学府指定的必读书，也不必将其标榜为“新经典”。此类方生方成的思想实验，仍要应付尖刻的批判围攻，保持着知识创化时的紧张度，尚没有资格被当成享受保护的“老残遗产”。所以说白了：除非来此对话者早已功力尽失，这里就只有激活思想的马刺。

主持此类工程之烦难，足以让任何聪明人望而却步，大约也惟有愚钝如我者，才会在十年苦熬之余再作冯妇。然则晨钟暮鼓黄卷青灯中，毕竟尚有历代的高僧暗中相伴，他们和我声应气求，不甘心被宿命贬低为人类的亚种，遂把逡译工作当成了日常功课，要以艰难的咀嚼咬穿文化的篱笆。师法着这些先烈，当初酝酿这套丛书时，我曾在哈佛费正清中心放胆讲道：“在作者、编者和读者间初步形成的这种‘良性循环’景象，作为整个社会多元分化进程的缩影，偏巧正跟我们的国运连在一起，如果我们至少眼下尚无理由否认，今后中国历史的主要变因之一，仍然在于大陆知识阶层的一念之中，那么我们就总还有权想象，在孔老夫子的故乡，中华民族其实就靠这么写着读着，而默默修持着自己的心念，而默默挑战着自身的极限！”惟愿认同此道者日众，则华夏一族虽历经劫难，终不致因我辈而沦为文化小国。

一九九九年六月于京郊溪翁庄

目　录

中译本序言……001
第一版序言……013
第二版序言……015

前　言……001

第一部分　作为生产力决定论者的马克思

第一章　马克思遗产的模糊性……009
第二章　生产力和生产关系……022
第三章　马克思的生产力决定论……033
第四章　作为马克思主义正统学说的生产力决定论……073
第五章　生产力决定论的来源……087

第二部分　生产力决定论：一种批判和一种替代性理论

第六章　生产力决定论和功能解释……100

第七章　生产力决定论：一种批判 …………………………………… 110
第八章　生产力决定论：一种替代性理论 ……………………………… 169

第三部分　历史唯物主义中的基础和上层建筑

第九章　基础和上层建筑：定义和决定关系 ………………………… 209
第十章　生产方式："基础"的多样形式 ……………………………… 247
第十一章　政治的上层建筑 ……………………………………………… 298
第十二章　"意识形态的上层建筑" ……………………………………… 326

结论：马克思主义、政治学和历史学 …………………………………… 355

参考文献 ……………………………………………………………………… 358
索　引 ………………………………………………………………………… 375
译后记 ………………………………………………………………………… 382

中译本序言

很高兴有机会为《马克思主义与历史学》一书的中国读者写一篇序言。这本书最早出版于1987年。我试图确定马克思和恩格斯的“历史唯物主义”（以及后来的马克思主义者所形成的历史观）在哪些方面能够帮助历史学家去理解社会结构和社会变迁，以及他们思想的哪些方面是需要予以舍弃的。

在这样做时，首先，我尝试将马克思和恩格斯的社会和历史理论，即他们对过去的分析，同他们的革命政治学，也即他们有关未来的预测区分开来。正如韦伯所论证的，像其他的知识分支一样，在社会科学中，对任何事实命题是否正确做出的评价不应该考虑这些命题提出者的政治或道德价值观，评价者也不应受自身政治或道德价值观的影响。[1]例如，当马克思指出［见本书第八章A部分（7）］，英格兰的阶级和所有权关系的变化是先于工业和农业技术新形式出现的时候。承认或否认该命题为真，不应考虑命题提出者的政治动机，也不应受读者政治倾向性的影响，而应考察它在逻辑上是否前后一致，以及在经验上是否准确。作为结果，

1 E.A.希尔斯（Shils）和H.A.芬奇（Finch）编：《马克斯·韦伯论社会科学方法论》，格伦克，1949年版，第1和2章。

马克思对英格兰经济发展的解释在原则上能够为任何人所接受，而不管他们在下一次选举时是投保守党、自由党，或是社会主义政党的票（假设他们能够做出上述选择）。如果我们接受这种立场，那么马克思主义历史学就能够成为历史社会学的一个特定流派，而不是产生某种形式的个人认同或某种类型的政治忠诚的意识形态。[1]

类似地，马克思和恩格斯有关未来的政治预测（例如，无产阶级革命的必然性，社会主义成功的必然性，等等）是否是真理，并不会对他们有关过去之分析的有效性产生任何逻辑上的影响。正如解释一个足球队为什么会在昨天的比赛中失利要比预测它在明天比赛中的结果更为容易那样，在对社会做出分析时，有多样的因素在起作用，这些因素相互作用的结果并不确定，这意味着我们所拥有的更多的是后见之明，而不像自然科学那样，普遍规律的有效性使我们能够对未来做出准确预测。正如黑格尔那富于诗意的描述一样："密涅瓦的猫头鹰（即智慧女神）只在黄昏降临之后飞起"，即智慧总是在一天结束时才在我们的头脑中浮现。[2]证明我们无力预测未来的一个典型例证可由我自己的一个不准确的判断来提供——它发表于1987年，撰写于更早的时间（见本书第十章边码第244页），即：苏联的"国家资本主义"具有"非常稳定的结构"。尽管应该说，该判断是基于当时苏联的持不同政见者和学术专家的观点提出的。为此，我在这里将努力克制自己不去对中国经济、社会或政治发展的未来做出任何预测。那些在20世纪80年代晚期和90年代早期预测中国的经济将会停滞、政治将会分裂的人的错误应该成为前车之鉴，对仍然试图从直接的、短期的趋势来推测未来的人而言，这是一个很好的告诫。[3]

---

1 对马克思主义历史著述的概述见：里格比：《马克思主义历史学》，载M.本特利（Bentley）编：《历史学指南》，伦敦，1997年版，第889—928页。

2 黑格尔：《法哲学》，牛津，1979年版，第12—13，285页。

3 这方面的概述见A.H.魏德曼（Wedeman）：《从毛泽东到市场：寻租、地（转下页）

其二,《马克思主义与历史学》不仅尝试将马克思和恩格斯对过去所做的社会科学解释的价值评估同他们对未来所做的“科学社会主义”预测区分开来,而且,还尝试将对历史唯物主义是否正确所做的判定同对“辩证唯物主义”哲学所做的评价区分开来。正如在我稍后的著作《恩格斯与马克思主义的形成》(1992年)中明确论述的那样,历史唯物主义远非对辩证唯物主义的一种运用或根据辩证唯物主义做出的建构。正如佩里(Perry)所指出的,它是“马克思方法的基石”。而马克思和恩格斯在19世纪50年代晚期形成的辩证唯物主义哲学观,在逻辑上和时间先后顺序上都不早于历史唯物主义,后者早在他们撰写《德意志意识形态》(1845—1946年)时就已经提出。诚然,确如胡克(Hook)和莱夫(Leff)在半个世纪前所揭示的那样,大体而言,辩证唯物主义的诸命题是如此抽象,以致能够援引它们来证明几乎任何观点。换种说法,如果辩证唯物主义被赋予更为具体的内容,那么它将变成一揽子先验的哲学原理,现实则必须与之相一致。而这乃是马克思和恩格斯在《德意志意识形态》中对黑格尔哲学体系的批判所正确地予以拒斥的。[1]

其三,尽管《马克思主义与历史学》明确表达了我对马克思和恩格斯天赋的崇敬之情,但本书的目的并不是要对他们的理论提供辩护,而是要提出一种批判性的评估。在这里,我非常赞同波普尔的说法:在学术上,我们最好的朋友不是那些赞同我们的人,而是那些试图找出我们命题的缺点,要求我们去修正,甚或抛弃它们的人。并且,做出这种批判性的评估需要有宽松的学术氛围,它允许进行自由的批判,其中没有哪一种观点被赋予某种无可置疑的权威;所有假设都被视为有可能在未来做出修

(接上页)方保护主义和中国的现代化》,剑桥,2003年版,第132—133,255—256页。

1 里格比:《恩格斯与马克思主义的形成:历史、辩证法和革命》,曼彻斯特,1992年版,第6和7章;M.佩里(Perry):《马克思主义与历史学》,贝辛斯托克,2002年版,第31页。

正或证伪；由此，思想的进步是通过“最适者生存”的竞争过程来实现的。[1]与此相对，在就马克思的历史理论做出研究时，马克思主义者最常见的方法仍然是试图为他的观点做出辩护，以致那些不赞同辩护者所倾向的那种对历史唯物主义的解释的人，要么被谴责为“资产阶级的”，要么被攻击为马克思主义的“异端”。尽管现代马克思主义者喜欢援引马克思“怀疑一切”的训诫，但实际上，他们的研究通常是以一种循环方式使我们重新回到马克思本人最初的观点上，并将它们作为对每一个问题的正确答案，以致当马克思的理论被判定为存在问题时，他的“批判者和庸俗解释者”就被视为错误的，因为他们未能把握马克思分析的精妙之处。[2]其结果就是，历史唯物主义变成拉卡托斯（Lakatos）所称的“退化的研究纲领”，它不再能提供给我们有关世界的新的洞见。这就像托勒密的天文学在面对哥白尼的挑战时，试图为一个地位不断恶化的正统辩护一样。[3]另一种方法是E.P.汤普森的方法，他认为“是我们在利用马克思，而不是马克思在利用我们”。因此，我们不应将马克思的学说作为政治或理论的正统予以坚持，而是必须对马克思思想中哪些是有生命力的和哪些是已经过时的做出评估。[4]这个任务不存在选择，而是基于下述事实促使我们必须去完成，即，正是因为马克思是一位伟大的思想家，所以他自己的研究就不受单一正统的束缚，而是兼收并蓄，有时甚至对相互矛盾的思想和历史研究方法都予以借鉴。这样来总结马克思思想的特征并非要得出荒谬的结论，即我们能够随意对他做出解释，而不管解释是否同他

1 对波普尔思想的研究见B.马吉（Magee）：《波普尔》，伦敦，1973年版。

2 佩里：《马克思主义与历史学》，第22，121，145页。

3 A.F.查默斯（Chalmers）：《什么是科学？》，密尔顿·凯恩斯，1982年版，第7章；I.拉卡托斯：《科学研究纲领的方法论：哲学论文》第1卷，剑桥，1978年版，尤其见第1和4章。

4 E.P.汤普森：《理论的贫困》，伦敦，1978年版，第384页。

的文本论述或历史事实相符合[1]，而是要表明，我们能够从他们的50卷全集中重构出许多种具有内部一致性，却彼此不相容的解读，因为这些著作是他们在五十多年中，在非常不同的背景下写作的。我们在对历史唯物主义的各种解释中更倾向于哪一种解释，是我们自己必须回答的问题，这种问题不可能简单地通过宣称拥有分辨马克思“实际意指”的能力而予以回避。

其四，尽管马克思主义理论家仍在继续从事高水平的理论研究，例如有关功能解释和方法论的个体主义在社会科学中有效性的研究，但这种研究的受众日益局限于其他马克思主义者，乃至这种研究专注于各种对历史唯物主义解释的评估（结构主义的马克思主义、分析的马克思主义、理性选择的马克思主义，等等）。[2]在同非马克思主义类型的社会科学和历史学交锋方面，马克思主义做得并不成功，但这是马克思和恩格斯本人一直特别热心去做的事。例如，不论正确与否，作为社会科学的一种，历史唯物主义在理论上的独特性源自它将解释上的首要性赋予特定的历史原因，而不是其他原因。特别是，它赋予生产力和生产关系（生产方式或社会的经济“基础”）相对于其他因素（诸如国家和意识形态，即社会的“上层建筑”）而言以优势地位，尽管这些其他因素不被视为被动的，但被赋予了次要地位或在解释历史变迁的因果链条中的较低等级。然而，事实正如我在《马克思主义与历史学》第二版（1998年）的序言中所强调的，甚至在马克思和恩格斯形成他们的历史观之前——它首次是在《德意志意识形态》中以一般术语的形式提出，其中心原则是宣称能够确定因果链条的等级关系——他们将要形成的研究方法就受到约翰·斯

1 P.B.布莱克利奇（Blackledge）：《对马克思主义历史理论的思考》，曼彻斯特，2006年版，第20页。

2 这种理论研究的一个绝好例证见R.韦内齐亚尼（Veneziani）：《分析的马克思主义》，载即将出版的《经济概观》杂志。

图亚特·穆勒的挑战。在他的《逻辑体系》(1843年)中，穆勒论证，因果关系中首要原因并不是客观存在的，而只是为了分析的方便才确定的，我们将之视为是为了论证的方便才给定的。[1]做个最简单的类比：当一只玻璃瓶碎了时，它的碎"首先"是因为有人用石头砸它(即因为一个在先的事件)，还是它碎的主要原因在于这样一个事实，即它是由易碎的玻璃做成的(即一种先在的状况)？如果我们将玻璃是易碎的作为一种既定的事实，那么用石头砸似乎是首要的解释因素；如果我们将人们用石头砸作为一种既定的事实，那么玻璃易碎似乎是关键性因素。事实上，没有哪种因素在客观上享有因果关系中的首要地位，即使我们也许可以在主观上出于论证的需要而赋予某种因素以优势地位。在导致玻璃瓶破碎的例子中，两种因素都是必不可少的，从逻辑角度看，我们不可能说某种因素比其他因素"更必不可少"。不过，让我们假设能够以某种方式确定这两种因素中的一种是关键性的因素——比如说(出于论证的方便)是用石头砸；但马上，这种因素也将具有它自身多样的解释性前提(例如：扔石头的人是发怒了；他能够得到石头；某人将玻璃瓶放在附近，其他人未能将它放在安全位置等。其中的每个前提，又都是有它自身的多种原因)。换句话说，特定结果乃是多样的相互作用的原因造成的结果，因此赋予任何一种因素以客观的首要地位是没有意义的。尽管确定任何一个现象之所以发生的原因是有用的和有启示意义的，但寻求首要或终极原因的研究是徒劳的，因为它注定会失败。[2]

当我们尝试对实际历史事件做出解释时，我们会发现同样有多种原因类似的相互作用，以及无法追溯终极原因，即因果解释上的多元论。它

1 J.S.穆勒：《逻辑体系》，伦敦，1970年版，第214—217页。

2 这方面的一个全面参考书目见里格比：《历史中的因果关系：一种因素比另一种因素更重要吗？》，《历史》1995年第80期，第227—242页。被收入R.M.伯恩斯(Burns)编：《历史研究中的关键概念》第2卷，伦敦，2006年版，第226—242页。

对马克思主义者宣称能够确定人类历史中的某种首要或终极决定因素的说法提出质疑。例如，中国GDP从1978年到1997年年均9.7%的增长速度，能够被视为这一时期出现的新的产权制度和市场作用的结果；能够被视为私营企业发展，以及为利润而生产发挥愈来愈大作用的结果；能够被视为引入市场定价，而不是国家制定价格的结果；以及国外投资不断增加的结果等。也就是说，人们可以论证，中国生产力在这些年间的不断增长，主要是新的产权制度、新的生产关系，或新的市场条件的结果。[1]但是，这些表面上的“首要”解释因素本身又是中国共产党在1978年到1992年间所做出的政治决策的产物，而这些决策本身又是一种特定的治国方略在党内获得认可的结果。依次地，这种特定的治国方略之所以会取得成功又有它自身的原因，例如中国政府希望避免重蹈实行中央计划经济的苏联的覆辙，或是希望在国际政治、外交和军事舞台上更具竞争力。[2]正像在解释任何历史事件时所发生的那样，结果是多样的原因，以及可以对原因做无限的追溯，其中不可能说任何一种特定因素——不管是内部的，还是外部的，不管是经济的、社会的、政治的还是意识形态的——在解释中国经济发展上享有优势地位。出于我们自身的兴趣和目的，我们也许可以集中关注其中的某一因素（例如国际经济环境）。而我们之所以要关注它，也许是因为它是以前分析家所忽视的因素，因此需要加以强调；也许是因为我们希望将中国发展的某些特定经验应用于其他国家。但这种主观上对某一特定因素的强调或兴趣，不应同现实世界中客观存在的首要原因相混淆。[3]穆勒对因果关系的阐释——否定因果关系链存

1 C.哈维（Harvie）编：《当代中国经济转型过程中的发展和问题》，贝辛斯托克，2000年版，第1和3章。

2 C.马克拉斯（Mackeras）：《新剑桥当代中国研究指南》，剑桥，2001年版，第6章。

3 例如，强调国际环境对中国经济发展和改革影响的，见T.G.摩尔（Moore）：《世界市场中的中国：毛泽东之后时代的中国工业和改革的国际背景》，剑桥，2002年版。

在客观的等级——由此对历史唯物主义的中心和标志性命题提出了根本的挑战。然而，尽管马克思主义者继续就是生产力还是生产关系在解释历史变迁中具有相对重要性展开争论，但他们已经不大愿意去探究我们最初如何确定相对重要性的问题。[1]也许，对于依据穆勒的观点对历史唯物主义基本命题提出的挑战，马克思主义者可能已经找到了合理答案；但迄今为止，他们并不愿将全部精力投入对它的阐释上。取而代之，马克思主义历史学家对这一问题的典型反应，是在他们的实际历史研究中悄悄接受一种多元论。但同时，在他们明确阐述的理论中仍然保留对原因存在等级的信念。正如基钦所说："从事专业研究很可能比理论建构更为复杂，但它也非常有可能囿于专业训练，而无法明确认识到或表达出那种复杂性。"[2]

一旦我们否认原因存在等级的观念，否认在历史唯物主义中由"基础和上层建筑"的隐喻予以经典表述的思想，那么，我们最好也抛弃将社会划分为一系列层次的研究模式。在其中，它会强调某一层次，将它视为由许多不同方面的社会力量共同作用的焦点。有学者认为，社会科学家目前所面临的仍然是在马克思和韦伯之间做出选择。[3]如果这是事实，那么我们中的许多人会选择韦伯；更准确地说，我们会选择将马克思和恩格斯有关所有权关系和阶级斗争在人类历史中的作用的洞见同韦伯更宏观的框架相整合。例如，新韦伯派社会学家，诸如曼（Mann）、帕金（Parkin）、柯林斯（Collins）和朗西曼（Runciman）等，已经在根据多样的社会权力视角或模式来对社会做出分析：经济的、强制的（政治和

1 C.维克海姆：《生产力和封建生产方式的经济逻辑》，《历史唯物主义》2008年第16期，第3—22页。

2 基钦（Kitching）：《卡尔·马克思和实践哲学》，伦敦，1988年版，第225页。

3 A.卡利尼克斯（Callinicos）：《理论与叙事：对历史哲学的反思》，剑桥，1995年版，第110页。

军事权力）和意识形态的。尽管各种权力模式都是相互依赖的，能够彼此转化（以致经济权力能够成为政治权力的基础，或政治权力能够作为获得经济资源的手段而发挥作用），但这些模式不能简单地彼此化简，就像马克思主义对国家所做的解释那样，后者根据它所发挥的有助于阶级关系再生产的功能对国家做出解释。[1]因此，就像在毛泽东时代的中国那样，获得政治和意识形态的权力，就可能获得经济权力。类似地，政治和意识形态也并非简单地是对现存阶级关系的“上层建筑的”反映或表现，政治和意识形态权力的行使本身也许有助于解释为什么新的社会阶级会出现，就像在现代中国所发生的那样。[2]根据这种观点，社会并不是简单地根据阶级和所有权关系来分层的，而是由多种形式的、帕金所称的“排他性社会封闭”组成的，它决定着哪些个体获得财富、地位和政治权力。例如，在现代中国，农村移民获得城市的医疗、教育和住房是由他们的户口或家庭登记的制度所决定的。在这里，法律所赋予的地位就是一种形式的排斥，它排斥一些人获得特定的社会产品。而由此造成了朗西曼所称的一种特定的系统排斥（systact），他将之界定为一个群体“由于他们的社会角色作用而享有（或缺乏）一种共同的权力禀赋”。[3]当然，这种排斥可能会引起来自被排斥方的抵抗——帕金称之为“反排

1 有关新韦伯派社会学家研究的一个全面的参考书目见里格比：《前工业社会结构研究》，载J.H.登顿（Denton）编：《中世纪晚期和文艺复兴时期欧洲的阶级和等级制度》，贝辛斯托克，1999年版，第6—25页。

2 对新中国阶级结构的研究见周扬（Yang Zhou）和华士平（Shiping Hua）：《序言》，载周扬和华士平编：《中国的政治文明和现代化：中国转型的政治背景》，新泽西，2006年版，第1—10页；B.J.迪克森（Dickson）编：《中国的红色资本主义：政党、私营企业主和政治变革的前景》，剑桥，2003年版；以及A.汉瑟（Hanser）：《中国城市中的阶级、性别和由市场造成的社会差别》，斯坦福，2008年版。

3 W.G.朗西曼：《社会理论研究》第2卷，剑桥，1989年版，第20—24页。

斥结构”——以致我们能够将它称为在任何一个时间段上的任何特定社会的“结构”，实际它是在封闭条件下的排斥与反排斥形式的平衡状态。这里，对社会关系的非功能主义解释借鉴自马克思，它强调社会内部在资源分配上的矛盾；它与功能主义解释相对立，后者强调和谐一致；在对社会分层和社会变迁的解释中，非功能主义学派仍然居主导地位。尽管如此，却正如现代中国的例子所揭示的那样，任何社会中的社会分层不可能被简约为所有权关系，而恰如韦伯传统所强调的那样，它能够采取多样的形式，包括私人财产所有权（或不拥有所有权）、获得党或政府的职位、在户口制度中的地位，以及性别、民族，等等。

对许多读者而言，我集中关注马克思和韦伯的思想似乎非常老套。因为，最近的许多社会学和社会历史学研究并非基于这两位现代社会学之父的思想，而是借鉴诸如福柯等学者的“后结构主义”或“后社会”理论的方法。对接受这种方法的卡布瑞拉等学者而言，“只是当人们对他们所处的社会背景进行概念建构或以某种方式使它变得有意义时，它才开始制约人们的行为”。而概念建构是借助于某种特定“话语”来实现的，即“一个具有逻辑一致性的范畴、概念和原理体系”，它提供了“制约社会关系和制度的原则”。因此，主观性和社会行为并不简单地是对某种先在的社会地位的反映或表现（正如在马克思主义有关“经济基础”和与之相应的“意识形态上层建筑”概念所揭示的那样），而是将某种特定的话语框架或某种社会“语言”应用于某种特定情势的结果，前者即有关世界的和人们在其中位置的整套意义模式或“整体思维模式”。运用这种方法对社会结构进行研究，其问题在于，如果话语在社会关系中发挥一种建构作用，那么就不再可能根据卡布瑞拉本人所描述的在社会存在和话语范畴之间的互动来洞悉人类历史，因为社会存在本身在本质上已经变成话语性的。作为结果，如果社会的各种话语本身是社会存在的组成因素（或甚至是重要因素），那么，像卡布瑞拉本人所做的那样，认为话语在人和社会存在之间发挥了媒介作用，是成问题的。简言之，如果首先

B（话语）实际上是A（社会存在）或C（人/主体）的组成要素，那么B就不可能同A发生相互作用，或在A和C之间发挥媒介作用。在卡布瑞拉对社会变迁的解释中存在着类似的模糊性，他根据“新社会情势”来对社会变迁做出解释，而前者能够引致现存话语的变化。但既然话语构成“社会关系和制度的制约性原则”，那就意味着社会变迁不是话语变化的原因，这种变化（“新社会情势”）本身就是某种形式的话语变化。结果，话语在社会中的作用仍然是成问题的。因为，卡布瑞拉的“后社会”理论有时简单地根据社会和话语之间的互动来解释社会关系和社会变迁，但有时它又变成一种更为彻底的唯心主义形式或话语决定论形式。其中，话语（或“语言”）制约着社会关系和制度，而且根据它们自身的内部“可能性”来实现发展。[1]当然，卡布瑞拉试图将研究历史的后结构主义方法体系化与法则化的做法只是这种观点的一个例子，根据这种传统撰写的其他著作也必须根据它们自身的价值来予以评估。尽管如此，但既然社会学家和社会历史学家长期以来一直将意识和文化形式视为在任何特定社会的各种社会封闭、社会权力和社会冲突（诸如在实行种族隔离的南非，或纳粹德国有关种族的思想，或在所有社会中有关性别的观念）中都发挥一种建构作用，所以，我们不太清楚“后社会”或“后结构主义”理论对“话语”作用的强调对我们理解社会结构或社会变迁增添了什么新的内容。

就韦伯的传统而言，某个特定社会中存在的任何特定形式（或多种形式）的封闭不可能先验地根据某些方面予以解释（例如，作为生产力增长的结果，或由于内在可能性而发生的话语变化的结果），而必须在事后根据特定的历史内容加以解释。再次地，尽管在公开检验方面，社会科学

1 M.A.卡布瑞拉（Cabrera）：《后社会历史学：一个介绍》，兰海姆，2004年版，第20—40页。对卡布瑞拉的批判见里格比：《历史学、话语和后社会范式：历史学的一次革命吗？》，载《历史与理论》2006年第45期，第110—123页。

同自然科学是相一致的，但在提出普遍适用的或能够做出预测的规律方面，它并不同于自然科学。确切地说，理论在社会科学（包括历史学）中的作用是提供一般的导向性命题供研究之用，是提供术语和概念来帮助阐明我们就社会等级和社会变迁所问的问题。从辩证或历史唯物主义的原理做推演不可能回答这些问题，只能借助经验研究的传统方法来获得答案。[1]我希望《马克思主义与历史学》能够证明，马克思主义传统，尤其是强调阶级关系和阶级斗争在历史中的作用的马克思主义传统，在现代历史社会学的发展中发挥了重要的和富有成效的作用，以致历史唯物主义中那些仍然有用和有效的方面，目前大体已被吸纳进社会科学的主流传统之中。也就是说，马克思和恩格斯的著作提供给我们许多富于洞察力的片段，如果我们要对作为整体的过去的历史图景做出更为全面的认识，就必须将他们的洞见同其他非马克思主义社会学和历史学传统的洞见加以综合。

S. H. 里格比

2011年11月1日

1 G.C.霍曼斯（Homans）：《社会科学的本质》，纽约，1967年版，第7—18页；帕金：《马克思主义和阶级理论：一种资产阶级的批判》，伦敦，1979年版，第42，114页；帕金：《马克斯·韦伯》，伦敦，1982年版，第96页。

第一版序言

近年来，对马克思历史理论的性质和用途进行研究的兴趣正在恢复。在历史学家和哲学家中就马克思的“生产力首要性”命题、他的功能解释和他有关“基础和上层建筑”隐喻的争论仍在继续，以致许多著述由于面世太晚而无法为本书所参考。这些著作包括：R.W.米勒（Miller）：《分析马克思》（*Analyzing Marx*, Princeton, 1984）；T.贝尔（Bell）和J.法尔（Farr）：《探求马克思》（*After Marx*, Cambridge, 1984）；R.H.希尔顿（Hilton）：《欧洲封建主义：历史唯物主义的几个问题》（“Feudalism in Europe: problems for historical materialism”，载《新左派评论》第147期，1984年9—10月）；E.M.伍德：《马克思主义和历史进程》（“Marxism and the course of history”，出处同上篇）；J.罗默编：《分析的马克思主义》（*Analytical Marxism*, Cambridge, 1986）。我在可能的地方参考了J.埃尔斯特的《理解马克思》（*Making Sense of Marx*, Cambridge, 1985），虽然在该书出版时本书的大部分内容已经完成。

我非常感谢曼彻斯特大学的众多同事：感谢I.J.普罗西诺（Prothero）和C.L.M.埃文斯（Evans）在本书写作之初对我的鼓励；感谢“历史研讨小组”（the History Discussion Group）诸成员对本书第三章、第六章和第七章所参考论文的评论；感谢“社会转型研讨班”（the Social

Transformation seminar）诸成员对第八章初稿的评论；感谢M.E.罗斯（Rose）有关济贫法（the Poor Law）的建议；感谢J.戴森（Dyson），他的看法构成我对工人阶级改良主义探论的基础；感谢J.伯金（Bergin）对绝对君主制所做的评论；感谢A.L.休斯（Hughes）对新教所做的评论；感谢J.布鲁伊（Brueilly）对意识形态所做的评论；感谢R.C.纳什（Nash）对沃勒斯坦研究所做的建议；感谢I.斯蒂德曼（Steedman）对劳动价值论所做的评论和N.吉拉斯（Geras）对阿尔都塞和剥削研究所做的评论。我尤其要感谢G.P.伯顿（Burton）和R.布朗—格兰特（Brown-Grant），他们对本书的初稿提出了许多修改建议。当然，我对本书中存在的问题负全责。

第二版序言

本书第一版是从下述假设开始论述的，即马克思和恩格斯的思想遗产对马克思主义者而言是非常重要的，不可能加以抛弃。马克思主义者面临的问题是，他们想让我们将马克思主义作为一种统一学说加以接受。正是由于这种原因，劳动价值论对他们而言具有图腾般的价值：是它将马克思主义同所有其他激进理论区别开来。与这种做法相比，在本书中，我认为既不应将马克思主义视为一种必须加以信奉的理论统一体，也不应完全予以抛弃，而应将它视为一系列的命题，其中一些命题能够被接受，而另一些命题则无法被接受。尽管在本书“第一版序言”中，我使用了后结构主义的表达方式（将马克思视为一种“空间，多种话语在这里交汇”），但本书的撰写目的是要对一种非后结构主义的历史研究纲领有所贡献，它要确定马克思理论中的哪些内容对理解过去的社会最有帮助。毕竟，在马克思和恩格斯的学术遗产中，他们的政治学——基于无产阶级作为革命阶级的观念——目前看来似乎有些一厢情愿；他们的经济学——以劳动价值论为前提——目前已被除少数原教旨主义者外的所有人摒弃；他们的辩证唯物主义哲学已经成为一种学术古董。在马克思和恩格斯的研究中，仍然令人感兴趣的就是他们的社会和历史理论：历史唯物主义。马克思也许想改造世界，而不是仅仅以一种新的方法来解释它。

但事实上，马克思主义毋宁说是在理解世界上，而不是在改造世界上更为成功。马克思和恩格斯更值得为人们所记忆的是他们的社会科学。

我分析的出发点是认为在下述两者之间存在着明显分歧：一方是由诸如科恩、肖和麦克默特里等马克思主义哲学家所界定的历史唯物主义，另一方是由马克思主义历史学家在解释过去时实际运用的那种形式的马
vii 克思主义，诸如我所敬佩的罗德尼·希尔顿和罗伯特·布伦纳。首先，哲学家强调社会的阶级关系（或“生产关系”）是由它的生产力（用通俗的话说，是由它的技术和社会生产率水平）决定的；而马克思主义历史学家却强调阶级关系在决定生产力发展的形式和速度上所具有的重要性。其次，马克思主义哲学家倾向于将马克思主义视为一种总体性的、具有普适性的人类历史哲学，它以生产力的增长为前提；而马克思主义历史学家却倾向于强调特定社会所走的不同历史道路，以及阶级斗争在决定选择何种道路中的作用。再次，哲学家认为，马克思主义提供给我们一种主张历史是进步的理论；而马克思主义历史学家却将马克思主义视为启发我们提出假设并形成概念的灵感源泉。简而言之，马克思主义哲学家用表述“统一性”的术语，将历史唯物主义视为对一揽子问题的答案；而马克思主义历史学家却用表述“特殊性”的术语，将历史唯物主义视为启发人们提出问题的灵感源泉。[1]

对这两种对历史唯物主义解读的一种反应，是对马克思的著作做正本清源式的研究，以厘清两种解读中哪一种更接近马克思的“原意”。问题是，当我们这样做时会发现，马克思的著作本身存在着深刻分歧，致使两种思想流派都有权宣称他们对马克思的解读具有文本上的权威性。尤其是在下述两者之间存有巨大分歧：一方面，马克思在诸如1859年《〈政治经济学批判〉序言》中对他的社会理论所做的清楚的、纲领性的阐述，

1 就统一性/特殊性的区分，见L.赫德森（Hudson）：《逆反的想象：对英国中小学男生心理的研究》，哈蒙德斯沃斯，1967年版。

是以社会生产力的首要性为立论基础（将在第三章予以考察）；而另一方面，他对实际历史进程的许多分析所暗含的认识则倾向于强调社会生产关系的首要性，以及阶级斗争作为历史变迁动力的重要性（将在第八章予以考察）。既然两种解读都能够通过援引马克思和恩格斯的著作宣称自己具有合法性，所以问哪种解读“最符合马克思主义的原意”（马克思主义者倾向于将该问题同哪种解读“最正确”的问题相混淆）是没有意义的。关键的问题在于，哪一种对马克思的解读对指导实际历史研究最有用。我将论证，马克思主义有关社会生产力具有首要性的命题需要接受逻辑的和经验的检验，而另一种马克思主义的解释传统，即强调阶级和阶级冲突的传统，对历史学家最有用。不过，接受这后一种马克思主义历史编撰的传统绝不必然导致接受马克思的共产主义理论。不论马克思主义者有多迷恋“理论与实践相统一”的理想，但马克思主义的历史理论在实质上要优于马克思的革命政治学。 viii

尽管本书的第一版获得了一些积极的评价[1]，但我目前倾向于同意一些评论者的批评，他们批评本书过于关注马克思主义有关生产力具有解释上的首要性的命题，结果，对马克思主义的其他同样受到质疑的命题未做出考察，或未做出深入的考察。[2]我在本书的“第一版序言”中提到了历史唯物主义的两个中心命题，其中一个命题宣称，“生产力的发展水平解释了社会生产关系的性质”，我对它做了最充分的批判性考察；而另一个中心命题——它宣称社会的生产关系构成“经济基础”，经济基础决定政治的和意识形态的上层建筑——却未受到严格的批判性考察。例如，我对马克思意识形态理论的考察（见第十二章）就倾向于不加批判地

1 例如见：A.G.迈耶（Meyer）发表在《美国历史评论》1990年第95期上的文章，第453—454页；P.戴维斯（Davies）发表在《当代哲学》1991年第7期的文章，第7—8页。

2 R.N.贝尔吉（Berki）发表在《政治研究》1988年第36期上的文章，第392—393页；J.C.伊萨克（Isaac）发表在《社会科学哲学》1989年第19期上的文章，第514—515页。

接受这种思想，即“不是人们的意识决定人们的存在，相反，是人们的社会存在决定人们的意识”。[1]但是，人们能够对马克思主义的社会理论做出批评，批评它将社会存在等同于阶级地位的倾向。正是那些受韦伯传统影响的社会学家论证，经济意义上的阶级只是造成“社会差别”的一种可能的理由，而其他形式的差别——诸如种族、性别、地位、等级——不可能还原为阶级的不平等，它们具有同等重要性。因此，社会权力（经济的、政治的和意识形态的）有多种形式并基于不同的基础，它们形成不同形式的社会集团，其中没有哪种权力能够被自动视为具有普遍的或必然的社会首要性。[2]

马克思主义者并没有忽略这些非阶级形式的不平等。恰恰相反，马克思和恩格斯本人就将存在于前资本主义社会的地位和等级同资本主义

---

1 《马克思恩格斯选集》第2卷（中文版），人民出版社1995年版，第32页。（本书未注明版次者，皆为1995年中文版。——译注）

2 M.韦伯：《经济与社会》（2卷本，伯克利出版，1978年版），第1卷，第577页，第2卷，第926页；G.纽沃思（Neuwirth）：《韦伯的共同体理论：以它为指导对黑人贫民区的研究》，《英国社会学杂志》1969年第20期，第148—163页；R.墨菲（Murphy）：《社会排斥》，牛津，1988年版；R.柯林斯：《冲突社会学》，纽约，1975年版；F.帕金：《社会封闭在阶级形成中的作用》，载帕金：《对阶级结构的社会分析》，伦敦，1974年版，第1—18页；帕金：《马克思主义和阶级理论：一种资产阶级的批判》，伦敦，1979年版；帕金：《社会分层》，载T.博托莫尔（Bottomore）和R.尼斯比特（Nisbet）编：《社会学分析史》，伦敦，1979年版；帕金：《马克斯·韦伯》，伦敦，1982年版，第100—102页；W.G.朗西曼：《社会不平等的三种向度》，载贝泰耶（Béteille）编：《社会不平等》，哈蒙德斯沃斯，1969年版，第45—63页；朗西曼：《一种新的社会分层理论》，载帕金编：《对阶级结构的社会分析》，第55—101页；朗西曼：《社会理论研究》第2卷，剑桥，1989年版，第2—24页；M.曼：《社会权力的来源》第1卷，剑桥，1986年版；A.吉登斯：《历史唯物主义的当代批判》，伦敦，1981年版。

社会的经济意义上的阶级区分开来。[1]而且，马克思主义的社会理论家也对非阶级形式的不平等做了大量研究，尤其是对性别不平等的研究。[2]正如一些女权主义历史学家和社会学家所论证的，问题是，马克思主义者倾向于将阶级社会中的性别关系视为是由财产关系“支配的”，或相比财产关系，它处于次要或从属地位。[3]因此，马克思主义者通常会根据它们对特定生产方式再生产的有益作用，对性别关系做一种功能解释。[4]

1 《马克思恩格斯选集》第1卷，第131—135页。

2 例如见：C.米德尔顿（Middleton）：《英国封建时代的性别劳动分工》，《新左派评论》1979年第113—114期，第147—168页；米德尔顿：《英国的农民、家长制和封建生产方式》，《社会学评论》1981年第29期，第105—154页；米德尔顿：《妇女劳动和向前工业资本主义社会的过渡》，载L.查尔斯（Charles）和L.达芬（Duffin）编：《前工业时期英国的妇女和劳动》，伦敦，1985年版；R.H.希尔顿：《阶级冲突和封建制度的危机》，伦敦，1985年版，第15和16章；R.H.希尔顿：《中世纪晚期的英国农民》，牛津，1975年版，第6章；E.J.霍布斯鲍姆：《帝国时代：1875—1914年》，伦敦，1989年版，第8章。许多马克思主义者对性别不平等的研究或明或暗地构成对恩格斯观点的质疑，恩格斯的观点见他的《家庭、私有制和国家的起源》，载《马克思恩格斯选集》第4卷。就该问题的参考书目见S.H.里格比（Rigby）：《恩格斯与马克思主义的形成：历史、辩证法和革命》，曼彻斯特，1992年版，第198—204页。

3 《马克思恩格斯选集》第1卷，第82—84页；《马克思恩格斯选集》第4卷，第63页。

4 米德尔顿：《英国的农民、家长制和封建生产方式》，第151—152页；O.亚当森（Adamson）编：《资本主义对妇女的压迫》，《革命的马克思主义者》1976年第5期；M.吉蒙内茨（Gimenez）：《恩格斯的妇女受压迫观中的马克思主义和非马克思主义成分》，载J.塞耶斯（Sayers）、M.埃文斯（Evans）和N.里德克利夫特（Redclift）编：《反思恩格斯》，伦敦，1987年版，第48页；M.巴雷特（Barrett）：《妇女在今天所受的压迫》，伦敦，1984年版，第132—133页；C.科伯恩（Cockburn）：《技术关系：性别和阶级理论的内涵是什么？》，载R.克朗普顿（Crompton）和M.曼（Man）编：《性别和分层》，剑桥，1986（转下页）

家长制由此被视为处于次要地位，是社会生产方式的衍生物，而不是被视为一种不依赖他者的、有其自身合理性的社会不平等形式。[1]另一种做法是，马克思主义者以一种特定方式简单地将非阶级形式的社会不平等附在他们分析的后面，不知不觉地陷入一种对社会结构做多元解释的泥
ix 沼。我自己在《马克思主义与历史学》出版后所从事的经验历史研究中，一直试图强调——用韦伯的方法——多种不平等向度（阶级、性别、等级、身份、地位，等等）对个体进行塑造的不同方式，他们由此成为各种社会集团的成员，当然这些集团之间有交叉。例如，在英国中世纪，神职人员所享受到的特殊权益和犹太教徒所面临的社会歧视都不可能还原为阶级不平等。[2]这些社会差别是“一种自成一体的存在”，它既不等同于，也无法还原为那些源于社会生产方式的关系。[3]

其次，马克思和恩格斯用“经济基础”和“政治与意识形态的上层建筑”的隐喻对社会进行了理论解释。我对此的考察（见第九章）表明，莫里斯·戈德利耶（Maurice Godelier）对诸如阿克顿、普列梅内茨、莱夫

（接上页）年版，第81—82页。

1 S.德·波伏瓦（Beauvoir）：《第二性》，哈蒙德斯沃斯，1974年版，第87页；S.费尔斯通（Firestone）：《性别辩证法》，伦敦，1979年版，第15页；K.米利特（Millett）：《性别政治学》，伦敦，1985年版，第38页；C.德尔菲（Delphy）：《社区女护法》，伦敦，1984年版，第38—39，74—75页；R.麦克多诺（McDonough）和R.哈里森（Harrison）：《家长制和生产关系》，载A.库恩（Khun）和A.沃尔普（Wolpe）编：《女权主义和唯物主义》，伦敦，1978年版，第31—32页；A.达文（Davin）：《女权主义和劳动史》，载R.塞缪尔（Samuel）编：《人民的历史和社会主义理论》，伦敦，1981年版，第180页。

2 里格比：《中世纪晚期的英国社会：阶级、地位和性别》，贝辛斯托克，1995年版；里格比：《前工业社会结构研究》，载J.H.登顿编：《中世纪晚期和文艺复兴时期欧洲的阶级和等级制度》，贝辛斯托克，1999年版。

3 帕金：《马克思主义和阶级理论》，第4—5页。

和卢克斯等马克思主义批判者的批判做出回应，他们提出了所谓的基础和上层建筑“相互渗透、无法严格区分”的问题。对这些批判者而言，所谓的“上层建筑”现象，诸如政治和思想，并不仅仅是反映社会的经济基础，或甚至是与基础发生相互作用；它们实际上就是社会经济基础的一个组成部分。但是，如果马克思主义在基础和上层建筑之间所做的区分无法成立的话，那么将后者从前者那里推演出来就是不合法的：因为，人们不可能说，x产生y，如果y实际是x的一部分的话。[1]事实上，尽管我仍然相信，戈德利耶对历史唯物主义的重新阐释为马克思主义做了成功辩护，使其免受这种高水平批判所带来的冲击。但我现在要论证，在经济基础与上层建筑相互作用这一更为直接的问题面前，马克思主义的社会理论实际上已经失去解释力。[2]为什么会是这样呢？

尽管反对者经常攻击马克思主义，攻击它忽略政治和意识形态的上层建筑所起的积极的历史作用。但我认为这是不能成立的，因为马克思和恩格斯自身早在《德意志意识形态》（1845—1846年）中就提到基础和上层建筑的“相互作用”。在19世纪90年代所写的那些著名通信中，恩格斯正是援引基础和上层建筑的“辩证互动关系”来反驳马克思的批评者

1 H.B.阿克顿：《时代的幻象》，伦敦，1955年版，第164—168，177，258页；J.普列梅内茨：《人与社会》第2卷，伦敦，1963年版，第283—289，345页；G.莱夫：《概念的暴政》，伦敦，1969年版，第144—151页；R.沃克勒（Wokler）：《卢梭和马克思》，载D.米勒（Miller）和L.西登托普（Siedentop）编：《政治理论的本质》，牛津，1983年版，第231—237页；S.卢克斯：《能够将经济基础与上层建筑区分开来吗？》，同上书，第103—119页；K.格拉哈姆（Graham）：《卡尔·马克思：我们的同代人》，汉默尔·亨普斯特德，1992年版，第52—54页。

2 里格比：《历史中的因果关系：一种因素比另一种因素更重要吗？》，《历史》1995年第80期，第227—242页。

对经济还原主义的指责。[1]马克思主义者面临的问题是，如何保持这种对政治和思想积极作用的认识，而同时又不放弃他们有关社会生产方式具有首要性的主张，毕竟，这种主张赋予作为一种社会和历史理论的马克思主义以独特性。我们能够在阿尔都塞对历史唯物主义所做的结构主义
x 解释中看到这种两难处境。具有讽刺意义的是，尽管E.P.汤普森攻击阿尔都塞的理论是经济还原主义，但在认识到历史解释中存在复杂的相互作用方面，阿尔都塞的理论（至少作为一种马克思主义）实际是首创者，这是事实所在。阿尔都塞并非将社会还原为它的生产方式，而是对生产方式进行了重新界定，使它包括经济、政治和意识形态诸层面（或诸实践），其中每一个层面都是“相对自主的”，拥有它们自身的发展史。他没有假设在经济同政治和意识形态之间存在单向的决定关系，而是论证，特定的生产关系也许会预设法律、政治和意识形态的“上层建筑”这些要素为其存在条件。[2]许多历史学家和社会理论家倾向于接受这种观点。

1 参见《马克思恩格斯选集》第1卷，第62—135页，恩格斯晚年有关唯物史观的通信包括：《恩格斯致康·施米特》（1890年8月5日），《恩格斯致约·布洛赫》（1890年9月21日），《恩格斯致康·施米特》（1890年10月27日），《恩格斯致弗·梅林》（1893年7月14日），《恩格斯致瓦·博尔吉乌斯》（1894年1月25日），这些信件均收录在《马克思恩格斯选集》第4卷中。

2 E.P.汤普森：《理论的贫困》，伦敦，1978年版，第254，355，360页；T.洛弗尔：《对现实的各种认识》，伦敦，1980年版，第27—28页；L.阿尔都塞和E.巴里巴尔：《读〈资本论〉》，伦敦，1975年版，第97，100，104—105，177—178，183，187，220—224页；L.阿尔都塞：《为马克思辩护》，伦敦，1977年版，第96—101，113页；M.戈迪（Gordy）：《读阿尔都塞：时间和社会整体》，《历史和理论》1983年第22期，第1—21页；R.布莱克本（Blackburn）和G.S.琼斯（Jones）：《路易·阿尔都塞和为马克思主义而斗争》，载D.霍华德（Howard）和K.E.克莱尔（Klare）编：《未知的向度：自列宁以来欧洲的马克思主义》，纽约，1972年版，第369—374页；S.霍尔（Hall）：《对“基础与上层建筑”隐喻的（转下页）

因为很简单，人们很难看出马克思主义有关它的独特见解到底是什么。换句话说，还原论问题不可能简单地通过援引“国家和意识形态的相对自主性”的说法加以解决[1]，即使用经济的最终决定作用加以限定[2]也无济于事。简单地抛弃基础和上层建筑的隐喻并非解决办法，也许可以通过谴责恩格斯，而不是谴责马克思本人来加以解决。[3]成问题的不是有关基础和上层建筑的隐喻，而是它试图表达的思想，即有关社会因素具有层次性或因果不对称性的主张，它赋予作为一种社会理论的马克思主义以独

（接上页）反思》，载J.布卢姆菲尔德（Bloomfield）编：《阶级、霸权和政党》，伦敦，1977年版，第43—71页；T.贝内特（Bennett）：《形式主义和马克思主义》，伦敦，1981年版，第40—41页；P.安德森：《英国马克思主义的内部争论》，伦敦，1980年版，第66—67页；P.Q.赫斯特：《马克思主义和历史编撰》，伦敦，1985年版，第22—23页；A.米尔纳（Milner）：《对英国马克思主义的思考》，《劳工史》1981年第41期，第8页。

1 R.米利班德：《阶级权力和国家权力》，伦敦，1983年版，第56—62页；贝内特：《形式主义和马克思主义》，第40—41页；阿尔都塞和巴里巴尔：《读〈资本论〉》，第100—101页；T.伊格尔顿（Eagleton）：《意识形态》，伦敦，1991年版，第153页；G.威廉斯：《雾月十八日：马克思和挫折》，载B.马修斯（Matthews）编：《马克思：一百年之后》，伦敦，1983年版，第12—13，32—33页。

2 恩格斯晚年有关唯物史观的通信，见前注。K.考茨基：《唯物主义历史观》，纽黑文，1988年版，第xiii，3—4，227，232—233页；阿尔都塞和巴里巴尔：《读〈资本论〉》，第97，177—178，220—224页。

3 L.科莱蒂（Colletti）：《从卢梭到马克思》，伦敦，1972年版，第65页；M.雷德（Radar）：《马克思对历史的解释》，纽约，1979年版，第xx，70，75—76，78，82，181，183—184页；汤普森：《理论的贫困》，第79—85，119—121页；D.塞耶尔：《抽象的暴力》，牛津，1987年版，第91—92，148页；E.吉诺维斯：《奴隶主创造的世界》，伦敦，1970年版，第ix页；H.J.凯（Kaye）：《英国马克思主义历史学家》，剑桥，1984年版，第117，191—192，205，234页。

特性。[1]

因此，在拒绝还原论的同时，一些马克思主义理论家经常会滑向多元论。但如果是这样的话，那马克思主义必然会走向终结。这种倾向在马克思主义历史学家所做的复杂历史分析中表现得更为明显。例如，东欧农民在中世纪晚期和现代早期沦为农奴，而此时西欧的农民却赢得了自由，布伦纳对其中的原因做出解释——下文我将这种解释描述为马克思主义研究方法具有价值的表现所在（见第八章）。布伦纳摒弃了传统观点根据人口变化所做的解释，他给出的分析明显奠基于马克思主义有关阶级斗争具有首要性的命题。布伦纳论证，正是西欧农民共同体所拥有的强大力量，使他们能够抵制中世纪晚期封建领主对他们利益的侵害，由此赢得自由；而东欧农民共同体的软弱意味着他们无力抵制地主施加的压力，由此开辟了通向农奴制之路。问题在于，当他解释东欧农民共同体

1 K.科尔施（Korsch）：《卡尔·马克思》，伦敦，1938年版，第225，230页；T.洛弗尔：《对现实的各种认识》，第28页；N.吉拉斯：《七种类型的指责：马克思主义的歪曲》，载R.米利班德、L.潘蒂奇（Pantich）和J.萨维利（Saville）编：《社会主义名册》，伦敦，1990年版，第9—11页；安德森：《英国马克思主义的内部争论》，第66，81页；E.吉诺维斯：《红与黑》，纽约，1972年版，第19，323—324页；吉诺维斯：《奴隶主创造的世界》，第ix页；J.哈尔东（Haldon）：《奥斯曼国和国家自主性问题：比较的观点》，《农民研究杂志》1991年第18期，第28页；K.麦克唐奈（McDonnell）和K.罗宾斯（Robins）：《马克思主义文化理论：阿尔都塞的烟幕弹》，载S.克拉克（Clark）编：《单向度的马克思主义》，伦敦，1980年版，第215页；A.W.伍德（Wood）：《卡尔·马克思》，伦敦，1981年版，第64—65页；R.P.米勒：《社会和政治理论：阶级、国家与革命》，载T.卡弗（Carver）编：《剑桥马克思研究手册》，剑桥，1991年版，第101—324页；P.范帕里斯：《从矛盾到灾难》，《新左派评论》1987年第161期，第107页；E.霍布斯鲍姆：《马克思和历史学》，《新左派评论》1984年第143期，第44—46页；E.O.赖特（Wright）、A.莱文（Levine）和E.索贝尔（Sober）：《重构马克思主义》，伦敦，1992年版，第3和6章。

的力量为什么弱于西欧农民共同体时，布伦纳列举了一系列历史原因，诸如东欧缺乏公用土地、那里是个体化的耕作方式而不是高度发展的公用土地制度居于统治地位、东欧乡村的规模过于狭小、村镇缺乏对领主权力的制约、政治征服的影响，以及特定的国家体制，等等，它们都不可能还原为阶级结构或阶级斗争。因此，阶级斗争的结果不再能简单地构成一种解释，它本身变成某种必须根据一系列因素加以解释的东西。[1]在现代早期的法国，农民财产权和绝对君主制国家形成了很强的相互依赖关系，在布伦纳对这一现象的解释中也包含了类似的多元论。他指出，绝对君主制绝非社会变迁的简单“表现”（像正统的马克思主义观点所宣称的那样），它本身就是导致这种变迁发生的积极力量。[2] xi

这种多元论并非仅限于布伦纳的作品，而是渗透在最近大部分的马克思主义历史研究中。[3]例如，它表现在科里根（Corrigan）和塞耶（Sayer）对现代资本主义为什么会首先在英国出现的解释中，他们根据英国国家形成和国家形态的独特性做出解释；它也同样表现在吉诺维斯（Genovese）解决两难困境的尝试中，他宣称，社会的上层建筑是“由基础产生的，但这种上层建筑也根据它自身的逻辑发展，并反过来对基础产生反作用”。[4]类似地，在一篇明显意在为基础和上层建筑隐喻辩护的

---

1 布伦纳：《前工业时代欧洲农村的阶级结构和经济发展》，《过去与现在》1976年第70期，第57—60页；布伦纳：《欧洲资本主义的农业起源》，《过去与现在》1982年第97期，第72—76页；盖伊·博伊斯批判布伦纳多元论的论文《驳新马尔萨斯正统论》发表于《过去与现在》1978年第79期，第67页。

2 布伦纳：《前工业时代欧洲农村的阶级结构和经济发展》，第71页；布伦纳：《欧洲资本主义的农业起源》，第81页。

3 见里格比：《马克思主义历史学》，载M.本特利编：《历史学指南》，伦敦，1997年版，第889—928页。

4 P.科里根和D.塞耶：《大拱门：作为文化革命的英国国家形态》，牛津，（转下页）

论文中，帕克（Parker）论证，现代早期历史变迁的动力无法在阶级斗争或经济发展中找到，但可以“在国家的作用中”，尤其是在由战争压力和宗教反抗促成的绝对君主制国家的兴起中找到。[1]事实上，这种解释提供给我们的是多样的相互作用的力量，是“无限多样的局部因素”，[2]它们总起来导致某一特定历史结果的发生。这种对历史的解释是非马克思主义历史学和韦伯式的社会学所熟悉的，但无法与马克思主义有关经济基础具有首要性的命题（甚至是由戈德利耶重新界定的）相契合。正如基钦在评论马克思主义历史学的高质量研究时所说的那样：“从事专业研究很可能比理论建构更为复杂，但它也非常有可能囿于专业训练，而无法明确认识到或表达出那种复杂性。”[3]

（接上页）1985年版，第85页；吉诺维斯：《红与黑》，第322—323页。

1 D.帕克：《法国绝对君主制、英国国家和基础—上层建筑模式的效用》，《社会历史学》1990年第15期，第287，297—298页；D.帕克：《法国绝对君主制的形成》，伦敦，1983年版，第60—64，74，147—149页。因此，帕克建议将安德森对东欧绝对君主制兴起的解释运用于对西欧的研究中，后者是根据国际对抗解释东欧绝对君主制兴起的。《法国绝对君主制的形成》，第297—298页；P.安德森：《绝对主义国家的谱系》，伦敦，1979年版，第195—202，212—216页；也见本书第11章。

2 哈尔东：《奥斯曼国和国家自主性问题》，第88—89页。这种类型的局部因素能够在对“伟大人物”在历史中的作用的研究中看到，在这类研究中，马克思主义历史学家强调特定个人的不可或缺性，这与恩格斯的判断（无法加以检验）形成鲜明对比，恩格斯指出：“假如没有拿破仑这个人，他的角色就会由另一个人来扮演。”（《恩格斯致瓦·博尔吉乌斯1894年1月25日》，《马克思恩格斯选集》第4卷，第733页）；多伊彻：《拿起武器的预言家：托洛茨基，1879—1921年》，牛津，1954年版，第vii页；M.罗丁森（Rodinson）：《穆罕默德》，哈蒙德斯沃斯，1973年版，第ix—x，298页。

3 G.基钦：《卡尔·马克思和实践哲学》，伦敦，1988年版，第225页；就于尔根·科卡（Jürgen Kocka）和哈特穆特·扎哈尔（Hartmut Zwahr）对德国工人阶级形成（转下页）

不可能仅仅通过将历史唯物主义从一种狭隘界定的“经济”层面具有首要性的命题转向更广义界定的“阶级具有决定作用”的命题，就能避免这种多元论对马克思主义造成的威胁。[1]解释上的多元论并非仅仅暗含在马克思主义的这种传统中，该传统强调生产关系和阶级斗争，而不是生产力的历史作用。[2]由此可见，对下述任何类型的马克思主义而言，只要它们拒绝还原论和试图根据多种历史力量的相互作用来解释历史变迁，多元论都是一种无法回避的问题。[3]正如受约翰·斯图亚特·穆 xii

（接上页）所做的多元论马克思主义解释，布鲁伊（Breuilly）做了类似的评论，见J.布鲁伊:《德国工人阶级的形成》，《哲学史文献》1987年第27期，第444—452页。

1 E.M.伍德:《民主反对资本主义：重振历史唯物主义》，剑桥，1995年版，第175页；吉诺维斯:《奴隶主创造的世界》，第ix，19，103页；吉诺维斯:《红与黑》，第323—324页；凯:《总体性：沃勒斯坦和吉诺维斯运用它对历史和社会所做的分析》，《反思历史》1979年第6期，第415—419页；S.克拉克:《社会主义的人道主义和对经济决定论的批判》，《历史问题研究杂志》1979年第8期，第144页；G.威廉姆斯:《为历史学辩护》，《历史问题研究杂志》1979年第7期，第118页；凯:《英国马克思主义历史学家》，第232—241页；E.P.汤普森:《英国工人阶级的形成》，哈蒙德斯沃斯，1972年版，第9—11页；汤普森:《理论的贫困》，第85，298—299页。当阶级变成一种经济、社会、政治、心理和文化现象时（吉诺维斯:《红与黑》，第323—324页），这个概念就有变成社会结构的同义词的危险，有时是变成社会结构的一种主要组成部分（帕金:《马克思主义和阶级理论》，第8页）。

2 G.麦克伦南（McLennan）:《有关历史唯物主义的争论》，《激进哲学》1980年第50期，第39—40页；麦克伦南:《马克思主义、多元论及其后》，剑桥，1989年版，第70—77页。

3 L.约翰斯顿（Johnston）:《马克思主义、阶级分析和社会主义多元论》，伦敦，1986年版，第8，50，66—67，69，80—81，122页。因为“还原论”是一个被滥用的词汇，没有人将它运用于自身，所以它事实上意指所有类型的马克思主义。毕竟，甚至斯大林也强调社会上层建筑同经济基础的相互影响，他论证，马克思主义并非否认国家和意识（转下页）

勒传统影响的哲学家所论证的那样，对导致某一特定事件发生的多种因素而言，不可能宣称其中某种因素具有解释上的首要性。各种原因在现实世界中都是客观存在的，至于我们选择强调哪一种和将哪一种视为是重要的，大体上取决于我们自己的主观目标，取决于我们认为读者具有的阅读能力或阅读兴趣，提出一些新的历史问题能够引起他们的关注。[1]

（接上页）形态在历史中的作用，而是“强调这些因素在社会生活中的重要作用和意义”。见J.V.斯大林：《辩证唯物主义和历史唯物主义》，莫斯科，1951年版，第26—27页。

1 J.S.穆勒：《逻辑体系》，伦敦，1970年版，第214—217页；J.霍斯珀斯（Hospers）：《哲学分析导论》，伦敦，1973年版，第292—296页；A.瑞安（Ryan）：《约翰·斯图亚特·穆勒》，伦敦，1974年版，第74—79页；J.斯科拉普斯基（Skorupski）：《约翰·斯图亚特·穆勒》，伦敦，1989年版，第175—177页；瑞安：《约翰·斯图亚特·穆勒的哲学》，伦敦，1987年版，第41—50页；A.哈特（Hart）和T.奥诺雷（Honoré）：《法则中的因果关系》，牛津，1985年版，第xxxiii，15—22，28，33—37页；G.赖尔（Ryle）：《知识论》，伦敦，1963年版，第50，88—89，113—114页；朗西曼：《社会理论研究》第1卷，剑桥，1983年版，第193页；S.戈罗维茨（Gorovitz）：《因果判断和因果解释》，《哲学杂志》1965年第62期，第701—702页；P.韦纳（Veyne）：《编撰历史》，曼彻斯特，1984年版，第91—92，101页；P.加德纳（Gardiner）：《历史解释的性质》，牛津，1961年版，第10—11，99—112页；W.德雷（Dray）：《历史学中的规律和解释》，牛津，1957年版，第98—101页；H.普特南（Putnam）：《意义和道德科学》，伦敦，1979年版，第41—44页；普特南：《哲学论文集》第3卷，剑桥，1983年版，第211—215页；A.加芬克尔（Garfinkel）：《解释的形式》，纽黑文，1981年版，第3—5，21—34，138—145，156—174页；R.J.安德森（Anderson）、J.A.休斯和W.W.沙洛克（Sharrock）：《哲学和人文科学》，贝肯海姆，1986年版，第171页；M.布罗德贝克（Brodbeck）：《解释、预言和“知识的不完全性”》，载H.费格尔（Feigl）和G.马克斯韦尔（Maxwell）编：《科学哲学中的明尼苏达学派》第3卷，明尼阿波利斯，1962年版，第239页；F.L.威尔（Will）：《归纳和证明》，伦敦，1974年版，第24，273—275页；R.F.阿特金森（Atkinson）：《历史学中的知识和解释》，伦敦，1989年版，第159—164页；（转下页）

根据这种观点，不仅马克思主义有关经济具有首要性的命题注定是错误的，而且任何在历史解释中试图确定某种客观因素具有首要性的尝试都注定会失败。[1]换句话说，不管我们明确表述的理论是什么样的，但事实上我们都不可能不是多元论者。正是这一事实，使我们能够很容易地将马克思主义历史学所揭示的各种历史真相纳入正统历史学的轨道中。

正如高质量的马克思主义历史研究所表明的，马克思主义者很容易摆脱还原论的魔咒，而它的批判者通常会将还原论视为导致它失败的关键所在。但是，马克思主义者只能以滑向多元论为代价才能避免这种危险。因此，马克思主义似乎无法成功地摆脱这两种命定的束缚。历史唯物主义和马克思主义历史学受到这种批判，并不意味着历史学家必须“抛弃”马克思和恩格斯的理论。[2]相反，我们的任务是将他们的深刻见解纳入一种有关社会结构的多元观和对历史变迁的多元解释中。每一代人都会形成他自身对马克思和恩格斯思想的观念，可能是尊重，也可能是妖魔化，或窃为己有。即使在我们不同意他们的那些方面，他们的研究也向我们提出了许多重要问题。正是带着这些问题，历史学家和社会

（接上页）A.海勒尔（Hellel）：《一种历史理论》，伦敦，1982年版，第159—160页；C.贝汉·麦卡拉（Behan McCullagh）：《为历史描述辩护》，剑桥，1984年版，第208—211页；K.波普尔（Popper）：《历史决定论的贫困》，伦敦，1969年版，第151页；M.斯克里文（Scriven）：《历史学中的原因、联系和条件》，载W.H.德雷编：《哲学分析和历史学》，纽约，1966年版，第254—258页。

1 里格比：《恩格斯与马克思主义的形成》，第177—182页；里格比：《中世纪晚期的英国社会》，第141—143页；里格比：《历史中的因果关系：一种因素比另一种因素更重要吗？》，第227—242页。

2 S.L.沃（Waugh）：《中世纪的英国与排斥理论》，《新左派评论》1997年第226期，第127页。

理论家继续他们的探索。像社会学一样，在历史学中，“我们从一位重要
xiii 学者所犯的错误中学到的东西，比从泛泛之辈正确的研究中汲取的还
要多”。[1]

1 W.R.朗西曼：《对马克斯·韦伯社会科学哲学的批判》，剑桥，1972年版，第1页。

前　言

近些年来，已经出版了许多有关马克思主义历史学的著作，它们构成我目前对马克思主义历史学进行分析的起点。这些研究颇有价值，但经常也会由于共同的缺陷而使其价值受到减损，即他们都相信文本的意义可以根据作者的意图予以很好的把握。因此，评论或注释的任务，就是通过确定作者在多种著作中所表述的一贯思想，来把握作者在特定文本中的表述。这种文本分析方法在许多研究领域已经被抛弃[1]，但在对马克思的研究中仍然居于主导地位。解释者从而会试图揭示，马克思"实际说了什么"；提供"对他的一些主要思想比他本人所做的更为明晰的描述"。马克思被认为偶尔会有一些"思想上的不一致"，但总体地看，根据他思想的统一性来解释他的各种著作是可能的，也是有益的。研究者的任务是要重构这些思想，并从这些重构中推演出，例如马克思就国家（如果他曾试图就这一论题撰写一部长篇著作的话）或最近的各种东方绝对君主制

1　见J.考吉（Caughie）编：《有关著作者的诸种理论》，伦敦，1981年版。阿尔都塞有关对马克思进行"症候式阅读"的观念开启了建构多样马克思的可能性，实际上同时也创立了一种新的正统。见L.阿尔都塞和E.巴里巴尔：《读〈资本论〉》，伦敦，1975年版，第24—30页。

理论，到底说了什么。[1]

当然，作者的意图是对一个文本或一系列著作做出解释的重要限定因素。毕竟，不可能对一个文本做随意解释。可以肯定，马克思在《共产党宣言》的鼓动性开篇（至今一切社会的历史都是阶级斗争的历史）中所表达的意图，与他在《〈政治经济学批判〉序言》中用较少革命性语调所表达的意图之间的差异是明显的，因为他在写作后者时想到要通过普鲁士书报检查制度的审查。[2]由此可见，即使当作者的意图能够被重构时，这些意图仍然不能被视为是对文本所表达意义的证明，或视为是对它所表达意义的限定。文本的意义不是由它的某些实质内容确定的，而是由
1 读者特定视角的解读确定的。如果历史编纂是“在历史学家和他所面对的史实之间一种持续互动过程的话”，那么对一位作者写作意图的解释就是在文本和读者之间的无休止对话的结果。[3]

从关注作者的意图到关注读者对文本意义的解读，这种转向使对特定文本做出多样的解释成为可能。作者——在我们的例子中是马克思——不再被“设想为有着一以贯之的思想体系”，而是被视为“多种话语交汇的空间，形成一个不稳定的和不断变化的话语结构，该结构是由一组特定著作和对这些著作的特定解读方式互动而产生的，特定解读方式可以根据历史和社会背景予以确定”。[4]对文本做出解释不仅是要重

---

1 见G.A.科恩：《卡尔·马克思的历史理论：一种辩护》，伦敦，1978年版，第ix页；W.H.肖：《马克思的历史理论》，伦敦，1978年版，第149页；M.雷德：《马克思对历史的解释》，纽约，1979年版，第14，41页；B.辛德斯和P.Q.赫斯特：《前资本主义生产方式》，伦敦，1975年版，第219页。

2 A.M.普林茨（Prinz）：《马克思写作1859年〈序言〉的背景和内在动机》，《思想史杂志》1969年第30期，第437—450页。

3 E.H.卡尔（Carr）：《历史是什么？》，哈蒙德斯沃斯，1970年版，第30页。

4 S.詹金斯（Jenkins）：《弗里茨·朗：形象与印象》，伦敦，1981年版，第7页。

构作者在文本中所表达的一以贯之的思想，而且要确定文本中存在的矛盾、缺憾和未言明的内容，即文本要掩饰的或未能解决的问题。马克思的各种著作因而不再是具有说服力的、内容全面的统一体，从中有可能厘清他真正要表述的内容。他著作的重要性既表现在思想的统一性上，也表现在各种思想之间的分歧上。[1]这并不仅仅是在暗示，有一个青年的、一个成熟的和一个老年的马克思，同时也在暗示他的个体文本也是存在矛盾和问题的。通过考察作者对隐喻的使用，能够对这方面的问题予以揭示。辨析马克思所使用的隐喻能够揭示出存在的问题，即任何试图对马克思的各种文本强加一种单一连贯意义的做法都会面对的问题。

在作者的各种文本中寻找不一致性的做法有可能成为一种新的正统，正像过去寻找意义统一性的做法一样，这种统一性由作者的存在予以保证。[2]在本书中，我不仅认为马克思的思想存在着许多矛盾，而且认为它们并不构成一个单一的体系。相反，我们能够发现多样的马克思，既有内在连贯的马克思，也有彼此矛盾的马克思。对德雷珀而言，此类矛盾并不存在于马克思的著作中，而是片面引用的结果。为了确定马克思，例如就国家性质问题“实际说了些什么”，我们需要将马克思有关该主题的论述结合起来考察。只有这样，我们才能确定真正属于马克思的连贯思想。毫无疑问，做片面地引用，就认为那就是马克思“实际所说的”，这是贫乏的；然而也没有理由认为，对马克思的著作做广泛摘引，就能揭示他各种著作之间的连贯性，而不是矛盾性。德雷珀允许读者形成对马克思观点的独立见解的想法，进一步加大了找出马克思思想矛盾之处的可能性。如果读者根据他们自己的关注和偏好解读文本的话（这是不可避免的），那么发现未言明的内容和不连贯思想的概率似乎将会增加，而不是减少。在这种意义上，马克思学（Marxology）并非像德雷珀所宣称的那 2

1 T.莫伊（Moi）：《性书政治学》，伦敦，1985年版，第94页。

2 S.康纳（Connor）：《查尔斯·狄更斯》，牛津，1985年版，第89页。

样，是"一种最令人好奇的研究"；相反，它必然是各色读者对马克思的各种著作做五花八门解释的结果，这些著作涉及了社会理论中最具争议的问题。[1]

因此，本书的中心任务不是重构具有某种单一、连贯思想的马克思，而是确定在马克思相互矛盾的论断中，哪些论断在分析社会结构和历史变迁中是有用的。使马克思发挥作用的最好方式是评估他对历史学的贡献，而不是去做试图确定他的话实际意指什么的无效劳动。为了评估马克思的历史理论，关键的是确定他所使用的概念和解释形式在哲学上的合理性，但仅限于此还是不充分的。同时，我们必须考察马克思所写历史著作中的方法论内涵，它们通常会对马克思明确表述的内容发起挑战。

在评估马克思对历史学贡献的价值时，考察由现代"马克思主义"历史学家所撰写的历史著作也是重要的，可以由此确定马克思有关历史的论述被运用于实践的程度。诸如克里斯托弗·希尔或罗伯特·布伦纳等历史学家著作的方法论内涵，在这里可以证明是有价值的，就像诸如卢卡奇或阿尔都塞等哲学家对历史唯物主义的解释是有价值的一样。马克思主义历史学经常被视为是对工业资本主义的研究，这部分是由于《资本论》的影响，部分是由于像福斯特、汤普森和霍布斯鲍姆等历史学家著名著作的影响，这些著作同现代劳工运动有着明显的联系。然而，最近马克思主义历史著作中最能激发人们阅读兴趣的却是有关前工业社会的：戈德利耶有关原始社会的研究；德圣·克鲁瓦有关古代世界的研究；希尔顿、博伊斯和库拉有关封建主义的研究；布伦纳有关向资本主义过渡的研究。正是这些有关前工业社会，尤其是向资本主义过渡时代的研究，将在本书接下来的章节中用作对马克思论断的个案检验。

任何历史著作的撰写都必然以其他文本为基础。这肯定也适用于本书的写作，它将评估从马克思和恩格斯到科恩和布伦纳对历史唯物主义

1　H.德雷珀：《卡尔·马克思的革命理论》第1卷，纽约，1977年版，第20—21页。

的各种阐释。广义地看，所有文本都是通过整合和分解其他文本而形成的，马克思和恩格斯的著作也不例外。马克思的思想是在与黑格尔、蒲鲁东和李嘉图的长期交锋中形成和发展的。如果没有恩格斯对杜林的“科学革命论”的批判，谁会知道有杜林？本书将G.A.科恩对历史唯物主义的解释作为研究起点，“科恩的解释在思想界的影响力确实已经超出了 3
此前的各种解释”。[1]科恩用两个重要命题来界定历史唯物主义：

(a)用生产力的水平解释社会生产关系的性质；

(b)社会生产关系（经济基础）的性质决定社会上层建筑［法律、政治和（也许包括）意识形态］的性质。[2]

本书的第一部分通过考察马克思的各种著作，确定第一个命题的内涵，并讨论“生产力首要性”命题的起源和发展。第二部分提出一种有关生产力和生产关系之间关系的替代性解释。第三部分评估马克思有关“基础和上层建筑”隐喻的价值。 4

1 P.安德森：《英国马克思主义的内部争论》，伦敦，1980年版，第82页。

2 科恩：《卡尔·马克思的历史理论：一种辩护》，第134，216—217页。

第一部分

作为生产力决定论者的马克思

虽然许多评论者都承认马克思对历史研究产生了普遍影响，但很难厘清他的确切贡献到底是什么（第一章）。虽然我们对马克思主义历史学所使用的那些基本概念能够做出相互矛盾的解释，但对马克思用于描述生产过程和社会阶级关系的术语，还是有可能赋予它们以连贯意义的（第二章）。确定马克思历史思想实质的一种方式是将他描述为一位技术，或更确切地说是生产力决定论者，但其他研究者会否定这种对马克思理论的解释。对马克思著作的广泛摘引表明，他确实提供了一种明确的有关历史变迁的生产力决定论解释（第三章）。第二和第三国际的理论家将这种解读视为对唯物史观的正统解释（第四章），并且认为它是马克思思想遗产的重要组成部分，是19世纪上半期社会经济条件的产物（第五章）。本书的第二部分将对马克思的生产力决定论做出批判，并对一种替代性的马克思主义传统做出分析，而这种传统是奠基于"生产关系首要
6 性"命题。

第一章
马克思遗产的模糊性

马克思对现代历史编撰所产生的普遍影响很少有人予以否定，甚至他最尖刻的批判者也是如此："他深深地影响了我们对历史的认知，很难否定，没有他，我们的研究将会较少全面性和准确性……通过改变历史思维的整体方式，他做出了巨大贡献。"[1]不过，马克思对现代历史研究的确切贡献却难以确定。马克思的历史理论经常地被简约为对阶级的强调，或对"经济因素"的全面决定作用的强调。像心理分析一样，马克思主义对当代思想产生了如此巨大的影响，部分原因就在于它是以过分简单化的方式被人们理解的。[2]必须说明的是，这种过分简单化的认识，其动机大多源自要在政治方面利用马克思和他的理论。[3]然而，这并不是马克思主义被理解为某种形式的经济决定论的唯一原因。马克思和恩格斯

1 L.克拉克夫斯基（Kolakowski）：《马克思主义的主要思潮》，牛津，1978年版，第369—370页。

2 E.J.霍布斯鲍姆：《卡尔·马克思对历史学的贡献》，载R.布莱克本编：《社会科学中的意识形态》，伦敦，1972年版，第269页。

3 例如参见：R.N.卡鲁·汉特（Carew Hunt）：《共产主义的理论与实践》，哈蒙德斯沃斯，1969年版，第1版是1950年出版的。

遗产本身就是矛盾和模糊的。在马克思和恩格斯的著作中探寻一种单一的历史理论是没有意义的，更别提他们的追随者对他们著作的解释和发展了。存在一种经济决定论类型的“马克思”，正如存在一种能用来对经济决定论提出批判类型的“马克思”一样。关键并不在于去试图确定马克思“真正”意指的是什么。即使有可能通过某种精神交汇去接触到马克思的灵魂，我们所能得到的只会是更多的话语和更多的文本，它们仍需要我们去解释和研究。我们能够将确定马克思“真正”意指什么的任务留给政治教条主义者去完成。关键的问题是，在马克思提出的诸多思想中，我们希望将哪些思想运用于分析历史和当代社会？

本书的第一部分将论证，马克思也许可以被合法地理解为一位
7 “生产力决定论者”，他将社会生产力的增长视为社会演进的主要决定因素。本书第二部分将论证，人们也许可以援引马克思自己的论述来提供对生产力决定论的一种替代性观点。在本章，我们将论证，不仅在有关生产力决定论问题上，马克思的遗产有模糊之处，而且在历史唯物主义的许多重要问题上都不可能确定一种单一的“马克思主义”观点。

对马克思的历史理论（或历史唯物主义）最常见的理解在于，它是某种形式的经济还原主义，是一种对历史发展做一元因果解释的理论，其中只有经济因素在发挥积极作用。甚至像柯林伍德这样具有敏锐洞察力的学者都可能宣称，马克思相信，如果人们持有某种哲学观点的话，那么“他们并不是出于哲学的原因，而仅仅是出于经济的原因才持有它们”。[1]毫无疑问，确实有一些马克思主义者在这方面犯了错误，他们借此去订正正统历史学所持的相反观点。宗教改革是现代欧洲形成过程中一件具有决定性意义的事件，梅林宣称它仅仅是“在意识形态层面对经济发展

1 R.G.柯林伍德：《历史的观念》，牛津，1976年版，第123页。

的反映”[1]，这种观点是“庸俗马克思主义”的集中表现，这种马克思主义将思想仅仅描述为对真实的、积极的经济基础的被动反映。不时地，马克思和恩格斯本人也会滑向这种“庸俗马克思主义”。例如，在1872年为《资本论》第1卷写的跋中，马克思提到他有关思维过程的观念与黑格尔的正好相反。对黑格尔而言，思维过程被转化为一种独立的历史因素，是它创造了现实世界。“我的看法则相反：观念的东西不外是移入人的头脑并在人的头脑中改造过的物质的东西而已。”[2]类似地，英国政治经济学可以被说成是对英国经济状况的“科学反映”，现代社会主义不过是生产力和生产方式之间的冲突在思想上的“反映”。[3]

将思想说成是对物质存在的“反映”是在暗示思想的被动性和思想没有发挥重要的历史作用。恩格斯本人甚至表述了这样的想法，认为思想作为“愚蠢的东西”不会发挥历史影响。他和马克思仅仅是否定思想能够发挥独立的历史作用。确实，恩格斯曾将下述判断描述为“毫无内容的、抽象的、荒诞无稽的”[4]，即经济因素是历史变迁中的唯一决定因素。但恩格斯对经济决定论指责的驳斥不可能被仅仅视为是晚年对历史唯物主义的修正。早在1845年，马克思就批判了费尔巴哈的唯物主义，因为后者 8
认为物质存在对观念发生单向的作用。意识不仅反映存在，而且在客观世界和“人”的活动之间、在物质存在和人的意识之间同时存在着互动关

1 F.梅林：《论历史唯物主义》，伦敦，1975年版，第15页。

2 《马克思恩格斯选集》第2卷，第112页。（这里有两点需要指出：第一，书中说是1873年写作的跋，但实际上是1872年写作的；第二，这一段的中译文太过意译，也不准确，似应译为：“我认为，相反的情况是正确的：观念不过是物质世界在人们头脑中的反映，并被转化为思想的形式。”——译注）

3 T.B.博托莫尔和M.鲁贝尔（Rubel）编：《卡尔·马克思：社会学和社会哲学选集》，哈蒙德斯沃斯，1970年版，第114页；《马克思恩格斯选集》第3卷，第618—619页。

4 《马克思恩格斯选集》第4卷，第696页。

系。[1]所以，既不能忽视意识的存在，也不能将它视为自主的历史力量，能够脱离现实的、有生命的个人而存在。[2]

与历史唯物主义是某种形式的经济还原主义的认识相联系的是这样一种论断，即马克思将历史视为“受结构制约的，具有必然性”。[3]确实，能够引用马克思的话来支持这种论断。例如，马克思告诫《资本论》第1卷的德国读者，他们应该关注英国的情况，因为“工业较发达的国家向工业较不发达的国家所显示的，只是后者未来的景象”。[4]马克思甚至将这种模式应用于印度，宣称印度将被纳入欧洲资本主义市场，将追随欧洲发达国家的足迹发展。[5]类似地，他还论证，大工业的扩张和工业无产阶级数量的增加将最终破坏产生这些变化的社会。因此，资产阶级的灭亡和无产阶级的胜利“是同样不可避免的”。[6]

但是，在他生命临近结束时，马克思对某些人提出抗议，他们将他对西欧资本主义发展的概述视为必须普遍经历的发展道路，视为“由宿命强加于所有民族的，而不管他们所处的历史环境如何”。例如，马克思

1 《马克思恩格斯选集》第1卷，第54—57页；A.吉登斯：《资本主义与现代社会理论》，剑桥，1979年版，第20—21页。

2 《马克思恩格斯选集》第1卷，第73页。

3 C.赖特·米尔斯（Wright Mills）编：《马克思主义者们》，哈蒙德斯沃斯，1969年版，第120页。

4 《马克思恩格斯选集》第2卷，第100页。

5 参见《中国革命和欧洲革命》和《不列颠在印度统治的未来结果》两篇文章，分别见《马克思恩格斯选集》第1卷，第690—697页和第767—773页。

6 《马克思恩格斯全集》第3卷（中文版），人民出版社1960年版，第516页；《马克思恩格斯选集》第1卷，第284页；《资本论》第1卷（中文版），人民出版社1975年版，第831—832页。（本书未注明版次的《马克思恩格斯全集》均为中文第一版；未注明版次的《资本论》均为1975年中文版。——译注）

和恩格斯论证，俄国不必走西方式的发展道路，它能够跨越资本主义生产方式："俄国农村的公社土地所有制也许可以成为共产主义发展的起点。"[1]如果说马克思提出了通向未来共产主义社会的另一种发展路径的话，那么他同样也勾勒了从人类社会最早阶段——原始共产主义——发展而来的其他历史路径。从这种生产方式出发——马克思根据部落对剩余劳动的共同占有来界定这种生产方式，马克思勾勒了三种可能的发展道路：基于村社共同体的亚细亚生产方式，剩余劳动由国家以税收形式占有；基于奴隶制和城邦的古代模式；基于相对自给自足的农民家庭的日耳曼模式。[2]

后来的一些马克思主义者同样强调了历史演进道路的多样性。例如，托洛茨基的农民革命理论明确揭示，诸如俄国等"落后"国家为什么不必追随西方的足迹发展，为什么在社会主义革命变得可能之前不必经历一个漫长的资本主义发展阶段。[3] 9

不管马克思和托洛茨基有关俄国发展理论的实际历史价值有多大，但是人们很难引用它们来支持这种观点，即历史唯物主义将历史演进视为某种必然的或单线式的发展。"必然性"并不是马克思主义历史学的必然组成部分。

结构与人的能动作用的关系问题是所有历史学和社会学著作关注的中心问题。换句话说，我们如何能够将两种解释加以协调，即从有目的的个体行为出发做出的解释与相信人的思想和行为是由社会决定的解

---

1 T.沙宁（Shanin）编：《晚年马克思与俄国道路》，伦敦，1983年版，尤其见第134—139页。

2 《马克思恩格斯全集》第46卷上，人民出版社1979年版，第472—482页。

3 L.托洛茨基：《持续革命：结果与前景》，伦敦，1971年版，第115—119页；米尔斯：《马克思主义者们》，第268—270页。

释？[1]正如我们所看到的，马克思主义通常被视为某种形式的经济决定论，其中人的能动性据说不发挥作用。个人仅仅是经济力量的傀儡，他们无力影响具有必然性的历史进程。例如，在《资本论》第1卷中，马克思宣称，他将个人仅仅视为是"经济范畴的人格化，是一定的阶级关系和利益的承担者"。[2]但与此同时，马克思和恩格斯批判那些仅仅将人描述为某种神秘历史的承载者的思想家。[3]

"历史什么事情也没有做，它并不拥有任何无穷尽的丰富性，它并没有在任何战斗中作战！创造这一切、拥有这一切并为这一切而斗争的，不是历史，而正是人，现实的、活生生的人。历史并不是把人当作达到自己目的的工具来利用的某种特殊的人格。历史不过是追求着自己目的的人的活动而已。"[4]换句话说，马克思强调："人们自己创造自己的历史，但是他们并不是随心所欲地创造，并不是在他们自己选定条件下创造，而是在直接碰到的、既定的、从过去承继下来的条件下创造。"[5]后来的一些马克思主义者同样强调，正是现实的人，而不是"经济力量"创造了历史。例如，非马克思主义历史学家论证，英国农民在中世纪晚期赢得自由的能力是经济条件的结果，由于黑死病和稍后发生的瘟疫造成佃农短缺，这使得农民在讨价还价中获得了有利地位。[6]正是希尔顿和布伦纳这些马克思主义历史学家论证，佃农短缺同样有可能导致封建契约关系的加强。英国农民最终赢得自由不仅是经济条件的结果，而且也是农民自己的

---

1 P.阿布拉姆斯（Abrams）：《历史社会学》，谢普顿马利特，1982年版，第xiii页。

2 马克思：《资本论》第1卷，第12页。

3 《马克思恩格斯全集》第2卷，人民出版社1957年版，第108页。

4 同上，第118—119页。

5 《马克思恩格斯选集》第1卷，第585页。

6 M.M.波斯坦（Postan）：《中世纪的经济与社会》，伦敦，1972年版，第105—107，151—153页。

行为，即他们在地方和全国进行斗争的结果，通过斗争他们摆脱了封建束缚。[1]

认为马克思主义者将人仅仅视为经济力量傀儡的认识是与下述信念相联系的，即马克思不承认“伟人”会对历史变迁产生影响。[2]但是，马克 10
思主义历史学在研究重要个人在重大历史事件中的作用时并不存在什么困难。例如，伊萨克·多伊彻强调，是一些客观因素导致斯大林在与托洛茨基的斗争中胜出，导致一种新型的官僚统治在革命后的俄国发展起来（战争带来的混乱、工人阶级先锋队思想的传播、俄国农民的社会影响力、国际社会对俄国的孤立等）。但他同时也关注“托洛茨基个人的因素在多大程度上导致了他的失败”？[3]托洛茨基自己撰写的《俄国革命史》也并没有忽略那些介入革命中的个人的作用。例如，沙皇尼古拉二世的个性必然会发挥某种历史作用，因为“君主专制就其原则而言是与君主相联系的”。类似地，他同时论证，列宁在1917年4月对发动革命做出了决定性的贡献，当时他说服布尔什维克党采取一种独立的政治立场；同样地，在1917年10月他再次做出决定性贡献，当时他在关键的两三天中成功地推动布尔什维克党发动起义，并由此赢得革命胜利。[4]

最后，那些将马克思主义视为某种形式的经济决定论的人宣称，马克思主义不承认政治和国家有可能在历史变迁中发挥重要作用。这些人论证，马克思主义坚持认为，国家和政治仅仅是上层建筑对社会的经济

1 R.H.希尔顿：《农奴制在中世纪英格兰的衰落》，伦敦，1969年版，第57页；R.布伦纳：《前工业时代欧洲农村的阶级结构和经济发展》，《过去与现在》1976年第70期，第51—52页。

2 卡鲁·汉特：《共产主义的理论与实践》，第72—73页。

3 I.多伊彻：《拿起武器的预言家》，牛津，1954年版，第vii页。

4 L.托洛茨基：《俄国革命史》第1卷，伦敦，1967年版，第65页；第3卷，第148，310—311页。

基础的反映。[1]因此，马克思有关向资本主义过渡的解释据说过于强调经济因素，而忽略了政治在导致转型发生中的决定作用。[2]确实，也许可以援引马克思的论述来支持政治仅仅是对经济反映的观点。例如，在《哲学的贫困》中，马克思宣称，“无论是政治的立法或市民的立法，都只是表明和记载经济关系的要求而已”。[3]但是，同样有可能援引马克思的论述来反对将他理解为还原主义者。说马克思对向资本主义过渡的解释忽略了政治的作用，这很难说得通。他对英国这一转型过程的解释就包括了有关运用法律手段剥夺农民、惩罚流民和压低工资等内容。他得出的结论是，这一转型过程的高潮出现在殖民制度的形成和现代税收形式的发展之中。所有这些变化都“利用国家权力，也就是利用集中的有组织的社会暴力，来大力促进从封建生产方式向资本主义生产方式的转变过程”。[4]罗伯特·布伦纳论证，与英国相反，在法国，绝对君主制国家制度的发展和它对农民财产权的保护是阻碍资本主义农业发展的主要障碍。[5]更一般地看，学者们近期强调有关国家自主性的思想在马克思和恩格斯
11 的著作中占据了非常大的篇幅。[6]

这里的关键并不是要将一种一以贯之的国家理论强加给马克思，而是确定他的研究方法中的哪一种——如果有的话——能被那些希望理解社会结构和历史变迁的人所运用。再次地，我们不是被迫选择支持或反对马克思主义，而是确定我们希望保留和应用马克思思想中的哪些成

1 卡鲁·汉特：《共产主义的理论与实践》，第77页。

2 J.贝希勒尔（Baechler）：《资本主义的起源》，牛津，1975年版，第24页。

3 《马克思恩格斯全集》第4卷，人民出版社1958年版，第121—122页。

4 见《资本论》第1卷，第21—25章；引文出自第819页。

5 R.布伦纳：《前工业时代欧洲农村的阶级结构和经济发展》，第68—69页。

6 R.米利班德：《阶级权力和国家权力》，伦敦，1983年版，第1章；H.德雷珀：《卡尔·马克思的革命理论》，纽约，1977年版，第11—23章。

分。正如E.P.汤普森所评论的："马克思在我们这边；而不是我们在马克思那边。"[7]人们常说，攻打城堡要攻其最弱的点；但如果是对一个思想体系发起攻击的话，就要攻它最强的点。因为即使攻一座城堡最弱的点，它也会倒塌；而攻一个思想体系最弱的点，它的说服力会继续存在。这种说法肯定适用于马克思那些可做多种解释，甚至自相矛盾的著作。我们可以不同意他提出的经济还原主义解释，但马克思的批判者也必须承认他的那套社会学概念和历史分析令人印象深刻。

长期以来存在着对马克思主义历史理论的错误的和简单化的理解。在克服这种缺陷的尝试中，最近一些学者提出了一种更为精确和细致的解读，这种对马克思历史理论的解读超越了简单强调阶级或经济因素的做法。诸如科恩、肖和麦克默特里等研究者将马克思的思想解释为某种形式的技术或"生产力决定论"。在这种对马克思著作的解读中，社会生产力（简言之，即创造某种生产率水平的劳动过程的组织）据说产生某种特定形式的阶级关系。他们认为，生产力在整个历史过程中是持续发展的，而且定期需要新形式的阶级关系（生产关系）与之相适应。因此，社会生产力的增长不仅是有关人类历史的一个中心命题，而且它本身构成对那种历史的一种解释。他们认为，生产力的增长是推动社会发展的能动的和首要的因素，通过它创造的特定形式的阶级关系，产生新形式的国家和意识形态。[8]

---

1 E.P.汤普森：《理论的贫困》，伦敦，1978年版，第384页；R.约翰逊（Johnson）：《读出最好的马克思：历史编撰与历史抽象》，载R.约翰逊、G.麦克伦南和D.萨顿（Sutton）编：《撰写历史》，伦敦，1982年版，第153—201页。

2 G.A.科恩：《卡尔·马克思的历史理论：一种辩护》，伦敦，1978年版；W.H.肖：《马克思的历史理论》，伦敦，1978年版；W.H.肖：《手推磨产生封建主的社会：马克思的技术决定论》，《理论史》1979年第18期，第155—176页；J.麦克默特里：《马克思世界观的结构》，普林斯顿，1978年版。

这种对历史唯物主义的解释具有重要的影响力，它被马克思的许多研究者所接受。该解释是完全依据马克思撰写于1859年的《〈政治经济学批判〉序言》做出的，马克思在《〈政治经济学批判〉序言》中对他的历史理论做了最著名，也是最清楚的阐述。[1]马克思的许多研究者由此发现了一种令他们满意的历史理论，在这种理论中社会被解释为一种结构，
12 某些因素（生产力）在结构中具有优先的解释力。生产力决定论对历史变迁的关注，以及通过生产力的增长来解释历史变迁，这些都颇为引人注目。而且，它同时强调结构中存在的紧张和冲突（即随着社会的阶级关系变为新生产力增长的桎梏），任何类型的马克思主义历史理论都认为它们发挥了重要作用。

本书的目标在于揭示，相比诸如肖和科恩等学者的认识而言，马克思有关历史变迁和生产力作用的理论要更为复杂。我们将论证：

（a）对马克思做生产力决定论的解读是完全正确的，因为马克思和恩格斯就这一问题给出了非常明确的论述。我们将在第三章对此做出辩护，以反驳那些否定马克思是生产力决定论者的人。

（b）对马克思和恩格斯在第二和第三国际的继承人（考茨基、普列汉诺夫、列宁、托洛茨基等）而言，历史唯物主义在本质上是某种形式的生产力决定论。这些马克思主义者仅仅是重新提出了马克思和恩格斯已经做出的论断，但是并没有为它做系统的辩护。（第四章）

（c）马克思和恩格斯提出生产力决定论解释的历史和思想根源。（第五章）

（d）肖和科恩等学者在近期的著作中提出了对生产力决定论最为系统的说明和辩护。而对他们论述的评估表明，生产力决定论在逻辑上是站不住脚的，在实际历史中也是无根据的。（第六章和第七章）

（e）马克思还提出了一种对社会结构和历史变迁的解释，它非常不

1 《马克思恩格斯选集》第2卷，第31—35页。

同于生产力决定论。这种替代性解释反对任何类型的历史哲学演绎（诸如生产力决定论），它提出的观念开辟了对具体假设进行经验检验的研究路径。这种替代性解释不是基于生产力创造生产关系的命题，而是基于生产本身是社会活动的一种形式的论断。（第八章，A部分）

（f）马克思主义历史学家很少能够运用生产力决定论去解释历史。
从封建社会向资本主义的过渡——这是对生产力决定论是否正确的关
键性检验——可以用于表明肖和科恩理论的错误。我们将提出一种替代
性解释，其中生产力的发展不再被视为是对社会变迁的根本性解释。相 13
反，生产力的变化本身是社会生产关系变化的结果。（第八章，B部分）

对上述各种观点也许会有两种直接的反应。第一，就马克思"实际说了"或"实际想了"什么，真的有必要去确定更多类型的观点吗？不过，马克思是否持有两种相互矛盾的历史理论（第三章和第八章）的问题只是一个相对次要的问题。即使我们承认，马克思只有一种历史理论——生产力决定论（将在第三章介绍这种理论），但我们仍然有权利去问：

（a）这种理论正确吗？（第七章）

（b）如果它是错误的，那我们更倾向于选择什么样的替代性观点，来对社会变迁做出解释？（第八章）

对上述各种观点的第二种反应也许是"为什么要这么劳神去研究它们呢？"对马克思历史理论的研究可能具有什么现实意义吗？本书第七章将考察马克思的生产力决定论的政治影响。当然，在政治现实和历史解释之间不可能存在一一对应的关系。例如，R.H.托尼的《宗教与资本主义的兴起》能够被公正地描述为马克思主义历史学的经典著作，即使就政治观点看，他并不是一个马克思主义者。[1]与之相对，保罗·斯威齐从政治观点看是一位革命的马克思主义者，但是他对封建社会向资本主义社会过渡的解释——从理论流派看——与其说是马克思式的，不如说是亚

1 R.H.托尼：《宗教与资本主义的兴起》，哈蒙德斯沃斯，1972年版（1926年第1版）。

当·斯密式的。[1]同理可得，接受我们在本书中提供的对马克思历史理论的解释并不必然使读者也接受我们对工人阶级改良主义的分析。

尽管如此，但历史理论确实会产生政治影响，而且马克思主义的政治分析与更一般的历史发展理论之间存在着密切联系。生产力决定论肯定会产生重要的政治影响，因为它对社会革命提供了一种解释，而且对革命后社会主义经济建设中可能存在的问题予以了说明。[2]生产力在历史变迁中的作用触及马克思主义社会科学的几乎每一个方面，由此也对许多非马克思主义社会科学产生影响：历史变迁的动力、革命发生的原因、新阶级结构的出现，以及制约政治选择和行为的因素。正是由于这些原因，对生产力决定论正确与否的评估，其重要意义远非局限于马克思主义者和马克思研究者这一狭窄范围。

对许多读者而言，他们最熟悉的马克思历史理论的内容并不是他有关生产力具有首要性的论述，而是他所使用的“基础和上层建筑”隐喻，
14 其中社会的经济基础的性质（第九章和第十章）决定国家（第十一章）和意识形态（第十二章）所采取的形式。马克思再次把握住了社会和历史理论的中心问题：国家为什么在特定时间采取特定的形式？某些人群为什么会接受特定的意识形态和世界观？马克思的生产力决定论和他对政治与意识形态上层建筑所做的社会解释都采取了“功能解释”的形式，即正如社会的生产关系之所以存在是因为它们促进了生产力的发展一样，国家和社会的主导意识形态之所以存在也是因为它们对生产关系发挥了稳定作用。因此，生产关系和社会的上层建筑都是根据它们的功能作用（分

---

1 P.斯威齐：《对批评意见的答辩》，载R.H.希尔顿编：《从封建社会向资本主义社会的过渡》，伦敦，1976年版，第33—56页；R.布伦纳：《资本主义发展的起源：对新斯密式马克思主义的批判》，《新左派评论》1977年7—8月第104期，第38—53页。

2 例如参见C.贝特尔海姆（Bettelheim）：《苏联的阶级斗争：1917—1923年》，哈索克斯，1976年版，第23—29页。

别对生产力和生产关系）加以解释的。由此可见，任何对马克思历史唯物主义的评估都必须考察这种形式的解释所涉及的逻辑和经验问题（第六章）。但在我们能够对马克思有关社会决定作用的论述做出评价之前，我们必须首先界定他的历史理论所使用的一些重要概念的内涵。 15

第二章
生产力和生产关系

我们展开论证的第一步必然是厘清马克思有关社会结构和社会变迁理论中一些重要概念的意义。马克思对这些概念的使用是非常随意的。于是，他的追随者和解释者不得不提出他们自己的定义，而这些给出的定义之间却存在着巨大差异。由于给出的定义多种多样，对社会结构诸要素之间的因果关系看法又各有不同，结果就好像判断是否是“马克思主义者”的标准在于对某些词汇的使用，而不是对一套独特的“科学”概念体系的认同。各种马克思主义流派的存在就使得在马克思主义和“资产阶级”历史学之间做出简单划分的尝试变得徒劳无益。

生产力

科恩和麦克默特里的著作对“生产力”在马克思著述中的意义做了明确的厘清。生产力是“任何被用于或能够被用于制造某种物质使用价值的东西”，物质使用价值是指任何具有效用的产品。[1]因此，生产力是“生产主体能够运用的某种设施，（部分）作为这种运用的结果，生产得

1 J.麦克默特里：《马克思世界观的结构》，普林斯顿，1978年版，第55页。

以进行”。[1]生产力的性质也许可以在劳动过程的三要素中予以明确地考察，马克思在《资本论》第1卷中对它们做了论述。

（1）生产工具

生产工具是生产者为了改变原材料的形式，用以进行劳作的物件。它既包括工具（诸如织布机或漂洗机），也包括为这些工具提供动力的燃料和搁放生产工具的房屋。因此，生产工具是“劳动者置于自己和劳动对 17
象之间，用来把自己的活动传导到劳动对象上去的物或物的综合体”。[2]

（2）原材料

原材料与生产工具一道可以被称为生产资料，它构成生产力的第三种组成要素，有别于劳动和生产工具。当然，原材料是生产过程的组成要素，为了能够制造物质使用价值，人们有意识地改变它们的性质。原材料可以有许多种不同的用途。“例如，谷物是磨面者、制淀粉者、酿酒者和畜牧业者等的原料。”[3]某种特定的生产力组成要素既可以用作原材料，也可以用作生产工具。因此，在牲畜饲养业中，牲畜既是被加工的原料，又是“制造肥料的手段”。[4]类似地，一种劳动过程生产出来的产品可以成为另一种劳动过程所使用的工具。例如，机床既是人们运用生产工具生产出来的，转而又可以作为生产工具发挥作用。“一个使用价值究竟表现为原料、劳动资料还是产品，完全取决于它在劳动过程中所起的特定的作用，取决于它在劳动过程中所处的地位，随着地位的改变，这些规定也就改变。”[5]

（3）劳动

---

1 科恩：《卡尔·马克思的历史理论》，第32页。

2 马克思：《资本论》第1卷，第203页。

3 同上，第206页。

4 同上，第206—207页。

5 同上，第207页。

马克思将劳动过程界定为“制造使用价值的有目的的活动”。[1]因此，劳动过程不仅包括运用生产资料（劳动工具和原材料），而且包括人的活动，“有目的的活动或劳动本身”。[2]将体力劳动作为生产力的组成要素明显并不存在争议；但人们对技能，尤其是技术知识和科学知识能否作为生产力的组成要素更多地提出了质疑。一些研究者将科学，以及所有其他思想因素都视为社会的上层建筑，与社会的“物质基础”相对应。[3]马克思本人非常明确地将科学和思想视为生产过程的组成要素，视为是“直接的生产力”，甚至是“财富的最可靠的形式”。[4]确实，对马克思而言，意识的能动作用正是人类劳动的突出特征。“蜜蜂建筑蜂房的本领使人间的许多建筑师感到惭愧。但是，最蹩脚的建筑师从一开始就比最灵巧的蜜蜂高明的地方，是他在用蜂蜡建筑蜂房以前，已经在自己的头脑中把它建成了。劳动过程结束时得到的结果，在这个过程开始时就已
18 经在劳动者的表象中存在着，即已经观念地存在着。”[5]换句话说，技术知识属于思想范畴的事实并不意味着它是上层建筑的组成部分。在“基础”和“上层建筑”之间的区分既不等同于在物质和精神之间的区分，也不等同于在不同机构之间的区分。两者之间的区分只能依据它们所发挥的作用做出。就作为生产过程组成部分的科学知识而言，它可以被视为生产力的组成部分，而不是社会上层建筑的组成部分。[6]

---

1 马克思：《资本论》第1卷，第208页。

2 同上，第202页。

3 M.M.博伯（Bober）：《卡尔·马克思的历史解释》，剑桥，马萨诸塞，1962年版，第20—21页；R.N.卡鲁·汉特：《共产主义的理论与实践》，第70页。

4 《马克思恩格斯全集》第46卷下，人民出版社1980年版，第34，211，219—220页；《马克思恩格斯全集》第26卷第3册，人民出版社1974年版，第294页。

5 马克思：《资本论》第1卷，第202页。

6 M.戈德利耶：《基础建设、社会与历史》，《新左派评论》1978年11—12月（转下页）

生产关系、剩余劳动和剥削

生产关系可以根据它们的作用加以界定。第一，它们决定社会生产力的使用权。例如，只有当受资本家雇佣时，现代雇佣劳动者才有权使用生产资料。与之相区别，中世纪的手工业者通常拥有他自己的工具和原材料。第二，社会生产关系决定生产过程的产出，即社会财富的分配形式。我们可以想象两个手工业者做同样的工作，诸如制造家具：一个是工场的雇员，另一个是自主经营的手工业者，他在市场上出售他自己生产的产品。雇员所涉及的生产关系决定他以工资形式分享社会财富，而与之相区别，自主经营的手工业者是他所生产产品的所有者，他的收入由销售后所得的利润构成。生产关系所发挥的这些作用意味着它可以有两种形式。它们可以是一个人（或一群人）和另一个人（或一群人）之间的关系，也可以是一个人（一群人）和一种生产力（一组生产力）之间的关系。资本家雇主和他的雇员之间的关系是第一种类型的生产关系；雇主对原材料或工厂的所有权是第二种类型的关系。[1]

根据占有剩余劳动的特定形式，马克思在各种生产关系之间做出区分。《资本论》第1卷用瓦拉几亚（Wallachia，在罗马尼亚的南部地区）农民的例子对剩余劳动的内涵予以了清楚说明。在这个例子中，土地被分成两部分，即领主所有的领地和农民占有的土地。作为耕种领主所有土地的回报，农民被迫在领主的领地上每周劳动三天。剩余劳动与必要劳 19
动无法根据劳动的类型做出区分。因为在领主和农民土地上进行的劳动是相似的。区别仅仅在于谁获得农民劳动的收益。农民在自己的土地上劳动三天以维持自身的生计，在领主的领地上劳动三天，但劳动的产出不

（接上页）第112期，第84—96页。

1 科恩：《卡尔·马克思的历史理论》，第31页。

归劳动者所有。为领主所做的劳动，即剩余劳动，在时间和地点上有别于农民为维持生计而做的必要劳动。因此，剩余劳动很明显是以“独立的、可以感觉得到的形式”[1]存在的。封建生产方式不仅包括剩余劳动的生产，而且它是根据占主导地位的剩余劳动的特定形式——封建地租——加以界定的。封建地租可能以三种形式存在：劳役地租、实物地租或货币地租。以这三种形式，农民用他的部分劳动时间为领主服务。[2]马克思指出，在资本主义社会，剩余劳动的独特形式是剩余价值。工人每周用部分劳动时间生产的产品在市场上出售后，转换成货币，用于支付资本家付给工人的工资。工人每周用剩余劳动时间生产的产品在市场上出售后，转换成货币，构成资本家的利润。[3]我们可以设想一位资本主义的租地农场主，他雇用工资劳动力生产谷物，并将谷物在市场上出售获得利润。从利润中，租地农场主要拿出一部分作为租金给地主。在封建制度下地租是剩余劳动，但在资本主义制度下，地租是对资本主义生产关系所产生的剩余价值的再分配。[4]“地租”在上述两种制度下都存在的事实并不重要，重要的是，剩余劳动在每种制度下存在的形式都是非常不同的。

在这一点上提醒注意三个方面是必要的：第一，马克思并不是根据下述时间来界定必要劳动时间的，即生产维持生命存在必需的最小产品数量所用的劳动时间。相反，他强调，劳动者需求的数量和种类是社会

1 马克思：《资本论》第1卷，第264—266页。

2 马克思：《资本论》第3卷，第47章。劳役地租是封建剩余劳动形式中最易于观察到的形式，实物地租是农民将他生产的部分谷物，因此也是将部分劳动时间交给领主。货币地租只不过是以货币形式表现的实物地租，即用剩余劳动生产的产品在市场上出售换得的货币缴租。

3 马克思：《资本论》第1卷，第242—244页。

4 马克思：《资本论》第3卷，第715—716页。

发展的产物，其中包括“一个历史的和道德的因素”。[1]因此，劳动力再生产所必需的生存资料在不同的时空背景下也是不同的。第二，马克思不仅将维持个体劳动者生存所必需的劳动时间包括在必要劳动时间内，而且将为了提供未来就业者而进行的劳动力再生产所必需的劳动时间也包括在内。因此，假如我们设想，一个男性劳动力挣得养活一家所需的工资，那么这种工资就必须不仅包括维持他自己生存所需的成本（在特定历史发展水平上），而且包括维持一个家庭生计所需的成本，由此包括了劳动力再生产所需的成本。[2]最后，马克思宣称，他对剥削的分析不是一种道德批判。资本主义生产方式下的剥削有可能被客观地界定为必要劳动时 20
间和剩余劳动之间的比率。[3]这是他的剥削理论中受到最多质疑的部分，因为“剩余劳动”是否真的是过剩并非显而易见。例如，封建地租能够被视为农民为获得司法和保护这些公共物品所支付的成本，而不是满足农民需求之后的剩余。资本家的利润能够被视为对使用资本要素和对资本家的管理技能的报偿，或作为对资本家进行风险投资的激励，即它是一种生产成本，而不是一种社会剩余。[4]在界定剩余劳动中遇到的问题将在下文予以详细讨论。[5]目前，我们将暂时使用这一术语，意指统治阶级收入所采取的形式：封建地租、资本利润，等等。

最后，应该注意到，在他的早期著作中，马克思使用了“交往形式”这一术语指代生产关系。在《德意志意识形态》（1845—1846年）中，正是

1 马克思：《资本论》第1卷，第194页。

2 同上，第613页。

3 同上，第244页。

4 D.C.诺思（North）和R.P.托马斯（Thomas）：《庄园制的兴衰》，《经济史杂志》1971年第31期，第777—803页；B.J.麦考密克（McCormick）等人：《经济学导论》，哈蒙德斯沃斯，1977年版，第429—431页。

5 见本书边码第209—214页。

社会的交往形式据说会逐渐演变为阻滞生产力增长的桎梏，由此引致社会革命。在1859年《〈政治经济学批判〉序言》中，马克思重复了同样的命题，但将阻滞生产力增长的桎梏称为“生产关系”，该术语被后来的马克思主义者和马克思的评论者所接受。[1]

劳动关系

对马克思所使用的概念做出界定遇到的第一个重要问题就是劳动关系问题，即在工厂或其他生产单位中存在的劳动分工。这些关系是应该被包括在生产关系中，还是应该被包括在生产力中，或者它们构成一种独立范畴？对肖而言，劳动关系是生产关系的组成部分。这“似乎是由该术语（劳动关系）本身所暗示的”。[2]不过，我们不是在讨论“术语”的字面意义，而是试图确定某些概念如何能够被用于历史分析。考虑到这一点，将劳动关系纳入生产关系范畴是无益的。确实，可以引述马克思的话来支持这种用法，正如他在《共产党宣言》中所指出的，“资产阶级除非对生产工具，从而对生产关系，从而对全部社会关系不断地进行革命，否则就不能生存下去”。[3]在这段论文中，马克思肯定是用“生产关系”这
21 一术语指代劳动关系，它由于新生产工具的出现而被改变。但他同时也将生产中的这些劳动关系同社会关系区别开来，而且认为它们都会产生影响。无疑人们会在生产过程中形成彼此之间的关系。将这些在生产过程中形成的关系与社会生产关系（由对剩余劳动的特定占有形式加以界定）相合并是无益的。我们正在研究的是两个非常不同的概念。用同一“术语”来指代两个概念，只会导致混乱。

---

1 《马克思恩格斯选集》第1卷，第92，124页。

2 W.H.肖：《马克思的历史理论》，伦敦，1978年版，第25页。

3 同上，第30—31页；《马克思恩格斯选集》第1卷，第275页。

在巴里巴尔的论述中存在着类似的混乱，他宣称，生产力是“生产方式中某种类型的结合，换句话说，它们也是生产关系”。[1]巴里巴尔论证，生产力不是诸如手推磨或蒸汽磨等“真实存在的东西”。相反，一个社会的生产力能够被界定为占用自然的整体方式，借助这种方式，原材料被转化为产品。生产力不是构成劳动过程的要素（如上面界定的那样），而是这些要素如何被结合在一起的方式。因此，生产力是欧洲现代早期的制造业体系，或现代工业体系，而不是在该体系中使用的任何特定工具或要素。巴里巴尔的论点含有很强的真理成分，尽管有可能将下述两种观点结合在一起，一种观点是将生产力视为一个完整的体系，另一种观点则是将生产力视为构成这种体系的要素（工具、原材料和劳动）。巴里巴尔的另一个论点也是非常有价值的，他宣称，生产力中最令人感兴趣的内容不是它们的成分构成，而是“它们发展的规律和模式”。[2]既然巴里巴尔将占用自然（生产力）同占有剩余劳动（生产关系）区别开来，但他同时却又断言生产力就是一种生产关系，这的确令人感到不解。实际上，巴里巴尔继续沿用着对这两个概念的区分。他将资本主义工业发展的早期阶段同工业革命之后的阶段区分开来，前一阶段仍以人类劳动为主，但后一阶段则是机器，而不是人类劳动决定了生产过程的性质。只是在后一阶段，生产关系才与特定的资本主义生产力之间存在着对应关系。[3]这种观点是否正确，我们这里先不涉及。我们只需指出，如果生产力是一种生产关系的话，那么谈及生产力和生产关系之间的对应关系（或不对应关系）
是没有意义的。这两个范畴应该是彼此不同的。 22

科恩同意，生产的劳动关系（他称之为“生产的物质关系”）必须同

1 L.阿尔都塞和E.巴里巴尔：《读〈资本论〉》，伦敦，1975年版，第235页。

2 同上，第235页。

3 同上，第236—241页。

生产的社会关系（即阶级之间的关系）明确区分开来。[1]科恩将社会划分为三个不同层面，其中生产关系决定社会的上层建筑（国家、意识形态）。而生产关系依次又是由更基本的生产力决定的。科恩明确将劳动关系同生产关系区分开来，例如他曾论证，劳动关系“与生产力一道作为社会生产关系的基础”。[2]不过，科恩并不认为劳动关系应该被包括在生产力范畴之内。对科恩而言，生产力是人们在生产过程中占有和使用的要素，而不是像巴里巴尔所理解的那样，是生产过程被组织的总体方式。科恩论证，特定形式的劳动分工并不构成一种生产力，尽管“有关劳动组织方法的知识是一种生产力”，因为知识是一种要素，它为劳动力所掌握，由此又为拥有劳动力所有权的人占有。但劳动分工在生产过程中既不能被占有，也不能被使用。[3]

对科恩不将劳动关系视为生产力组成部分的观点，可能存在两种反对意见。第一，在何种意义上，知识能被那些使用它的人“所有”，又为什么这必须成为某种东西能够被描述为一种生产力的先决条件？在亚当·斯密有关别针生产中存在劳动分工的著名例子中，雇主实际拥有对工作任务进行分配的知识吗？如果雇主拥有对这种专门知识的垄断或专利的话，难道不可以肯定这是例外吗？[4]第二，我们为什么不能说，在这些别针生产过程中“使用”了特定的劳动分工？科恩正确地论证了蒸汽磨和有关如何制造蒸汽磨的知识都是生产力。[5]那么，在这种情况下，我们为什么不能承认，有关劳动分工的知识和劳动分工本身都是生产力呢？

我们需要在下述主张之间做出选择，即在将劳动关系视为生产关系

---

1 科恩：《卡尔·马克思的历史理论》，第35，111—114页。

2 同上，第113页。

3 同上，第113页。

4 A.斯密：《国富论》第1卷第3部分，哈蒙德斯沃斯，1970年版，第109—110页。

5 科恩：《卡尔·马克思的历史理论》，第32，41页。

（肖、巴里巴尔），视为一种独立概念（科恩），或视为生产力的组成部分（正如麦克默特里所论证的）之间做出选择。生产的劳动关系在本质上不同于生产的社会关系，后者涉及的是对剩余劳动的占有问题。劳动关系是劳动组织过程的内在组成部分，会对劳动生产率产生重要影响。似 23
乎没有什么理由能够说明，为什么不应该将劳动关系包括在社会生产力范畴之内，像那些在生产过程中所使用的要素一样。

生产方式

在最近有关马克思主义历史学的争论中，生产方式居于中心地位。确实，这一概念被描述为“在理论研究的北极地区进行探险的大本营，探险者也许不敢离开一百码以上，害怕由此会迷失在意识形态的暴风雪中”。[1]然而，尽管居于中心地位，但马克思本人却至少以两种截然不同的方式在使用这一术语。“生产方式”可能是指生产的方式，即执行生产的方式。因此，马克思将蒙古人的生产方式称为“放牧”。[2]在《资本论》第3卷中，马克思提到在资本主义社会，“生产方式不断地每天发生变革”。[3]不管我们是否喜欢它，但资本主义的阶级关系却不会每天都在发生革命。很明显，马克思这里指的是劳动过程的组织。类似地，马克思将生产方式称为“一定的工业阶段”，甚至提到“一个工业部门”的生产方式。[4]

不过，马克思主义者通常并不用生产方式这一术语简单地指生产的

1 E.P.汤普森：《理论的贫困》，伦敦，1978年版，第346页。

2 《马克思恩格斯选集》第2卷，第15页。

3 马克思：《资本论》第3卷，第293页。

4 同上，第434页；《马克思恩格斯选集》第1卷，第80页；马克思：《资本论》第1卷，第421页。

技术方式。他们通常用生产方式更广泛地描述生产的“一定的社会性质”。[1]例如，在《哲学的贫困》中，马克思将生产方式视为“生产在其中进行的一定的生产关系”的同义语，而在上面给出的例子中，生产方式被用于指代生产力，而不是生产关系。[2]正是在这种广义上，马克思将资本主义界定为一种生产方式，其中商品借助劳动力商品被生产出来。在这种生产方式中，剩余价值的生产是生产的直接目的和决定性动机。正是这种从社会角度对资本主义的界定，使我们能够将它区别于封建生产方式。[3]资本主义生产方式既包括商品生产，也包括剩余价值的生产，换句话说，资本主义生产方式是生产力与特定类型生产关系的结合，正是后者对资本主义生产方式做出了界定。

这里要论证的是，对马克思社会理论的那些基本术语，我们有可能
24 赋予它们以一种连贯和一致的意义。因此，我们所面临的关键问题并不
是定义问题，而是确定两者之间关系的问题，即社会生产力和社会阶级
25 关系两者之间的关系。我们现在就转向对这一问题的考察。

1 马克思：《资本论》第2卷，第122页。

2 《马克思恩格斯选集》第1卷，第141页。

3 马克思：《资本论》第3卷，第272页；也见《马克思恩格斯全集》第26卷第2册，第452—453页。

第三章
马克思的生产力决定论

我们论证的第一步是要确定，马克思是否确实断言了生产力在历史发展中具有首要性，即“社会生产关系的性质是由生产力的发展水平来解释的”。[1]稍后我们会介绍对马克思这种观点的各种批判和最近为它所做的辩护（第七章），接着给出对马克思和历史变迁的另一种解释（第八章）。既然理论家们最近“确实痴迷于”对生产方式概念的解构，所以有必要厘清马克思对生产力和生产关系之间关系的认识，而这在一些人看来似乎是多余的。[2]但是，在这一问题上确实存在着许多相互矛盾的观点。我们下面将论证，之所以会产生不同观点是由于马克思本人的矛盾认识造成的。对诸如布哈林、科恩和麦克默特里等研究者而言，生产力决定论是马克思整个历史理论的实质所在。[3]对其他研究者而言，该问题只是当要论及马克思对历史思想的贡献时，可以略带提过。[4]还有一些研究者

1 科恩：《卡尔·马克思的历史理论》，第134页。

2 汤普森：《理论的贫困》，第346页。

3 N.布哈林：《历史唯物主义》，密歇根，1969年版，第120—129页；科恩：《卡尔·马克思的历史理论》，第6章；麦克默特里：《马克思世界观的结构》，第71页。

4 E.J.霍布斯鲍姆：《卡尔·马克思对历史学的贡献》，载R.布莱克本编：《社（转下页）

则更进一步，否认对马克思做生产力决定论解读的合法性，以及将生产力决定论视为对历史变迁解释的正确性。[1]对肖而言，《共产党宣言》就是明证，它证明马克思对历史做出的是技术或生产力决定论的解释；但对罗森堡而言，《共产党宣言》却是“对那种认为马克思是技术决定论者的观点的明确驳斥”。[2]因为有这些对马克思做生产力决定论解读的反对意见，所以我们需要对马克思的论述做广泛引证，以证明马克思确实持有一种明确的生产力决定论，而并非仅仅是随便提到或无根据地对这种理
27 论做出断言。[3]

从实质看，生产力决定论是指，社会生产力的发展水平解释了社会生产关系的性质，以致当生产力发展时，社会关系也被迫发生改变。这里不是按年代顺序筛查马克思的著作以说明他的观点，我们认为，厘清马克思生产力决定论的七个重要论点会更有用些，他是从《德意志意识形态》（1845—1846年）开始阐发这些论点的。因此，我们在第七章对生产力决定论的批判也是从这七个方面做出的。在整个讨论中，我们需要将两个非常不同的问题区分开来：

（a）马克思是生产力决定论者吗？

（接上页）会科学中的意识形态》，伦敦，1973年版，第278—279页。

1 C.贝特尔海姆：《苏联的阶级斗争：1917—1923年》，哈索克斯，1976年版，第24页；N.罗森堡：《作为技术研究者的马克思》，载L.利维都（Levidow）和B.扬（Young）编：《科学、技术和劳动过程》，伦敦，1981年版，第11—13页；A.莱文和E.O.赖特：《理性和阶级斗争》，《新左派评论》1980年9—10月第123期，第47—69页；B.辛德斯和P.Q.赫斯特：《前资本主义生产方式》，伦敦，1975年版，第9—12页。

2 W.肖：《马克思的历史理论》，伦敦，1978年版，第139页；罗森堡：《作为技术研究者的马克思》，第12页。

3 罗森堡：《作为技术研究者的马克思》，第11页；卢卡奇：《政治文集：1919—1929年》，伦敦，1972年版，第136页。

（b）生产力决定论对社会结构和历史变迁做出了解释，这种解释在逻辑上能站得住脚吗，在经验上能加以证明吗?

我们不应该将这两个问题混淆起来去论证：

（a）因为马克思是生产力决定论者，所以该理论必然是正确的（马克思一贯正确）；或

（b）因为这种理论是不正确的，所以马克思不可能持有它（马克思从不会错）。

1. 不进行生产，人类不可能生存，人类社会也不可能存在。

> 一切人类生存的第一个前提，也就是一切历史的第一个前提，……人们为了能够“创造历史”，必须能够生活。但是为了生活，首先就需要吃喝住穿以及其他一些东西。因此第一个历史活动就是生产满足这些需要的资料，即生产物质生活本身，而且这是这样的历史活动，一切历史的一种基本条件，人们单是为了能够生活就必须每日每时去完成它，现在和几年前都是这样。[1]
>
> 尽管直到现在，历史著作很少提到物质生产的发展，即整个社会生活以及整个现实历史的基础。[2]

其内涵当然是，因为这些需求的满足是人类生存的根本前提，所以它们在历史因果关系中也是具有根本重要性的原因。

2. 人类以一种独特的方式从事生产，正是这种方式将他

1 《马克思恩格斯选集》第1卷，第78—79页。

2 马克思：《资本论》第1卷，第204页注释5a。

们同其他动物区别开来。

> 可以根据意识、宗教或随便别的什么来区别人和动物。一当人开始**生产**自己的生活资料的时候，……人本身就开始把自己和动物区别
> 28 开来。[1]
>
> 劳动资料的使用和创造，虽然就其萌芽状态来说已为某几种动物所固有，但是这毕竟是人类劳动过程独有的特征，所以富兰克林给人下的定义是制造工具的动物。[2]
>
> 劳动首先是人和自然之间的过程，是人以自身的活动来引起的、调整和控制人和自然之间的物质变换的过程。……在这里，我们不谈最初的动物式的本能的劳动形式……我们要考察的是**专属于人**的劳动。蜘蛛的活动与织工的活动相似，蜜蜂建筑蜂房的本领使人间的许多建筑师感到惭愧。但是，最蹩脚的建筑师从一开始就比最灵巧的蜜蜂高明的地方，是他在用蜂蜡建筑蜂房以前，已经在自己的头脑中把它建成了。……他不仅使自然物发生形式变化，同时他还在自然物中实现自己的目的。[3]

恩格斯更简明地表述了这种区别：

> 人类社会和动物社会的本质区别在于，动物最多是搜集，而人则能从事**生产**。[4]

---

1 《马克思恩格斯选集》第1卷，第67页。

2 马克思：《资本论》第1卷，第204页；也见《马克思恩格斯选集》第1卷，第67页；马克思有关富兰克林的论述也见《资本论》第1卷，第363页注释。

3 马克思：《资本论》第1卷，第201—202页。

4 《马克思恩格斯选集》第4卷，第623页。

生产力决定论的第一个要点暗示，生产是历史发展中的根本要素，因为在能够创造历史之前，“人”必须进行生产；第二个要点暗示，因为“人”也许能够被界定为制造工具的动物，所以生产肯定具有因果关系上的首要性。

3.1. 一般而言，社会生产关系（或“交往形式”）是由生产力的发展水平决定的（“首要性命题”）。

如果“要点1”和“要点2”只是暗示了生产对人类社会的根本重要性的话，那么“要点3.1”则是一个更具体的命题，即劳动过程的性质导致某种特定的生产关系。这正是科恩称之为“首要性命题”[1]的内容。因为这一命题是生产力决定论的本质所在，所以要求做最详细的引述来证明它的合法性。《德意志意识形态》是马克思系统地提出他有关历史发展的生产力决定论解释的第一部著作：

> 以一定的方式进行生产活动的一定的个人，发生一定的社会关系和政治关系。经验的观察在任何情况下都应当根据经验来揭示社会结构和政治结构同生产的联系，而不应当带有任何神秘和思辨的色彩。社会结构和国家总是从一定的个人的生活过程中产生的。但是，这里所说的 29
> 个人不是他们自己或别人想象中的那种个人，而是现实中的个人，也就是说，这些个人是从事活动的，进行物质生产的，因而是在一定的物质的、不受他们任意支配的界限、前提和条件下活动着的。[2]

在这里，马克思表明，我们能够设想生产中的个人，他们形成各种社会关

1　科恩：《卡尔·马克思的历史理论》，第134页。

2　《马克思恩格斯选集》第1卷，第71—72页。

系。不过，他后来指出，“说到生产，总是指在一定社会发展阶段上的生产——社会个人的生产”。[1]不可能设想一个纯粹进行生产的时刻，它在人们形成各种社会关系之前发生，这是对生产力决定论提出批评的一种主要理由，下文我们再予以详述。因此，在对马克思的生产力决定论提出批判之前，我们必须首先确立它的合法性。

马克思最著名的一个论断是，他的历史观就在于：“从直接生活的物质生产出发阐述现实的生产过程，把同这种生产方式相联系的、它所产生的交往形式即各个不同阶段上的市民社会理解为整个历史的基础。”[2]换种说法，物质生活的生产（这里被描述为生产方式）创造了各种不同的社会交往形式或市民社会。马克思非常具体地指出，“人们所达到的生产力的总和决定着社会状况，因而，始终必须把‘人类的历史’同工业和交换的历史联系起来研究和探讨”。[3]马克思一再强调，社会关系的某种形式与生产力发展的确定阶段相适应：

> 一切对于后来时代来说是偶然的东西，对于先前时代来说则相反……是与生产力发展的一定水平相适应的交往形式。生产力与交往形式的关系就是交往形式与个人的行为或活动的关系。[4]
>
> 市民社会包括各个人在生产力发展的一定阶段上的一切物质交往。[5]
>
> 地租、利润等这些私有财产的现实存在形式是与生产的一定阶段

1 《马克思恩格斯全集》第46卷上，第22页。

2 《马克思恩格斯选集》第1卷，第92页。

3 同上，第80页。

4 同上，第123页。

5 同上，第130页。

> 相适应的社会关系。[1]
>
> 在小工业以及到目前为止的整个农业中，所有制是现存生产工具的必然结果。[2]

由此可见，马克思创立了一种有关社会的三层次解释模式，其中，生产力创造某种生产关系，依次又有特定的国家形式与后者相适应。[3]类似地： 30

> 人们是自己的观念、思想等等的生产者，但这里所说的人们是现实的、从事活动的人们，他们受自己的生产力和与之相适应的交往的一定发展所制约。[4]

接着，马克思批判了一些思想家，他们将社会中占统治地位的思想同“进行统治的个人分割开来，主要是同生产方式的一定阶段所产生的各种关系分割开来”。[5]再次地，马克思将生产方式（这里指生产过程）同由它产生的社会关系区别开来。

《德意志意识形态》在马克思和恩格斯在世时并未能出版，马克思后来调侃道，既然已经澄清了问题，那么他和恩格斯就把手稿留给老鼠的牙齿去批判吧（“事实上，手稿保存到今天，确实已有大量鼠咬的痕迹”[6]）。有些学者也许会由于这是一部早期的、未能出版的手稿而无视它的一些论断（尽管手稿未能出版并不是因为马克思和恩格斯未做这方

---

1 《马克思恩格斯全集》第3卷，人民出版社1960年版，第255页。

2 《马克思恩格斯选集》第1卷，第104页。

3 《马克思恩格斯选集》第2卷，第32页。

4 《马克思恩格斯选集》第1卷，第72页。

5 同上，第101页。

6 D.麦克莱兰（McLellan）：《卡尔·马克思》，伦敦，1976年版，第151页。

面的努力），尤其是因为恩格斯后来曾谈到，这部著作只是表明“当时我们在经济史方面的知识还多么不够”。[1]尽管如此，但《德意志意识形态》中阐发的生产力决定论不可能作为他们年轻时的错误认识而不加理会，因为马克思在他整个一生的探索中都一直在不断地重复这些论断。

在《德意志意识形态》中对费尔巴哈和青年黑格尔派做了清算之后，马克思的下一个论战对手是法国社会主义者蒲鲁东。在对蒲鲁东的批判（在他写于1847年的《哲学的贫困》中完成的），以及与此相关的通信中，马克思对生产力决定论做了最明确的论述。在《哲学的贫困》中，马克思对他的理论做了著名的表述：

> 经济学家蒲鲁东先生非常明白，人们是在一定的生产关系中制造呢绒、麻布和丝织品的。但是他不明白，这些一定的社会关系同麻布、亚麻等一样，也是人们生产出来的。社会关系和生产力密切相联。随着新生产力的获得，人们改变自己的生产方式，随着生产方式即谋生的方式的改变，他们也就会改变自己的一切社会关系。手推磨产生的是封建主的社会；蒸汽磨产生的是工业资本家的社会。[2]

但是，马克思在这里再次是用生产方式指代进行生产的方式，即人们谋取生计的方式，而且认为正是劳动过程中的变化构成历史变迁的动力，
31 它既创造特定的生产关系，接着又创造新的生产关系：

> 生产力在其中发展的那些关系，并不是永恒的规律，而是同人们及其生产力的一定发展相适应的东西，人们生产力的一切变化必然引起他

1 《马克思恩格斯选集》第4卷，人民出版社1995年版，第212页。

2 《马克思恩格斯选集》第1卷，第141—142页。

们的生产关系的变化。[1]

在1846年12月写给安年科夫（Annekov）的一封信中，马克思发展了他对蒲鲁东的批判，他在信中论证，尽管蒲鲁东认识到了历史中存在着进步，但他却不可能对这种进步做出解释。马克思提出了他自己对社会进步的解释：

> 在人们的生产力发展的一定状况下，就会有一定的交换和消费形式。在生产、交换和消费发展的一定阶段上，就会有相应的社会制度、相应的家庭、等级或阶级组织，一句话，就会有相应的市民社会。[2]
>
> 人类历史随着人们的生产力以及人们的社会关系的越益发展而越益成为人类的历史。[3]

在将生产关系与生产力之间的必然对应关系描述为一种功能关系方面，即根据特定生产关系所发挥的有益社会功能来解释其存在上，生产力决定论的现代支持者是追随马克思的：

> 人们永远不会放弃他们已经获得的东西，然而这并不是说，他们永远不会放弃他们在其中获得一定生产力的那种社会形式。恰恰相反，为了不致丧失已经取得的结果，为了不致失掉文明的果实，人们在他们的交往方式不再适合于既得的生产力时，就不得不改变他们继承下来的一切社会形式。我在这里使用“交往”一词是就它的最广泛的意义而言的，就像在德文中使用“Verker”一词（即就“交往”而言，马克思意指

1 《马克思恩格斯选集》第1卷，第152页。

2 《马克思恩格斯选集》第4卷，第532页。

3 同上。

社会交往形式）。[1]

马克思批判蒲鲁东没有认识到，在人们的生活过程中，他们会形成彼此之间的某种关系，而“这种关系的性质必然会随着生产力的变化和增长而变化”。蒲鲁东犯了将经济范畴视为是永恒不变的错误，而事实上它们只是适用于特定历史时期的规律，即“适于一定的生产力发展阶段的规律”。[2]在这里，马克思的生产力决定论以两个论断为基础，但后来马克思自己对此做了否定：第一，我们能够设想进行生产的“个人”，然后他们建
32 立社会关系，但生产本身事实上就是一种社会行为；第二，历史发展的特定阶段可以由生产力的发展水平予以确定。[3]

尽管马克思后来对这些假设提出了质疑，但他对蒲鲁东的批判却是以生产力决定论为基础的。因此，当1865年J.B.施韦泽（Schweitzer）写信表示支持他对蒲鲁东的看法时，马克思重申了他在1846年做出的批判：“［蒲鲁东］在研究经济范畴时带有思辨哲学的幻想……他不是把经济范畴看作历史的、与物质生产的一定发展阶段相适应的生产关系的理论表现。”[4]1847年底，在布鲁塞尔向德国工人协会所做的多次演讲中，马克思以一种通俗形式对他的历史理论做了表述。生产力再次地被确定为导致社会变迁的根本原因和能动力量：“社会生产关系，是随着物质生产资料、生产力的变化和发展而变化和改变的。”[5]

我们将在下文论证，在《经济学手稿》和《资本论》中，马克思对自己的生产力决定论提出了一种未明言的批判。尽管如此，但将马克思的思想

1 《马克思恩格斯选集》第4卷，第532—533页。

2 同上，第537页。

3 《马克思恩格斯全集》第46卷上，第21—22页；马克思：《资本论》第1卷，第244页。

4 《马克思恩格斯全集》第16卷，人民出版社1964年版，第31页。

5 《马克思恩格斯选集》第1卷，第345页。

演变视为一种单线式的发展，已经背离了他早先做出的一些判断，这是非常错误的。恰恰相反，在19世纪50和60年代的著作中，马克思在继续重复他早先提出的有关生产力具有决定性的论断。甚至那些拒绝接受生产力决定论的马克思主义者也不得不承认，1859年《〈政治经济学批判〉序言》是一部公开承认生产力决定论的文本，该文本是诸如科恩、肖和麦克默特里等研究者提出对马克思解释所依据的最重要的资料。稍后，我们将对《〈政治经济学批判〉序言》做出细致考察。在这里，我们只是引述他所做的明确论断："人们在自己生活的社会生产中发生一定的、必然的、不以他们的意志为转移的关系，即同他们的物质生产力的一定发展阶段相适合的生产关系。"[1]在对这部著作的评价中，恩格斯强调马克思做出了"革命性的发现"，"物质生活的生产方式制约着整个社会生活、政治生活和精神生活的过程"，这并不令人感到奇怪，我们也许应该注意到，马克思本人能够对这种评价施加主要的影响。[2]

前面已经提到，马克思在《资本论》中赞许地引用了富兰克林对人的
界定，他将人界定为"制造工具的动物"。从该定义中，我们能够推断出： 33
"动物遗骸的结构对于认识已经绝迹的动物的机体有重要的意义，劳动资料的遗骸对于判断已经消亡的社会经济形态也有同样重要的意义。各种经济时代的区别，不在于生产什么，而在于怎样生产，用什么劳动资料生产。"[3]马克思非常明确地将生产工具比作动物的遗骸，它反映着动物的特殊构造。有人也许会提出反对意见，认为当马克思宣称，将社会的不同经济形态区分开来的是他们"怎样"生产，而这个"怎样"可能就包含了社会关系，因此不可能用这个说法来支持对马克思做生产力决定论的解读。不过，马克思曾明确指出，就"怎样"而言，他指的是生产技术，例如

1 《马克思恩格斯选集》第1卷，第32页；莱文和赖特：《理性和阶级斗争》，第48页。

2 《马克思恩格斯选集》第1卷，第32页；麦克莱兰：《卡尔·马克思》，第310页。

3 马克思：《资本论》第1卷，第204页。

他强调："在从工艺上比较各个不同的生产时代时，真正的奢侈品在一切商品中意义最小。"[1]马克思从中合逻辑地推导出了它的经验结论：

> 尽管直到现在，历史著作很少提到物质生产的发展，即整个社会生活以及整个现实历史的基础，但是，至少史前时期是在自然科学研究的基础上，而不是在所谓历史研究的基础上，按照制造工具和武器的材料，划分为石器时代、青铜时代和铁器时代的。[2]

马克思的结论是从他较早期的论断中合逻辑地推导出的；正如我们将看到的，问题在于，历史学家（马克思主义的或非马克思主义的）很少能够听从马克思的忠告。

最后，应该提醒注意的是，恩格斯提出了许多一般性的论断，它们重复着马克思有关生产力在社会发展中具有首要性的命题。例如，在1884年写给考茨基的信中，恩格斯宣称：

> 轮作制、人造化肥、蒸汽机和动力织布机是与资本主义生产不可分割的，正如野蛮人的工具是与他的生产不可分割的一样。野蛮人的工具制约着社会，就像新工具制约着资本主义社会一样。[3]

在1894年的一封信中，恩格斯说明了他和马克思所创立的历史唯物主义的实质所在：

> 我们视之为社会历史的决定性基础的经济关系，是指一定社会的人

1 马克思：《资本论》第1卷，第204页注释5。

2 同上，第204页注释5a。

3 《马克思恩格斯全集》第36卷，人民出版社1974年版，第169—170页。

> 们生产生活资料和彼此交换产品（在有劳动分工的条件下）的方式。因此，这里包括生产和运输的全部技术。这种技术，照我们的观点看来，也决定着产品的交换方式以及分配方式，从而在氏族社会解体后也决 34
> 定着阶级的划分，决定着统治和被奴役的关系，决定着国家、政治、法等等。[1]

由此可见，恩格斯在社会产品的生产和分配之间做出区分。生产是主导性的因素，它构成产品分配，因而也构成阶级划分的基础。在为《共产党宣言》后来出版的几个新版本所写的多个序言中，恩格斯做了同样的区分，例如，他一方面提到“经济生产”或“主要的经济生产方式和交换方式”，另一方面提到“社会结构”，认为后者“必然”源于前者。[2]最近一些学者对法国马克思主义者阿尔都塞提出批评，批评他持有的是一种“李嘉图式”的生产和社会关系概念，其中生产被完全视为技术条件，社会关系被视为分配关系。由此，他将“经济”同“社会”区分开来，但他未能认识到，对马克思而言，生产既是物质产品，同时也是社会关系的生产。这里，我们不去关注对阿尔都塞的这种批评是否正确。[3]我们感兴趣的是，马克思和恩格斯的生产力决定论是否仅仅包括这样一种“李嘉图式”的生产观，这种观点认为，个体首先开始生产，然后才创造相应的社会关系。我们不应该认为，将社会组织等同于“分配”是恩格斯在马克思去世后提出的一种错误认识，能够不予理会。在生产和社会关系之间做出区分不仅是马克思的生产力决定论所暗含的基础，而且马克思也在《德意志意识

---

1 《马克思恩格斯选集》第4卷，第731页。

2 《马克思恩格斯选集》第1卷，第252，257页。

3 S.克拉克编：《单向度的马克思主义》，伦敦，1980年版，第49—50，160页；E.汤姆林森（Tomlinson）：《阿尔都塞、巴里巴尔和生产》，《资本和阶级》1978年第4期，第127—129页。

形态》中专门提到这种区分，即工业、商业、生产和交换“制约着分配，不同社会阶级的划分”。[1]我们将在下文论证，对这种李嘉图式的生产观，马克思确实提出了批判，换句话说，马克思对自己所提出的生产力决定论提出了批判。需要再次强调的是，我们的目标不是试图证明马克思的思想具有前后一致性或统一性，而是关注“他的思想表现出的，但又未明言的
35 内部分歧、缺陷、疏漏和矛盾”。[2]

3.2. 马克思不仅提出一般性论断，认为社会生产关系是由生产力的发展水平决定的，而且他还用许多历史实例来说明这一论断。

正如上文提到的，马克思曾将史前时期划分为石器时代、青铜时代和铁器时代，这应该被视为是对他持有生产力决定作用观点的证实。根据社会劳动分工的演进，即工业和农业之间、城镇和乡村之间、行业内部、国家之间的分工，《德意志意识形态》对人类历史做了更细致的分析。在追溯社会演进上，劳动分工是一个至关重要的概念，因为它对社会生产力的发展水平提供了一种度量。“任何新的生产力……都会引起分工的进一步发展。”生产力和劳动分工所达到的发展阶段又决定“民族的整个内部结构”。[3]接着，马克思用具体历史实例来进一步说明他的理论。

（1）原始共产主义社会

马克思论证，社会生产力的发展导致特定所有制形式的出现，或换

1 《马克思恩格斯选集》第1卷，第77页。

2 C.贝尔西（Belsey）：《批判实践》，伦敦，1980年版，第109页；也见前引第15页。

3 《马克思恩格斯选集》第1卷，第68页。

句话说，导致特定形式的“对他人劳动力的支配”。[1]因此：

> 第一种所有制形式是部落所有制。它与生产的不发达阶段相适应，当时人们靠狩猎、捕鱼、畜牧，或者最多靠耕作为生。在后一种情况下，它是以有大量未开垦的土地为前提的。在这阶段，分工还很不发达，仅限于家庭中现有的自然形成的分工的进一步扩大。[2]

当然是恩格斯，而不是马克思，在《家庭、私有制和国家的起源》（写于1884年）中对人类史前史做了最详细的考察。恩格斯宣称，他的这部著作是在“执行遗言”，即实现马克思阐明摩尔根在《古代社会》（写于1877年）中所获得的研究成果的全部意义的遗愿，摩尔根以他自己的方式，重新发现了由马克思在19世纪40年代发现的唯物主义历史观。[3]相比将史前时期划分为石器时代、青铜时代和铁器时代的做法，摩尔根提出了对史前时期更为复杂的描述。尽管马克思在《资本论》第1卷中接受了上述那种简单划分，但他保留了依据生活必需品生产的主要技术来对阶段进行划分的做法。因此，“人类进步的一切大的时代，是跟生活来源扩充 36
的各时代多少直接相符合的”。[4]摩尔根将社会演进划分为三个时期：即蒙昧时期、野蛮时期和文明时期，又将前两个时期细分为低级、中级和高级三个阶段，他是根据“生活资料生产中取得的进步”做如此划分的。例如，在蒙昧时期，人类是靠渔猎为生的；而在野蛮时期，标志性特征则是动物的驯养和植物的种植。摩尔根还根据技术上的差异对蒙昧和野蛮时期做进一步的阶段划分。因此，蒙昧时期的中级阶段以使用火为标志，野

1 《马克思恩格斯选集》第1卷，第84页。

2 同上，第68—69页。

3 《马克思恩格斯选集》第4卷，第1页。

4 这是恩格斯引用摩尔根的话，《马克思恩格斯选集》第4卷，第18页。

蛮时期的低级阶段以陶器的使用为标志，等等。这些阶段都是依据生产的进化来做出划分的，恩格斯认为，正是这一事实使得摩尔根的发现变得无可争议。[1]

（2）古代社会

在《德意志意识形态》中，马克思确定的社会演进的第二大阶段是古代的公社所有制和国家所有制形式。在这种类型的社会中，几个部落合并建立一个城市，其中作为公社所有制的一种形式，奴隶为城市所有。不过，公社所有制逐渐让位于私人所有制。从某种意义上看，这个历史阶段是充满矛盾的。生产力得到提高和劳动分工也已出现，后者反映在城乡之间、国家之间、工业和海外贸易之间，及公民和奴隶之间的对立上。[2]另一方面，尽管生产力的发展水平已经超过了最初期的部落社会，但它们仍然处于相对较低的水平上，以致“每个人不是做奴隶，就是拥有奴隶”。[3]

同样地，恩格斯后来也在生产力的发展和奴隶制的出现之间确立了联系：

> 为了能使用奴隶，必须掌握两种东西：第一，奴隶劳动所需的工具和对象；第二，维持奴隶困苦生活所需的资料。因此，先要在生产上达到一定的阶段，并在分配的不平等上达到一定的程度，奴隶制才会成为可能。要使奴隶劳动成为整个社会中占统治地位的生产方式，还需要大得多的生产、贸易和财富积累上的增长。[4]

在《家庭、私有制和国家的起源》中，恩格斯发展了他和马克思在《德意

---

1 《马克思恩格斯选集》第4卷，第18—24页。

2 《马克思恩格斯选集》第1卷，第69页。

3 《马克思恩格斯全集》第3卷，第169页。

4 同上，第503—504页。

志意识形态》中提出的观点，即人类历史是生产力增长的历史，由此也是劳动分工和社会阶级发展的历史： 37

> 一切部门——畜牧业、农业、家庭手工业——中生产的增加，使人的劳动力能够生产出超过维持劳动力所必需的产品。同时，它也增加了氏族、家庭公社或个体家庭的每个成员所担负的每日的劳动量。吸收新的劳动力成为人们向往的事情了。战争提供了新的劳动力：战俘变成了奴隶。第一次社会大分工，在使劳动生产率提高，从而使财富增加并且使生产领域扩大的同时，在既定的总的历史条件下，必然地带来了奴隶制。从第一次社会大分工中，也就产生了第一次社会大分裂，分裂为两个阶级：主人和奴隶、剥削者和被剥削者。[1]

伴随着生产率的持续增长，在奴隶主和奴隶之间的分工变得更为普遍，同时富人和穷人之间的差别也越加明显：

> 于是发生了第二次大分工：手工业和农业分离了。生产的不断增长以及随之而来的劳动生产率的不断增长，提高了人的劳动力的价值；在前一阶段上刚刚产生并且是零散现象的奴隶制，现在成为社会制度的一个根本的组成部分……
>
> 随着生产分为农业和手工业这两大主要部门，便出现了直接以交换为目的的生产，即商品生产；随之而来的是贸易，……除了自由民和奴隶的差别以外，又出现了富人和穷人的差别——随着新的分工，社会又有了新的阶级划分。[2]

---

1 《马克思恩格斯选集》第4卷，第161页。

2 同上，第163—164页。

（3）封建社会

如果古代世界的奴隶劳动反映了生产力发展水平低下的话，那么在《德意志意识形态》中确定的第三种所有制形式，即中世纪的封建所有制形式也是如此。封建时代的所有制的主要形式：一方面是土地所有制和束缚于土地所有制的农奴劳动，另一方面是拥有少量资本并支配着帮工劳动的自身劳动。这两种封建所有制形式都是与社会生产力的不发达状态，以及由此产生的有限程度的劳动分工相对应的："这两种所有制的结构都是由狭隘的生产关系——小规模的粗陋的土地耕作和手工业式的工业——决定的。"在农业中，分工因土地的小块耕作而受到阻碍，与这种耕作方式同时产生的还有农民自己的家庭工业；在工业中，各业手工业
38 内部根本没有实行分工，而各业手工业之间的分工也是非常少的。[1]在《资本论》第3卷有关封建地租的分析中，马克思重复了他在封建所有制形式与社会生产力发展水平低下之间确立的联系。他论证，任何生产方式都需要管理和秩序，以使社会稳定得以维系：

> 在生产过程以及与之相适应的社会关系的停滞状态中，一种生产方式所以能取得这个形式，只是由于它本身的反复的再生产。……
>
> ……但是，因为这种剩余劳动的形式即徭役劳动，是建立在一切社会劳动生产力的不发展，劳动方式本身的原始性的基础上，所以和在发达的生产方式下特别是资本主义生产下相比，它自然只会在直接生产者的总劳动中，取走一个小得多的部分。[2]

但是，马克思在这里再次假设了一种预先存在的社会生产力发展水平，由此特定形式的剩余劳动（在上述例子中是封建地租）能够从其中产生。

1 《马克思恩格斯选集》第1卷，第71页。

2 马克思：《资本论》第3卷，第894页。

（4）“亚细亚”生产方式

在《德意志意识形态》中，马克思在最早形式的部落所有制、古代城市的公社—国家所有制（它逐渐演化为一种以奴隶制为基础的生产方式）和封建所有制形式（它以农民的农奴化为基础，农奴向贵族缴纳地租）之间做出区分。上述的每一种社会形态都与生产力和社会劳动分工发展的特定阶段相适应。[1]不过，在《德意志意识形态》中，马克思并未提出亚细亚生产方式的概念。在我们对前资本主义各生产方式的考察中，亚细亚生产方式是我要考察的最后一种所有制形式。佩里·安德森指出，从马克思和恩格斯有关中国和印度的著述中，我们“不可能推演出一种连贯一致或系统地对‘亚细亚生产方式’的说明”，因为他们对亚洲社会的解释在许多观点之间摇摆不定。[2]尽管如此，但我们还是能够将这种生产方式的中心特征确定为这样一种状况，即农民生产者不是面对私人土地所有者，而是直接隶属于国家：“那么，地租和赋税就会合为一体，或者不如说，不会再有什么同这个地租形式不同的赋税。”[3]正是赋税和地租的这种合二为一，界定了亚细亚生产方式的本质特征，尽管在诸如这里盛行水利灌溉农业、国家对土地的垄断，或部落共同体的所有权等问题上，马克思的含混认识引发了许多争议。

可以肯定，马克思在一般意义上指出，亚细亚形式的所有制关系是由生产力和劳动分工发展的特定阶段决定的： 39

> 劳动主体所组成的共同体，以及以此共同体为基础的财产，归根到底归结为劳动主体的生产力发展的一定阶段，而和该阶段相适应的是劳动主体相互间的一定关系和他们对自然界的一定关系。……财产最初意

1　《马克思恩格斯选集》第1卷，第68—71页。

2　安德森：《绝对主义国家的谱系》，伦敦，1979年版，第483页。

3　马克思：《资本论》第3卷，第891页。

味着（在亚细亚的、斯拉夫的、古代的、日耳曼的所有制形式中就是这样），劳动的（进行生产的）主体（或再生产自身的主体）把自己的生产或再生产的条件看作是自己的东西。因此，它也将依照这种生产的条件而具有种种不同的形式。[1]

马克思在《资本论》第1卷中重申了这种论断，他指出，亚细亚的和古代的生产方式存在的条件是“劳动生产力处于低级发展阶段”。[2]他还确定了在这种生产力较低发展水平下存在的特定劳动分工，它构成亚细亚生产方式的基础。古代世界的显著特征是在城镇和乡村之间劳动分工的发展与不同社会利益的形成。[3]而亚细亚生产方式存在的前提却是制造业和农业在小范围共同体内的结合，由此该共同体成为自给自足的，并且包括了进行生产和剩余生产的全部条件。[4]作为农村共同体自给自足特征的结果，在所有共同体所有制形式中，亚细亚生产方式“必然保持得最顽强也最长久”，它简单的和不发达的劳动分工“为理解亚细亚社会的长期停滞提供了一把钥匙”。[5]

（5）资本主义社会

在《资本论》中，马克思的全部兴趣是要证明，资本主义并不是一种永恒存在的社会制度，它不是从来就有的，也不会永远地存在下去。他的目标是要揭示，像所有较早期存在的阶级社会一样，资本主义也是一种在历史上短暂存在的社会形态。它在特定的时间出现，有其自身的特殊发展规律，并将（马克思满怀信心地预言）以同样的方式走向灭亡，即

1 《马克思恩格斯全集》第46卷上，人民出版社1979年版，第495—496 页。

2 马克思：《资本论》第1卷，第96页。

3 《马克思恩格斯全集》第46卷上，第476页；《马克思恩格斯选集》第1卷，第69页。

4 《马克思恩格斯选集》第1卷，第764页。

5 《马克思恩格斯全集》第46卷上，第484页；马克思：《资本论》第1卷，第397页。

“资产阶级用来推翻封建制度的武器，现在却对准资产阶级自己了”。[1]马克思将资本主义的存在同生产力发展的特定水平相联系，正如部落的、古代的、亚细亚的和封建的生产方式与物质生产发展的特定阶段相适应一样，这并不会令读者感到奇怪。因此，现代资本主义农业的出现是以新
社会关系的引入，即以在资本和雇佣劳动之间关系的引入为前提的。依 40
次地，这种关系又是“以产业、商业和科学的一定发展，简言之，以生产力的一定发展为基础的”。[2]生产力和生产关系之间的这种对应关系并非仅仅局限于农业，因为“一般说来，以资本和雇佣劳动为基础的生产，不仅在形式上不同于其他生产方式，而且也要以物质生产的全面变革和发展为前提的”。[3]马克思认为，资本主义是一种具有特殊活力的生产方式，它在加速社会生产力的增长上引人注目。不过，资本主义不仅确实会促动生产力的发展，而且它本身也是“把生产力的全面的发展，把自己的现有前提的不断变革，当作它自己再生产的前提”。[4]因此，作为一种社会关系，资本形成的基础和条件是“物质生产力的这种特殊发展阶段”。[5]我们将在本章5.2小节中对资本主义与生产力发展水平之间的关系做进一步的探讨。

4. 生产力决定论的第四个主要论点是，生产力在整个历史过程中具有内在的发展倾向（“发展命题”）。[6]

对诸如科恩等学者提出的辩护而言，证明生产力不仅在整个历史过

1 《马克思恩格斯选集》第1卷，第278页。

2 《马克思恩格斯全集》第46卷上，第234页。

3 同上，第235页。

4 《马克思恩格斯全集》第46卷下，第35页。

5 《马克思恩格斯全集》第26卷第1册，人民出版社1972年版，第418页。

6 科恩：《卡尔·马克思的历史理论》，第139页。

程中会不断地发展，而且具有内在的发展倾向，是至关重要的。[1]如果无法对此做出证明，例如，如果生产力的发展是由生产关系或由来自社会上层建筑的思想意识决定的，那么，为生产力在社会演进中具有首要地位所做的全部辩护都将失败，由此必须承认某种其他因素才是人类历史发展中的关键决定因素。

麦克默特里指出，相比任何其他原理，马克思更有力地强调了生产力在整个历史过程中不断发展的原理，而且是反复予以强调的。[2]这种对马克思的解读是夸大其词的，即使它是正确的，但认为马克思和恩格斯有一种解释生产力为什么应该会不断提高的理论，却是错误的。马克思和恩格斯肯定假设了生产力是不断发展的，他们偶尔也做这样的断言，但他们从未对这为什么应该是事实所在提出任何解释。因此，在《哲学的贫困》中，马克思断言，"生产力的增长、社会关系的破坏、观念的形成都是不断
41 运动的，只有运动的抽象才是停滞不动的"。[3]在《资本论》第3卷中，马克思再次断言了生产力的增长：

> 就劳动过程只是人和自然之间的单纯过程来说，劳动过程的简单要素对于这个过程的一切社会发展的形式来说都是共同的。但劳动过程的每个一定的历史形式，都会进一步发展这个过程的物质基础和社会形式。这个一定的历史形式达到一定的成熟阶段就会被抛弃，并让位给较高级的形式。[4]

在其他著作中，马克思并未如此多地断言生产力的增长，只是简单地假

---

1 肖：《马克思的历史理论》，第65页。

2 麦克默特里：《马克思世界观的结构》，第65页。

3 《马克思恩格斯选集》第1卷，第142页。

4 马克思：《资本论》第3卷，第999页。

设它的存在。例如，在《德意志意识形态》中，马克思论证，生产关系与生产力的发展水平相适应。由此可以推断出，社会形态的历史就是“发展着的，由每一个新的一代承受下来的生产力的历史，从而也是个人本身力量发展的历史”。[1]生产力的“一切变化必然引起生产关系的变化”[2]，这被简单地视为是想当然的。马克思至多只是描述了生产力的这种演进：“这种发展是自发地进行的，就是说它不服从自由联合起来的个人的共同计划，所以它是以各个不同的地域、部落、民族和劳动部门等等为出发点的，其中的每一个起初都与别的不发生联系而独立地发展，然后才逐渐与它们发生联系。”[3]在1859年《〈政治经济学批判〉序言》中，马克思宣称，在生产过程中，人们形成了“同他们的物质生产力的一定发展阶段相适合”的生产关系，但生产力为什么就应该发展并没有得到解释，它只是被简单地假设为论证的前提。[4]马克思告诉我们，社会的生产关系必须与不断演进的生产力相适应，由此社会发展的“文明的果实——已经获得的生产力就不会被剥夺”，因为“人们永远不会放弃他们已经获得的东西”，但是这仍然没有解释居于首要地位的生产力为什么会不断发展。[5]生产力已经获得的发展被视为一种经验事实，它表现在劳动分工不断进化的社会发展趋势上。但马克思和恩格斯从未揭示，生产力为什么必须不断发展。我们将在下文讨论科恩的“发展命题”时回到这一问题。[6] 42

1 《马克思恩格斯选集》第1卷，第124页。

2 同上，第152页。

3 同上，第124页。

4 《马克思恩格斯选集》第2卷，第32页。

5 《马克思恩格斯选集》第1卷，第152页；《马克思恩格斯选集》第4卷，第532页。

6 见本书边码第116—126页。

5.1. 社会生产关系与生产力的发展水平相适应（命题3）。而且，生产力具有内在的发展和变化倾向（命题4）。最终会到达一个时间点上，此时，社会生产关系滞后于生产力的发展，并变成生产力发展的桎梏。**因此，为了使生产力能够继续发展，**这些过时的生产关系将被抛弃，新的生产关系将会产生。

生产关系滞后于生产力的发展，这是生产力决定论的一个中心假设，因为，正是生产力被视为是历史发展的决定性动力和特征。对马克思而言，生产力和生产关系之间的这种矛盾是理解人类历史的钥匙："按照我们的观点，一切历史冲突都根源于生产力和交往形式之间的矛盾。"[1]人类历史据说是由各种社会交往形式（部落的、古代的、封建的、资本主义的等）的更替构成。各种交往形式的"联系"就在于："已成为桎梏的旧交往形式被适应于比较发达的生产力，因而也适应于进步的个人自主活动方式的新交往形式所代替；新的交往形式又会成为桎梏，然后又为别的交往形式所代替。"[2]生产力和生产关系之间的矛盾并非仅仅是一种经济现象。它的影响能够渗透到社会结构的各个层面，因为它"每一次都不免要爆发为革命，同时也采取各种附带形式，如冲突的总和，不同阶级之间的冲突，意识的矛盾，思想斗争，政治斗争，等等"。[3]毫无疑问，1859年《〈政治经济学批判〉序言》——是表述生产力决定论思想的关键性文本——假设，生产力是人类历史中的能动要素，它会定期消除社会对它施加的限制："社会的物质生产力发展到一定阶段，便同它们一直在其中运动的现存生产关系或财产关系发生矛盾。……这些关系便由生产力

1 《马克思恩格斯选集》第1卷，第115页。

2 同上，第124页。

3 同上，第115页。

的发展形式变成生产力的桎梏。那时社会革命的时代就到来了。”[1]每当社会生产发展到矛盾的临界点时： 43

> 这个一定的历史形式达到一定的成熟阶段就会被抛弃，并让位给较高级的形式。当一方面分配关系，因而与之相适应的生产关系的一定的历史形式，和另一方面生产力，生产能力及其要素的发展，这二者之间的矛盾和对立扩大和加深时，就表明这样的危机时刻已经到来。这时，在生产的物质发展和它的社会形式之间就发生冲突。[2]

因此，一切社会变迁和政治变革的终极原因应当到生产方式和交换方式的变更中去寻找。[3]从这些论述中可以推断出，当成为新生产关系的载体时，一个特定的社会阶级可以在历史的某个阶段成为革命阶级，新的生产关系也能够使生产力继续得到发展；但接着，当那些关系变成生产力进一步发展的桎梏时，这个阶级就会变成反动阶级：

> 那些使一定的生产力能够得到利用的条件，是社会的一定阶级实行统治的条件，这个阶级的由其财产状况产生的社会权力，每一次都在相应的国家形式中获得实践的观念的表现，因此一切革命斗争都是针对在此以前实行统治的阶级的。[4]

5.2. 马克思和恩格斯不仅做出一般性判断，认为社会的生产关系会定期成为生产力发展的桎梏，而且，他们还给

1 《马克思恩格斯选集》第2卷，第32—33页。

2 马克思：《资本论》第3卷，第999页。

3 《马克思恩格斯选集》第3卷，第617—618页。

4 《马克思恩格斯选集》第1卷，第90页。

出具体的历史实例，说明在生产力和生产关系之间存在的矛盾，以及通过社会革命对矛盾的解决。

在《德意志意识形态》中，马克思论证，伴随着劳动分工的发展，即伴随着生产力的发展，阶级社会从最早期的部落社会形态发展而来，这种部落社会实行的是公社所有制。[1]不过，对从原始共产主义社会向阶级社会的过渡给予最多关注的是恩格斯，他在《家庭、私有制和国家的起源》中对此做了详细论述。恩格斯论证，生命的再生产包括两个方面，即经济生产和种的繁衍。因此：

> 劳动越不发展，劳动产品的数量、从而社会的财富越受限制，社会制度就越在较大程度上受血族关系的支配。然而，在以血族关系为基础的这种社会结构中，劳动生产率日益发展起来；与此同时，私有制和交换、财产差别，使用他人劳动力的可能性，从而阶级对立的基础等等新的社会成分，也日益发展起来；这些新的社会成分在几个世代中竭力使旧的社会制度适应新的条件，直到两者的不相容最后导致一个彻底的变革为止。[2]

44

就生产力具有内在的发展倾向和这种发展导致新的社会关系产生的假设而言，这段话是对生产力决定论的一种经典表述。必须再次强调，不应当把曲解马克思的责任都推到恩格斯的头上。恰恰相反，恩格斯只是将马克思在1859年《〈政治经济学批判〉序言》中论述的总体框架应用于对这一特定历史事例的研究中。

令人感兴趣的是，马克思和恩格斯并没有试图根据生产力的发展来

1 《马克思恩格斯选集》第1卷，第68—69页。

2 《马克思恩格斯选集》第4卷，第2页。

解释从古代向封建生产方式的过渡。确实，他们曾论证，罗马帝国的衰落使得生产力遭到了极大的破坏，劳动分工也出现倒退。[1]就社会将抛弃那些已经变成生产力发展的桎梏的生产关系而言，马克思举出的经典例证是从封建生产方式向资本主义生产方式的过渡。根据《共产党宣言》，资产阶级产生于封建社会内部，不管他们是作为一个受封建贵族压迫的阶级、一个自治的共同体，还是作为君主制下可向之征税的第三等级。换句话说：

> 资产阶级赖以形成的生产资料和交换手段，是在封建社会里造成的。在这些生产资料和交换手段发展的一定阶段上，封建社会的生产和交换在其中进行的关系，封建的农业和工场手工业组织，一句话，封建的所有制关系，就不再适应已经发展的生产力了。这种关系已经在阻碍生产而不是促进生产了。**它变成了束缚生产的桎梏**。它必须被炸毁，它已经被炸毁了。[2]

这段话包括了生产力决定论的全部重要内容：有关生产力不断发展、生产关系最终转化为生产的桎梏的假设，以及有关在与这些桎梏的冲突中，能动的生产力最终必然会取得胜利的论断。

在《经济学手稿》中，马克思确定了财富发展的各种形式，是它们最终导致封建生产方式的瓦解：

> 封建制度也随着城市工业、商业、现代农业（甚至随着个别的发明，如火药和印刷机）而没落了。
>
> 随着财富的发展，因而也就是随着新的力量和不断扩大的个人交

1 《马克思恩格斯选集》第1卷，第70页；见本书边码第122—123，130页。

2 同上，第277页。

> 往的发展，那些成为共同体的基础的经济条件，那些与共同体相适应的
> 45 共同体各不同组成部分的政治关系……也都解体了。[1]

正如我们上面提到的，封建生产方式的标志性特征是两种所有制形式：一种是以农奴制为前提的土地所有制结构，另一种是以个体手工业者为前提的城市制造业，这些手工业者通过联合建立了行会制度。[2]两者都对资本主义的发展造成障碍：农奴被束缚于土地之上，无法成为工业发展的自由劳动力后备军；对个体手工业者实施管理和保护的行会制度同样限制了自由劳动力市场的发展。因此，工业资本主义的兴起导致了新兴的工业资本家同封建贵族和行会师傅之间的冲突："工业资本家这些新权贵，不仅要排挤行会的手工业师傅，而且要排挤占有财富源泉的封建主。从这方面说，他们的兴起是战胜了封建势力及其令人愤恨的特权的结果，也是战胜了行会及其对生产的自由发展和人对人的自由剥削所加的束缚的结果。"[3]列宁后来认为，马克思最伟大的成就是创造了一种逻辑上连贯的历史理论，该理论表明："作为生产力增长的结果，另一种较高级的社会生活制度是如何从较低级的社会生活制度中发展而来的，例如，资本主义是如何从封建制度中发展而来的。"[4]而这并不令人感到奇怪。

6. 从本质上看，生产力所具有的首要性在于它对社会生产关系的决定性。不过，从另一种意义上讲，它也具有本质的重要性，因为生产力是生产关系的基础，而生产关系依

---

1 《马克思恩格斯全集》第46卷下，第34页；也见马克思：《资本论》第3卷，第371—372页；《马克思恩格斯选集》第1卷，第152页。

2 《马克思恩格斯选集》第1卷，第71页。

3 马克思：《资本论》第1卷，第783页。

4 列宁：《马克思主义的三个来源和三个组成部分》，莫斯科，1969年版，第7页。

次又是社会的政治和意识形态上层建筑的基础。

对马克思有关“基础”和“上层建筑”的著名隐喻，存在许多争议。[1]人们通常认为，马克思的隐喻提供给我们一种有关社会的两层次解释模式，即经济基础层次（生产方式由生产力和生产关系组成）与政治和思想的上层建筑层次（上层建筑由政治制度、思想和文化组成）。[2]事实上，马克思反复指出，我们能够区分出社会的三个“层次”。像人们通常所了解的那样，1859年《〈政治经济学批判〉序言》对这种思想做了最明确的表述：

> 人们在自己生活的社会生产中发生一定的、必然的、不以他们的意志为转移的关系，即同他们的物质生产力的一定发展阶段相适合的生产关系。这些生产关系的总和构成社会的经济结构，即有法律的和政治的上层建筑竖立其上并有一定的社会意识形态与之相适应的现实基础。[3] 46

这段为人们所熟悉的引文长期以来成为思想发展的障碍，但细心的读者会注意到，马克思并没有说，生产关系是社会的基础。更准确地说，生产关系是法律和政治的上层建筑与确定的社会意识形态的基础。不过，马克思在这里使用了一个错误的隐喻，因为这种“基础”原来还有它自己的

1　例如，见E.P.汤普森：《理论的贫困》，第79—84页；S.霍尔（Hall）：《对“基础与上层建筑”隐喻的反思》，载J.布卢姆菲尔德编：《阶级、霸权和政党》，伦敦，1977年版，第43—72页；R.威廉斯：《马克思文化理论中的基础与上层建筑》，《新左派评论》1973年11—12月第82期，第3—16页。

2　C.赖特·米尔斯编：《马克思主义者们》，哈蒙德斯沃斯，1969年版，第82页；R.阿隆（Aron）：《社会学思想中的主要思潮》第1卷，哈蒙德斯沃斯，1965年版，第121页。

3　《马克思恩格斯选集》第2卷，第32页。

一个基础。正如国家和思想同阶级关系相适应一样，这些关系同生产力发展的确定水平相适应。

因为这一点能够非常合逻辑地从生产力首要性命题中推导出，所以无须做大量引述以确立它的合法性。正如我们上文提到的，生产关系据说是由于生产力的原因而产生的。一个特定的阶级之所以能够取得社会统治地位，是因为它的统治最适合于生产发展的某个特定阶段。因此，国家是“统治阶级的各个人借以实现其共同利益的形式，是该时代的整个市民社会获得集中表现的形式”。[1]现代国家因而是“资产者为了在国内外相互保障各自的财产和利益所必然要采取的一种组织形式”。[2]

马克思不仅将这种观点应用于对国家的研究，而且也应用于对意识形态的研究。因此，有着广泛劳动分工的现代社会——其中生产者通过商品交换而彼此联系在一起，而商品是人类劳动的产物——在基督教，尤其是在新教中找到了最适合它的宗教形式，这种宗教崇拜抽象的人。在较不发达的生产形式中，人们之间的关系并未采取这种抽象的形式，“人”与“人”之间和“人”与“自然”之间的狭隘关系“观念地反映在古代的自然宗教和民间宗教中”。[3]在这里，我们不去关注马克思的分析是否正确，而是要确定他提出的是一种有关社会的三层次解释模式，即包括生产、社会关系、意识形态和政治的形式。

根据这种观点，思想和政治制度植根于社会的经济结构，这无须做过多的阐述，因为这里我们关注的是生产力和生产关系之间的关系。马克思有关社会决定国家和意识形态论断的内涵和价值将在第三部分予
47 以详细讨论。

1 《马克思恩格斯选集》第1卷，第132页。

2 同上。

3 马克思：《资本论》第1卷，第96页；《马克思恩格斯选集》第1卷，第72页。

7. 最后，马克思宣称，正如封建生产方式阻滞了生产力的发展一样，资本主义生产方式也会成为现代生产力持续发展的障碍。结果是资本主义生产方式的危机，由此为人类向更高级阶段的过渡准备了条件；新的阶段即社会主义生产方式。

迄今为止，生产力决定论被描述为一种历史演进理论，原则上看，它能够同时为马克思主义者和非马克思主义者所接受。马克思的最终论断将我们的注意力引向了生产力决定论的政治寓意。不过，应该注意到：

（a）即使人们不同意生产力决定论，也有可能成为社会主义者。

（b）即使接受生产力决定论，但也有可能否认马克思的预言，即生产力的发展将导致社会主义的实现。例如，能够论证，工业的增长将导致剥削的继续存在，而不是被消灭。[1]

生产力决定论的政治寓意将在下文予以更全面的讨论。在这里，我们只需解释，马克思为什么相信社会主义将从资本主义的发展中产生。马克思认为，资本主义和资产阶级的统治已经变得与社会生产力的发展不相适应。结果将是危机、革命和新统治阶级即无产阶级的出现。就其本质而言，资本主义推进了生产力的发展，但正是这种发展为新社会关系的产生准备了条件。因此，“共产主义革命将不是由‘富于创造性的、社会上具有天赋的人组成的社会机构’来指导，而是由生产力引导其产生”。正是资本主义本身带来的生产力增长，使社会主义的成功变得可能。过去，“人们每次都不是在他们关于人的理想所决定和所容许的范围之内，而是在现有的生产力所决定和所容许的范围之内取得自由的”。[2]那是由于在过去任何时代，生产力处于欠发达状态，所以，消灭私有制“是不可能

1 A.吉登斯：《发达社会的阶级结构》，伦敦，1978年版，第59—63页。

2 《马克思恩格斯全集》第3卷，第507页。

的，因为根本还没有具备这样做的物质条件”。[1]正是在资本主义生产方
48 式下取得的生产力发展，为“实现解放所需要的物质条件”做了准备。就其本质而言，资本主义“力求全面地发展生产力，这样就成为新的生产方式的前提……在这里生产力的自由的、毫无阻碍的、不断进步的和全面的发展本身就是社会的前提，因而是社会再生产的前提”。[2]

资本主义不仅创造了充裕的财富；而且这种财富越来越多地以一种社会化的形式出现，这使得资本家阶级对于生产而言变得多余。通过银行，货币资本表现出一种社会特征；伴随着股份公司的发展，个体资本家的监督职能逐渐消失，由他们雇佣的经理所取代。[3]伴随着生产力的发展和劳动分工的扩大，生产越来越多地以社会合作为前提。对社会而言，资本家阶级已经变成多余的阶级，正如伴随着资本主义的兴起，封建贵族变成多余的阶级一样。[4]简而言之，资本主义的显著特征是“社会的生产和资本主义占有的不相容性，也必然越加鲜明地表现出来”。[5]

资本主义变成社会生产力增长的桎梏，这是马克思和恩格斯反复论述的一个命题。早在《德意志意识形态》中，马克思就论证，在现代社会生产力的发展过程中，会“达到这样的阶段，在这个阶段上产生出来的生产力和交往手段在现存关系下只能造成灾难，这种生产力已经不是生产的力量，而是破坏的力量”。[6]到1848年，马克思已经乐观地认定，“几十年来的工业和商业的历史，只不过是现代生产力反抗现代生产关系、反抗

1《马克思恩格斯全集》第3卷，第33页注1。

2《马克思恩格斯全集》第46卷下，第34页。

3 马克思：《资本论》第3卷，第434—499页。

4《马克思恩格斯全集》第26卷第3册，第349页。

5《马克思恩格斯选集》第3卷，第621页。

6《马克思恩格斯选集》第1卷，第90页。

作为资产阶级及其统治的存在条件的所有制关系的历史”。[1]生产力的发展造成了资本主义的商业危机，对生产增长的阻滞造成了无序状态，以致资产阶级“用来推翻封建制度的武器，现在却对准资产阶级自己了”。[2]恩格斯后来评论，1848年的经济发展水平“还远没有成熟到可以铲除资本主义生产的程度”，他和马克思错误地将资本主义临死前的痛苦挣扎理解为新社会诞生前的阵痛。[3]尽管如此，但马克思和恩格斯仍然相信，资本主义被新社会取代的时刻终将来临，而且它将是资本主义本身所创造的生产力的结果。

正是在《经济学手稿》和《资本论》中，马克思首次确定了那种桎梏的确切性质，即资本主义社会关系对生产发展所强加的桎梏。特别地，马克思将利润率下降的趋势视为是资本主义对生产进步所设置的根本障碍。因此，有关利润率下降趋势的规律“从每一方面来说都是现代政治经 49
济学的最重要的规律”。[4]那么，在什么意义上能够说利润率的不断下降是生产力增长的结果呢？又在什么意义上说资本主义阻滞了社会生产力的增长呢？马克思论证，利润率的计算方法是，由剩余价值组成的利润比上投向工资的资本价值（可变资本）与投向原材料和机器的资本价值（固定资本）之和，即S/C+V，这里“S”表示剩余价值，“C”表示固定资本，“V”表示可变资本。马克思宣称，伴随着生产力的提高，相比可变资本，固定资本所占比率将会增加，因为生产力的这种进步意味着每个工人所使用的机器和原材料将会增加。但只有活劳动，即可变资本才创造剩余价值。固定资本只是将体现在自己身上的那部分劳动力传递到最终产品中。最终产品的价值包括可变资本的价值、在生产期间被传递的那部分

1 《马克思恩格斯选集》第1卷，第278页。

2 同上。

3 《马克思恩格斯选集》第4卷，第512页。

4 《马克思恩格斯全集》第46卷下，第267页。

不变资本的价值，及工人所做的剩余劳动的价值。因此，可变资本和固定资本的相对比例会对利润率产生关键影响，因为可变资本在总资本中所占的比率越小，利润率也就越低。“固定资本相比可变资本的逐渐增加必然导致总利润率的逐渐下降。”[1]

我们目前暂时不去关注马克思的理论是否与事实相符，如果读者尚未理解利润率为什么会下降的话，他们也不必为此而忧心忡忡。就我们的研究目的而言，关键在于说明，马克思有关生产力的发展、更多地使用机器和劳动生产率的增长——这些都是资本主义内在的发展趋势——为什么会导致利润率下降的结果。[2]这个结果对资本主义而言是灾难性的，因为利润率是“资本主义生产的推动力”。[3]换句话说，在资本主义生产关系——以利润生产为基础——和生产力的增长之间存在着矛盾，它将导致利润率的下降。这种矛盾表现为严重的动荡和危机。因此，“资本主义生产的真正限制是资本自身”。[4]

因此，资本主义已经变成阻滞生产力发展的桎梏；它必然会发生危机，但同时它又使资本不断社会化，财富也不断充裕，使一种新社会形态
50 的出现成为可能。总之，资本主义不仅使社会主义的实现具有了理论上的可能性，而且实际地创造了它的掘墓人，他们将使这种可能性变为现实，他们是革命的阶级，即无产阶级：

> 随着工业的发展，无产阶级不仅人数增加了，而且它结合成更大的集体，它的力量日益增大，它越来越感觉到自已的力量。[5]

1《马克思恩格斯全集》第46卷下，第263—278页；马克思：《资本论》第3卷，第13—15章。

2《马克思恩格斯全集》第46卷下，第266页；马克思：《资本论》第3卷，第236页。

3 马克思：《资本论》第3卷，第288页。

4 同上，第278页。

5《马克思恩格斯选集》第1卷，第281页。

> 在当前同资产阶级对立的一切阶级中，只有无产阶级是真正的革命的阶级。其余的阶级都随着大工业的发展而日趋没落和灭亡，无产阶级却是大工业本身的产物。[1]
>
> 资产阶级首先生产的是它自身的掘墓人。资产阶级的灭亡和无产阶级的胜利是同样不可避免的。[2]

我们无须做详细的引述来证明这种观点的存在。重要的是要注意到，马克思的革命理论来源于他对历史的生产力决定论式的解读："无论哪一个社会形态，在它所能容纳的全部生产力发挥出来以前，是决不会灭亡的；而新的更高的生产关系，在它的物质存在条件在旧社会的胞胎里成熟以前，是决不会出现的。"[3]正如杰弗里·霍奇逊所指出的，马克思的论断"既无理论意义，也无实践重要性"，因为人们不可能知道，生产力在什么时候算是充分发展的。[4]想必是，如果一场社会主义革命将资本主义推翻了，那么这就是生产力已得到充分发展的标志。问题是，我们只能在革命发生后才知道这一点。在此之前，理论并不能对行动提供任何指导。马克思本人从未意识到这个问题的存在，以生产力决定论为基础，他继续保持着社会主义革命必然发生的信念。正如他在1850年所写的：

> 在这种普遍繁荣的情况下，即在资产阶级社会的生产力正以在整个资产阶级关系范围内所能达到的速度蓬勃发展的时候，也就谈不到什么真正的革命。只有在现代生产力和资产阶级生产方式这两个要素互相矛盾的时候，这种革命才有可能。……新的革命，只有在新的危机之后才

1 《马克思恩格斯选集》第1卷，第282页。

2 同上，第284页。

3 《马克思恩格斯选集》第2卷，第33页。

4 霍奇逊：《托洛茨基与宿命论式的马克思主义》，诺丁汉，1975年版，第29页。

可能发生。但它正如新的危机一样肯定会来临。[1]

生产力决定论从一种有关人性的理论出发，提出一种对社会结构和历史变迁的解释。它在对革命必然发生的预言中画上了句号。在将“马克思的上帝”归结为技术方面，麦克默特里是正确的。[2]正如克伦威尔相
51 信，他的胜利是必然的，是上帝福佑的结果一样。因此，马克思设想的共产主义不应被视为必须改变现实以实现的理想，而应被视为现实社会的“现实的运动”。[3]在任何情况下，对必然性的理解都不应导致做被动的观察者，静观历史变化。相反，它赋予努力争取胜利的克伦威尔和马克思以更大的力量和信心。

8. 马克思真的是生产力决定论者吗？

我们已经论证，马克思的生产力决定论是一种逻辑上连贯的理论。通过反复引证使读者认识到这一点是非常必要的，因为一些评论者否认这种对马克思解释的合法性。甚至罗森堡这样一位有着广博见识和引人关注的马克思主义者，在论及技术时，也否定马克思是一位技术决定论者（就技术而言，罗森堡是指生产力，是人作用于世界并由此实现他的真正本质的手段）。罗森堡承认，能够援引马克思著作的“某些段落”来支持对马克思做生产力决定论式的解读，而且在争论最激烈的时候马克思通常也会提出一些支持做这种解读的“警句式”论断，但罗森堡否认这些段落代表了马克思的“真正意图”。[4]任何仔细阅读了本章的读者都会承认，马克思的生

1 《马克思恩格斯选集》第1卷，第470—471页。

2 《马克思世界观的结构》，第71页。

3 《马克思恩格斯选集》第1卷，第87页；《马克思恩格斯全集》第3卷，第536页。

4 罗森堡：《作为技术研究者的马克思》，第11页。罗森堡有关技术的研究（转下页）

产力决定论绝不仅仅是一些警句式的论断，也不是他在1859年《〈政治经济学批判〉序言》论述中的一时失误。[1]那么，罗森堡为什么不愿意相信马克思是一位生产力决定论者呢？首先，因为马克思强调技术创新是一种社会过程，在经济和社会之间存在着彼此的相互影响。换句话说：

(a) 马克思持有与生产力决定论不相一致的观点；

(c) 因此，马克思不可能是生产力决定论者。

敏锐的读者会注意到，这种推理过程缺少了一个中间项：

(b) 马克思不可能持有前后不一致和矛盾的观点。

我们在这里恰恰就是要论证，马克思确实持有自相矛盾的观点，我们的任务不是去确定他真正想要表达的是什么（假设有可能确定其真实意图的话），而是要确定我们希望利用他理论中的哪些成分。罗森堡在两种场合都表达了这种观点。他正确指出，在对特定历史时期的研究中，马克思 52
并没有运用生产力决定论，因此，他认为马克思不可能真正持有这样一种理论。罗森堡再次假设，马克思不可能是自相矛盾的，我们在这里的论点也变成只是在马克思明确表述的一般性观点同他的一些特定历史分析中所暗含的认识之间的矛盾。[2]类似地，罗森堡宣称，《共产党宣言》"明确驳斥"了将马克思解释为生产力决定论者的观点，因为它对资本主义兴起的解释不是以生产力的增长为前提，而是作为对不断扩大的市场和赢利机会的反应，这些都是与15世纪的地理大发现相联系的。[3]即使马克

（接上页）见N.罗森堡：《影响技术传播的诸因素》，《经济史研究》1972—1973年第X卷，第3—33页；F.费拉罗蒂（Ferrarotti）：《评马克思对技术变迁的研究》，载D.麦克奎尔（McQuaire）编：《马克思：社会学、社会变迁和资本主义》，伦敦，1978年版，第109—111页，他也否认马克思是"技术决定论者"。

1 霍奇逊：《托洛茨基与宿命论式的马克思主义》。

2 罗森堡：《作为技术研究者的马克思》，第11—13页。

3 罗森堡：《作为技术研究者的马克思》，第12页。

思对资本主义兴起的解释是充分的（对此存在争议），但它再次表现出，这种解释与生产力决定论不相一致，因此马克思不可能是生产力决定论者，因为他不可能自相矛盾。马克思也许拥有独一无二的能力，即从未自相矛盾过，直到我们证明将此作为隐含的假设支撑我们对他做出解释是不明智的时候。

即使如此，一种以财富增长为前提对历史做出的解释为什么就同生产力决定论不相一致，绝非是明白易懂的，财富增长是由贸易增长、劳动分工和资本积累造成的。无疑，亚当·斯密和考茨基都是生产力决定论者，但他们都努力将这两种解释结合在一起。[4]那些相信《共产党宣言》对生产力决定论进行了坚决的驳斥的人，也许应该反思一下马克思在《共产党宣言》中的如下论述：

> 资产阶级赖以形成的生产资料和交换手段，是在封建社会里造成的。在这些生产资料和交换手段发展的一定阶段上，封建社会的生产和交换在其中进行的关系，封建的农业和工场手工业组织，一句话，封建的所有制关系，就不再适应已经发展的生产力了。这种关系已经在阻碍生产而不是促进生产了。它变成了束缚生产的桎梏。它必须被炸毁，它已经被炸毁了。[5]

《共产党宣言》论证，伴随着生产力的不断增长，以及它们对阻滞其发展的所有制关系反抗的增加，类似的变化也会在资本主义社会发生。[6]最后，

---

1 R.米克：《社会科学与卑贱的野蛮人》，剑桥，1976年版，第221—222页；K.考茨基：《伦理和唯物主义历史观》，芝加哥，第4版，未注明出版日期，第120—134页；K.考茨基：《托马斯·莫尔和他的乌托邦》，伦敦，1927年版，第29页。

2 《马克思恩格斯选集》第1卷，第277页。

3 《马克思恩格斯选集》第1卷，第278页。

罗森堡论证，当马克思指出“动物遗骸的结构对于认识已经绝迹的动物的机体有重要的意义，劳动资料的遗骸对于判断已经消亡的社会经济形态也有同样重要的意义”[1]时，这只是表明，劳动工具是占统治地位的社会关 53
系的表征。正如温度计只是显示但不决定温度的高低一样，技术也只是表现但不决定社会关系的发展水平。[2]类似地，在从某些方面看是非常优秀的著作《马克思与无产阶级》中，麦卡锡论证，“马克思似乎不可能持有这种观点，即技术决定生产的社会关系”。尽管马克思在这个问题上的认识是“不明确和不严密的”，但他似乎只是认为，生产力是生产关系性质的表现。[3]对罗森堡和麦卡锡对这段话的解释，有两种反对意见：

> (a) 尽管马克思指出，劳动工具是社会关系的表征，但他同时也强调，他想到的那些工具是生产的“骨骼和肌肉”，即赋予某个物种以独特结构的要素。
>
> (b) 更重要的是，尽管马克思指出，劳动工具是社会关系的表征，但他并未指出，它们仅仅只是表征。他既未肯定，也未否定它们的决定性作用。因此，马克思是否持有生产力是人类历史发展中的决定性因素的观点，只能从其他段落中求得证明。

在本章中，我们最后一次对马克思做冗长的引述以支持这种观点，即根据他经过深思熟虑的明确论述，对马克思做生产力决定论式的解读是非常合理的。这段话不是来自引起巨大争议的文本，而是来自1849年的《新莱茵报》，它是马克思在1847年所做演讲中的一段话，马克思在其中表述了对布鲁塞尔德国工人协会的看法：

---

1 《资本论》第1卷，第204页。

2 罗森堡：《作为技术研究者的马克思》，第14页。

3 T.麦卡锡：《马克思和无产阶级》，韦斯特波特，1978年版，第24页。

> 人们在生产中不仅仅影响自然界，而且也相互影响。他们只有以一定的方式共同活动和相互交换其活动，才能进行生产。为了进行生产，人们相互之间便发生一定的联系和关系；只有在这些社会联系和社会关系的范围内，才会有他们对自然界的影响，才会有生产。
>
> 生产者相互发生的这些社会关系，他们借以相互交换其活动和参与全部生产活动的条件，当然依照生产资料的性质而有所不同。随着新作战工具即射击火器的发明，军队的整个内部组织就必然改变了，各个人借以组成军队并能作为军队行动的那些关系就改变了，各个军队相互
> 54 间的关系也发生了变化。
>
> 因此，各个人借以进行生产的社会关系，即社会生产关系，是随着物质生产资料、生产力的变化和发展而变化和改变的。生产关系总和起来就构成所谓社会关系，构成所谓社会，并且是构成一个处于一定历史发展阶段上的社会，具有独特的特征的社会。古典古代社会、封建社会和资产阶级社会都是这样的生产关系的总和，而其中每一个生产关系的总和同时又标志着人类历史发展的一个特殊阶段。[1]

生产力在不断发展，这些生产力决定着社会关系的性质，社会关系将随着生产力的进步而发生变革，这些都是这段话中明确予以肯定的内容，即生产力决定论的内容，它也是马克思在《德意志意识形态》、《哲学的贫困》和1859年《〈政治经济学批判〉序言》中反复重申的内容。不难揭示，马克思是一位生产力决定论者，但问题在于揭示，除此之外他还是什
55 么论者。

1 《马克思恩格斯选集》第1卷，第345页。

第四章

作为马克思主义正统学说的生产力决定论

正如卢卡奇和罗森堡所宣称的，马克思有关生产力决定论的论述并非只是偶然地出现在某些段落，从而使人们“有可能”以这种方式去加以理解。[1]但是，这种生产力决定论又绝非是一套完整的理论——各种前提都已得到明确的阐释，而且能够很好地预见到各种可能的反对意见并予以反驳。马克思的生产力决定论既不是偶然犯下的错误，但也并不构成一种历史理论。确切地说，它是一揽子具有逻辑一致性的假设，而且正如马克思的一位辩护者所承认的，马克思并未试图证明它的正确性。[2]正是下一代的马克思主义者，尤其是普列汉诺夫和考茨基的研究，将历史唯物主义系统化为一种有关人与自然的全面理论体系，它能够替代处于对立面的各门资产阶级学科，同时为工人运动提供包罗万象的和具有逻辑连贯性的世界观，并能为他们中富有斗争精神的人所掌握。[3]这些思想家

---

1 N.罗森堡：《作为技术研究者的马克思》，第11页；卢卡奇：《政治文集：1919—1929年》，第136页。

2 肖：《马克思的历史理论》，第59—60页。因此也需要参见科恩的《卡尔·马克思的历史理论》。

3 安德森：《对西方马克思主义的思考》，伦敦，1977年版，第6页。

并没有对生产力决定论做出更多的辩护，他们不仅假设它的存在，而且断言它就是马克思主义历史学和社会历史学的基础。马克思不仅“能够”被解释为生产力决定论者，而且直到第二次世界大战，这都是对其历史理论居于支配地位的认识。确实，宣称我们必须去做证明马克思是一位生产力决定论者这种颇为单调的理论研究工作，在某种意义上会令人感到惊讶。因为直到最近，这仍然是对他的历史唯物主义的正统解释。

对随后对马克思做出解释的人而言，生产力决定论之所以能够取得支配地位，有两种主要原因。第一，马克思本人并未对他的历史方法或理论做出详细的界说。在那些马克思确实明确做了一般性论述的地方，它们
60 通常都是生产力决定论性质的。第二和第三国际的理论家在马克思那些警句式的话语中（诸如，“各种经济时代的区别，不在于生产什么，而在于怎样生产，用什么劳动资料生产”；“手推磨产生的是封建主的社会；蒸汽磨产生的是工业资本家的社会”，等等）找到了理解历史唯物主义的钥匙。[1]首先，正是1859年《〈政治经济学批判〉序言》——马克思在这里有意识地提出了其研究的“指导性原则”——强化了人们对马克思做生产力决定论式的解读。随后的马克思主义者发现很容易从《〈政治经济学批判〉序言》中拣选出一些相关的明确论述，例如社会的生产关系与它的生产力相适应；一旦这些生产关系与不断增长的生产力的要求相抵触，它们将必然被抛弃。[2]直到今天，对马克思历史理论的研究仍然经常忽略马

1 G.V.普列汉诺夫：《马克思主义的基本问题》，伦敦，1969年版，第51页；普列汉诺夫：《一元论历史观的发展》，莫斯科，1972年版，第126页；N.布哈林：《历史唯物主义》，密歇根，1969年版，第116页；J.V.斯大林：《辩证唯物主义和历史唯物主义》，载《列宁主义问题》，北京，1976年版，第868页。

2 《马克思恩格斯选集》第2卷，第32—33页；普列汉诺夫：《马克思主义的基本问题》，第62页；普列汉诺夫：《一元论历史观的发展》，第153页；斯大林：《辩证唯物主义和历史唯物主义》，第871—873页；列宁：《马克思主义的三个来源和三个组成部（转下页）

克思实际著书立说的历史，而倾向于将《〈政治经济学批判〉序言》中的论述做出推而广之的理解。[1]

第二，根据马克思的明确论述，对马克思做生产力决定论式的解读不仅是合法的，而且也非常适合于第二国际的政治实践。对这一代的马克思主义者而言，资本主义的灭亡和社会主义的降临都同样是不可避免的。马克思的《〈政治经济学批判〉序言》和达尔文的《物种起源》在同一年出版。他们各自的命题被很好地统一在考茨基的著作中，他论证，正如生物的进化是不可避免的一样，因为物种要么灭绝，要么适应它们生存环境的变化；资本主义，像封建社会一样，也注定会灭亡，这并不是由于道德家的谴责，而是由于社会发展本身。[2]因此，第二国际从马克思那里选择接受了一种经济决定论，其中政治发展被视为是经济变迁的表现，而经济变迁依次又是以生产力的增长为前提。[3]葛兰西将这种必然主义和“机械决定论”视为某种形式的慰藉，即在人们失败时能够给予他们的：“我只是暂时的失败，从长期看，历史发展的趋势是对我有利的。”不过，考茨基认为，必然主义并不是失败者的救命稻草，更确切地说，它是源自对工人运动持续发展产生的信心。[4]正是这种对工人阶级社会影响力将不断增加的信念，与第二国际理论家的生产力决定论紧密地联系在

（接上页）分》，第21—22页。

1 科恩：《卡尔·马克思的历史理论》，第136页；T.卡弗：《马克思的社会理论》，牛津，1982年版。

2 M.萨尔瓦托里（Salvadori）：《卡尔·考茨基与社会主义革命：1880—1938年》，伦敦，1979年版，第24—25页；《马克思恩格斯全集》第3卷，第275，516页。

3 R.西蒙（Simon）：《葛兰西的政治思想》，伦敦，1982年版，第11—13页。

4 Q.霍尔（Hoare）和G.诺埃尔·史密斯（Nowell Smith）编：《安东尼·葛兰西狱中笔记选编》，伦敦，1973年版，第336页；萨尔瓦托里：《卡尔·考茨基与社会主义革命》，第29—30页。

一起。

在许多方面，第三国际的政治实践都代表了与第二国际的一种彻底决裂。对于资本主义自身的发展确保社会主义在未来必然胜利的信念，
61 可能会导致政治实践中的消极被动，这是葛兰西所承认的。布尔什维克党用政治的主动性和首要性替代了经济的首要性和政治上的消极被动倾向。正是出于这种原因，葛兰西将布尔什维克党领导的革命欢呼为“反对资本的革命”。第二国际对马克思主义所做的“机械式”的理解，未能使社会主义运动为应对即将到来的政治危机做好准备，这导致第二国际在1914年的解体。而布尔什维克党对马克思主义做了“唯意志论式”的理解，强行推进历史变革的步伐，结果导致了专政、官僚制度和警察控制，正如考茨基所警告过的那样。[1]

然而，尽管布尔什维克党的政治实践暗示了一种非常不同的马克思主义观，即不同于考茨基和普列汉诺夫所理解的那种马克思主义观，但这种变化并未带来任何历史理论上的创新。在俄国革命过程中，列宁也许会拒绝普列汉诺夫的政治立场，但他继续将普列汉诺夫——一位主要的生产力决定论者——推荐给年轻的共产党员们，“因为世界各地有关马克思主义的著作没有比他的更好的”。[2]确实，第二和第三国际理论家的著作进一步证明，政治立场不可能简单地从理论立场中推导出来。普列汉诺夫和考茨基拒绝承认由列宁领导的布尔什维克革命的合法性；在孤立的国际背景下如何推进革命的方式问题上，布哈林、斯大林和托洛茨基也存在分歧。但是，他们都统一于一种观念上面，即将历史唯物主义理解为某种形式的生产力决定论的观念。

---

1 霍尔和诺埃尔·史密斯编：《安东尼·葛兰西狱中笔记选编》，第xxi页；西蒙：《葛兰西的政治思想》，第12页；萨尔瓦托里：《卡尔·考茨基与社会主义革命》，第23，218—219，256—258页。

2 引自普列汉诺夫：《一元论历史观的发展》，第6页。

普列汉诺夫和考茨基

俄国马克思主义者G.V.普列汉诺夫对生产力决定论做了最系统的阐述。确实，对普列汉诺夫而言，承认生产力对社会所起的首要性作用是马克思伟大之处的最明显表现，而且他回答了令早期思想家陷入困惑的社会进化之谜。18世纪法国的唯物主义者（诸如爱尔维修、霍尔巴赫）认识到，“人性”并非永恒不变，而是随环境的变化而变化。不过，他们认为这种环境是由社会“舆论”支配的。普列汉诺夫论证，作为结果，他们既不能解释社会环境的变化，也无法解释“舆论”的变化。类似地，在根据社会阶级冲突解释政治事件（诸如英国和法国革命）上，法国复辟时期的历史学家（基佐、梯叶里、米涅）要早于马克思，其中社会阶级以特定的所有权关系为基础。但他们却无法解释所有权关系产生和变化的根源，而 62
只能求助于“人性”观念，这种缺陷也是圣西门和乌托邦社会主义者们所共有的。普列汉诺夫认为，马克思的伟大之处就在于他对德国唯心主义者所取得的进步进行了综合，在于他强调人类历史中存在着冲突和变迁，在于他强调这种变迁的物质根源，而这些都是早期的思想家所无法理解的。[1]

普列汉诺夫的目标是反驳民粹派（Narodnik）对历史唯物主义的解释，民粹派将历史唯物主义解释为一种有关历史的“要素”理论，其中经济仅仅是历史发展中诸多要素的一种——即使是最重要的那种。对普列汉诺夫而言，这些“要素”是抽象的结果，它歪曲了实际社会历史运动的复杂性。人类只有一种单一的和不可分割的历史，即它自身社会关系发展的历史，这种历史“是由每个特定时期生产力发展的状况决定的”。[2]马克

---

1 普列汉诺夫：《一元论历史观的发展》，第1—3章。

2 普列汉诺夫：《马克思主义的基本问题》，第106—107，137—138页。

思的成就是揭示出，所有权关系不可能由“人性”加以解释，历史变迁也不是绝对精神的展开，如黑格尔所认为的那样。相反，“社会历史过程的主要原因是生产力的发展”。[1]

“人”在本质上是一种“制造工具的动物”的思想，是普列汉诺夫对历史唯物主义做出解释的中心所在。他甚至宣称，马克思历史理论的全部精髓就包括在马克思的这句话中，“在改造外部世界的同时，人改变他自身的本性”。[2]换句话说，人类的发展就在于劳动工具，也即“人造器官”的不断完善。普列汉诺夫从这种发展中推演出了人类社会的全部历史。生产力决定每个社会的生活方式。澳洲野蛮人的全部生活依赖于他们打猎时所使用的回旋飞镖：“如果野蛮人变成土地耕作者的话，那他的全部习惯、思维方式和‘本性’都将会改变。”根据生产力的发展水平，我们能够预测相应的阶级关系；根据生产力的增长，我们能够解释特定所有权关系的兴衰。根据生产力的发展，我们能够解释家庭的发展史、私人所有权的演化、国家的出现，以及特定习惯、观念和政治理论的产生，甚至国家之间关系的特性和它们之间战争的形式。[3]

不过，普列汉诺夫意识到，人们完全有可能对他的生产力决定论提出同样类型的反对意见，就像他自己对马克思以前的社会理论家提出的反对意见一样，即如果我们根据生产力的发展来解释社会和政治的变
63 迁，那么又根据什么来解释生产力的这种发展呢？像马克思一样，普列汉诺夫简单地假设，生产力具有内在的发展倾向，即使在某些社会条件下，这种发展是以“极慢的速度”实现的。他更关注的问题是，生产的发展为什么会在不同的时间和地点上存在着非常大的不平衡。普列汉诺夫并不认为能够根据种族的不同来解释这种差别，因为制造工具的能力在

1 普列汉诺夫：《一元论历史观的发展》，第169页。

2 同上，第123页。

3 同上，第124，133，147，159—160，165，171，172页。

人类历史和各个“种族”中都是普遍存在的。[1]马克思已经提出了这个问题，并给出了答案：“不同的公社在各自的自然环境中，找到不同的生产资料和不同的生活资料。”[2]这里关键的变量不是种族，而是地理环境，因为正是地理环境“使人类的各个种族不能在同等程度上实际利用他们的‘创造’能力”。通过对生产力增长施加的决定性影响，地理环境因而会对社会发展施加“决定性”的影响。所以，那些缺乏适合开采矿物的地区不可能通过独立发展走出石器时代，美洲印第安人的发展就受到缺乏适合驯养的动物的局限。[3]

但是，以“地理环境决定论”这一异端邪说为由来谴责普列汉诺夫是错误的。[4]第一，马克思和恩格斯都提出了非常相似的观点。[5]第二，普列汉诺夫清楚地了解伏尔泰对孟德斯鸠所主张的地理环境决定论的批判。伏尔泰指出，许多非常不同的社会制度却能够存在于同样的地理条件下。普列汉诺夫自己也指出，恺撒时代的英国社会非常不同于他自己生活时代的英国社会，即使英国的地理环境在这两个时期是非常相同的。因此，对现代研究者而言，基于如下理由来反对普列汉诺夫对地理环境的强调，即以东欧在同样的地理环境基础上形成了四种不同的社会制度为理由，是不合适的；普列汉诺夫本人已经提出了这样的论点。[6]普列汉诺夫并不认为，相对不变的地理环境能够解释变化速度更快的社会演

1 普列汉诺夫：《一元论历史观的发展》，第131，133页。

2 马克思：《资本论》第1卷，第390页。

3 普列汉诺夫：《一元论历史观的发展》，第129，131，216页；普列汉诺夫：《马克思主义的基本问题》，第49页。

4 G.麦克伦南：《马克思主义与历史学方法论》，伦敦，1981年版，第46页。

5 马克思：《资本论》第1卷，第560页；《马克思恩格斯选集》第4卷，第96页；科恩：《卡尔·马克思的历史理论》，第23页。

6 普列汉诺夫：《一元论历史观的发展》，第129—130，217页。

进。确切地说，普列汉诺夫并非援引地理环境来解释生产发展在不同地区出现的不同道路和不同速度。地理环境只是赋予了发展生产力的可能性，但有可能是这里以一种方式发展、那里以另一种方式发展，这里发展得快些，那里发展得慢些。所以，地理环境只是在最初发挥一种动力作用，因为一旦特定的生产力发展水平已经存在，那它们就有可能决定相对不变的地理环境所能发挥的影响力的大小（正如在恺撒时代的英国和现代英国之间的差别一样）。生产力的特定发展水平不仅决定自然能发挥
64 多大的影响力，而且也创造着特定的生产关系，生产关系有它们自身的发展规律。很明显，普列汉诺夫并未试图根据自然环境的变化来解释社会的变迁。他要努力解释的是，为什么人类与自然环境的关系是不断变化的。[1]即使人们不愿意接受普列汉诺夫的观点，但似乎也没有理由给他的理论加上"地理环境决定论"的标签。

考茨基也同样坚持生产力决定论的那些为人们所熟悉的原则，但他同时将该理论体系化，并对理论的一些细节予以精炼。因此，生产关系同生产力的发展水平相适应；生产力具有内在的发展倾向，对此生产关系至多只能是暂时迟滞它的发展；私人所有权伴随着生产力和劳动分工的发展而产生；劳动分工导致不同社会阶级的形成。[2]与马克思和普列汉诺夫一样，考茨基的生产力决定论也是以将人类的本质特征界定为一种类的属性为前提的。人类不是根据生产加以界定的，因为鸟也"生产"巢穴；甚至也不是根据使用工具加以界定的，因为动物也能使用树枝和石头作为保护自己或砸开坚果的"工具"。不过，尽管动物能够找到和利用自然存在的工具，但人类却能够创造工具，用它们来生产产品，甚至用这些工具制造其他工具。不像动物的四肢，这些工具能够迅速加以改进，以致人类迈向一个新王国的道路被打开了，该王国的发展以生产力的增长

1 普列汉诺夫：《一元论历史观的发展》，第216—218，262页。

2 考茨基：《伦理和唯物主义历史观》，第133—134，144—145，161，171页。

为基础。[1]

普列汉诺夫发展了生产力决定论，并以此来驳斥某些人的论断。这些人宣称，马克思主义将人类真实历史的复杂性简化为对经济因素的被动反映。考茨基也希望强调人类社会组织的复杂性，但在这样做时，他常常会暗中违背他所阐释的生产力决定论。承认多种因素在历史因果关系中的作用常常会威胁到考茨基理论阐释的主导性逻辑，它以生产力的首要性为前提。在《伦理和唯物主义历史观》中，考茨基先是告诉我们，“每个社会都是由它掌握的工具制造技术所塑造的”。但他接着告诉我们，这并不意味着社会结构能够从生产的技术条件中推导出来，因为许多不同的社会在使用同样的工具。例如，与小农经济相对应的可能是亚细亚生产方式，那里需要中央政府来组织灌溉设施的建设；也可能是封建生产方式，那里受到游牧部落的威胁；还可能是奴隶生产方式，它在靠近海岸的地带，从事商业贸易，形成城市经济，在适于放牧的丘陵地 65
带，形成农业经济。马克思主义的历史研究并不必非得从生产力出发，但必须重视对地理和历史条件的研究。[2]当考茨基（像普列汉诺夫一样）提到，尽管社会生产关系是由特定生产力造成的，但这些关系反过来又影响生产力的发展，而且在有它们自身的发展规律[3]时，生产力的决定作用被大大弱化。正如麦克默特里所宣称的，如果技术是“马克思的上帝”的话，那么在考茨基和普列汉诺夫那里，技术有成为牛顿式的第一推动力，推动整个体系运转的危险。但在这样做时，它也创造出了有其自身运动规律的社会制度。当考茨基和普列汉诺夫承认社会变迁的复杂性，承认地理环境、社会和技术的相互作用时，他们也就与他们自己所做的明确论断

1 考茨基：《伦理和唯物主义历史观》，第120—137页。

2 同上，第133，164—170页。

3 同上，第169页；普列汉诺夫：《马克思主义的基本问题》，第62，64页；普列汉诺夫：《一元论历史观的发展》，第217页。

和主导性假设产生了矛盾。

布哈林和斯大林

布哈林认为，第二国际的马克思主义曲解了马克思的真正意图，这种曲解导致社会民主党在1914年的背叛和工人阶级表现出爱国倾向。尽管如此，但他的《历史唯物主义》（写于1921年）——是作为马克思主义理论的教科书或入门书籍而写作的——却非常乐于向人们推荐普列汉诺夫有关历史唯物主义的著作，而且概括地介绍了生产力决定论的内容，这种介绍并没有对该理论的系统阐释，即由考茨基和普列汉诺夫所做过的系统阐释提供什么新的东西。[1]尽管布哈林并没有说出什么新东西，但他的《历史唯物主义》还是值得扼要地加以考察。首先是因为它强调，第二和第三国际之间的政治决裂并未导致对马克思历史理论在解释上的任何根本性变化，其次是因为该著作作为一本教科书的特点，意味着有关生产力决定论的假设是以最明白易懂的形式阐述的。

布哈林对社会变迁做出解释的基础是这样的一种假设，即生产力具有内在的发展倾向。对布哈林而言，这种假设是不言而喻的，因此无须为它做辩护。从这种假设可以推断出，每当生产关系变成生产力发展的桎梏时，它们都必须加以抛弃，以使生产力能够不受阻滞地增长。[2]如果"发展"命题是被简单地假设为正确的话，那么布哈林至少试图为首要性命题做一些辩护，首要性命题是指社会生产关系同它的生产力相适应。他
66 论证，一个社会不可能一方面拥有以机械化为基础的社会技术，另一方面却拥有以手工工具为基础的社会关系。因此，我们可以根据对社会现有技术的适应来解释经济，这个论断适用于古代世界的奴隶制，正像它适

1 布哈林：《历史唯物主义》，第256页。

2 同上，第249，257页。

用于现代资本主义社会的阶级关系一样。[1]事实上，布哈林将他需要证明的东西视为是想当然的，即某些以手工工具为“基础”的社会关系是同机械生产不相适应的。但正如一位更老到的生产力决定论者所承认的，如果某些生产力排除了某些生产关系的存在，那么，某些生产关系也将排除某些生产力存在的可能性；如果计算机排除了实施奴隶制的可能性，那么奴隶制也排除使用计算机的可能性。就其本身而言，布哈林的论证并不是对生产力首要性的证明。[2]

因此，布哈林并未在普列汉诺夫研究的基础上有所推进。他甚至接受普列汉诺夫将地理环境作为历史变迁原初动力的观点，认为这解释了一些国家为什么走上不同的社会演进道路；但他同时承认，一种静态的地理环境不可能解释任何一个国家的历史发展，地理环境对社会的影响是由生产力的发展水平决定的。布哈林研究的一个进展是预见到巴里巴尔后来所强调的一种观点，即社会生产力并不包括特定的工具，甚至不包括各种工具的总和，而是由“整个工具体系”所构成，尽管这种深刻见解被接下来的论断所削弱，即“当然某种类型的工具总是居于主导地位”。[3]非常合乎逻辑地，他以如下论断作为结论——马克思主义历史学家在过去六十年的大部分时间都忽视了这种论断：“任何对社会的研究，对增长条件、增长形式、增长内容等的研究，都必须从分析生产力或社会的技术基础出发。”[4]

正如我们上面提到的，第二和第三国际之间的政治决裂并不是以抛弃生产力决定论为标志的。该理论的地位并未受到第三国际政治立场改变的威胁，这种立场的改变是伴随着斯大林的崛起和“社会主义的一国

1 布哈林：《历史唯物主义》，第140页。

2 科恩：《卡尔·马克思的历史理论》，第158页。

3 布哈林：《历史唯物主义》，第134页。

4 同上，第120页。

胜利说"的出现而完成的。斯大林的《辩证唯物主义和历史唯物主义》在很多方面借鉴了布哈林《历史唯物主义》的观点，例如就地理环境和人口在历史变化中的作用，斯大林提出了非常相似的观点。此时的斯大林是否会去关注人们对他剽窃行为的谴责，我们持怀疑态度。斯大林的生产力决定论以当时已为人们所熟悉的论点为基础，即生产力具有内在的
67 发展倾向，因此必然会抛弃那些已经不再同它们相适应的生产关系。在以社会和它的生产力之间的这种对抗和矛盾关系为标志的各种社会形态中，资本主义是最后一种社会形态，但在苏联，生产关系已经和谐地适应于生产力的发展。[1]当斯大林试图确定导致历史变迁的特定生产力发展水平时，他的独创性表现得尤为明显。例如，原始共产主义与以石器为工具的时代相对应，但伴随着金属工具、农业，以及由手工业分离造成的社会劳动分工的出现，它让位于奴隶制。封建制是在金属加工技术和农业技术改进的基础上产生的，资本主义社会关系与机器的出现相联系，但资本主义本身只会导致生产力的危机，由此导致向社会主义的过渡。因此，生产力，尤其是劳动工具的变革"迟早会导致生产关系的相应变革和发展"。[2]俄国"社会主义革命的胜利"是否是生产力增长的结果，是在1938年的条件下，斯大林不可能允许去进行检验的问题。

列宁和托洛茨基

在这个时候，人们也许还能期望对斯大林做出批判的一个人就是托洛茨基，他在整个20世纪30年代一直都在全面地批判斯大林的内外政策。然而，尽管托洛茨基在政治上已经与斯大林决裂，但这并不必然导致他在理论上也与生产力决定论决裂。相反，他的《我们时代的马克思主

1 斯大林：《辩证唯物主义和历史唯物主义》，第860—861页。

2 同上，第862—867页。

义》(写于1939年)接受了斯大林在一年前写作的《辩证唯物主义和历史唯物主义》的观点,即"根据生产力(例如,技术的)的增长和劳动组织的发展"[1],可以解释社会从原始共产主义,经过奴隶制、封建制和资本主义制度的演进。这并不是说托洛茨基在抄袭他政敌的观点。因为早在1906年,他就论证,"马克思主义教导我们,生产力的发展决定社会历史的进程"。[2]

由于对普列汉诺夫的敬重,列宁赞同生产力决定论原则,这并不会令读者感到奇怪。在他的《卡尔·马克思》(写于1918年)一书中,列宁用一段来自1859年《〈政治经济学批判〉序言》的长篇引文来总结历史唯物主义的内涵,而《〈政治经济学批判〉序言》是表述生产力决定论的最 68
重要的文本。为了使读者不再有任何怀疑,列宁强调,马克思主义以前的历史学有两种缺陷,其中一种缺陷就是未能将社会关系体系的根源追溯到"物质生产所达到的发展水平"。生产力是社会的基础,由此可以推断出,"所有思想……都根源于物质生产力的状况"。[3]在较早期的一篇论文《马克思主义的三个来源和三个组成部分》中,列宁论证,马克思用一种体系完整的理论结束了较早期对历史解释的混乱局面,这种理论表明,"由于生产力的增长,一种更高级的社会生活制度是如何从一种较低级的制度中发展而来的——例如,资本主义是如何从封建制度中发展而来"。[4]我们这里要关注的不是这样一种说法,即列宁和托洛茨基的政治实践,或他们对特定历史事态的分析与这些一般性的论断相矛盾。目前我们感兴趣的是,在明确坚持生产力决定论原则上,他们是一致的,而两个人的分歧在于他们对这种学说原创性的评价上。对列宁而言,正像

1 L.托洛茨基:《我们时代的马克思主义》,纽约,1970年版,第9页。

2 托洛茨基:《持续革命:结果与前景》,伦敦,1971年版,第169页。

3 列宁:《马克思主义的三个来源和三个组成部分》,第21—23页。

4 同上,第7页。

对普列汉诺夫而言一样，生产力决定论原则是马克思伟大思想成就的标志。但事实上，托洛茨基更接近真理，他论证，“很明显，有关社会发展的这些基本主张已经由亚当·斯密阐发过”。[1]现在，我们必须转向去考察
69 生产力决定论的理论起源。

1 托洛茨基：《持续革命：结果与前景》，第170页。

第五章
生产力决定论的来源

我们主要关注的是确定马克思历史理论的主要线索，评估这些理论对指导具体社会研究的价值。不过，在我们评估生产力决定论的价值之前，我们将简要地考察一下这种理论的来源。许多对马克思产生过影响的思想，使得他被生产力决定论观点所吸引。黑格尔的影响使马克思接受了这样一种历史观，即将历史不仅视为一种“奇迹与灾祸的混合物”，而且视为一种连续的和进步的发展过程，它将经历不同的演进阶段。[1]马克思强调历史发展的有序性，这并不仅仅是受了黑格尔的影响。进化论、强调历史是进步的、发展必然会经历不同的阶段，及承认现实必然会发生变化，这些认识被描述为是19世纪的“主要思想模式”，可以在达尔文、斯宾塞、孔德、傅立叶和圣西门的著作中找到。马克思肯定无法避免受这些思想的影响。[2]尽管如此，但黑格尔的影响和对进化即进步的普遍强调还是无法解释马克思为什么会将变化的根源确定为社会生产力的发展。为了说明生产力决定论的来源，我们需要更具体地分析在马克思历史唯

---

1 见科恩：《卡尔·马克思的历史理论》。该书第1章对黑格尔的历史哲学做了精彩的介绍。

2 T.沙宁编：《晚年马克思与俄国道路》，伦敦，1983年版，第4页。

物主义的形成时期，对他产生过影响的思想和历史因素。马克思是在《德意志意识形态》中首次以成熟形式提出历史唯物主义的。

无疑，马克思本人相信，他已经发现了历史的真正基础，即物质生活的生产和由它所创造的市民社会，而这是较早期研究者所忽略的。法国和英国的研究者主要关注于政治领域，而德国的研究者甚至更加远离
71 现实，他们只是根据“纯粹精神”来描绘历史，“把宗教幻想为历史的动力”。法国和英国的研究者（事实上，马克思指的是苏格兰的研究者）最多只是“首次尝试”为历史提供一种唯物主义的基础。[1]正如我们上文提到的，普列汉诺夫和列宁都相信马克思理论的正确性，并在马克思对社会发展根本原因的揭示上看到了他思想的伟大。然而，正是马克思本人指出，“我们判断一个人不能以他对自己的看法为根据”。[2]那么，马克思对自己思想具有原创性的评价，究竟是否准确呢？

“在对人们——当他们已经联合形成社会时——如何进行活动所做的每一项研究中，排在第一位的关注对象应该是他们谋求生计的方式。伴随这种方式的变化，他们的法律和政治体制也必然会发生变化。”这种认为社会学应该首先研究社会的生产基础的建议，并非是来自布哈林，而是来自罗伯逊于1777年撰写的《美洲史》。[3]在1777年之前，相信人类历史是由谋求生计的不同方式依次更替的信念——依次经过狩猎、放牧、农业和商业四个阶段——是“启蒙运动时期社会思想的组成部分……很少有历史学家和社会思想家不受它的影响”。[4]罗纳德·米克对18世纪这些法国和苏格兰思想家的研究令人振奋，对所有那些相信生产

---

1 《马克思恩格斯选集》第1卷，第64，94页。

2 《马克思恩格斯选集》第2卷，第33页；《马克思恩格斯选集》第1卷，第611—612页。

3 引自R.米克：《社会科学与卑贱的野蛮人》，剑桥，1976年版，第2页。

4 同上，第174页。

力决定论是马克思的创新性研究成果的人而言，它应该作为必读性材料，因为到1780年，“四阶段理论”已经成为一种有关历史发展的逻辑体系的完整理论，而且被视为是对过去社会进行研究的重要指导性原则。例如，在有关法学的系列讲座（1762—1763年）中，亚当·斯密力图在这四个经济发展阶段的框架下考察所有权的起源和历史。斯密根据人口的压力来解释社会的演进，因为人口的增长造成了对新资源的需求。每个发展阶段都产生了与之相应的所有权关系、法律和政府类型。“根据对事物的某种观点，艺术、科学、法律、知识，甚至德行本身全都与这样一种东西相适应，即为人们提供肉、酒、服饰和住宿的活动。”[1]约翰·米勒在《等级的起源》（写于1771年）一书中对这种理论进行了熟练和全面的应用，该书用四种谋求生计的模式解释了生活方式、社会不平等及家庭和政府内部各种关系的演进。[2]

马克思不可能不知道这些理论，因为古典政治经济学就是从四阶段理论演化而来的，它是要对人们目前所处的第四个阶段的运行方式予以详细说明。[3]亚当·斯密的《国富论》（写于1776年）对他那个时代的经济做了说明，他正是将四阶段理论作为其研究背景的。斯密区分出狩猎者的社会（“社会发展的最低级和最原始状态”）、放牧者的社会（“社会 72
发展的较为进步的状态”）、农耕者的社会（“社会发展的更为进步的状态”），最后是制造业和劳动分工获得显著发展的社会。每个社会都有它自身的战争类型和军队规模；每个社会都有不同的司法形式，它取决于所有权关系的不同发展阶段；每个社会都有相应的和不同的社会不平等和政治依附形式。在用于商业、教育和维护君主尊严的支出方面，这四个

1 米克：《社会科学与卑贱的野蛮人》，第126页。

2 同上，第161—174页。

3 同上，第219页。

阶段中的每一个阶段也都是不同的。[1]到1844年，马克思肯定已经非常熟悉斯密的著作，这无疑是在写作《德意志意识形态》之前。

到1844年，马克思肯定也已经非常熟悉马尔萨斯的著作，后者同样接受了四阶段理论，而且揭示出每个阶段由于经济资源的不同，能够供养的人口数量也是不同的。例如，在最低级的狩猎—采集社会，人口必然是稀疏分布的。尽管如此，他同时论证，在社会发展的这四个阶段中，人口增长都表现出相同的趋势，即超出社会所能供给的生活资料水平的趋势，并借助相同的控制手段以保持需求和供给的平衡。[2]由此可见，马克思强调生活资料生产的根本重要性，这不大可能被说成是他对历史理论的独创性贡献。因此，诸如《德意志意识形态》等著作至多只能算是将法国和苏格兰启蒙思想家所主张的唯物主义发展到了极致。[3]

不仅在赋予物质生产以首要性方面，这些研究者影响了马克思，而且，他们提出的一般性历史和社会假设，也在19世纪40年代对马克思生产力决定论的形成产生影响。像马克思一样，斯密等研究者也假设，“人是能动的，具有改善物质生活条件的内在倾向”，“人有改善他生存状况的倾向和能力，通过这种倾向和能力的发挥，他能够从一种进步水平发展到另一种进步水平”。社会发展的编年史可以根据这种改善自身能力的发展程度来加以编撰。这样一种理论将使历史学家能够观察到真正的人类历史，并且“深入事件的表象背后，而庸俗的历史学家只会专注于表象的细枝末节”。最后，就像马克思认为的那样，生活资料的生产方式是社会和

1 斯密：《国富论》第2卷，牛津，1979年版，第689，690，694页，第5分册第1章各处。

2 T.马尔萨斯：《论人口原理》，伦敦，1973年版，第6，22页。第1版出版于1798年。

3 G.李奇泰姆（Lichtheim）：《从马克思到黑格尔》，伦敦，1971年版，第69页；米克：《社会科学与卑贱的野蛮人》，第229页。四阶段理论也能够被发展为对阶级和所有权，以及对生计方式的强调。见米克：《社会科学与卑贱的野蛮人》，第229页；J.巴纳夫（Barnave）：《权力、所有权和历史》，纽约，1971年版。

政治组织的，以及道德、行为方式和思想观念的本质性基础。[1]

马克思受到18世纪唯物主义的影响，不仅是通过对政治经济学的研究——这种研究开始于1843年秋——获得的，而且也是通过研究圣西门获得的，后者是他非常尊敬的人。[2]圣西门本人也表达了对诸如罗伯逊和 73
弗格森（Ferguson）等苏格兰启蒙思想家的敬佩，他们正是基于四阶段理论对市民社会做出研究的。圣西门将他们的研究视为是撰写一部有关人类发展的真正历史的开端，这种历史将深入政治、宗教和军事史实的表象背后。[3]对圣西门而言，社会就是一个工厂，而"人"本质上就是一种工作动物，不停地进行生产和消费。[4]以"工业社会"的产生这一根本性趋势为基础，中世纪和现代欧洲的历史表现出一种连续性，而工业社会又是以科学知识和工业进步为基础的。这种社会已经取代了较早期的教会—封建社会，后者是以神学和低水平的生产力为基础的，它是通过征服，而不是通过贸易和制造业聚敛财富的。中世纪自治城镇的兴起、宗教改革运动，以及英国、法国和美国的革命仅仅是这种历史的几个片段，是迄今尚未完成的那种发展的组成部分。[5]

---

1 A.斯金纳（Skinner）：《A.斯密的〈国富论〉序言》第1—3册，哈蒙德斯沃斯，1976年版，第30页；米克：《社会科学与卑贱的野蛮人》，第163，164，172页。也见斯金纳：《一位苏格兰人对马克思主义社会学的贡献》，载I.布拉德利（Bradley）和M.霍华德（Howard）编：《古典的和马克思的政治经济学》，伦敦，1982年版，第79—114页。

2 G.伊奥尼斯库（Ionescu）编：《圣西门的政治思想》，牛津，1976年版，第24—25页；D.麦克伦南：《卡尔·马克思》，伦敦，1976年版，第106页。

3 F.E.曼纽尔（Manuel）：《亨利·圣西门的新世界》，诺特丹，1963年版，第150—153，224页。

4 曼纽尔：《亨利·圣西门的新世界》，第241页；E.威尔逊（Wilson）：《到芬兰车站》，伦敦，1966年版，第84页。

5 伊奥尼斯库编：《圣西门的政治思想》，第105，143，157页。

圣西门继承了18世纪的信念，即相信人类历史在本质上是进步的，它最明显地表现在四阶段理论中。从中可以推断出，社会制度将在某些时候与社会需求相适应，而在其他时候会变得不一致："直到15世纪，世俗权力仍然掌握在贵族手中，这是有益的，因为在那时，贵族是最有能力的实业家。他们指导农业生产，而那时农业是唯一重要的实业。"[1]马克思如下论断的思想来源是非常明显的，即"那些使一定的生产力能够得到利用的条件，是社会的一定阶级实行统治的条件"。[2]圣西门指出，社会最终将完全抛弃封建制度的残余，"工业家"，即勤奋工作、爱好和平并有益于生产发展的社会阶级将掌握政治权力。[3]因此，在将生产描述为社会组织的主要目标方面，在认为社会毁灭自身的萌芽就存在于那些将使社会组织形式变得多余的力量的产生和发展方面，圣西门对马克思的生产力决定论产生了重要影响。[4]但这并不是说在两位思想家之间不存在本质的区别。马克思当然不会接受圣西门的下述观点，即强调知识的增长是经济变迁的决定性因素，或认为每种社会制度都是应用某种特定哲学体系的结果。[5]尽管如此，但圣西门的影响却是真实存在的。人们过多关注于德国古典哲学对马克思的影响，大大超出了它所应受关注的程度。
74 对那些希望寻找马克思的历史唯物主义根源的人而言，他们至少应该在

1 伊奥尼斯库编：《圣西门的政治思想》，第150，156页；G.D.H.科尔（Cole）：《社会主义思想的先驱者们：1789—1850年》，伦敦，1953年版，第40页；普列汉诺夫：《一元论历史观的发展》，第40页。

2 《马克思恩格斯选集》第1卷，第90页。

3 伊奥尼斯库编：《圣西门的政治思想》，第197页。

4 曼纽尔：《亨利·圣西门的新世界》，第33页；科尔：《社会主义思想的先驱者们：1789—1850年》，第49页。

5 曼纽尔：《亨利·圣西门的新世界》，第233页；普列汉诺夫：《一元论历史观的发展》，第49页。

同等程度上去关注“英国”的政治经济学和法国的社会主义，而不仅仅是关注黑格尔和费尔巴哈对马克思的影响。

到1845年底，马克思和恩格斯开始写作《德意志意识形态》时，他们已经在思想上为接受生产力决定论做好了准备。受费尔巴哈唯物主义的影响，马克思在《黑格尔法哲学批判》（写于1843年）中论证（正如马克思后来所提出的），“法的关系正像国家的形式一样，既不能从它们本身来理解，也不能从所谓人类精神的一般发展来理解；相反，它们根源于物质的生活关系”。[1]马克思对政治经济学的研究成果体现在他1844年完成的《经济学哲学手稿》中，在书中马克思接受了经济学家的下述观点，即“人”在本质上是生产者和消费者，劳动成为他思想的中心范畴。对马克思（正如对黑格尔和政治经济学家一样）而言，劳动是最重要的人类活动形式，生产是人借以创造其本质的手段。正是自由的生产活动将“人”和动物区别开来。生产对人而言的中心地位构成了马克思对异化做出批判的基础。由于强制性、劳动分工和非人的劳动条件，工人在资本主义生产方式下遭受异化，致使一种本来由“人”创造的制度却变成人的统治者。[2]然而，尽管这些著作已经表现出唯物主义的倾向，并且强调生产的重要性，但马克思对黑格尔的批判或《经济学哲学手稿》都还不是阐发生产力决定论的文本。马克思揭示出，市民社会是国家的基础，但他并没有进一步指出，市民社会依次又是与生产力的发展水平相适应的。1844年手稿对生产，尤其是生产中的异化多有论及，但无论在这里，还是在恩格斯的《政治经济学批判大纲》（写于1844年）中，都未能将生产力描述为社会的基础或历史变迁的动力。

1 《马克思恩格斯选集》第2卷，第31页；《马克思恩格斯全集》第1卷，人民出版社1956年版，第251，409页。

2 《马克思恩格斯全集》第42卷，人民出版社1979年版，第93—96页；T.麦卡锡：《马克思和无产阶级》，第9—12页。

在第一次游历英国期间（从1842年11月到1844年8月），恩格斯写作了《政治经济学批判大纲》。五十年后，恩格斯回忆了这次游历对他所产生的影响："我在曼彻斯特时异常清晰地观察到，迄今为止在历史著作中根本不起作用或者只起极小作用的经济事实，至少在现代世界中是一个决定性的历史力量。"这些经济事实形成了现代阶级对立所由产生的基础；这些阶级对立，在它们因大工业而得到充分发展的国家里是政党形成的
75 基础，因而也是全部政治历史的基础。[1]在1844年3月，恩格斯宣称，尽管未受到欧洲大陆一个世纪革命的影响，但英国却经历了一场真正的社会革命，它发生的变革比任何其他国家都大。到9月，他再次指出，英国工业的迅速增长是一场革命，它构成"现代英国各种关系的基础，是整个社会运动的动力"。这场工业革命最重要的结果就是无产阶级的产生，首先是在城镇，接着是在乡村，它是伴随着小农场主被租佃农场主驱赶离开土地而产生的，这些租地农场主雇佣挣工资的劳动力从事生产。这场社会革命不仅创造了无产阶级，而且增加了英国资产阶级的财富和影响力。[2]

在《英国工人阶级状况》一书中，恩格斯对这些思想进行了整理，该书是他在1844年回到德国后写作的。在书中，恩格斯重复了他过去的认识，即英国无产阶级是在18世纪后半期发生的工业革命的产物。接着，继珍妮纺纱机引入后，农业也被纳入这一进程，农村无产阶级由此形成。单单就是这样一种很不完善的机器甚至就能改变下层阶级的社会状况，更别提一种相互依赖，并且配合默契的机器系统所造成的变化。在对工厂生产兴起的探讨中，恩格斯认为，"小工业创造了资产阶级，大工业创造了工人阶级，并把资产阶级队伍中的少数选民拥上宝座，……但时机到来时，无产阶级将看到，他们要推翻现存的社会秩序是多么容易"。这场工业革命"引起了市民社会中的全面变革"，这场革命的"主要结果"就是

1 《马克思恩格斯选集》第4卷，第196页。

2 《马克思恩格斯选集》第1卷，第35，37页。

无产阶级的产生。[1]在这种意义上，恩格斯的著作是他19世纪40年代在曼彻斯特生活的产物，而曼彻斯特是新工业资本主义发展的中心，伴随着经济的迅速发展，阶级的极化和社会冲突的加剧也随之发生。[2]

对恩格斯在英国生活经历所获得的认识的第一次表述是在与马克思合写的《神圣家族》中，它是和恩格斯的《英国工人阶级状况》在同一时期撰写的。马克思和恩格斯写道，"批判的批判者"在考察"人"与自然之间的关系时忽略了历史运动："难道批判的批判以为，它不去认识某一历史时期的工业和生活本身的直接生产方式，它就能真正地认识这个历史时期吗？"[3]不过，正是在《德意志意识形态》（写于1845年11月到1846年8月）中，"唯物史观的基本原理第一次得到了比较系统的阐述"。[4]1844
年的手稿援引了一种有关人本质属性的哲学观念，即从事生活活动的人 76
是一种自主的、自由的和创造性的生产者，以此论证在资本主义制度下，"人"同自身和自然界的关系都被异化，被外化。[5]而在《德意志意识形态》中，这种将"人"视为生产者的非常抽象的观念，在下述判断中具有了一种经验意义，即历史在生产力的增长和形成相应的生产关系中产生了一种连贯性。《德意志意识形态》中有关生产力在决定社会关系（或交往形式，这是马克思和恩格斯那时对它们的称谓）上的作用的判断，仅仅是来自对恩格斯直接经验的概括，即他有关技术变革对社会影响的直接经验，恩格斯在《英国工人阶级状况》中对此做了勾勒。《德意志意识形

1　《马克思恩格斯全集》第2卷，第281，300，585页。

2　A.布里格斯（Briggs）：《维多利亚时代的城市》，哈蒙德斯沃斯，1968年版，第88—116，184—187页。

3　《马克思恩格斯全集》第2卷，第191页。

4　《马克思恩格斯选集》第1卷，第4页。

5　《马克思恩格斯全集》第42卷，第97—100页；麦卡锡：《马克思和无产阶级》，第9—12页。

态》甚至重复了恩格斯较早期的判断，即大工业生产创造了无产阶级。[1]

罗森堡等人希望否定马克思是一位生产力决定论者，他们宣称，马克思认为阶级斗争才是历史发展的根本动力。但他们必须面对一个令他们尴尬的事实，即马克思本人否定了这种对他成就的解释。在1852年写给魏德迈（Weydemeyer）的信中，马克思指出，他配不上如此的荣誉，即作为现代社会中存在阶级或阶级斗争发现者的荣誉，因为这已经由资产阶级历史学家和经济学家所发现。马克思宣称他只是发现，“阶级的存在仅仅同生产发展的一定历史阶段相联系”。[2]尽管马克思就这一发现要求获得荣誉，但恩格斯至少有同样的权利要求获得荣誉。由此，生产力决定论能够作为马克思主义的一个基本原理出现，长期发挥影响，但它首次被提出是在恩格斯，而不是马克思的早期著作中。[3]恩格斯持有的经验主义信念，即“要知道布丁的味道，最好自己品尝”，被归咎于他在曼彻斯特的经历。那么，对马克思和恩格斯的下述信念而言，即社会的生产关系是由
77 生产力的发展水平决定的，该城市肯定也要负责任。[4]

---

1 《马克思恩格斯选集》第1卷，第80，92，115页。

2 《马克思恩格斯选集》第4卷，第547页。

3 G.S.琼斯：《恩格斯和马克思主义的起源》，《新左派评论》1977年11—12月第106期，第102页。

4 阿尔都塞和巴里巴尔：《读〈资本论〉》，第56页。

第二部分

生产力决定论：
一种批判和一种替代性理论

第六章和第七章将对有关生产力决定论的历史论断提出批判，这种决定论是由马克思提出的，最近由诸如肖和科恩等学者予以了详尽阐释。第六章考察了下述论断，即应该拒绝接受生产力决定论，因为它是以功能解释为前提的，并得出结论，功能解释从本质上看在社会科学中是无效的。对在第三章中归纳的生产力决定论的主要命题，第七章分别予以了讨论，并对每个命题都提出了逻辑的和/或经验的批判。我们之所以拒绝接受生产力决定论，正是由于这些具体批判提出的理由，而不是因为它是以功能解释为前提的。

生产力决定论论证：

（a）社会生产关系对生产力的发展产生着有利影响。

（b）社会生产关系具有某种特定形式，因为这种形式在特定时期适合于生产力的发展。

（c）尽管不可能确定其中的机制，通过这种机制，生产力能够导致特定生产关系的产生；但经验证据表明，这种机制确实存在。

第七章回应如下：

（a）社会生产关系并不必然对生产力的发展产生有利影响。相反，它们经常导致社会生产力的停滞，甚至下降。

（b）在这种背景下，功能解释的有效性不再构成问题。既然社会生产关系无法功能性地满足生产力的要求，因此它们也不可能通过这样的功能作用来加以解释。

（c）无法举出经验证据证明存在着某种机制，通过这种机制，社会生产力能够导致发挥有利功能的生产关系的产生。既然生产关系并不必然发挥有利于生产力的功能，因此也就不可能提供这样的证据。

换句话说，我们之所以拒绝接受生产力决定论，并不是因为它以功能解释为前提，而是因为在某些限定条件下，它无法满足使功能解释有效的各项要求。

82 因此，出于逻辑和经验的原因，第七章拒绝接受生产力决定论。第八章将论证，马克思本人提供了一种替代性的历史理论，它不是以下述论断为前提的，即生产力创造特定的社会关系，而是以下述前提为出发点，即生产本身就是社会活动的一种形式。就封建社会向资本主义社会过渡的问题，马克思提出的解释，以及最近有关这一问题的争论，说明了这种替代性方法的本质所在，并进一步表明了生产力决定论在解释上是多余的。这种替代性方法拒绝接受某种历史“哲学”，这种历史哲学将马克思主义视为针对各种问题的答案。确切地说，马克思主义只是提供了一些观念，这些观念使我们能够去提出一些特定的历史问题。这种替代性方法所依赖的不是从生产力决定论的公理中推导出各种结论，而是以经验研究为前提，解释社会演进的不同历史路径。这种替代性方法不是对马克思的“更为正确”的解读，而是对历史变迁研究的更为有益的指导。 83

第六章

生产力决定论和功能解释

在撰写《德意志意识形态》之后，马克思并未做出努力以对他的历史理论进行更为详尽的阐释。因此，他并未尝试证明他的生产力决定论是正确的，或针对可能的反对意见为它做辩护。马克思将他的理论视为是"明显不证自明的"，所以为他的主张做辩护的任务就留给了现代研究者。[1]正是在G.A.科恩的著作中，生产力决定论以其最精细的形式出现，并获得令人印象深刻的辩护。科恩认为，可以用两个"功能性"命题来界定历史唯物主义：

(a) 生产力的发展水平解释了社会生产关系的性质；

(b) 社会生产关系的性质依次又决定了社会"上层建筑"（例如政治制度、法律法规等）的性质。[2]

诸如埃尔斯特和吉登斯等学者论证，一般而言，功能解释在社会科学中是无效的。[3]如果这种论断确切的话，我们能够立即否定生产力决定

---

1 肖：《马克思的历史理论》；科恩：《卡尔·马克思的历史理论》。

2 科恩：《功能解释：答埃尔斯特》，《政治研究》1980年第28期，第129页。

3 A.吉登斯：《历史唯物主义的当代批判》，伦敦，1981年版，第17, 215页；吉登斯：《社会和政治理论研究》，伦敦，1979年版，第2章；吉登斯：《社会理论的中心问题》，（转下页）

论，因为它以功能解释为前提。但事实上，我们不可能立即否定功能解释，因为在某些情况下，它能够被合理地运用于社会科学的研究。不过，第七章将论证，生产力决定论并不在这种合理的应用范围之内。

生产力决定论假设，社会生产关系是由于生产力的功能要求而产生的。这就产生两个问题：

（a）生产关系会对生产力产生影响吗？（这个问题必须根据历史事实来回答）

（b）如果生产关系确实会对生产力产生影响，那么这能够解释生产关系的性质吗？ 84

第七章将论证，社会生产关系并不必然对生产力产生影响。因此，问题（b）是多余的。换句话说，对生产力决定论的关键反对意见并不在于它是某种形式的功能解释，而在于这种理论并未揭示出生产关系从一开始就能对生产力产生影响。这不是逻辑上的失败，而是历史证据上的失败。

什么是功能解释？在何种意义上说，生产力决定论是某种形式的功能解释？从本质上看，功能解释在社会科学中是无效的吗？在功能解释中，特定形式的社会行为是根据该行为所造成的结果来加以解释的，这些结果有益于现存社会组织的存在和发展。功能解释的经典实例是霍皮人（Hopi）所跳的祈雨舞。霍皮部落的印第安人定期聚集在一起跳全部落的祈雨舞。这种舞蹈的“明显”功能似乎是一种纯粹的迷信，一种非理性的行为方式，因为祈雨舞并不会（我们相信它不会）产生它试图要达到的结果。只有当我们注意到祈雨舞的“潜在”功能时，其功能是加强这个居住分散部落的社会凝聚力，我们才能够真正去评估它的意义和解释它存在的原因。因此，一种社会制度（祈雨舞）是根据它的有益结果（社会

（接上页）伦敦，1979年版，第7，110—117，211—214页；J.埃尔斯特：《尤利西斯与塞壬》，剑桥，1979年版，第1章。

凝聚力）来加以解释的。[1]

功能解释是如何与生产力决定论联系在一起的呢？科恩论证，一般而言，社会生产力解释了生产关系的性质，生产关系依次又决定了社会的政治和意识形态上层建筑的性质。然而，科恩同时也意识到，生产关系对生产力的发展产生着重要影响，政治的上层建筑也能够影响阶级关系。[2]那么，科恩为什么不接受一种生产力、阶级关系和上层建筑彼此之间相互作用的理论呢？为什么继续强调生产力的*首要性*呢？科恩的回答是，社会生产关系的性质和它们对生产力的影响从功能上看是由生产力的要求加以解释的。他由此继续坚持生产力的首要性地位，而同时承认社会形态各个层面之间的相互作用。他强调，只有以这种方式，历史唯物主义那些明显矛盾的论断才能变得“彼此一致”起来——历史唯物主义内部存在矛盾，这似乎是根本无法想象的情况。[3]因此，从功能上
85 看，生产关系由生产力的要求加以解释，“由于最重要的是不使文明的果实——已经获得的生产力被剥夺，所以必须粉碎生产力在其中产生的那些传统形式”。[4]正是因为生产关系“应该”对生产力发挥功能性作用，所以当它们变为生产力进一步增长的桎梏时，必须将它们抛弃。

应该强调指出，认为一种制度或行为方式具有某种功能，并没有必然解释那种制度或行为为什么会产生。例如，官僚制度内部的斗争会产生抑制它们僵化的结果，而这一事实并不意味着这种斗争之所以存在是

1 吉登斯：《社会理论的中心问题》，第210—214页；也见R.K.默顿：《社会理论和社会结构》，格伦科，1962年版，第19—84页。

2 科恩：《功能解释：答埃尔斯特》，第130页。

3 同上，第129页；科恩：《答埃尔斯特论〈马克思主义、功能主义和博弈论〉》，《理论与社会》1982年第11期，第486页；科恩：《功能解释、后果解释和马克思主义》，《调查》1982年第25期，第30页。

4 《马克思恩格斯选集》第1卷，第152页。

为了带来这种有益的结果。在这个例子中，有益结果只是这种斗争的一种意料之外的副产品。科恩仅仅是论证，在某些情况下，功能属性（即有益结果）也许解释了产生那种结果的制度或行为。其次，应该强调指出，科恩并不是在论证一个稍后发生的事件能够解释一个稍早发生的事件。霍皮人的祈雨舞并不是由它随后产生的结果（社会凝聚力）来解释的，即它发生的倾向是由它产生某种结果的倾向来加以解释的。[1]

既然并不是所有功能属性都具有解释力，所以最直接的问题就是将那些具有解释力的功能属性区分出来。功能主义者和他们的批判者都同意，一种功能解释要是有效的，必须存在某种形式的“反馈”机制，通过这种机制的作用，某种会产生有益结果“f”的倾向将保证“e”的存在，即产生“f”的行为、制度或机构的存在。[2]例如，长颈鹿之所以有长脖子，也许可以根据它能给长颈鹿带来的有益结果来加以解释，长脖子之所以能给长颈鹿带来有益结果是因为长颈鹿以合欢树（acacia）的树叶为食物。在这个例子中，将有益结果和器官发育特点联系在一起的机制是达尔文的进化论，即偶然变异解释了长脖子形成的可能性，而自然选择解释了处于有利地位的长颈鹿获得生存和繁衍。在生物学中，我们不必在每个事例中都具体说明在其中起作用的“反馈机制”，因为有关偶然变异/自然选择的一般理论提供了这样一种普遍发挥作用的机制。[3]

社会科学家（包括历史学家）面临的问题是，他们没有与生物学相对

1 埃尔斯特：《尤利西斯与塞壬》，第33页；科恩：《卡尔·马克思的历史理论》，第253，261—262页。

2 埃尔斯特：《评科恩对马克思主义历史理论的研究》，《政治研究》1980年第28期，第126—127页；科恩：《功能解释：答埃尔斯特》，第131页。

3 科恩：《卡尔·马克思的历史理论》，第269—270页；埃尔斯特：《酸葡萄》，剑桥，1983年版，第103页。应该强调指出，偶然变异并未假定任何控制机制、目标或目的的存在，即它的发生并未“保证”最适者的生存。

应的一般形式的功能解释。对那些希望以功能形式解释社会制度的人而言，这种缺失无疑构成其潜在的劣势。例如，波兰的马克思主义者茨托姆卡曾论证，仅仅表明“x”有益于“y”，并不是在用那些有益结果来解释“x”的存在。“对一种系统所倾向的状态或功能要求做出说明的最精确
86 的决定论也是无用的，除非人们能够确定使这些状态得以实现和使这些要求得以满足的实际发挥作用的机制。”然而，尽管相信功能解释对社会科学是至关重要的，但茨托姆卡也必须承认，他提出的四种机制——他认为也许可以充当解释的机制，没有一种是“完全充分的或令人满意的”。[1]埃尔斯特也强调了确定在其中发挥作用的因果机制的重要性，一旦确定了这种机制，就使人们能够不仅宣称社会生产关系对生产力的增长发挥着作用（本身是一个矛盾命题），而且还可以宣称，这些关系之所以存在是因为它们被设计用来满足生产力的要求。[2]

埃尔斯特举了一个功能解释确实在社会科学中发挥作用的例子，即芝加哥学派（the Chicago）对市场的分析。这些经济学家认为，一种经济行为——诸如引入规模经济——之所以为人们所仿效，可以根据它能够在未来产生有益结果（例如较高的利润）来加以解释，这是功能解释的一个经典事例。在这种解释模式中，并不是简单地假设确实存在着反馈机制，因为我们的确能够看到某些有益的结果。有学者将其中的机制确定为市场上的竞争和那些接受利润最大化经营策略的企业能够生存。在这个例子中，发挥作用的机制非常类似于自然选择机制，尽管没有人会假设这种机制能够整体地运用于对社会的研究。

至于这些企业为什么会接受诸如规模经济等有益的经营策略呢？可能有两种类型的答案：

1 茨托姆卡：《系统和功能》，纽约，1974年版，第140，150，151页。

2 埃尔斯特：《评科恩对马克思主义历史理论的研究》，第126页；埃尔斯特：《酸葡萄》，第107页；埃尔斯特：《尤利西斯与塞壬》，第34页。

（a）企业是出于“非理性”的原因才接受这些有益的经营策略。例如，公司的经理们可能是试图通过成为大企业的管理者来获得更高的社会声望。从经济方面看，他们是出于非理性的原因才接受规模经济的经营策略，尽管这些企业接受利润最大化的经营策略并非是出于经济理性，但市场倾向于鼓励它们的生存和成功发展。类似地，在自然选择中，适者生存也是在没有任何理性指导下实现的。

（b）企业也可能是出于理性原因才接受规模经济的经营策略，即企业的经理或所有者在有意识地实施利润最大化的经营策略。那些能够进行理性思考的人将会采取成功的经营策略，由此生存下来。这是一种社会科学所独有的解释形式，因为生物学和物理学无须借助意图进行解释。[1]

埃尔斯特论证，要使功能解释有效，必须确定其中的机制，它将有 87
益的结果与发挥作用的事件或制度联系在一起。不像在生物学中那样，这种机制在社会科学中不可能被视为是想当然的，因此在每个特定事例中都必须明确地加以确定。他相信，在社会科学中，对功能解释的合法应用只有当这些解释：

（a）援引了类似“自然选择”式的机制，正如芝加哥学派在对市场的解释模式中所做的那样；或

（b）援引了人们的意图。[2]

对埃尔斯特的观点可能有两种反对意见。一种反对意见是由诸如斯廷施孔布和范帕里斯等学者提出的，他们认为存在着这样一种发挥作用

---

1 埃尔斯特：《尤利西斯与塞壬》，第31—32页；埃尔斯特：《解释技术变迁》，剑桥，1983年版，第57—58页；科恩：《卡尔·马克思的历史理论》，第287—288页。

2 埃尔斯特：《马克思主义、功能主义和博弈论：为方法论个体主义辩护》，《理论与社会》1982年第11期，第445，463页；埃尔斯特：《酸葡萄》，第106页；埃尔斯特：《评科恩对马克思主义历史理论的研究》，第126页。

的普遍机制。另一种反对意见是由科恩提出的，他认为，如果有合理的理由说明那种机制在发挥作用，那么我们实际上无须具体指出它的存在。斯廷施孔布论证，我们能够将社会视为一种“非常有趣的马尔科夫机制（Markov machine）”。正如一个无法入睡的人会翻来覆去直至找到一个舒服的姿势安静下来一样，我们也能够将社会视为处于一种变动状态，但它趋向于平衡。非平衡状态具有内在的不稳定性，会产生有利于变化的压力。因此，一种僵化的官僚体制不可能适应不断变化的环境，它最终会消失，让位于一种更为灵活的组织形式，这种组织形式能够应对要求变革的压力。类似地，不适合现存生产力的生产关系也将被抛弃，这是伴随着社会趋向平衡的过程而发生的。

埃尔斯特的答复是，这不是一种严格意义上的功能解释，因为它并不是根据它的有益结果，而是根据它并没有破坏稳定的结果来解释一种制度的。而且，斯廷施孔布的论述既没有解释社会生产关系的起源，也没有解释它们对生产力的增长为什么应该是最优的，但是能够用他的论点来解释特定的生产关系为什么会持续存在，即根据它们将生产力增长中的危机减少到最小化的趋势来解释。这很难算得上是一种重要的反对使用功能解释的理由，因为不构成功能障碍本身就能被说成是在对社会发挥有利作用。我们仍然有“适者生存”的原则在发挥作用，即使不是“最适者生存”的原则。埃尔斯特会做出反驳，在对整个社会的研究中，我们难道能使用马尔科夫机制吗，该机制认为事物会自动趋向平衡，因为社会变迁是复杂和迅速的。同样，我们也会提出质疑，这真的能构成一种重要的反对意见吗，因为我们感兴趣的是对特定社会制度做出功能解释，例如对霍皮人的祈雨舞或特定形式的阶级关系做出功能解释。[1]

斯廷施孔布的论证有一个非常重大的缺陷，尽管我们也许希望将社

1 埃尔斯特：《解释技术变迁》，第61—64页；范帕里斯：《给功能主义的马克思主义正名》，《理论与社会》1982年第11期，第504页。

会视为一种非常有趣的马尔科夫机制，但是，这至多只是一种隐喻或类 88
比，而隐喻是构不成解释的。例如，一个为过多人口所困扰的社会，人们能够将它视为处于一种不稳定状态，但它最终将趋向于某种新的平衡。然而，根据何种理由，我们说一个社会是人口过多呢？这个问题又会持续多久呢？它将会达到一种什么样的新平衡呢？是通过饥荒，还是通过移民来减少人口数量呢？是通过兼并相邻地区，还是通过增加农业生产率，或是通过增加粮食进口来解决问题呢？一个社会为什么会产生一些特定的问题，这些问题会持续多久，会接受什么样的解决方案？这种种问题是不可能借助隐喻来予以回答的。

范帕里斯也提供了一种机制，能够将特定社会制度与它所产生的有益结果联系在一起：即试错机制。在生产力发展的某种特定水平上，人们能够试验各种不同的生产关系。很快，他们就会认识到，哪一种形式的生产关系最适合生产力的增长，由此采用这种最优形式的生产关系，直到生产力获得充分的发展，进而要求生产关系做相应的变革。[1]读者也许会觉得这种想法很奇怪，它将阶级关系想象为一种套头衫，如果尺码错误，很容易换另一件。但从本质上看，它所表达的观点还是有效的。不过，接受这类观点，埃尔斯特应该不会有什么困难，因为它包含着人们的意识和意图。由于这是一种在逻辑上有效的解释形式，所以我们必须做的全部工作就是在经验上检验这种假设，以考察社会是否在着手以这种方式试验各种生产关系。

斯廷施孔布和范帕里斯试图提供某种机制，以确定在特定制度和它的有益结果之间的反馈关系，由此证明功能解释的有效性。科恩同意，在那些能够应用功能解释的事例中，这种机制是必然存在的。他与埃尔斯特的分歧在于，他相信，社会科学家并没有义务去确定这些机制到底是由什么组成的。当然，如果我们能够确定这种机制自然是再好不过了，但

1 范帕里斯：《给功能主义的马克思主义正名》，第503页。

如果我们没有这样做，也不能由此就说功能解释在社会科学中的应用是不合法的。科恩用生物学的类比来说明：根据对物种的有益结果和物种对生存环境的适应，进化理论解释了生物体的结构，诸如长颈鹿的长脖子。目前，借助偶然变异、自然选择和最大限度地繁衍后代，即根据达尔文的理论，生物学家能够确定这种适应机制。然而，甚至在达尔文之前，自然科学家也有可能认识到，动物的结构确实在发挥作用，并相信动物
89 之所以拥有这样的结构，是因为这样的结构发挥着某些功能。在达尔文之前，就器官为什么具有某些功能的问题，许多科学家都无法确定其中的机制；其他人，诸如拉马克还对这种机制做了错误的解释。尽管如此，但在接受功能解释上，这些科学家是正确的，即使他们还不可能确定支撑功能解释的机制。科恩认为，社会科学目前的发展水平类似于达尔文之前生物学的发展水平，它能够观察到许多功能性联系，诸如在社会所提供的教育类型和社会的经济需求之间的联系，但是无法确定产生这些联系的机制。[1]

也许有充分的证据证明存在一种反馈机制，甚至当我们还无法具体确定它时也是如此。这是一种非常有影响力的观点，即使在考虑到了埃尔斯特的答复之后仍是如此。埃尔斯特回应说，我们必须想到有某种因果机制在发挥作用，以将假的相关关系（“e”发生，“f”随之发生）同真正的因果关系（“e”发生，导致“f”发生），或功能解释（“e”发生，由于它导致“f”发生的倾向）区分开来。[2]科恩的首要性命题给出的是功能判断，即特定的生产关系可以根据生产力的要求加以解释。科恩承认，对生

1 埃尔斯特：《评科恩对马克思主义历史理论的研究》，第131—133页；科恩：《卡尔·马克思的历史理论》，第285—286页；科恩：《功能解释、后果解释和马克思主义》，第50—54页；科恩：《答埃尔斯特论〈马克思主义、功能主义和博弈论〉》，第490—492页。

2 埃尔斯特：《解释技术变迁》，第67页。

产力如何选择与之相适应的生产关系问题，他并没有好的答案。[1]从中可以推断出，首要性命题的有效性依赖于能否获得适当和充分的证据，以使我们在对其中起作用的机制做出详细阐释之前就接受它。

就对历史变迁的生产力解释而言，我们的目的是评估这种解释的有效性。我们的第一个结论是，不能因为它是功能解释就否定它的合法性，需要进一步听取它的自我辩护。因为在某些条件下，使用功能解释是合法的。因此，我们必须从功能解释是否有效这一抽象问题转向生产力决定论是否合理这一具体问题，去问：

（a）社会生产关系可以根据它对生产力的功能性作用加以解释吗？（能否将功能解释应用于这一个案的逻辑问题）

（b）社会生产关系从一开始就对生产力发挥了功能性作用吗？（能否应用功能解释的经验问题）

对这两个问题，第七章将以否定的方式做出回答，由此否定生产力首要性命题的正确性。第八章将提出对长期社会变迁的一种替代性解释。 90

1 科恩：《生产力和生产关系》，载B.马修斯编：《马克思：一百年之后》，伦敦，1983年版，第119，124页。

第七章
生产力决定论：一种批判

马克思和恩格斯对人类历史的演进提出了一种生产力决定论式的解释，这种解释清楚、明确，而且连贯一致。它构成对历史唯物主义的正统解读，因为以后各代的马克思主义者对此不再有可能提出任何质疑。我们的下一项工作就是评估马克思相关论断的有效性，同时评估G.A.科恩和W.H.肖对马克思观点所做辩护的有效性。[1]我们将评估生产力决定论的七个主要论点，它们是在第三章中确认的，还将考察现代学者对马克思理论的完善，这种完善同样是针对这七个论题做出的。

1. 没有生产，人类和人类社会的存在都是不可能的。（参见本书第35页）

马克思宣称，早期的研究者很少关注生产的发展，但它是全部社会生活和人类历史的真实基础。正如我们上文提到的，这是一个非常奇怪的论断。因为在18世纪对历史变迁的各种解释中，“生计谋取方式”已经

1 肖：《马克思的历史理论》；科恩：《卡尔·马克思的历史理论》。

成为一种重要的研究视角。[1]尽管如此，但主要的问题并不在于马克思的论点是否具有原创性，而是在于它在为生产力决定论进行辩护时所起的作用。实际上，甚至马克思的辩护者也承认，他的这一论断，即人必须吃和住，然后才能从事政治活动和哲学研究，“很难”证明物质生产在对社会生活解释中具有首要性。马克思的逻辑推理是“草率的和不足信的”。[2]

即使我们同意将生产视为一种“重要”的人类活动，而且这种活动先于社会关系而存在，但这本身并没有告诉我们任何有关生产、阶级关系和社会上层建筑之间的关系的内容。社会的这些层面可能会彼此互 92
动，从理论上看，某个层面还可能会在社会中居于主导地位。即使生产是社会存在的前提条件，但这本身并没有告诉我们任何有关它在社会结构或历史变迁中发挥决定作用的内容。由此可见，我们必须将生产视为一种不同于而且是先于其他社会存在的存在吗？一种替代性的观点认为，生产本身就是一种社会活动。这种替代性观点构成我们下面对马克思做出解读的基础，它对历史变迁的解释非常不同于生产力决定论的解释。

2. 人类以一种独特的方式从事生产，正是这种方式将他们同其他动物区别开来。（参见本书第35—37页）

必须将上述论断区分为两个不同的问题。第一，我们是否同意马克思所界定的那些特征是人类所独有的？第二，如果我们同意马克思的界定，那它能为生产力决定论对历史变迁的解释提供基础吗？马克思认为，从三个方面看，人类劳动是独特的。第一个命题，只有当“人们”开始从事生产时，他们才将自身区别于其他动物。我们能够对这个命题提出反对意见，因为它似乎无力成为合理的证据或反证。第二个命题，“人”是制造

1 见本书边码第72—73页。

2 肖：《马克思的历史理论》，第59页。

工具的动物。我们有可能否认它的正确性，因为同样可以将许多动物界定为工具制造者，尽管“人”在制造工具方面有其独特之处，他能够用工具来制造其他工具。[1]马克思的第三个命题，人类劳动的独特性是人在劳动中能够有意识地发挥创造性和实现其意图，现代人类学家更倾向于接受这个命题。正是在人和他们制造的工具之间的关系，而不是使用工具本身，将他们区别于其他动物。[2]

即使我们承认，人是以一种独特的方式从事生产的，但这也并不就能促使我们承认，社会的生产关系是由生产力决定的。上述第二个命题似乎是暗示，因为“人”在本质上是一种制造工具的动物（或至少在以某种独特的方式从事生产），所以人类历史在本质上是那种独特的生产方式的发展历史，其他社会要素都与人类的这一限定特征相适应。然而，只是给某物下定义并不等于对它做出因果关系方面的解释。例如，我们可以将鸟界定为有羽毛的动物，它有两个翅膀和两条腿，但这个定义并未告诉我们任何有关鸟的飞行能力、栖息地、交配模式、迁徙等方面的知识。
93 “人类从事生产，由此创造出社会关系。”这样的论点假设，生产在解释社会方面具有首要性。可是，我们即使能够认为生产是独立于社会关系并先于它而存在的，但如果要使生产力决定论具有解释力，对这些假设的正确性还必须加以证明。在为生产力首要性的辩护中，最近的研究者已经抛弃了这头两个论点。

3.1. 一般而言，社会生产关系是由生产力的发展水平决定的。（参见本书第37—46页）

我们对生产力决定论的这个主要命题的批判能够细分为六个主要论

1 埃尔斯特：《解释技术变迁》，第123页。

2 M.萨林斯：《石器时代的经济学》，伦敦，1974年版，第79—80页。

点。这里，我们将论证：

(1) 肖为这种“首要性命题”所做的辩护依赖的是一种循环论证；

(2) 从历史经验看，科恩为这一命题的辩护是成问题的；

(3) 生产力决定论假设生产力是历史发展的动力，然而它既未指明生产力由此产生社会影响的机制，也没有提供经验证据来证明这样一种机制确实存在。换句话说，生产力被加以“盲目崇拜”，并被赋予了它们实际并不拥有的力量；

(4) 生产力决定论是一种演绎性的历史哲学，不管我们问什么样的历史问题，它都能给出某种答案。因此，它是一种否定历史方法的历史哲学。而历史方法是马克思主义和非马克思主义历史学家共同运用的研究方法；

(5) 生产力决定论包含某种形式的目的论。其中，生产力的未来要求决定着当前社会阶级关系的结构。但人们无法提供某种机制来说明，未来是如何决定现在的；

(6) 最后，生产力决定论的可信性在很大程度上依赖于一种认识上的混淆，即：将生产的劳动关系同生产的社会关系相混淆。

(1) 肖为生产力首要性所做的辩护

在他的著作《马克思的历史理论》中，肖试图为生产力的决定作用加以辩护，但他也承认，马克思和恩格斯从未为此做过辩护。[1]肖要求我们 94
对生产力首要性的三种可能的替代性观点做出考量。第一种替代性观点认为，生产关系是由来自社会上层建筑的因素，而不是由生产力决定的。肖论证，不管它表面多么有道理，但我们能够不予理会。因为，马克思宣称，一般而言，经济关系塑造着社会领域。接受这第一种替代性观点将

1 肖：《马克思的历史理论》，第59—60页。

使马克思理论的整个大厦倾覆。[1]换句话说，肖认为，如果马克思是正确的，那么这第一种替代性观点必然是不正确的。但我们试图评估的却正是马克思理论的正确性。在这种背景下，理论的正确性无法成为马克思或肖用来排除其他替代性论点的前提。肖向我们提供的是一种循环论证，即马克思的正确性既是论证的起点，又是论证的结论。

生产力首要性的第二种替代性观点认为，生产关系是自我决定的。肖问，“如果这是事实的话”，那么“它们（生产关系）为什么会获得发展呢”？显然，生产关系能够独立地发展是不可思议的，但生产力却能够自动获得发展。[2]这就是说，通过重申我们认为需要加以检验的假设——即社会的生产关系不可能独立地获得发展，而生产力却能够如此，肖排除了第二种替代性观点。应该顺便提及，因为生产关系包含着在生产阶级和“剥削”阶级之间的冲突，所以这种冲突很有可能成为生产关系变革和发展的动力。这里，我们暂时不去关注这个观点的历史正确性如何；只是要表明，肖并未反驳这第二种替代性观点，而仅仅是重申了生产力的首要性。

生产力首要性的第三种替代性观点认为，生产力和生产关系是相互决定的。肖论证，我们可以否定这种可能性，因为它并不能从马克思那里获得“文本支持”。[3]对肖的这种观点，有两种可能的答复。第一种答复是表明这种替代性的观点确实有来自文本的支持。在《德意志意识形态》中，马克思将市民社会称为是“在过去一切历史阶段上受生产力制约同时又制约生产力的交往形式”。[4]类似地，马克思还指出，“工业和商业、生活必需品的生产和交换，一方面制约着不同社会阶级的分配和彼此的界

1 肖：《马克思的历史理论》，第60—61页。

2 同上，第61页。

3 同上，第61—62页。

4 《马克思恩格斯选集》第1卷，第87—88页。

限，同时它们在自己的运动形式上又受着后者的制约”。[1]因此，“相互制约的生产方式和交往方式，是国家的现实基础”。[2]

对肖的第二种答复是，即使生产力和生产关系的相互决定无法从马 95
克思那里获得文本支持，但这也只是剥夺了将它作为一种对马克思解读的资格。生产力和生产关系仍然有可能是相互决定的，只是马克思完全忽略了这一事实。再次地，我们不可能援引马克思作为权威，因为这种权威正是我们认为需要加以检验的。如果我们不接受肖的上述论证（除了作为对马克思的一种解读外），那么从逻辑上看，生产力首要性的所有这三种替代性观点都有可能成立。

肖也认识到，即使完全排除了这三种替代性观点，生产力决定论仍有可能只是由于“两害相权取其轻”的原因才为人们所接受。因此，他提出了两种正面理由来说明为什么应该接受生产力具有首要性的观点。第一，由于人们决不会放弃他们“已经获得的文明果实”，所以他们被迫改变生产关系，使之与新获得的生产力相适应。“人们将会或确实会改变他们的生产关系以适应现存的或预期将要获得的生产力”，否则的话，将会失去生产进步的成果。支持生产力首要性的“第二个”正面理由是，当社会的生产力与现存的生产关系发生矛盾时，基本的经济平衡会被打破。因为马克思相信，社会不会放弃它已经获得的生产力，所以从中可以推断出，只有调整生产关系以适应新的生产力水平，才能使社会重新实现稳定。[3]我们不太清楚这两种理由有什么不同。这“两种”说服人们相信生产力具有首要性的正面理由做出了两种假设：第一种假设是，生产力具有内在的发展倾向，因此会使现存的生产关系落后于生产力的发展；第

1 《马克思恩格斯选集》第1卷，第77页。

2 《马克思恩格斯全集》第3卷，第377页；也见《马克思恩格斯选集》第1卷，第92页；《马克思恩格斯全集》第3卷，第41页。

3 肖：《马克思的历史理论》，第62—63页。

二个假设是，伴随着这些生产关系变成生产力发展的桎梏，它们必须被抛弃，新的生产关系将形成。当然，这是生产力决定论的两个中心假设。简言之，肖对生产力首要性的正面辩护……以生产力首要性为前提。它实际上是在重申我们认为需要加以检验的假设。

（2）科恩的历史分析

科恩所界定的首要性命题认为，“生产关系的性质是由生产力的发
96 展水平来解释的”。[1]事实上，科恩后来更准确地概括了他的观点，他指出，“在某个特定时间段上流行的关系就是那个时间段最适合生产力发展的关系”。[2]生产关系不仅要适应生产力当前的发展要求，而且要适应生产力未来的发展要求，当然过渡时期除外，因为那个时期的生产关系已经变成生产力发展的桎梏。根据每个阶段所能生产剩余的水平，科恩划分出生产力发展的四个阶段，并指出了与之相应的经济结构或生产关系形式：[3]

经济结构的形式		**生产发展水平**
1. 前阶级社会	对应于	没有剩余
2. 前资本主义的阶级社会	对应于	有一些剩余，但较少
3. 资本主义社会	对应于	适度的较高剩余，但仍然不充分
4. 后阶级社会	对应于	大规模剩余

首要性命题假设，在社会的生产力和生产关系之间存在着一种准确的对应关系。但是，科恩同时承认，在前资本主义的阶级社会中，也许不可能在生产力的发展水平和生产关系的确切性质之间确定一种一一对应

1 科恩：《卡尔·马克思的历史理论》，第134页。

2 同上，第171页。

3 同上，第197—201页。

的关系。某种特定水平的社会生产力也许能够同多样形式的阶级关系相对应。奴隶制、农奴制、自由农制、亚细亚生产方式，等等，它们作为具有“细微差别”的前资本主义剥削方式而存在。[1]社会科学家也许会发现这种观点令人困惑，因为某些社会为什么会实行奴隶制、农奴制、自由农制、租税合一制才是他们感兴趣的。将这些不同的社会制度仅仅作为“细微差别”予以忽略，将原始共产主义社会结束和资本主义社会到来之间的整个世界历史都描述为“前资本主义阶级社会”，似乎限制了生产力决定论对历史研究指导作用的发挥。

一种历史理论对历史研究的指导缺乏成效，其中似乎有很多问题值得我们去反思，但就目前而言，这不是我们所要关注的主要问题。关键的问题是，科恩不再假设在生产力发展的特定水平和社会生产关系的特定性质之间存在着准确的对应关系。在“前资本主义阶级社会”的例子中——它包括了人类历史一个相当长的时段，生产力的决定作用只表现在它们排除了一些社会形式存在的可能性，即原始共产主义、资本主义和
共产主义社会形式。问题是，科恩自己已经否定了这种对生产力决定论所 97
做的“松散”形式的阐述。他论证，某种技术水平排除了某种类型生产关系存在的可能性（计算机排除了奴隶制存在的可能性），这一事实本身并不是对生产力首要性所做的辩护，因为“如果高技术水平排除了奴隶制存在的可能性，那么奴隶制也同样排除高技术水平存在的可能性。所以要确立生产力的首要性，还必须增加其他条件”。实际上，这种“条件”必然是确定某种机制，通过这种机制，生产力能够创造特定的生产关系；或是确定强有力的经验证据，这些证据表明，确实存在着这样一种机制（见第六章）。[2]正如我们下面将要看到的，科恩既未确定这种机制，也未提供经验证据证明这种机制确实存在。因此，他的观点留给我们的印

1 科恩：《卡尔·马克思的历史理论》，第200页。

2 同上，第158页；科恩希望增加的“条件”见第117页。

象是生产力和生产关系是“相互制约”的。对相互制约的替代性观点，我们将在第八章提出。

就科恩为生产力首要性所做的辩护而言，如果说他遇到的第一个问题是，生产力的一种发展水平可以导致非常不同的阶级关系形式；那么第二个问题是，非常不同的生产力发展水平可以“产生”同样的阶级关系。这方面的经典例证是马克思在《资本论》第1卷中对资本主义发展阶段所做的划分。马克思将资本主义阶段划分为两个时期：制造业时期，从16世纪中期到18世纪最后三分之一时期；大规模工业和机械化时期，在工业革命之后。[1]生产力决定论论证，伴随着生产力的发展，社会的生产关系也必然随之改变。乍看起来，我们应该认为，工业革命将成为这种理论的一个具有决定性的例证，因为在人类的生产能力方面，它代表了迄今所见的最大规模的增长。正如马克思在1848年所指出的，此前的一个世纪：

> 所创造的生产力，比过去一切世代创造的全部生产力还要多，还要大。自然力的征服，机器的采用，化学在工业和农业中的应用，轮船的行驶，铁路的通行，电报的使用，整个大陆的开垦，河川的通航，仿佛用法术从地下呼唤出来的大量人口——过去哪一个世纪料想到在社会劳动中蕴藏有这样的生产力呢？[2]

恩格斯认为，这次工业革命是“现代英国各种关系的基础，是整个社会运动的动力”。这种认识并不令人感到奇怪。正如我们上文提到的，
98 恩格斯相信，英国的现代阶级结构是工业革命的产物；在1870年之前，像“其他任何国家一样”，英国“几乎没有无产阶级”。英国无产阶级是伴随着工业化而产生的，然后又伴随着大农场取代小自耕农而在农村获得

1 马克思：《资本论》第1卷，第12，13章。

2 《马克思恩格斯选集》第1卷，第277页。

发展的。[1]

工业革命是人类历史的转折点，这是无可置疑的："在18世纪80年代的某个时间，在人类历史上人类社会生产力发展的桎梏首次被打破，从此以后，生产力能够获得持续、快速的发展，到目前为止，能够无限地增加人口、产品和服务。"但这一论断的正确性仍然有待商榷。因为，在铁路时代到来之前，工业化的程度还是非常有限的。[2]但是，果真如恩格斯所宣称的那样，在这场社会生产力和生产潜力性质上的革命确实导致了生产关系上的革命吗？果真如马克思所认为的那样，"社会生产关系是随着物质生产资料的变化而变化"吗？"伴随着物质生产资料的变革和发展，阶级关系也将发生变革"吗？[3]马克思本人却认为，事实并非如此。在机器引入之前，工业生产就已经采取了"制造业"形式。在这种制造业体系中，马克思区分出两种不同形式的劳动分工：

（a）不同种类的独立手工业的工人在同一个资本家的指挥下联合在一个工场里，产品必须经过这些工人之手才能最后制成。例如马车匠、马具匠、裁缝、油漆匠等都参与了马车的生产过程；或

（b）许多从事同一个或同一类工作的手工业者，同时在同一个工场里为同一个资本家所雇用。每个手工业者都制造整个产品。

在这两个例子中，劳动过程仍然主要是由熟练的手工劳动来完成，尽管存在着劳动越来越专业化和实行更系统劳动分工的趋势。[4]

尽管制造业仍以手工劳动为基础，但它却代表了与封建生产方式的行会制度的一种决裂。生产者丧失生产资料，后者目前作为资本与他们

---

1 《马克思恩格斯选集》第1卷，第35页；《马克思恩格斯全集》第2卷，第281页。

2 E.J.霍布斯鲍姆：《革命的时代》，伦敦，1969年版，第28页；霍布斯鲍姆：《工业与帝国》，哈蒙德斯沃斯，1972年版，第3，6章。

3 《马克思恩格斯选集》第1卷，第345页。

4 马克思：《资本论》第1卷，第373—376页。

相对立。制造业的分工因而“完全是资本主义生产方式的独特创造”。[1]自18世纪末以来，制造业体系走向衰落。劳动过程的性质越来越多地由机器、生产工具，而不是由劳动力来决定。生产被越来越多地细分为各种不同的工序，并通过应用自然科学而将这些工序变为机械化生产。[2]换句
99 话说，资本主义的历史被划分为两个阶段，被人类技术发展史上最伟大的革命分成两个阶段。我们也许可以将资本主义生产方式视为是由不变的生产关系组成，其中自由的雇佣劳动力出卖他们的劳动，为雇主生产利润；但同时却是由不同的生产力组成，它们既能够采取制造业的形式，也能够采取机械化大工业的形式。[3]在社会生产力的性质上可能已经发生革命性变革，然而没有发生生产关系性质上的变革。这似乎是一种历史理论所面临的疑难问题，这种历史理论是根据生产力的发展来解释社会生产关系的变革，而不是相反。

当然，也许可以论证，资本主义的阶级关系具有特殊的弹性。确实，就生产关系的性质而言，它们必然是为“生产的不断变革”创造条件，即使在这个例子中，它们并没有“由此”导致整个社会的革命，像马克思宣称它们将会的那样。[4]然而，如果这的确是事实所在的话，那么生产关系就成为主导性的社会要素，正是它们的性质决定着生产力所能发挥的影响。这样，只能援引发展命题作为论据来支持生产力首要性命题。发展命题是指生产力具有内在的发展倾向，因而最终必然会超越曾一度与之相适应的生产关系。首要性命题的正确以发展命题的正确为前提，如果发展命题是错误的，那么首要性命题也不可能正确。

---

1 马克思：《资本论》第1卷，第397—398页。

2 同上，第413，505页。

3 R.米什拉（Mishra）：《马克思理论中的技术和社会结构：一种解释性分析》，《科学与社会》1979年第43期，第132—157页。

4 《马克思恩格斯选集》第1卷，第275页。

（3）生产力拜物教

在《经济学哲学手稿》中，马克思论证，正如在宗教中，“人”创造了上帝，然而却将上帝视为一种异己的力量，高高地居于人类之上一样，在资本主义社会，劳动产品脱离劳动者的控制，“作为一种异己的存在物，作为不依赖于生产者的力量，同劳动相对立”。[1]类似地，正如原始人“崇拜”实物，赋予它们以事实上并不拥有的力量一样，在资本主义社会，商品，即人生产的产品，也被加以崇拜，就好像它们自身拥有某种力量。[2]在生产力决定论中，像拜物教赋予商品以力量一样，生产力被作为历史变迁的动力。似乎正是具有内在发展倾向的生产力将会抛弃旧的阶级关系，并创造新的阶级关系。因此，历史学就是对生产力发展过程的记叙。但事实上，“历史什么事情也没有做，它‘并不拥有任何无穷无尽的丰富性’，它并‘没有在任何战斗中作战’。创造这一切、拥有这一切并为这一切而斗争的，不是‘历史’，而是人，现实的、活生生的人。‘历史’并不是把人当作达到自己目的的工具来利用的某种特殊的人格。历史不过是追求着自己目的的人的活动而已”。[3]不是生产力而是现实的人们“自己创造 100
自己的历史，但是他们并不是随心所欲地创造，并不是在他们自己选定的条件下创造，而是在直接碰到的、既定的、从过去承继下来的条件下创造”。[4]当然，人是社会的人，他们存在于确定的生产关系中。因此，“至今一切社会的历史都是阶级斗争的历史”。[5]

一如既往，这些为人们所熟悉的引文往往会阻止他们去做进一步的思考，因此也易于忽略它们所暗含的对生产力决定论的批判。科恩等研

1 《马克思恩格斯全集》第42卷，第91页。

2 马克思：《资本论》第1卷，第88—89页。

3 《马克思恩格斯全集》第2卷，第118—119页。

4 《马克思恩格斯选集》第1卷，第585页。

5 同上，第272页。

究者含蓄地——如果不是有意地——暗示，不是人在创造他们自身的历史，而是生产力在创造。例如，阶级斗争的结果仅仅是对生产力要求的反映。科恩并不认为自己否定阶级斗争在历史中的中心地位。确实，他也将阶级斗争描述为生产力实现其目的的唯一手段。例如，在新兴资产阶级和封建统治阶级之间的斗争中，资产阶级最终赢得胜利，建立了资本主义制度。但为什么资产阶级会取得胜利呢？科恩回答说，因为“它是在特定时间内最适合、最有能力和最愿意管理生产力发展的阶级”。[1]因此，他的分析是将阶级斗争的结果归因于生产力的要求（持续发展）和力量（选择哪一个阶级将在阶级斗争中取得胜利的力量）。问题是，生产力怎么会有要求，它们又是通过什么样的机制来决定社会演进的结果呢？当然，可能会提出这样的反对意见，即将要求说成是生产力的要求只是一种套话，它代表的是人类的要求，即促进生产力增长的人类的要求。但在接受这种解释时，我们忘记了人类有多种多样的，甚至是相互冲突的要求，而且并不是所有要求都将被满足。因此，我们可以随意地将生产力的增长描述为一种必然发生的增长。

科恩非常坦率地承认，他未能提供令人满意的机制来解释生产力是如何获得它们的历史力量的。[2]由于未能确定这样一种机制，科恩坚持认为，功能解释的有效性以提供充分的经验证据为前提，这些经验证据证明存在这样一种机制，即使在机制本身还无法被确认时它也在发挥作用，就像在达尔文之前的生物学那样。因此，在这一点上，我们应该期待的是对历史上特定生产关系的经验讨论，以及对一种事实的证明，即它
101 们正是“那时最适合于生产力发展的”形式。[3]然而，科恩并没有去做这

1 科恩：《卡尔·马克思的历史理论》，第148—149，292页；《马克思恩格斯选集》第1卷，第90页。

2 科恩：《生产力和生产关系》，第119页。

3 科恩：《卡尔·马克思的历史理论》，第171，285—286页。

样的工作。

在两页半的篇幅中，科恩只是考察了一个他假设存在的困难问题，即马克思（正确地）将前资本主义生产方式视为是保守的，而资本主义生产方式却能使生产力实现革命性的发展。那么，这些保守的生产方式确实能够适应生产力发展的要求吗？科恩的回答是，尽管相比资本主义生产方式，封建生产方式只能够使生产力获得较慢的发展，但在封建生产方式居于主导地位时，它却是最适合生产力发展的，即“跑车的速度虽然远快于吉普车，但在沼泽地中，却是吉普车要跑得更快些”。[1]这里的问题是，用车做类比，个体车型所适合的路况是确定的，例如适合在沼泽地中行驶。但科恩并没有告诉我们封建生产方式存在的条件，而正是这些条件使它成为最适合生产力发展的。当然，也许可以回答，使封建生产方式最适合这种发展的是当时存在的生产力的性质。但这又是假定了我们正在评估的假设的正确性，即生产关系的性质是由生产力的发展水平决定的。

如果科恩对前资本主义生产方式的分析是肤浅的，那么，他对资本主义生产方式与它的生产力之间关系的考察也好不到哪里去。但这本身并不重要，只是根据科恩自己（正确地）所强调的内容，它才显得重要。科恩强调，如果缺乏有关产生功能结果的机制的知识，那么经验证据就起着关键性作用。生产力决定论表明，“因为并且当生产力发展所达到的水平超出了现有结构所能容纳的限度时”，资本主义生产关系将会出现。[2]

为了证明这一论断的正确性，就必须：

（a）证明生产力在封建生产方式内是不断发展的；

（b）说明封建生产方式为什么是生产力发展的桎梏；

（c）证明封建社会关系的存在与生产力的进一步发展不相适应，因

1 科恩：《卡尔·马克思的历史理论》，第169—171页。

2 同上，第175页。

此需要产生新的生产关系形式。

事实上，科恩所做的只是揭示了封建生产方式是生产力增长的桎
102 梏。[1]就这一点而言，不大可能存在不同意见。因为，马克思的这一论断是正确的，即前资本主义生产方式具有内在的保守性。正是由于无法促进生产力的发展，导致封建生产方式在14世纪出现危机。[2]

要证明向资本主义的过渡是生产力发展的结果，就需要证明，生产力的发展水平已经同封建阶级关系的继续存在不相适应。这样一种解释同时还必须说明，资本主义未能在14世纪早期出现的原因，因为那时封建阶级关系很明显已经变成生产进步的桎梏。实际上，科恩也承认，他并没有去尝试证明他所做判断的正确性，即作为生产力增长的结果，资本主义生产方式从封建生产方式中产生；而只是力图证明它与马克思的一般理论相一致。[3]换句话说，他承认，他并没有做这项工作，即证明他的历史理论是与历史经验相一致的。

无法确定生产力的要求在其中得到满足的机制，或无法提供证据证明存在这样一种机制，生产力首要性命题就会变成一种条件式判断，即“如果生产力要取得进步，那么特定的生产关系就必然存在”。这种解释暗示，某种类型的生产关系能够使不同形式的生产力获得发展或它能推动不同形式的生产力得到发展。这就是我们要在第八章中提出的对生产力决定论的替代性观点。事实上，只有当生产力的发展不附带任何条件，由此最终必须创造新的阶级关系来满足它们的要求时，生产力的决定作用才能够被确立。然而，首要性命题的正确性再次是以承认发展命题的正确性为前提。

---

1 科恩：《卡尔·马克思的历史理论》，第177—179页。

2 R.布伦纳：《前工业时代欧洲农村的阶级结构和经济发展》，《过去与现在》1976年第70期，第47—50页。

3 科恩：《卡尔·马克思的历史理论》，第175页。

在肖对从封建生产方式向资本主义生产方式过渡的解释中，我们能够看到的是对生产力的崇拜，并将它们视为历史发展的动力。我们将在下文考察这种解释的历史细节。就目前而言，我们只需注意到，肖认为，资本主义之所以能从封建社会中产生，是作为新兴生产力的“要求”的结果。生产力的新发展“要求（能够）适应它们发展的劳动关系”。[1]如果生产力没有能力去“要求”这样做，那么人们就很难弄明白，它们是如何创造特定的生产关系的。生产力是如何创造生产关系的，以及它为什么一直能够被证明是成功的“原动力”，仍然是一个谜。 103

（4）一种建构历史的工具

对生产力决定论提出批判的另一个理由或许是因为它所提供的历史理论。而作为这种理论前提的方法，对马克思主义者和非马克思主义者而言都是无法接受的。它对各种历史问题提供的答案都是演绎性的，而不管所讨论的问题的具体情况。这并不是说，历史研究不需要理论指导；它所研究的是独一无二的现象，不可能进行理论概括；等等。可供选择的不是是否接受理论，而是接受哪一种理论。“对理论的敌视通常意味着反对其他人的理论，同时遗忘了自己也有所依据的理论。”[2]马克思主义理论提供给我们许多概念（生产方式、意识形态，等等），这些概念启示我们提出问题和建构假设，并根据证据对假设进行检验。马克思主义历史学同其他历史解释的区别不在于其方法的有效性，而在于它所提出的范畴和独特的假设。我们需要的不是某种“历史理论”，而是需要一种有理论指导并有理论意识的历史学。[3]正如恩格斯所指出的，“我们的历史观首先是进行研究的指南，并不是按照黑格尔学派的方式构造体系的

1 肖：《马克思的历史理论》，第148页。

2 T.伊格尔顿：《文学理论》，牛津，1983年版，第8页。

3 汤普森：《理论的贫困》，第236，303页。

诀窍”。[1]

生产力决定论就是这样一种建构历史的“工具”，这可以从1859年《〈政治经济学批判〉序言》的那句同义反复中看出。序言宣称，“无论哪一个社会形态，在它所能容纳的全部生产力发挥出来以前，是决不会灭亡的；而新的更高的生产关系，在它的物质存在条件在旧社会的胎胞里成熟以前，是决不会出现的”。[2]如果我们问，那么，“从封建生产方式向资本主义生产方式的过渡为什么会发生呢”？答案必然是，“因为生产力的增长”。如果我们继续问，“生产力需要发展到什么样的水平才能确保这种过渡发生呢”？答案必然是，“当那种过渡发生时生产力所达到的发展水平”。

这听起来很荒谬。确实，它是荒谬的。但这恰恰就是肖用来解释向资本主义过渡的逻辑。是什么导致这种过渡发生呢？肖回答说，正是商业和商品生产的发展以及被剥夺了生活资料的劳动力的数量的不断增加。但是，这样回答，生产力的作用并不是很明显。因此，肖继续论证，“存在着足以支撑资本主义产生的生产力的发展”。在现代早期的欧洲，是什么样独特性质的生产力使资本主义有可能获得发展呢？生产力要有怎么样强有力的增长才能打破封建所有制关系的桎梏，并导致新的资本主义生产
104 关系的出现呢？这些，我们从未被告知。但不管它们到底是什么样的，它们确实正在“要求能够适应它们的劳动关系”，并使能够适应这些新劳动关系的生产关系产生。[3]类似地，科恩也宣称，向资本主义的过渡之所以发生是因为生产力的要求，尽管他并不关心从经验上证明这一观点。[4]

像肖一样，科恩对阶级斗争结果的分析是将生产力首要性命题用作

---

1 《马克思恩格斯选集》第4卷，第692页。

2 《马克思恩格斯选集》第2卷，第33页。

3 肖：《马克思的历史理论》，第147—148，151—153页。

4 科恩：《卡尔·马克思的历史理论》，第175页。

历史解释的工具。资本主义之所以出现，是因为资产阶级的胜利；社会主义则是因为无产阶级的胜利。“但为什么成功的阶级会取得成功呢？马克思在生产力的特征中找到了答案。”在特定时间内，最适合生产力发展的阶级就是那些将取得胜利的阶级。[1]如果我们举出另一个例子，问中世纪晚期的英国农民为什么能够利用佃农的短缺来获得自由呢？那么，答案——可能——就是生产力的要求产生了这种结果。如果我们再问，面对类似的佃农短缺，17世纪的波希米亚地主为什么能够通过成功地将农民农奴化来作为应对呢？那么，答案——再次地——可能还是在于生产力的要求。我们的理论工具倾向于产生非常陈腐的结论。最适合生产力发展的阶级是否会作为历史的成功者出现，这将在我们对发展命题的讨论中予以考察。在这里，我们提出的批判是，生产力决定论提供了一种历史研究的捷径。一旦我们提出问题，它就会告诉我们答案。但是，这种捷径被证明是一种历史研究的死胡同。

应该注意到，马克思和恩格斯本人对这种“历史哲学”多次提出告诫。“如果不把唯物主义方法当作研究历史的指南，而把它当作现成的公式，按照它来裁剪各种历史事实，那它就会转变为自己的对立物。”[2]当马克思否定一位批判者的观点时，他批判了这种指导历史研究的万能钥匙，认为“它最大的优点就在于它是超历史的”。对这位批判者，马克思回敬道：

> 他一定要把我关于西欧资本主义起源的历史概述彻底变成一般发展道路的历史哲学，一切民族，不管它们所处的历史环境如何，都注定要走这条道路，——以便最后都达到在保证社会劳动生产力极高度发展的同时又保证每个生产者个人最全面的发展的这样一种经济形态。但是 105

1 科恩：《卡尔·马克思的历史理论》，第148—149页。

2 《马克思恩格斯选集》第4卷，第688页。

我要请他原谅。他这样做，会给我过多的荣誉，同时也会给我过多的侮辱。[1]

（5）目的论

“社会生产关系与生产力的发展水平相适应。”对这个一般性命题的一种重要批判认为，该命题是一种目的论式的论断。历史被视为是有目的的，而历史事件则是实现这种目的的手段。在这个例子中，未来的目标是生产力的发展，它决定着预先确定的发展轨迹，即接受特定的生产关系。肖和科恩都非常坦率地承认，生产力决定论包含着目的论的成分。[2]当科恩做如下论证时，他还含蓄地表现出一种对目的论历史观的偏好。他论证，任何对生产力决定论的替代性观点都必须揭示，“在整个历史过程中，生产关系为什么倾向于沿着某种特定的历史方向变化，而这又不是因为生产力增长的缘故。”[3]但我们为什么应该假设历史和生产关系都会沿着某种特定的方向运动呢？无疑，社会科学家应该根据以前的趋势来解释某种特定的情势，而不是将它们解释为通向某种迄今并不存在的“未来”的一种手段。例如，根据事后认知，我们知道，工业革命确实发生过，这方面的知识能够帮助我们分辨出18世纪历史中的一些重要趋势，诸如新市场的形成、新发明等。我们可以根据新市场、新发明或者别的什么东西来解释工业革命的发生，但它并不构成对那些发展趋势的解释。工业革命并不是历史趋向的目标。如果它是目标，那么这个目标是谁设定的？类似地，资本主义也许会导致社会主义，但——尽管有马克思的论断——这并不意味着，建立社会主义才是资本主义的“宿命”或“使

1 《马克思恩格斯选集》第3卷，第341—342页。

2 肖：《马克思的历史理论》，第62页；科恩：《卡尔·马克思的历史理论》，第177页。

3 科恩：《卡尔·马克思的历史理论》，第159页。

命”。[1]当马克思明确否定这种“曲解”时，他表现出的不是诗人的浪漫，而是学者的严谨。“其实，前期历史的‘使命’、‘目的’、‘萌芽’、‘观念’等词所表示的东西，终究不过是从后期历史中得出的抽象，不过是从前期历史对后期历史发生的积极影响中得出的抽象。”[2]资本主义会产生某些结果，但它并不拥有任何使命。

马克思论证，“人体解剖为猴体解剖提供了钥匙”。但这并不是因为人体解剖是较早期进化的目标，而是因为最终的结果使我们有可能确定出较早期发展中存在的一些重要趋势。[3]他之所以欢迎达尔文《物种起源》的出版，正是因为它“第一次给了自然科学中的‘目的论’以致命的打击”。[4]历史学家并不认为，历史在沿着某种特定的方向运动。这正是历史 106
演进道路为什么会是多样性的原因所在。诸如封建生产方式在西欧不断演进，但与此同时，拜占庭却仍然由古代生产方式所主导；再如，资本主义在现代早期的英国不断演进，而与此同时，法国却正在加强一种自由农制度，东欧正在强化对农奴的统治。这些才是历史学家感兴趣的问题。

普列梅内茨提出一种重要观点，他认为，在《资本论》第1卷中，马克思并不是根据新生产力的出现来解释封建生产方式的终结。在对这种观点的讨论中，科恩所表现出的目的论倾向是非常明显的。普列梅内茨宣称，与生产力决定论恰恰相反，马克思认为，正是在封建生产方式已经结束和资本主义生产关系已经确立之后，新的生产力才被引入。[5]科恩的答复是，普列梅内茨未能认识到，“各种桎梏并不都是针对已经存在的生产

1　科恩：《卡尔·马克思的历史理论》，第201页；《马克思恩格斯全集》第46卷上，第287页。

2　《马克思恩格斯选集》第1卷，第88页。

3　《马克思恩格斯全集》第46卷上，第43页。

4　《马克思恩格斯全集》第30卷，人民出版社1974年版，第575页。

5　J.普列梅内茨：《人与社会》第2卷，伦敦，1963年版，第282—283页。

力的”，不仅有制约已经存在的生产力发挥作用的桎梏，而且也有阻滞生产力未来发展的桎梏。[1]

我们不知道这种争论是从哪里开始的。他们的拜物教信念已经令我们困惑不解。他们竟然认为，生产力具有历史能力，能够引致或创造新的生产关系。在这里，我们的困惑程度甚至进一步加深。不是现存的生产力，而是目前并不存在的、未来的生产力，在引致新生产关系的产生。我们如何可能对这样一种论断做出评价呢？科恩否认，他是在根据一种不存在的未来对现实做出解释，然而只是根据它产生“f”的倾向来解释“e”的发生。但在这个例子中，我们必须知道，在“e”和“f”之间存在着一种什么样的反馈机制，或确实有证据证明这种机制是存在的。换句话说，我们如何能将一种纯粹的相关关系（“f”伴随“e”发生）同一种功能—因果关系（“e”发生，是因为它导致“f”发生的倾向）区别开来？在缺乏对这种机制认知的前提下，留给我们的印象就是未来在决定现在。当然，这种印象是科恩明显希望避免产生的。[2]

如果我们否定这种论断，即资本主义之所以会产生，是因为迄今尚不存在的生产力的要求所致。那么，剩下的观点就是，伴随着资本主义的产生，它会创造一种生产力发展的特定形式和速度。这正是对生产力和生产关系之间关系的一种替代性观点，我们将在下文介绍。因此，我们所要回答的问题就是确定资本主义为什么从一开始就会出现，但这是一个经验问题，只能通过经验研究予以回答，而无法通过运用一种现成历史
107 哲学的演绎机制来回答。

（6）混淆劳动关系与生产关系

最后，应该注意到，生产力决定论的影响力大多源于将社会中的工作关系和劳动分工（例如生产单位内部的工作关系）同社会生产关系相

1 科恩：《卡尔·马克思的历史理论》，第176—177页。

2 同上，第261—262页。

混淆，而社会生产关系是由对剩余劳动的特定占有方式加以界定的。要进行生产，必然会有个体间的社会协作：“人们在自己生活的社会生产中发生一定的、必然的、不以他们的意志为转移的关系。”[1]但是，这些确定的关系是工作关系、阶级关系，还是两者都包括呢？毕竟，一定的生产阶段应该创造出相应的工作关系，这似乎是有说服力的：

> 人们在生产中不仅仅影响自然界，而且也相互影响。他们只有以一定的方式共同活动和相互交换其活动，才能进行生产。为了进行生产，人们相互之间便发生一定的联系和关系；只有在这些社会联系和关系的范围内，才会有他们对自然界的影响，才会有生产。生产者相互发生的这些社会关系，他们借以相互交换其活动和参与全部生产活动的条件，当然依照生产资料的性质而有所不同。[2]

在这里，马克思似乎是在借用引入火器的类比来讨论生产中的工作关系，他指出，火器的引入“必然会改变”军队的整个内部组织。然而，他接着指出，“生产关系总和起来就构成所谓社会关系，构成所谓社会，并且是构成一个处于一定历史发展阶段上的社会，具有独特的特征的社会。古典古代社会、封建社会和资产阶级社会都是这样的生产关系的总和”。[3]在这些段落中，马克思是：

（a）将技术变迁视为是想当然的，因此用它来解释社会的变迁。我们这里要论证，技术变迁是待解释项，而不是解释项；

（b）将生产中包含的劳动分工（人们只有合作才能进行生产）同在古典古代、封建和资产阶级社会中的社会阶级的划分相混淆；

1 《马克思恩格斯选集》第2卷，第32页；也见《马克思恩格斯选集》第1卷，第80页。

2 《马克思恩格斯选集》第1卷，第344页。

3 同上，第345页。

（c）断言社会关系同生产力的发展水平相适应，但却以前者，即衍生的特征为基础，对社会发展阶段做出划分，而不是以后者，即所谓基本的特征为基础，做出划分；

108 （d）假设生产过程独立于社会协作而存在，并决定后者的形式。但这只是说明了对进行生产的个体而言生产是如何发生的。在更一般的意义上，社会协作并不是生产过程的结果，而是它的一个非常重要的组成部分。在其他地方，马克思讨论了人类生存的四个基本方面：物质生产、新需求的产生、人类生命的再生产和社会协作。前三个方面，"从历史最初时期起，就同时存在着"，第四个方面——社会协作——也和"人本身有同样长久的历史"。[1]如果人只是在某种工作关系中才能从事生产；如果这种社会协作关系与人类的存在一样久远，那么，在什么意义上我们能够说生产工具先于并决定工作关系呢？当然，某种生产工具的使用也许会排除某种类型工作关系的存在，但某些类型的工作关系同样也会排除某种工具的使用。

即使我们承认工作关系是由生产工具决定的，但也没有理由假设，工作关系的变化将导致社会生产关系的变革。当马克思指出"手推磨产生的是封建主的社会；蒸汽磨产生的是工业资本家的社会"，以及"手推磨所决定的分工不同于蒸汽磨所决定的分工"[2]时，他肯定是混淆了工作关系与阶级关系。在这些段落中，马克思再次地未能将生产过程中的工作关系区别于生产的社会关系或阶级关系。但是，很有可能在前项中发生了巨大变化，正如从制造业向大规模工业的过渡所发生的那样，而后项却没有发生任何重大变革。

科恩提供了三个例子来说明，工作关系的变化是如何导致社会生产

1 《马克思恩格斯选集》第1卷，第80，81页。

2 同上，第142，161页。

关系变化的。一个例子是有关独木舟的假想故事，这里无须详述。[1]第二个例子是林恩·怀特的命题，即重犁在中世纪欧洲的引入导致了新的土地耕作类型和更具合作性的农业生产方式。科恩自己也承认，这个例子“部分是想象的”，它遭到了罗德尼·希尔顿“严厉的和令人信服的批判”。事实上，希尔顿坚决反对这一命题，即共耕农业的工作关系是以重犁的使用为基础。他进而指出，这种技术决定论被证明通常只对那些人是有吸引力的，即“那些喜欢用简单原因解释复杂变化的人”。[2]另一个更有雅量的评论者评论道，怀特的全部论证被他自己的一个论断所破坏，即“一些发明改变了社会，因为社会已经为变化做好了准备；其他发明没 109
有能够改变社会，是因为社会尚未为变化做好准备。这样，研究的对象马上就从技术转向了社会”。[3]

科恩的第三个例子是1662年的《住所法》（the Act of Settlement），它将济贫行为与贫民所在的教区联系在一起，由此限制劳动力的流动。他接受曼图克思的观点，即该法令必须被“打破、驳回和最终废弃”，以使大规模工业能够得到发展。[4]用这个例子作为证据来证明生产关系的变革也许可以通过引入新的工作关系加以实现。但这种论证存在两个问

1 科恩：《卡尔·马克思的历史理论》，第168—169页。

2 同上，第166—167页；林恩·怀特：《中世纪的技术与社会变迁》，牛津，1971年版，第41—57页；罗德尼·希尔顿和P.H.索耶尔：《技术决定论：马镫和犁》，《过去与现在》1963年第24期，尤其见第95—100页。

3 A.R.布瑞德伯里（Bridbury）：《评L.怀特的〈中世纪的技术与社会变迁〉》，《经济史评论》第2辑，1962—1963年第15期，第371页。

4 P.曼图克思：《18世纪的工业革命》，伦敦，1947年版，第443—445页；科恩：《卡尔·马克思的历史理论》，第167页。事实上，有学者论证，《住所法》对限制劳动力的流动并未产生任何实际影响（D.莱文：《新生资本主义时代的家庭形态》，纽约，1977年版，第36页）。

题，第一个问题是，很难弄明白为什么1662年的《住所法》被界定为一种工作关系。将它置于社会的上层建筑范畴，即国家和法律制度的范畴似乎更合逻辑。[1]第二个问题是，即使该法令是一种工作关系，但它的废除并不会导致新阶级关系的引入，因为英格兰已经是一个资产阶级国家了。事实上，有关独木舟的假想例子，有关重犁部分是想象性的例子和令人质疑的1662年法令的例子，都未能说明科恩的命题，即有关两阶段划分的命题，由此生产力的变革要求引入新的工作关系，后者又要求引入新的所有权关系。科恩既未证明生产过程先于工作关系而存在，又未证明工作关系的变化导致阶级关系的变革。

3.2. 有关社会的生产关系是由生产力的发展水平决定的一般性命题，可以由许多历史例证加以支持。（参见本书第46—53页）

科恩将生产关系划分为阶级产生之前的社会、资本主义之前的阶级社会、资本主义和消灭阶级之后的社会，它们分别与生产力发展的特定水平相对应（即分别是没有剩余、一些剩余、较多剩余和大规模剩余）。这是一种系统性的尝试，即运用马克思的一般性命题对历史演进做出阶段划分。[2]对这种解释框架的考察使我们得出结论，可以基于逻辑的和经验的理由来对首要性命题做出批判。

（1）原始共产主义

正如我们上文提到的，马克思赞同根据技术对史前时期做出阶段划分，即划分为石器时代、青铜时代和铁器时代。不过，恩格斯更倾向于摩尔根的阶段划分，后者将史前时期划分为野蛮时期（渔猎和采集占主导

1 科恩：《卡尔·马克思的历史理论》，第216页。

2 同上，第197—201页。

地位）和蒙昧时期（牲畜饲养和农业占主导地位）。恩格斯将野蛮和蒙昧时期归入原始共产主义阶段。只是在蒙昧时期的高级阶段，伴随着铁器的引入，向阶级社会的过渡才开始，这种过渡在文明时期最终完成。[1]换句话说，正如18世纪的工业革命并未结束占主导地位的资本主义生产关系一样，新石器时期的农业革命也能够与原始共产主义相共存。[2]当生产力的发展并未能导致生产关系的变革时，很难弄明白恩格斯为什么赋予铁器的引入以一种“革命作用”。[3] 110

第二个——尽管是相对不重要的——问题是，科恩将原始共产主义界定为一种“没有剩余”的社会。他将剩余界定为：

（a）从目前和将来看，满足生产者的物质需求所必需的产品之外的产品；

（b）满足生产者需求所必需的产品之外的产品，这些生产者的生活水平已经超出了满足生计的水平；

（c）产品被一个剥削性的、非生产的阶级所占有。[4]

不过，将原始共产主义界定为“没有剩余”的社会也许是无益的，除非是在上述第三种意义上。辛德斯和赫斯特令人信服地证明，所有社会都需要剩余劳动产品，因为“劳动力再生产的条件并不等同于经济再生产的条件”。共产主义社会，甚至原始共产主义社会都不是根据缺乏剩余劳动，而是根据剩余劳动的特定占有方式加以界定的，即一种集体占有方式。[5]

在原始共产主义社会中存在着剩余劳动，这导致我们对科恩的阶段

---

1 《马克思恩格斯选集》第4卷，第158—169页。

2 B.辛德斯和P.Q.赫斯特：《前资本主义生产方式》，伦敦，1975年版，第48页。

3 《马克思恩格斯选集》第4卷，第163页。

4 科恩：《卡尔·马克思的历史理论》，第61页。

5 辛德斯和赫斯特：《前资本主义生产方式》，第23—28页。

划分框架中的第一阶段提出新的问题。生产力决定论论证，新生产关系之所以出现，是为了满足不断增长的生产力的要求。像恩格斯的《家庭、私有制和国家的起源》所做的那样，科恩的分期框架同样要求，伴随着生产力的充分发展达到了产生剩余的水平，或更确切地说达到了相比以前剩余水平更高的水平，阶级社会将替代原始共产主义社会。伴随着阶级的产生，国家也会出现，以保障阶级关系的持续存在。[1]这种对阶级和国家产生似乎合理的解释的问题是，我们至少能够以同样的合理性提出正相
111 反的解释。原始经济的标志性特征是，它的产出水平远远低于其潜力所能达到的产出水平。不管是农业生产，还是农业产生之前的生产，它们的"劳动力都未被充分利用，技术手段也未被充分应用，自然资源通常也未被充分开发。这并不是简单地说，原始社会的产出水平是低下的。它是一个十分复杂的问题，即产出水平之所以低是相对于当时存在的可能性而言的"。在特定社会的演进过程中，对经济的控制权从氏族转到居统治地位的首领手中。正是这些统治者，具有进行组织的冲动，以及释放出生产潜力的要求。换句话说，原始社会确实存在剩余，而且有能力生产出更多的剩余。不是生产力的发展，由此也不是剩余的增加导致阶级和国家的产生，而是政治权力的出现激励和组织了剩余生产。[2]正是出于这种原因，国家自身也许就是剩余的主要占有者，因此"国家"和"阶级"大体上是无法区分开来的。[3]

对这种观点唯一可能的答复是，它是一种功能—目的论式的解释，即政治权力必须在社会中获得发展，以使生产力在未来获得增长。这种答复面临着两个问题——一个是逻辑上的，另一个是历史上的：

1 《马克思恩格斯选集》第4卷，第170页。

2 萨林斯：《石器时代的经济学》，第2和3章。

3 E.M.伍德：《资本主义社会中经济和政治的分离》，《新左派评论》1981年5—6月第127期，第83—86页。

（a）再次地，我们又回到缺乏反馈机制的问题上。通过这种机制，能够保障此类功能结果发生。（见本书边码第86—90页）

（b）历史方面的问题是，政治权力的发展，由此剩余产品的增加，为什么只是在一些特定社会中出现呢？[1]这样，我们就又回到了不同社会为什么会有不同发展方式这一经验问题上。这个问题，不可能通过应用生产力决定论这一单线式“工具”解释得通。

（2）前资本主义社会

有多种前资本主义生产方式存在于原始共产主义结束和向资本主义过渡之间。我们可以区分出，对奴隶生产的剩余劳动产品的占有；有很重劳役的封建生产方式；有自由农民和货币地租的封建生产方式；由国家垄断土地，以致无法区分地租和税赋的社会；有存在土地私人所有权的社会，但国家是剩余劳动的主要攫取者。[2]对这些社会形态在榨取剩余劳动的主导方式上的差别，我们还可以补充它们在其他方面的不同，诸如在 112
国家形式、主导性意识形态（军队、官僚、宗教等）、产品的商品化程度、城市独立性等方面的不同。不太清楚这样说有什么意义，即宣称像古代雅典、罗马帝国、绝对君主制时期的法国、封建时期的波兰、莫卧儿时期的印度和中华帝国（这里仅举一些例子）这样一些不同的社会，它们都与生产力的某种发展水平相适应，这些生产力的发展水平会产生“一些剩余但低于资本主义社会的剩余水平”。科恩本人也承认，根据生产力的发

1 萨林斯：《石器时代的经济学》，第130—131页。

2 例如见G.E.M.德圣·克鲁瓦：《古希腊世界的阶级斗争》，伦敦，1981年版；辛德斯和赫斯特：《前资本主义生产方式》，第2—5章；P.安德森：《绝对主义国家的谱系》，伦敦，1979年版，第462页；R.布伦纳：《前工业时代欧洲农村的阶级结构和经济发展》，第68—71页；C.威克姆：《另一种过渡：从古代世界向封建社会的过渡》，《过去与现在》1984年第103期，第3—36页。

展水平来解释古代向封建生产方式的过渡是成问题的。[1]我们已经强调了其中存在的逻辑问题，即生产力的首要性无法仅仅根据它们“排除了”某些形式的生产关系的事实来加以确立（在这个例子中是排除了原始共产主义、资本主义和后阶级社会）；因为，某些形式的阶级关系也排除了某些类型生产力存在的可能。在这里，我们必须强调，生产力决定论确实无助于我们理解多样类型的前资本主义社会的演进。我们将在有关生产关系对生产力发挥阻滞作用的讨论中，对生产力和生产关系在这些社会中的关系予以进一步的考察。

（3）资本主义

首要性命题要求社会的生产关系与它的生产力发展水平相适应。当马克思指出，“资本是以生产力的一定的现有的历史发展为前提的”[2]时，他肯定是表述了同样的内容。当科恩断言，“仅当和因为剩余达到适度高的水平”[3]，资本主义才会产生时，在逻辑上，他是完全遵循这一传统的。必须从封建生产方式这一桎梏中解放出来，以使生产力能够获得持续增长。问题是，马克思有关向资本主义过渡的整个分析是基于这样一种假设，即资本主义生产关系的引入要先于新技术的采用，而且是采用新技术的原因所在，正是这些技术使社会生产力和剩余水平得以增长。我们将在下面集中考察马克思命题的真理性。在这里，我们只需提示，当科恩转而支持这一命题时，即资本主义之所以产生并不是作为对生产力增长的反应，而是使生产力在未来的增长成为可能时，[4]他本人似乎也承认了这种观点。由于缺乏任何反馈机制，来确保“e”发生以致带来“f”在未来
113 的有益结果，所以我们已经看到这种目的论命题存在的问题。

1 科恩：《卡尔·马克思的历史理论》，第99页。

2 《马克思恩格斯全集》第46卷下，第211页。

3 科恩：《卡尔·马克思的历史理论》，第201页。

4 同上，第177页。

(4)社会主义社会

科恩的社会历史分期框架认为，下面将是从第三阶段的资本主义向第四阶段的“后阶级社会”的过渡，后阶级社会是与“大规模剩余”产品相对应的。这种分期框架的一个问题是忽略了诸如苏联这样的国家，它们宣称自己是社会主义社会，并在向共产主义过渡。科恩的分期框架之所以忽略它们并非偶然，因为它们的存在对这种分期框架提出了许多问题。这些社会能包括在“后阶级社会”范畴中吗？即使我们接受这种大度的归类，我们仍必须面对如下问题，即这些社会的出现并不是与能够创造大规模剩余的生产力发展水平相对应的。很难论证，它们是以能够生产比资本主义更大规模的剩余为标志的，即使从目前它们已取得的经济成就看，仍是如此。

另一方面，我们也许希望将这些社会界定为一种新形式的阶级社会，它拥有一个新的统治阶级；官僚以“税收”形式占有剩余劳动。[1]问题在于，我们是否能将这些社会界定为“后资本主义社会”，因为首先，它们中的许多社会很难与资本主义区别开来。如果我们确实要这样做，那么，科恩的分期框架就会出现问题。因为，“后资本主义”社会能够在“前资本主义”的生产力发展水平上产生，并持续存在。

一种替代性的，但非马克思主义的解释方式提出了一个重要观点，它将这类“社会主义”国家纳入我们的解释框架中。它能够论证，诸如苏联等国家是阶级社会，它们有着与资本主义世界相似的工业生产力。[2]因此，我们能够将社会演进阶段划分为前阶级社会、前工业阶级社会、工业阶级社会和后阶级社会。正如前工业生产力能够与多样类型的阶级社会

---

1 A.诺夫（Nove）：《苏联存在统治阶级吗？》，载《政治经济学和苏联社会主义》，伦敦，1979年版，第12章；M.赫索维奇茨（Hirsowicz）：《评〈苏联存在统治阶级吗〉》，《苏维埃研究》1976年第28期，第262—273页。

2 A.吉登斯：《发达社会的阶级结构》，伦敦，1978年版，第59—63页。

（奴隶制、农奴制等）相对应一样，工业生产力也能够导致多样的阶级社会（苏联、美国等）的产生。但这种观点认为，我们必须将苏联和美国之间的差别作为“细微”差别予以忽略，就像我们忽略各个前工业阶级社会之间的差别那样。换句话说，我们并不是在质疑科恩分期框架对实际存在的社会主义国家的忽略；相反，我们是在论证它们必须被忽略。因为，
114 它们对该框架有关社会演进的单线式模式提出了挑战。

（5）后阶级社会

假设苏联等国家不是后阶级社会，至少不是那种生产大规模剩余类型的社会，那么科恩分期框架中的最后阶段就尚未到来。在讨论一种历史理论的背景下，无须对它做过多评论。假设这些社会中所生产的大规模剩余是新型生产关系——一种民主的计划经济，它是为社会使用，而不是为私人利润而生产，等等——的结果。那么，再次地，生产关系似乎具有了社会首要性。当然，人们能够论证，后阶级生产关系之所以被引入，是为了能够在未来生产大规模剩余。生产力的要求将通过一场成功的社会主义革命予以满足，这场革命将使生产力在未来获得发展。在我们的分析中，为了不赋予阶级斗争以首要性，我们将必须像科恩所做的那样去论证，在阶级斗争中取得胜利的阶级是统治最适合生产力未来发展的阶级。这种阶级是否必然会取得胜利，我们将在对发展命题的讨论中予以考察。

小结一下：“首要性命题”论证，新阶级关系之所以出现是作为对社会生产力发展的反应，由此社会的经济结构与生产力的要求相一致。这是科恩四阶段分期框架所勾勒的世界历史。我们这里论证了：

（a）正是社会生产关系的变化先于生产力的增长，而且是生产力增长的原因，就像在阶级社会的起源和向资本主义过渡所发生的那样；我们没有理由说明为什么应该根据它们对生产力的功能作用来解释这种生产关系的转型。它们也许会导致生产力的增长，但这并不意味着它们之所以产生是为了导致这种增长。

(b)在前工业阶级社会和工业社会，生产力的一种发展水平与多样的阶级关系相对应。

(c)在原始共产主义社会和资本主义社会，一种类型的阶级关系与非常不同的生产力发展阶段相对应。

(d)由生产力决定论所假设的世界历史单线式的必然演进将被另一种历史解释模式所替代，后者强调历史演进道路的多样性和社会发展的 115
偶然性。在一些社会中，原始共产主义阶段结束，而在其他社会中尚未结束；走出原始共产主义阶段的道路是多样的；前资本主义阶级社会的多样性；资本主义在特定地区的发展；资本主义和社会主义同时存在于拥有相似生产力的不同社会中；社会生产力在特定时期的停滞，甚至倒退，这些，都为我们提供了丰富的历史经验，它们将使生产力决定论的单线式模式难以维系。

这最后一点将我们带向对发展命题的考察。

4. 在整个历史过程中生产力具有内在的发展倾向。（参见本书第53—55页）

发展命题——生产力在整个历史过程中具有内在的发展倾向——对为生产力决定论辩护起着非常关键的作用。这样说是有五种主要原因：

(a)如果生产力的进步是由某些其他因素（诸如来自太空的访问者）予以解释的话，那么由此这种因素将在我们对社会变迁的解释中具有首要性。

(b)我们已经看到，某些生产关系具有很大的弹性，能够与多样的生产力发展水平相适应。只有当我们假设，生产力最终必须发展到某种水平，在这种水平上生产关系不再能够容纳它们时，作为社会变迁基本动力的生产力决定论才能予以坚持。在这种意义上，首要性命题才变成一种可以从发展命题这一前提中推演出来的结论，发展命题即生产力具有内在的发展倾向。因此生产关系最终必然改变以适应生产力的要求。

（c）生产力决定论是目的论式的理论。它赋予历史演进以一种目标，即社会生产力的最大发展和使这种发展成为可能的共产主义生产关系。未来能够决定现在，以致资产阶级，例如必须推翻封建制度以使生产力的进步得以继续。只有当生产力确实有必然进步的倾向时，这种解释才具
116 有可信性。

（d）生产力决定论是某种形式的功能解释，即：某种生产关系之所以存在，是为了能够使生产力得到发展。不幸的是，生产力决定论的辩护者并未能确定其中的机制，借助这种机制，生产力能够创造出适当的生产关系。为这种功能解释进行辩护的最低要求是需要证明，生产力确实具有内在的发展倾向，以及社会的生产关系确实能发挥功能作用。如果不是这样，那么有关生产力的要求是否能在功能上解释特定生产关系的存在，以及它又如何能在功能上解释特定生产关系的存在，就会变得不再重要。如果我们能够从历史经验揭示，生产力并不具有内在的发展倾向，那么至少是在目前的研究中也就不必再纠缠于功能解释在哲学上是否合理的问题。

（e）“如果高技术与奴隶制不相容的话，那么奴隶制也与高技术不相容。要使生产力首要性命题成立，就必须为彼此限制补充新的内容。而发展命题就提供了所需要的补充。”[1]生产力据说具有首要性，因为它们是能动的因素，生产关系必须做出调整以适应它们的要求。以这种方式，科恩既能顾及生产力和生产关系的相互作用，同时又能确立生产力在最终意义上的首要性。

这里之所以对发展命题提出批判是基于以下理由：（1）它所依赖的前提性假设是“稀缺”和“理性”，据说它们能够推动生产力的增长。但

1 科恩：《卡尔·马克思的历史理论》，第158页。

是，这种假设是成问题的；（2）因为它很少被应用于对前资本主义社会的分析，在这些社会中生产力并不具有内在的发展倾向；最后，（3）因为它在对资本主义的分析中是多余的，可以根据资本主义生产方式的特殊性质来解释生产力的增长，而不是将它解释为生产力的某种超历史的发展倾向的结果。

（1）稀缺和理性

正如我们所看到的，马克思假设生产力在整个历史过程中确实具有发展的倾向，尽管他并未就此给出过明确的解释。不过，他确曾提出，在社会生产中，"已经得到满足的第一个需要本身、满足需要的活动和已经获得的为满足需要而用的工具又引起新的需要，而这种新需要的产生是第一个历史活动"。[1]如果人们不断产生新的需求，如果我们假设他们能 117
够成功地满足这些需求，那么从中可以推断出，社会的生产力将会随着时间的推移而不断得到发展。生产力不仅已经得到了发展，而且在整个历史过程中它们都具有发展的倾向。因此，发展命题"断言了一种具有普遍性的发展倾向"。[2]

科恩为发展命题所做的辩护也是基于人们为满足需求而进行的斗争。他论证：

（a）人类是理性的，他们知道如何满足迫切的需求；

（b）人类所处的历史情势是一种稀缺状态；

（c）人类拥有一定的智能，这使他们能够改善他们所处的情势。[3]

从中可以推断出，在自然赋予过于慷慨的地方，"人类"并不为稀缺所困，因此人类也就没有了发展自身的必要。一般而言，没有自然的帮

---

1 《马克思恩格斯选集》第1卷，第79页。

2 科恩：《卡尔·马克思的历史理论》，第135页。

3 同上，第150—155页。

助，人类的需求不可能得到满足。因此，人类必须逐步征服自然，以满足他们的需求。[1]

对发展命题可能有两种批判。第一种批判是质疑它所依赖的“需求”概念是非历史性的概念。例如，萨林斯区分了两种类型的富足。在一些现代社会，也许存在着多样的需求，但同时也存在丰富的物质资料和高水平的生产力来满足这些需求。在另一些社会，技术也许仅处于最原始的前农业水平，但在它满足其成员需求的意义上，这些社会也可以被描述为是“富足”的。因为，这些需求并不是由生产力的发展予以满足的，而是因为需求很低，当时的技术水平已经可以充分地满足它们。狩猎—采集社会提供给我们的是一种“非经济人的模式，他们的需求很少，但他们满足需求的手段——相对而言——却是丰富的”。因此，问题是确定在不同情势下导致生产发展的因素。萨林斯强调政权机构发展的重要性，它既要求也有助于进行组织，以实现对社会现存的剩余生产能力做更有效地利用。[2]换句话说，假设生产力之所以具有内在的发展倾向是因为人类面临着稀缺状况，这乃是一种非历史性的假设。因为，稀缺本身就是一个具有相对性的概念。在不同的时间和地点，生产力（在它已经获得发展的地方）是以不同的方式和不同的速度实现发展的。而为什么会存在这种
118 差异和分歧，才是社会科学家所感兴趣的。

（2）前资本主义生产方式

发展命题面临的第二个问题是，即使我们假设人们意识到了稀缺的存在，而且确实也有能力发挥理性来克服它；但这无疑是一种过于乐观的假设，它假设社会和制度对个人发挥理性的制约相对较弱。这实际是假设，不仅个人而且还有社会——长期看——都将理性地行为。[3]这恰恰

1 科恩：《卡尔·马克思的历史理论》，第23页；马克思：《资本论》第1卷，第562—563页。

2 萨林斯：《石器时代的经济学》，第1—3章。

3 J.科恩：《评科恩的〈卡尔·马克思的历史理论：一种辩护〉》，《哲学杂志》（转下页）

是我们要予以质疑的假设。

与这种乐观的假设相反，我们能够举出马尔萨斯有关封建生产方式的一种悲观逻辑。这种逻辑论证，封建生产方式具有一种产生人口危机的内在倾向。一个典型的例证就是14世纪早期的英格兰。到1300年，英格兰的人口至少已两倍于1086年。尽管人们排干沼泽、清理森林来增加耕地，但耕地面积不可能翻倍。由于未能显著提高农业生产率，所以伴随着人均耕地面积的下降、地租和非法侵占土地罚金的上涨、食品价格和廉价工资劳动力的增加，绝大多数人口的生活水平都下降了。谷物种植面积的增加是以牧场面积的减少为代价的，这种变化又导致粪肥短缺，而后者是中世纪时期最重要的肥料。粪肥短缺，以及开垦低产土地，减少了谷物的产出。伴随着生活水平的下降，出生率降低，死亡率上升，大量劳工和小土地所有者挣扎在生计边缘。英格兰人口的变化“对灾难是非常敏感的”，1315年以来的连续歉收导致人口急剧下降。尽管就饥荒是否是人口史上的一个转折点，是否是一个长时期人口减少的开端，或仅仅是一个调整期，人口的增加将重新回到以前的水平，历史学家还存在争议。[1]

换句话说，14世纪早期的稀缺并不是通过生产率的提高而是通过人口的减少来加以克服的。我们必须假设，相比科恩发展命题所暗示的理性程度，14世纪英格兰居民的理性程度要低得多；或者假设，14世纪的社会对个人发挥理性去克服稀缺设置了巨大障碍。后者似乎是对封建制度危机的一种更为合理的解释，因为进行农业改良的潜力确实存在。

提高中世纪农业生产率的主要制约因素是缺乏粪肥。这一问题在现代早期通过引入多用途的畜牧业予以了解决，而且新的轮耕制取消了中 119
世纪在耕地和牧场之间的生硬划分，使饲养更多的动物成为可能。由此，

（接上页）1982年第79期，第261—269页。

1 J.Z.梯托（Titow）：《英格兰农村社会：1200—1350年》，伦敦，1969年版，第3章；Z.拉齐（Razi）：《中世纪教区的生活、婚姻和死亡》，剑桥，1980年版，第2章。

能够生产更多的粪肥并增加耕地的生产率。在中世纪，耕地产出的增加是以牧场的减少为代价的；而在多用途饲养业发展的条件下，两者在互利中都得到了发展。这种改良方法在14世纪早期就已经为人们所了解，但是并没有得到系统推广。中世纪社会的结构阻滞了新技术的采用。封建地主没有进行投资的激励。伴随着地租和侵占土地罚金的上涨，以及使用廉价工资劳动力耕种其领地所生产的产品价格的提高，他们的收益已经非常高了。他们把收益主要花在战争和炫耀性消费上，而不是花在生产性投资上。我们可以确切地论证，多用途畜牧业是在利润大为减少的压力下才最终引入的，而不是在地主富裕的时代引入的。中世纪的地主一般是通过压榨农民、捐税、地租和罚金等来增加收入，而不是通过提高生产率来增加。

如果地主不进行，或不必进行投资，那么农民更不可能去投资。缺乏自由的农民在被榨取封建地租后几乎没有剩余，他们还要面对庄园和共同体施加的各种限制，诸如在应用资本、引进新技术和资源自由流动等方面的限制。自由农民甚至也没有可用于改良生产的资金。与此同时，小的地块划分和生计型农业也减少了实行专业化、提高生产率和进行创新的可能性。地主和农民都倾向于通过购买新的土地而不是投资新技术来增加产出，而这种偏好当然无助于总产出的增加。因此，14世纪早期的“马尔萨斯式”危机是一种社会现象，而不是自然现象。[1]

这种对封建生产方式危机的分析假设，即封建阶级关系是生产力增

1 布伦纳：《前工业时期欧洲农村的阶级结构和经济发展》，第47—51页；布伦纳：《欧洲资本主义的农业根源》，《过去与现在》1982年第97期，尤其见第16—17，24—41，48—50页；希尔顿：《中世纪晚期的英国农民》，牛津，1975年版，第10章；E.西尔利（Searle）：《领主制与共同体：纪功寺及其周边社区》，多伦多，1974年版，第268页；E.L.琼斯：《农业与工业革命》，牛津，1974年版，第3—4章；R.戴维斯（Davis）：《大西洋经济的崛起》，伦敦，1977年版，第12章。

长的障碍，认为封建生产方式阻滞了社会生产率的提高。这是对科恩命题的挑战。科恩认为，在阶级斗争中最适合生产力增长的阶级将会取得胜利。[1]上文我们已经论述，在14世纪英格兰地主的例子中，地主的目标并不是增加产出，而是增加收入。两者并不必然一致。我们在这里可以做出一个有用的区分，即在绝对剩余劳动和相对剩余劳动之间的区分。其灵感来自马克思对资本主义生产方式中绝对剩余价值和相对剩余价值的分析。马克思论证，在资本主义社会，由雇佣劳动力执行的劳动可以区 120
分为两个部分。在第一部分劳动中，劳动者生产产品的价值以工资形式支付给他，用于劳动力的再生产；在第二部分劳动中，劳动者为了雇主的利益去生产剩余价值，剩余价值是指在支付了劳动力再生产之后的剩余产品的价值。雇主可以用两种方式来增加剩余价值：第一种是延长工作日，由此增加用于剩余劳动而不是必要劳动的时间。马克思称这种方式为绝对剩余价值的生产。第二种增加剩余价值的方式是使维持劳动力生存所必需的商品变得更为廉价，以至于必要劳动可以在更短时间内完成。工作日不是延长，而是它的较大比例被用于生产剩余价值。马克思称这种方式为相对剩余价值的生产。[2]

马克思认为，剩余价值只不过是剩余劳动在资本主义生产方式中的特定形式。绝对剩余劳动和相对剩余劳动之间的区分也适用于前资本主义阶级社会，但在这些社会中占主导地位的是绝对剩余劳动。现代早期波兰的农奴制是一个典型的例子。在对从封建社会向资本主义社会过渡的讨论中，肖宣称："由于已经有了追逐利润的意识，以及生产力与其他物质条件的成熟，一些人不可避免地开始通过雇佣劳动力赚钱。"[3]正如我们上文已经提到的，肖无法确定，当时的生产力发展水平在哪些方面

1 科恩：《卡尔·马克思的历史理论》，第149, 171页。

2 马克思：《资本论》第1卷，第555—566页。

3 肖：《马克思的历史理论》，第148页。

对资本主义而言已经是“成熟”的。“追逐利润的意识”也不能构成对资本主义发展的解释。在波兰的例子中：

> 它的农奴制阶级结构造成了现存生产资料的所有制形式……仍在阻碍资本积累的潜力得以发挥。正是因为自由的工资劳动力未能出现，所以劳动力和生产资料都未能作为商品出现；作为结果，这些使用价值不可能构成一个可供资本投资和发展的领域，因为它们无法也不可能作为交换价值结合起来置于资本的控制之下。[1]

为他们自己阶级的统治所累，无法进行资本主义的投资，波兰封建地主“追逐利润的意识”采取了榨取更多封建地租的形式，这是通过减少农民土地占有面积和增加在封建主领地上的劳役，即通过增加绝对剩余劳动来实现的。波兰的封建生产关系之所以存在，远非是因为它们在功能
121 上适应了生产力的发展，相反，它造成了农业生产力的不断下降：“统治阶级试图‘利用’农奴制阶级关系以将为市场生产的剩余最大化；这事实上导致了生产力的退化。”[2]只是伴随资本主义生产方式中相对剩余劳动的生产，剩余和生产力才能够实现共同增长。波兰农奴制的阶级关系之所以存在，并不是为了使生产实现最大化。确实，“相比封建主的领地，农奴的小块土地保持了明显较高的生产率水平”。[3]波兰封建地主成功地将农民重新农奴化，这并未导致生产力的最大化增长，而是导致从农民身上榨取剩余的最大化。再次地，这种特定阶级关系的实际状况同发展

1 布伦纳：《资本主义发展的起源：对新斯密式马克思主义的批判》，《新左派评论》1977年7—8月第104期，第71页。

2 同上，第60页；也见J.托波尔斯基（Topolski）：《波兰经济从16世纪到18世纪的衰落》，载P.埃尔利（Earle）编：《1500—1800年欧洲经济史论文集》，牛津，1984年版。

3 布伦纳：《资本主义发展的起源：对新斯密式马克思主义的批判》，第69页。

命题的超历史论断相矛盾。

类似地，古代世界的特征也是明显缺乏生产力的持续增长：罗马帝国晚期的技术水平与希腊城邦的技术水平并没有多大差别。“在许多领域确实有改进和提高。但到公元前4或前3世纪以后，就没有更多真正的创新了；有许多实际的障碍在阻滞发展。”就生产力发展水平的这种停滞，人们可以举出许多理由：奴隶缺乏掌握新技术或提高生产率的激励；除了对大土地所有权的蔑视，还存在对劳动和所有形式财富的蔑视；那些大体生活于维持生计水平的人长期处于低消费状态；作为结果，缺乏劳动分工和专业化生产，缺乏规模经济，未能发展起股份公司和银行；由于信贷中的个人风险很高，所以利息率也很高。简而言之，古代世界的显著特征是缺乏提高生产力水平的激励和机会。“追逐财富的强大动力并不能转化为创造资本的动力；换种说法，当时流行的心态是贪婪，而不是某种有利于生产发展的心态。”[1]

古代世界的低度消费意味着那些能够使生产力获得增长的发明并不会得到广泛传播。水磨是一个著名的例子。作为一种能够使人们摆脱对人力或畜力依赖的技术革命，水磨在基督诞生前的那个世纪就已经为古代世界所知，然而迟至公元500年，它“仍未被普遍”使用。换句话说，“一种发明很少会被传播，直到人们强烈地感受到它是一种社会必然要采用的东西时”。水磨的发明是个人天才的杰作，但它被广泛接受却“只 122
是在社会压力之下才会发生”。[2]再次地，我们的注意力转向了下述问题，即：为什么一些社会能够鼓励技术革新的传播和生产率的增长，而其他

1 M.芬利（Finley）：《古代经济》，伦敦，1979年版，第5章，引文见第144，146—147页；也见F.W.沃尔班克：《可怕的革命》，利物浦，1969年版，第40—57，109—110页。

2 M.布洛赫：《中世纪欧洲的土地和劳作》，伦敦，1967年版，第143—147页；也见芬利：《古代世界的技术创新和经济进步》，《经济史评论》1965年第2辑第18期，第29—45页。

社会却在系统地阻滞这种发展。我们并不否认，人类历史可以被视为生产力增长的历史，然而仅仅是要论证，生产力的增长从时间和地点上看都是特殊的，因此需要给出特定的解释。生产力的增长不再首先构成一种解释，而是变成某种需要解释的东西。

可以举出反对发展命题的最后一个例子是亚细亚生产方式。科恩并未提供对这种类型社会的分析。在这类社会中，国家通过税收—地租成为剩余劳动的主要攫取者。肖接受了马克思有关这种生产方式处于停滞状态的观点，即生产力未能获得发展，这反映在亚细亚农村公社的自给自足和社会劳动分工的欠发展上。肖认为，亚细亚生产方式是"静止的"、"僵化的"和停滞的，其生产力的发展受到抑制，以致生产力和生产关系的发展都被"迟滞"。[1]再次地，我们看到的是生产力缺乏发展，而不是它们内在的发展倾向。

佩里·安德森指出，马克思有关各东方帝国处于停滞状态，并且具有相同性质的论断，大体是缺乏相关历史知识的结果。正是这些社会的"多样性和发展"，目前引起了历史学家们的关注。正如科恩所指出的，安德森提出了对亚细亚生产方式概念的"绝佳批判"，尽管安德森自己承认，他并未尝试"提出有关界定基本生产方式和它们的复杂关系这样重要的问题，这些生产方式构成伊斯兰世界或中国社会相继存在的社会形态"。[2]就目前而言，我们关注的是生产力决定论的正确性，而不是亚细亚生产方式这一概念。在这里，安德森的分析非常有趣，因为他在讨论中华帝国时得出结论：

---

1 肖：《马克思的历史理论》，第129—130页；马克思的观点见S.阿维纳尼编：《卡尔·马克思论殖民主义与现代化》，纽约，1969年版。

2 安德森：《绝对主义国家的谱系》，第495页；科恩：《卡尔·马克思的历史理论》，第199页。

> 相比欧洲而言，资本主义工业化所要求的大部分纯技术的前提条件在中国较早就已经具备。到中世纪晚期，中国拥有全面领先于西方的技术优势，在物质生产方面的几乎每一项重要发明，它都早在几个世纪之前就已经完成。正是这些发明为文艺复兴时期欧洲的经济发展提供了动力。中华帝国文明的全部发展确实能够被视为对技术在历史中有所为和 123
> 有所不为的最宏大证明。

安德森将阻滞中国经济发展的决定性因素“追溯到了中国的国家和社会的整体结构”，以及它特殊的城市结构、科学、法律、国家和阶级统治的形式。[1]正如在古代世界和封建生产方式那样，我们被告知生产力的发展受到阻滞。但正是这种阻滞需要给出社会方面的解释。

科恩自相矛盾地同意马克思的观点，即“生产的不断变革……将资产阶级时代区别于过去的一切时代”，以致“过去所有的生产方式在本质上都是保守的”。这种论断怎么可能同有关“生产力在整个历史过程中都具有内在的发展倾向”的论断相一致呢？科恩的答案是，由于特定历史时代的特殊条件，特定阶级的统治也许是最适合生产力发展的。[2]这种答复在逻辑上的疑难是，我们从未被告知，为什么最适合生产力发展的阶级就应该在阶级斗争中取得胜利；也未被告知，是什么样的条件使特定阶级在特定历史时期的统治是最适合生产力发展的。它在历史经验上的疑难是，尽管特定的阶级结构未能推动生产力的发展，尽管有一种趋向于停滞，甚至危机和倒退的内在倾向，但这种阶级结构却持续存在了几个世纪。古代世界，农奴制在现代早期波兰的牢固确立，以及在英国正在形成一种有利于生产发展的农业资本主义的同时，法国的封建社会却在反复

1 安德森：《绝对主义国家的谱系》，第540—546页。

2 马克思：《资本论》第1卷，第533页；科恩：《卡尔·马克思的历史理论》，第169—171页。

出现马尔萨斯式的危机，所有这些都对发展命题提出了挑战。[1]我们也许会问，为什么某些社会实现了技术创新，而在其他社会生产力实际上却是倒退的。从轻的方面说，发展命题在这方面无法给予我们什么帮助；从重的方面说，它阻止我们提出这样的问题。

（3）资本主义

如果前资本主义生产方式未能系统地推动生产力的发展，需要给出特定的解释的话；那么，由资本主义诞生对生产产生的巨大推动作用，也需要做出解释。“原封不动地保持旧的生产方式，却是过去的一切工业阶级生存的首要条件。生产的不断变革，一切社会状况不停地动荡，永远的
124 不安定和变动，这就是资产阶级时代不同于过去一切时代的地方。”[2]那么，为什么说“资产阶级除非对生产工具不断地进行革命，否则就不能生存下去”[3]呢？

资本主义生产的目标是创造和积累剩余价值。正如我们上面提到的，剩余价值的增加可以通过延长工作日（绝对剩余价值）来实现，也可以通过引入更有效的生产方式从而减少花在必要劳动上的时间（相对剩余价值）来实现。但工作日的延长有着很明显的限制因素，既有自然方面的限制（一天只有那么多小时，一个劳动者也只能工作其中的一些小时），也有社会方面的限制（工人阶级抵制生活水平的下降）。长期看，资本主义是越来越多地依赖相对剩余价值的榨取。它“必须变革劳动过程的技术条件和社会条件，以提高劳动生产力，通过提高劳动生产率来降低劳动力的价值”。相对剩余价值的生产必然要求不断地引入新的生产

1 科恩：《卡尔·马克思的历史理论》，第173页；戴维斯：《大西洋经济的崛起》，第12，13章。

2 《马克思恩格斯选集》第1卷，第275页。

3 同上。

技术和“使劳动的技术过程发生根本的革命”。[1]

推动创新的另一种激励是超额利润。那些进行创新的资本家，他们所生产商品的个别价值低于市场价值，当他们以市场价值出售他们所生产的商品时就能够获得超额利润。[2]如果竞争和追求剩余劳动最大化的内在动力能够使技术创新成为合乎人们愿望的东西，那么雇佣劳动力和私人资本所有权的存在，以及对资本投入生产过程不施加任何限制，将使创新具有实际的可能性。因此，即使是资本主义的例子——在这里，生产力获得空前的发展——也并未提供对生产力首要性命题或发展命题的辩护。作为资本主义生产方式典型特征的创新并不是某些超历史内在倾向的加速实现。它是资本主义时代所特有的发展动态。资本主义的阶级关系也并不是同生产力的要求相“适应”。生产力发展的方向和速度是由这些阶级关系决定的，而不是生产力决定阶级关系。

（4）发展命题：结论

科恩的发展命题是从一种有关人性的观念推演而来，这种观念认为，人类具有发挥理性克服稀缺的内在倾向。[3]一些论者拒绝承认这种从“人性”做出推演的合法性；如果我们确实要从这种观念出发进行推演的话，那么我们必须根据人的潜力来做出推演。[4]这种潜力能否实现和为什么能够实现，恰恰是社会科学家必须回答的问题。断言生产力具有内在的发展 125
倾向，但接着又像科恩那样承认，前资本主义阶级关系“未能对生产力的增长提供直接的激励”。这对研究不可能提供什么帮助，就像断言天具有

1 马克思：《资本论》第1卷，第259—260，350，557页。

2 马克思：《资本论》第3卷，第199页。

3 科恩：《卡尔·马克思的历史理论》，第151—154页。

4 N.吉拉斯：《马克思和人性：对一种神话的驳斥》，伦敦，1983年版；S.塞耶斯：《马克思主义和辩证方法：对G.A.科恩的一种批判》，《激进哲学》1984年春季号，第11—12页。

下雨的内在倾向一样。[1]那些在英国较潮湿的地区生活的人们也许会对这一命题表示某种同情，但气象学家更关注了解，为什么特定地区会有特定的降雨模式。类似地，历史学家也会对下述问题感兴趣，即：为什么某些社会无法实现技术进步，而其他社会却能够不断地实现技术进步。

科恩也意识到，社会的生产关系塑造着特定的发展路径，决定着生产力的增长速度。[2]他试图通过下述论断来挽救他的生产力决定论，即：生产关系之所以会产生某种特定影响，那是因为生产力发展的要求所致。一旦因为逻辑上的错误，和历史经验无法证明，我们拒绝承认首要性命题和发展命题的正确性，那他留给我们的就只有下述认识，即：生产关系对生产力的演进发挥着“巨大的控制作用”。[3]这样一种认识将构成生产力决定论的替代性论点的基础，我们将在下文阐述这种替代性论点。它的主要观点是，特定生产关系造成生产力发展的特定形式。

5.1. 生产力具有内在的发展倾向。从中可以推断出，最终会达到某个时点，那时社会的生产关系将滞后于生产力的发展，变得不适应生产力的进一步发展。为了使生产力能够继续发展，已经变为桎梏的生产关系必须加以抛弃，新形式的阶级关系必须产生。

5.2. 在具有内在发展倾向的生产力和阻滞生产力发展的生产关系之间的这种冲突可以用历史实例来加以说明。**（参见本书第56—60页）**

---

1 科恩：《卡尔·马克思的历史理论》，第171页。

2 同上，第165，278页。

3 科恩：《功能解释：答埃尔斯特》，《政治研究》1980年第28期，第129—130页。

正如我们已经论证过的，如果生产力并不具有内在的发展倾向，那么从中可以推断出，我们不可能承认生产力必然会打破阻滞它们发展的桎梏。相反，（1）从历史上看，生产关系在制约生产力的发展上是非常成功的。作为结果，（2）生产力决定论无助于我们理解发生在古代世界或 126
封建时代欧洲的危机。这些危机不是由生产力的发展引发的，而是它们未能获得发展的结果。（3）生产力的增长既无法解释从古代世界向封建社会的过渡，也无法解释从封建社会向资本主义社会的过渡。马克思有关从资本主义向社会主义过渡的模式是以生产力的增长为基础的，即使我们希望这一模式能为人们所接受，但它也并未暗示必须要赞同生产力决定论的一般命题。

（1）生产关系作为生产力发展的桎梏

我们已经驳斥了生产力具有内在发展倾向的命题。从中可以推断出必须对下述命题做出双重限定，即：不断增长的社会生产力最终将抛弃阻滞它们发展的生产关系。对该命题做出限定后应是：“在生产力正在获得发展的条件下，这种发展也许会达到某种水平。而在那种水平上，只有在新的生产关系形成的条件下，生产力未来的发展才是可能的。”生产关系将适应生产力的要求而做出调整的命题，将不再是铁的历史规律，而是变为一种条件陈述，即：“如果生产力要获得发展的话，那么某些生产关系必然产生。”这些生产关系是否真的会产生具有很大的历史偶然性，只能通过经验研究予以确定，而无法通过对人性的推演来确定。

对下述命题不可能存在反对意见，即：社会的生产关系也许会阻滞生产力的增长。确实，正是前资本主义的阶级关系成功地阻滞了生产力的增长，导致我们对生产力具有内在发展倾向的假设提出了质疑。但是，如果前资本主义生产方式并未表现出生产力显著增长的话，那么它们的历史也就不可能是生产力对抗生产关系阻滞其发展的历史。而是正如安德森所指出的：

> 与马克思主义者广泛接受的信念相反，一种生产方式发生危机的典型“特征”不是强劲的（经济）生产力成功地打破落后（社会）关系的阻滞，并在它们的废墟上迅速地建立一个拥有较高生产力发展水平的社
> 127 会。相反，生产力典型地是在现存生产关系的制约下出现停滞和倒退；因此，在新生产力能够被创造出来并结合成一种全新的生产方式之前，这些生产关系首先必须被激进地加以改造和重构。换句话说，在一个转型时期，生产关系一般会先于生产力的改变而改变，而不是相反。[1]

只有当我们假设，生产关系之所以被重构是为了使潜在的生产力在未来获得发展时，此类历史证据才能够与生产力决定论的命题相一致。上文已经论证，在生产关系上的变革不可能由一种迄今尚不存在的未来加以解释。我们对历史变迁的替代性解释不是根据未来，而是根据特定社会形态先前的发展来解释。

（2）三次危机：古代世界、封建社会、资本主义社会

从生产关系发挥控制作用的形式看，如果每种生产方式都有它自身发展的规律，那么从中可以推断出，每种生产方式所遭受的经济危机都是源于特定的历史背景，而无法借助生产力决定论的普适性命题加以解释。经济危机是具有内在发展倾向的生产力受到阶级关系的阻滞的结果，这方面的典型例子是马克思有关资本主义经济危机的模式。这并不令人感到奇怪。因为，马克思正是将对生产力增长的制度性激励确定为资本主义生产的独特特征。由于我们已经对其内容做过较详细的考察，在这里，我们只需概述一下马克思模式的要点。[2]马克思对资本主义经济危机的分析是基于利润率下降的趋势。他论证，生产力的增长是资本

---

1 安德森：《从古代向封建社会的过渡》，伦敦，1977年版，第204页。

2 同上，第48—51页。

主义的内在倾向，它将降低劳动力再生产所需商品的价格，即减少资本家用于可变资本的支出。其结果是，相对剩余价值的生产导致剥削率增加。不过，尽管剥削率增加了，但利润率却是在下降。利润率是根据剩余劳动所生产的产品的价值比上投入生产的总资本的价值来计算的。生产力的增长意味着固定资本的增加，固定资本是指投向机器和原材料的资本。只有活劳动才生产剩余价值，但活劳动（可变资本）占总资本的比率在不断下降，结果就是利润率的下降。它最终会导致经济危机、动荡和尖锐的矛盾。因此，“资本主义生产的真正限制是资本自身”。[1] 128

应该强调的是，人们能够基于许多理由对这种模式提出质疑。即使我们承认该模式所依据的劳动价值论是正确的，但问题是还存在着一些抵消利润率下降趋势的因素，这些因素是马克思自己确定的。马克思并未揭示，这些因素的作用力为什么必然会弱于利润率下降趋势的作用力。[2] 就目前而言，这些问题并不是我们所关注的，因为任何对资本主义经济危机的替代性解释——也许是基于资本主义过度生产的倾向——都必须考虑生产力增长的倾向，因为它是这种生产方式的特征所在。关键是，马克思论证了资本主义将变成生产力增长的桎梏，生产力的内在发展倾向将与这些桎梏相冲突，结果就是危机的发生。

资本主义生产方式的危机是生产力增长的结果。但这个例子应该不会给生产力决定论者以任何慰藉，因为这种增长是生产关系对生产力施加控制的结果。正是阶级结构在我们的解释中具有首要性，前资本主义生产方式所遭受的危机甚至更无法用生产力决定论来加以解释。因为，这些危机并不是生产力的某种内在发展倾向导致的结果。相反，古代的

---

1 马克思：《资本论》第3卷，第13，15章；引文见第278页。

2 同上，第14章；G.霍奇逊：《托洛茨基与宿命论式的马克思主义》，诺丁汉，1975年版，第65—86页；I.斯蒂德曼：《斯拉法式的马克思》，伦敦，1977年版，第116—136，205页。

和封建的生产方式的危机是生产力未能获得发展的反应，而使生产力无法获得发展乃是这些阶级关系形式的典型特征。

并不是说，在封建生产方式的危机中，生产力无法成功地打破阻滞它们发展的桎梏。相反，封建社会的危机是生产力"停滞和倒退"的结果，正如14世纪的英格兰和17世纪的波兰所表现的那样。结果是农业生产率下降，生活水平降低，生活在维持生计水平上的人们无力购买制造品，缺少支撑城镇和工业持续发展的农业剩余。上文已经论证，封建社会的危机是封建生产方式未能推动生产力发展的结果。对马克思而言，资本主义的危机是生产力增长的结果，而这种增长是资本自身造成的。与之相
129 对，封建社会的危机不是生产力增长，而是生产力停滞的结果。

如果资本主义的危机表现为利润危机的形式，封建社会的危机表现为农业生产率、人口和生活水平的下降，那么古代世界的危机则表现为政治上的衰落，而且这种形式的危机是与下述社会相适应的。在此类社会中，税收"构成国家的基础和整个经济体系中的关键因素。政治制度决定着经济发展的方向，界定着生产方式的主导形式"。[1]我们在上文已经考察了古代世界中生产力的停滞，并将它作为我们拒绝承认下述命题正确性的组成部分，即生产力具有内在的发展倾向。生产力未能获得增长将会产生决定性的政治影响，它是西罗马帝国衰落的核心所在。到公元2世纪，罗马帝国的扩张已经达到了极限，它转入防御状态，沿着莱茵河和多瑙河加固其边界，结果造成在道路、军队、薪俸、要塞防御等方面支出的增加。一旦帝国停止扩张，国家就不可能再靠征服获得的利益生存。军队不再是收入的来源，而是变成帝国必须供养的财政负担。罗马帝国统治下的和平的必然结果就是"勒索的合法化"。帝国在公元3世纪发生了危机：绵延不断的内战、争夺皇位的斗争、北部和东部不断受到的入侵。通过强化国家对生活各个方面的控制和管理，这场危

1 威克姆：《另一种过渡》，第6页。

机至少暂时得到控制，这些强化控制的措施是由公元270—340年之间的几位皇帝，尤其是戴克里先（284—305年在位）实施的。城市供应、公共工程、官僚，首先是军队——文献记录的兵力在戴克里先时期增加了两倍——所需给养，所有这些都要求帝国增加税收。由此，帝国开始靠自身供养其所需。[1]

然而，重组的帝国政府也被证明无力对抗外部对其边界不断施加的压力，这些压力从4世纪中期就开始存在。帝国政府越来越无力提供对远方边界的有效防御；强征税赋使得各行省的地主和农民对帝国的忠诚受到巨大削弱。不是敌人力量的强大导致西罗马帝国的衰落，而是它自身内部的虚弱，尤其是经济对人力、食物和运输施加的限制使然：

> 税收和强制劳役不断增加，负担相应地落在那些最没有能力承担的人身上。人力和物力被调往那些最危险的地区，这有利于边境行省的利益，但有时是以牺牲其他行省的利益为代价的。但是已经不可能采取措施来提高整个帝国的生产率水平，或对税负进行重新分配了。因为那 130
> 需要全面的结构性改革。[2]

在帝国晚期，国家是剩余的主要攫取者，这构成罗马晚期历史的一个主要特征。[3]帝国最终走向衰落更多地归因于它的经济结构，该结构被证明是无力推动生产力发展的。像封建时代欧洲的危机一样，古代世界的危机也是生产关系对社会生产力发挥阻滞作用的结果。但是，却不像

1 威克姆：《另一种过渡》，第13—14页；沃尔班克：《可怕的革命》，第61—68，70—80页；克罗伊森：《古代希腊世界的阶级斗争》，尤其见第502—503页。

2 芬利：《古代经济》，第149页。

3 威克姆：《另一种过渡》，第14页；辛德斯和赫斯特：《前资本主义生产方式》，第82—91页。

马克思有关资本主义危机的模式所认为的那样，这些较早期的危机不是具有内在发展倾向的生产力受到由阶级关系所强加的阻滞作用的结果。相反，正是这些生产方式在阻滞生产力发展上的作用（尽管有发展命题的诸种判断）导致了危机发生，即当各种额外的要求，诸如帝国税收或人口增长被强加于经济时，危机发生了。

（3）三次过渡：向封建社会、向资本主义社会、向社会主义社会

在解释前资本主义生产方式的危机上，生产力决定论并没有提供任何帮助；在马克思有关资本主义危机的模式中，它也是多余的；在解释从一种生产方式向另一种生产方式的过渡上，这种理论没有任何用途。这是马克思主义历史学所面临的一个中心问题。生产力决定论论证，社会的生产关系由于生产力的要求而产生。事实上，在生产力的发展水平不发生任何变化的前提下，社会的生产关系完全有可能发生重大的变革。而当生产力确实取得进步时，它是社会的生产关系预先发生转型的结果。这种转型的发生是功能性的，乃是为了推动生产力稍后的发展。该命题是——正如我们上文已经提到的——生产力决定论者无法在逻辑上或用经验加以证明的。可以用三次过渡来阐明这些命题：即从古代生产方式向封建社会的过渡、从封建社会向资本主义社会的过渡，以及马克思有关从资本主义向社会主义过渡的模式。这些过渡是生产力增长的结果吗？生产力的增长产生新的阶级关系，并要求抛弃已经成为桎梏的现存生产关系吗？

马克思的模式认为，从资本主义向社会主义的过渡是生产力能动增
131 长的结果。社会分化为资产阶级和无产阶级两极，生产的集中和工人阶级组织化的不断加强，资本主义发生危机的内在倾向，生产的社会化程度不断增加和资产阶级愈益变得多余，所有这些都源于生产力的增长，这种增长为社会主义创造了物质基础。[1]我们需要再次强调，在这种模式

1 见本书边码第48—51页。

中，承认生产力增长的重要性并不等于就是承认了生产力决定论。因为，这种增长本身是资本主义阶级关系的结果，它对经济发展施加了特定形式的控制。我们还需要强调，这种对向社会主义过渡的解释只是一种假设的模式。事实上，在向社会主义过渡确实发生的地方，恰恰是那些生产力发展处于低水平阶段，通常是极低水平阶段的国家。当生产力的增长使西方资本主义获得稳定存在的同时，社会主义却在那些尚未开始经历资本主义发展的社会中获得发展。社会主义革命在这些落后国家取得成功的原因肯定能够给出一种马克思主义的解释，但它却对生产力决定论命题造成巨大困难。[1]马克思主义提供给我们一些概念，这些概念使我们能够对这些革命做出经验研究；但生产力决定论的演绎方法提供的却是一种无法应用于历史研究的历史理论。

如果马克思对向社会主义过渡的解释是基于生产力增长的话（即使现实已经证明与他的预期相左），那么同样的解释却无法适用于从古代生产方式向封建社会或从封建社会向资本主义社会的历史过渡。在这两种情况下，都不能证明向新生产方式的过渡是生产力增长的结果。我们将在下文论证，马克思对这一事实的承认，为一种对历史唯物主义的替代性的和更有益的解读提供了部分基础，而新的解读不同于生产力决定论式的解读。就目前而言，我们只需提及，科恩本人也认为下述论断是“令人怀疑的”，即古代生产方式的终结是由生产力的不断增长与现存阶级关系的不相容而导致的。[2]他也承认，向资本主义的过渡并不是以生产力的

1 例如见F.哈里迪（Halliday）和M.莫利纽克斯（Molyneux）：《埃塞俄比亚革命》，伦敦，1981年版，尤其见第1，2章。

2 科恩：《卡尔·马克思的历史理论》，第199页。在这种背景下，奥利弗（Oliva）无根据的判断只能被视为是稀奇古怪的想法，他认为，罗马帝国的危机是农业技术效率的增长所致，因为它与奴隶生产关系的桎梏相冲突。P.奥利弗：《潘诺尼亚与罗马帝国危机的爆发》，布拉格，1962年版，第171页及其后几页。

任何显著增长为前提的。相反，这种增长是引入资本主义阶级关系的结果。[1]正如我们上文提到的，肖也无法确定是新的生产力导致了资本主义生产关系的产生。[2]

132 生产力决定论者宣称，正是生产力的增长导致新的阶级关系形式的产生，新的阶级关系适应了生产力的要求。上文已经对这一命题提出过质疑，即生产力有“要求”或它们具有内在的发展倾向。对这些批判，我们补充下述内容：

(a)前资本主义生产方式的危机并不是生产力增长的结果。相反，它们是由生产力未能获得发展所引致的，而生产力的停滞是这些社会的特征所在；

(b)从一种生产方式向另一种生产方式的过渡（即从原始共产主义向阶级社会、从古代生产方式向封建生产方式和从封建生产方式向资本主义生产方式的过渡）无法根据生产力的增长来加以解释；[3]

(c)尽管马克思有关资本主义危机的模式是基于生产力的增长，但这种增长本身是资本主义阶级关系的产物；

(d)在发生从一种生产方式向另一种生产方式过渡的地区，通常是生产关系的变革先于生产力的任何增长，生产力的增长也许会在较晚发生；

(e)它并未揭示出，阶级关系的这种预先转型能够根据它们对生产力未来发展的影响而加以解释。因此，阶级关系的转型将根据它们的历史前提，而不是根据它们的后果加以解释。

---

1 科恩：《卡尔·马克思的历史理论》，第177页。

2 肖：《马克思的历史理论》，第148页；也见第103—105，121—122页。

3 对从原始共产主义生产方式向下一个生产方式过渡的解释见萨林斯：《石器时代的经济学》，第2，3章，首先见第49—50页。

6. 就生产力构成社会生产关系的基础，生产关系又构成社会的政治和意识形态上层建筑的基础而言，生产力对社会结构具有本质的重要性。（参见本书第60—62页）

我们已经批驳了下述命题，即生产力具有内在的发展倾向，以及社会的生产关系同生产力的发展水平相适应。从中可以推断出，生产力在最终决定国家和意识形态上的首要性也需要予以批驳。由此，马克思的历史理论还剩下的中心命题就只是，社会的政治结构、它的法律和它的社会意识形态同生产关系的性质相适应。这一命题将在第三部分中予以详细讨论。 133

7. 正如为了满足生产力增长的要求，封建社会让位于资本主义社会那样，社会主义将取代资本主义，因为资本主义已成为阻滞生产力持续增长的桎梏。（参见本书第63—68页）

马克思从他生产力决定论中得出的政治结论，只能在对他的历史哲学的讨论中扼要地加以考察。很明显，马克思的革命理论值得进行专门而详细的研究。[1]应该强调的是，马克思对过去分析的价值不可能根据他对未来所做的预测来加以评估：解释昨天的天气要比预测明天的天气更容易些。

我们已经论证，前资本主义生产方式的危机和消亡不可能根据生产力的增长来加以解释。由于生产力的发展，资本主义将会走向终结，这听起来似乎更合理些，因为这种生产方式具有推动技术进步的内在倾向。但这种技术进步为什么就应该导致向社会主义的过渡呢？马克思的第一

1 这里提出的对马克思革命理论的评价是基于乔恩·戴森的一篇未发表的论文。

个答案在于，由资本主义所创造的生产力使一种替代性社会形态成为可能，新社会形态的特征是富足和平等。[1]问题在于，向社会主义过渡的可能性本身并无法保证这种过渡的必然性。工人运动很可能会继续选择在资本主义范畴内改善自身的处境，而不是冒险推动社会转型，因为它有可能出现在智利或苏联发生的情况。如果要揭示社会主义实现的必然性，那就必须为马克思的理论补充新的内容。

马克思的第二个论点是，资本主义将愈益提高生产过程的社会化程度，以致资本家阶级在经济上变为多余的阶级。[2]这种论点的缺陷在于，前资本主义生产方式的统治阶级通常在生产方面也是多余的，他们"很少对农民如何组织生产施加直接的影响"。[3]但是，数个世纪以来，这种在经济上的多余性并没有阻止这些阶级继续保持他们对社会的统治地位。换句话说，*阶级关系之所以存在，并不是因为生产过程的要求使然*。资本家阶级的多余性本身并不能保证资本主义的终结，更别提保证社会主义的诞生了。

马克思论证，因为社会化大生产同私人所有权的矛盾日益尖锐，所以资本主义已经变成阻滞生产力持续增长的桎梏。马克思相信，在1848
134 年之前的"几十年间"，这已经成为事实所在；三十年后，恩格斯相信，生产力的发展已经达到它们在资本主义生产方式下的极限。因此，"这种生产方式的日益迫近的崩溃可说是用手就可以触摸到了"。[4]但一个世纪之后，这种"即将到来的崩溃"仍未发生。远没有阻滞生产力的发展，资本主义实现了世界历史上最大规模和最持久的生产力增长和技术创新。正如一位马克思主义者在1970年指出的，资本主义体系"自第二次世界大战

1 见本书第三章各处，并见本书边码第107—109页。

2 见本书第三章各处，并见本书边码第110—111页。

3 威克姆：《另一种过渡》，第14页。

4 《马克思恩格斯选集》第1卷，第278页；《马克思恩格斯选集》第3卷，第617页。

以来，作为一个整体，从未在一个如此长的时期内取得如此迅速的增长。它在1950年到1964年间的增长速度两倍于它在1913年到1950年间的增长速度，而1950年到1964年间的增长速度却几乎不及刚刚过去那个时代增长速度的一半”。[1]这一时期生产力的增长令1848年之前时期所取得的成就相形见绌，而那个时期正是马克思在《共产党宣言》中予以高度称颂的时期。生产力的这种增长并未导致社会主义革命的发生。我们将在下面论证，在发达资本主义社会，它却为工人运动中的改良主义的持续发展创造了条件。

马克思还论证，资本主义阶级关系与生产日益社会化之间的矛盾将导致经济危机的爆发，这种危机最明显地表现在利润率的不断下降上，而后者是资本积累过程的特征所在。[2]但是，为什么经济危机就应该导致社会主义的产生呢？毕竟，封建社会的危机并不必然导致资本主义的出现。一种答案在于，最终必然会有资本主义体系的灾难性崩溃。[3]但即使这是事实所在，也无法从中必然推断出，资本主义的终结就应该意味着社会主义的诞生，资本主义有可能被某种形式的“国家资本主义”，或甚至是野蛮政权所替代。[4]不管怎样，都必然会出现诸如资本主义的“最后”危机这类事情吗？马克思似乎不这样认为。他将资本主义危机不仅描述为资本主义积累的内在趋势，而且把它描述为借以克服那些趋势的手

1 M.基德伦（Kidron）：《第二次世界大战以来的西方资本主义》，哈蒙德斯沃斯，1970年版，第11页。

2 见本书第三章各处，并见本书边码第111—121页。

3 例如，罗森堡相信资本主义最后的绝境和崩溃。见罗森堡：《社会改良还是革命》，科伦坡，1969年版，第12—13页；也见托洛茨基：《我们时代的马克思主义》，纽约，1970年版，第34页。

4 后者见托洛茨基：《资本主义的垂死呻吟和第四国际的任务》，伦敦，1970年版，第12页。

段："危机永远只是现有矛盾的暂时的暴力解决，永远只是使已经破坏的平衡得到瞬间恢复的暴力的爆发。"[1]正如一种马尔萨斯式的人口危机既是人口过多状况的表现，又是对这种不良状况的解决一样；资本主义危机不仅是资本主义各种矛盾所产生的后果，而且也是调节资本主义矛盾的安全阀。

也许可以论证，尽管并不存在会自动发生的资本主义的最后危机，但这场危机最终将会来临。这是因为工人阶级能动性的积极发挥。资本主义的破产会激励工人阶级为争取社会主义的胜利而斗争。这种论点的缺陷在于，在20世纪的历史中，经济危机产生的却是一些最保守的时期（例
135 如，20世纪30年代和80年代的英国）。在经济危机确实导致"激进"变革的地方，它通常导致的是法西斯主义，而不是社会主义。资本主义倾向于爆发周期性的危机，但这一事实并无法保证资本主义的终结；它也无法保证替代它的就一定是一个社会主义社会。

这就使我们碰触到马克思革命理论所面临的中心问题：即发达资本主义国家的工人阶级明显不愿意接受马克思赋予他们的历史使命。马克思论证，在资本主义的繁荣能够维持之时，工人阶级是不会致力于社会主义事业的。[2]但因为马克思相信，资本主义不可能保持长久的繁荣，所以他保留了对革命必然性的信念。资本积累的周期性、经济萧条和机械化生产方式的采用，这些意味着"工人之间的竞争就越剧烈，他们的工资就越减少"。[3]资本主义生产的全部目的就是积累剩余价值。其结果是，"在一极是财富的积累，同时在另一极，即在把自己的产品作为资本来生产的阶级方面，是贫困、劳动折磨、受奴役、无知、粗野和道德堕落的积

1 马克思：《资本论》第3卷，第278页。

2 《马克思恩格斯选集》第1卷，第470页。

3 同上，第362页。

累”。[1]在“贫困、压迫、奴役、退化和剥削的程度不断加深”的同时，“日益壮大的、由资本主义生产过程本身的机构所训练、联合和组织起来的工人阶级的反抗也不断增加”。[2]正是因为马克思未能预期到资本主义的繁荣会持续存在，所以他“没有从理论上考虑工人运动下述发展的可能性，即，将工人作为一个阶级在政治上组织起来，并为在资本主义体制内争取改良而斗争”。[3]因此，改良主义必须被解释为一种由资本主义的欺骗性外表，即商品拜物教和剥削的隐蔽性，所产生的虚假意识，在这种生产方式中剩余劳动采取了剩余价值的形式。[4]

但是，马克思本人（或也许是另一个“马克思”）对改良主义提供了一种替代性解释，这种解释是基于资本主义生产的性质本身。他论证，伴随生产力在资本主义社会的增长，那些劳动力再生产所需商品的价值将会减少。他揭示出，“在劳动生产力提高时，工人和资本家的生活资料量可以同时按照同样的比例增长，而劳动力价格和剩余价值之间不发生任何量的变化”。[5]马克思预期，从长期看，价格将会随着价值的变化而变化，因此伴随劳动力再生产所需商品价值的下降，它的价格也会下降。换 136
句话说，用货币计算的工资水平将会下降。但不管怎样，“在劳动生产力提高时，劳动力的价格能够不断下降，而工人的生活资料量同时不断增加”。[6]货币工资水平也许会下降，但以工人消费的使用价值数量来衡量

---

1 马克思：《资本论》第1卷，第708页。

2 同上，第831页。

3 引文来自费恩巴赫（Fernbach）为卡尔·马克思的《第一国际及其后》写的序言，哈蒙德斯沃斯，1974年版，第59页。

4 C.约翰逊：《改良主义问题和马克思的拜物教理论》，《新左派评论》1980年1—2月第119期，第70—96页。

5 马克思：《资本论》第1卷，第571页；《马克思恩格斯选集》第2卷，第87，96页。

6 马克思：《资本论》第1卷，第571页。

的实际工资水平将会上升。不过相对而言，劳动力价值还是在不断下降，因为工人和资本家阶级的生活状况之间的“鸿沟”越来越深。[1]

简而言之，生产力不断增长的趋势创造了使改良成为可能的财富，马克思将这种趋势视为资本主义生产方式的内在组成部分。因此，自1945年以来，经济上史无前例的增长伴随着生活水平同样史无前例的提高。[2]由资本主义所产生的生产力增长并未导致社会主义革命，而是导致了工人阶级的改良主义。社会主义者也许会不赞同这种改良主义，但这并不意味着，它能够被贬斥为“幻想的”或“资产阶级意识形态统治”的结果。[3]一般而言，“工联意识”并不是基于一种幻想，而是对真正提高生活水平可能性的一种理性反应，发达资本主义国家的工人确实有提高生活水平的可能性。迄今为止，不断发生的资本主义萧条——会产生分裂和混乱的后果——尚未表现出产生革命意识的倾向。而这种革命意识是马克思
137 所期望的。

1 马克思：《资本论》第1卷，第571页。

2 基德伦：《第二次世界大战以来的西方资本主义》，第12页。基德伦强调，这种趋势是现实存在的，尽管在某些地区贫困仍然继续存在，尽管也未能实现财富的再分配。也见N.哈里斯（Harris）：《黄油与大炮》，哈蒙德斯沃斯，1983年版，第2章。

3 列宁：《怎么办？》，莫斯科，1973年版，第42页。

第八章
生产力决定论：一种替代性理论

A部分：马克思提出的对生产力决定论的替代性理论

生产力决定论也许可以由马克思的下述命题加以总结，即生产力构成“每一个特殊社会组织的物质基础”。[1]科恩认为，马克思的历史理论因而包括了一种在物质和社会之间的“系统对立”。[2]在本章中，我们将论证，马克思本人提供了一种对他自己提出的生产力决定论的替代性理论。首先，我们将考察在物质和社会之间的区分，并论证，这种区分并没有为证明生产力首要性命题提供证据（第1部分）。相反，马克思论证，社会关系是构成生产过程的一种基本要素（第2部分），因此，可以用这种基本要素来区分各种生产方式（第3部分）。在这种对社会结构的替代性解释中，马克思赋予生产关系以首要性（第4部分），并论证，社会生产的每种形态都有它自身的发展规律（第5部分）。作为结果，马克思拒绝承认发展命题各种论断的正确性，他论证，生产力可能进步，也可能停滞，甚至

1 马克思：《资本论》第1卷，第409页注89。

2 科恩：《卡尔·马克思的历史理论》，第30，88—114页。

倒退（第6部分）。最后，我们能够揭示，马克思已经抛弃了对从封建社会向资本主义过渡所做的生产力决定论解释，这种过渡是马克思主义历史学所关注的一个中心问题（第7部分）。不过，马克思并未提供他自己对这种过渡的替代性解释。本章的B部分将论证，在现代有关向资本主义社会过渡的争论中，正是以阶级关系首要性命题为基础的解释最有价值。换句话说，我们不仅要论证，马克思持有一种与他自己的生产力决定论相
143 矛盾的观点，并在分析中加以了运用，而且要论证，这种替代性解释不会遭遇那些逻辑上和经验上的困难，即以生产力首要性命题为基础的历史解释所遭遇的困难。

（1）在物质和“社会”之间的区分

科恩在生产过程的物质内容（即人和生产力）和物质生产所采取的社会形式之间做出区分。社会所有权一方面构成生产的目的，另一方面构成剥削的形式和进行那种剥削的手段。就生产的目的而言，科恩意指在生产者自己消费、其他人消费（例如，由封建主消费的实物地租）和为交换而进行的生产之间的区分。[1]

随之而来的是定义问题。我们不太明白，既然如科恩正确坚持的那样，生产力能够包括科学和技术思想，那么它们为什么被称为物质的。[2]言外之意似乎是，生产力之所以是“物质的”，因为它们是解释项——但依次地，它们之所以是解释项，因为它们是物质的。这里，“物质的”不是根据它是什么，而是根据它的反义词——它不是“社会的”——来加以界定的。不过，这还不是科恩观点的主要问题。即使我们承认他对物质和社会范畴的界定，但仍然存在着二者是如何决定的问题，即物质是如何决定社会的？遗憾的是，科恩并未说明，物质生产过程是如何创造出相应的社会形态的。科恩确实绕了一大圈才承认，正如雕像的形状不可能由制

1 科恩：《卡尔·马克思的历史理论》，第79—80，89页。

2 同上，第47页。

作它的材料推断出来那样，社会关系所采取的形式也不可能从它们的物质内容推断出来。正如马克思所指出的，“黑人就是黑人。只有在一定的关系下，他才成为奴隶”。[1]不过，科恩确实相信，尽管我们不可能从物质内容推断出社会关系，但是，“借助一般性的或理论的知识，我们确实能够在不同的确证程度上对它们做出推断”。[2]

我们不太明白，这为什么能够成立。毕竟，如果我们不可能从物质成分推断出雕像的形式，那么我们也就根本不可能对它做出任何推断。我们也许能够推断出雕像将不会采取什么形式，例如由沙丁鱼罐头盒做成的雕像也许不会有和维纳斯雕像相同的形式。但科恩自己否认，生产力只是以这种方式排除了某些社会形态的存在。[3]因此，科恩认为，并不像雕像的内容无法决定雕像的形式那样，社会的物质内容能够决定社会的形式。但他并没有告诉我们，为什么会如此。 144

科恩的经验例证也未能揭示物质是如何决定社会的。确实，它们似乎证明相反情况的成立。他论证，“我们可以设想对社会做一种完全物质性的描述，这种描述‘不涉及社会的属性’”。因此，“苏联的集体农庄和美国的‘农业综合企业’——尽管它们的社会形式不同——却展示出了进行谷物生产相同的物质方式，它们用相似的方法和生产工具来犁地、播种和收获”。[4]类似地，当资本主义生产关系替代封建行会关系时，新的社会形态最初是伴随着前资本主义生产过程的持续存在而存在的。[5]从历史事实看，两个例子都是准确的。但遗憾的是，科恩却认为，它们证

1 科恩：《卡尔·马克思的历史理论》，第90页；《马克思恩格斯选集》第1卷，第344页。

2 科恩：《卡尔·马克思的历史理论》，第95页。

3 同上，第158页。

4 同上，第80，94页。

5 同上，第80页。

伪了下述命题，即：我们可以从物质生产过程推断出社会的生产方式；因为在这些例子中，我们可以从相同的物质内容“推断出”非常不同的社会形态。

尽管如此，但科恩仍然宣称，马克思主义理论使我们有可能根据社会的内容对社会的形式做出“大胆推断”。作为这种推断的一个例子，科恩给出了马克思的下述论断，即：从手推磨，我们能够推断出封建社会，从蒸汽磨，我们能够推断出资本主义社会。马克思实际是说，手推磨展示给我们的是封建主的社会，蒸汽磨展示给我们的是工业资本家的社会，即并不是蒸汽磨本身产生了资本主义社会。[1]马克思精练语句概括的内容却被错误地理解成了生产力决定论。第一，正如马克思充分意识到的，在封建主产生很久之前就已经掌握了磨面粉的技术，因此，我们不清楚，在何种意义上可以说从手推磨“推断出的”是封建社会。[2]第二，说没有工业资本家就没有工业资本主义，这是同义反复。要使生产力决定论命题成立的话，蒸汽磨（或一般而言的工业）就必须创造出资本主义。但事实上，正如马克思所努力指出的，资本主义社会关系在蒸汽磨出现之前很久就已经存在。最后，马克思和恩格斯满怀信心地预测社会主义革命将在他们自己生活的时代发生，随之会产生工业（包括蒸汽机）的社会所有权。换句话说：

（a）手推磨能够与多种阶级关系相适应。它的物质内容无法使我们推断出社会形式；

（b）资本主义既能够与工业生产力，也能够与前工业生产力相适

1 科恩：《卡尔·马克思的历史理论》，第96页；《马克思恩格斯选集》第1卷，第142页（应该说我们对这句话的翻译是成问题的，我们译成“手推磨产生的是封建主的社会，蒸汽磨产生的是工业资本家的社会”，它往往会使我们对历史唯物主义做出技术决定论式的理解，而且也使上下文无法理解。我们这里根据英文原文做了重新翻译。——译注）。

2 《马克思恩格斯全集》第46卷，第364页。

应。因此，我们被要求从不同的物质内容推断出相同的社会形式；

(c) 蒸汽磨（或大规模工业）既能够与资本主义，也能够与社会主义相适应。再次地，我们不可能从物质内容推断出社会形式。 145

接着，科恩继续指出："如果生产力发展水平处于手推磨的阶段，那么它们相对而言是不发达的。绝大多数劳动力都是从事农业生产的，在这种情况下，不可能存在资本主义关系。"[1]但是，从历史经验看，这并非事实所在。诚然，在有关从封建社会向资本主义社会过渡的争论中，关键的问题是解释英国为什么会成为第一个发展出某种形式的农业资本主义的国家。[2]即使农业排除了资本主义存在的可能性是事实所在，但这也只能使我们推断出，哪一种社会形态不会占据主导地位。仅仅做这样的限定并不能构成对生产力决定论的证明，而这是科恩自己也承认的。[3]

简而言之，科恩并没有提供逻辑上的理由或经验上的证据来说服我们相信，那些他称为"物质"的因素决定着社会的生产关系所采取的形式。但这并不否认，在生产过程同社会关系和生产目的之间做出区分是有益的：

> 重要的是要记住，除了奴隶生产方式之外，所有进行剥削的前资本主义生产方式都是以农民的农业生产为基础的：农民的劳动过程，甚至他们的生产力，并不必然受到剩余占有方式变化的影响……地主和国家很少对农民耕作土地的方式施加更多直接的影响，这种状况一直持续到农业资本主义产生。[4]

1 科恩：《卡尔·马克思的历史理论》，第96页。

2 布伦纳：《前工业时代欧洲农村的阶级结构和经济发展》，《过去与现在》1976年第70期，第63—80页；琼斯：《农业与工业革命》，牛津，1974年版，第4—5章。

3 科恩：《卡尔·马克思的历史理论》，第158页。

4 威克姆：《另一种过渡》，第12—13页。

可以认为，能够将农民从事农业生产过程的物质内容同它的社会形式区别开来。但这并不意味着，生产过程具有解释上的首要性。相反，农民从事的农业生产能够与多种前资本主义社会形态相适应。这一事实表明，我们不可能从物质内容推断出社会形式。

资本主义的例子也说明了从物质内容推断出社会形式的困难。因为，资本主义社会形态能够与生产过程的两种非常不同的形式，即制造业和大规模工业相适应。我们能够将资本主义生产过程的不同阶段同社会形式、阶级关系和生产目的区别开来。但这一事实本身并不意味着，其中一个方面能够独立于另一个方面而存在，并且在历史上是先于另一个方面存在或决定另一个方面的性质。

（2）作为社会生产的生产

到目前为止，我们已经承认，在某种意义上，能够将生产的物质内容
146 容和社会形式作为可区分的——如果是有联系的——范畴加以分析。不过，马克思特别强调这一事实，即“说到生产，总是指在一定社会发展阶段上的生产——社会个人的生产”。[1]如果我们在最广义上将“社会关系”视为意指许多个人的共同活动，那么马克思指的可能是生产过程中的合作，即工作关系。[2]但是，马克思也清楚地表明，就社会生产而言，他是指财产、生产的社会关系及工作关系。因此，在《经济学手稿》中，他论证，“一切生产都是个人在一定社会形式中并借这种社会形式而进行的对自然的占有。在这个意义上，说财产（占有）是生产的一个条件，那是同义反复。……如果说在任何财产形式都不存在的地方就谈不到任何生产，因此也就谈不到任何社会，那么，这是同义反复”。[3]因此，马克思承认，财产是生产的前提，生产借助某种特定的社会形式

1 《马克思恩格斯选集》第46卷上，第22页。

2 《马克思恩格斯选集》第1卷，第80页。

3 《马克思恩格斯选集》第46卷上，第24—25页。

而发生。他批判的对象是那样一些论者，他们将财产存在的一般前提同为特定财产形式的辩护相混淆，为财产辩护是资产阶级社会的特征所在。

马克思批判了经济学家的一种肤浅观点，即人们在生产中占有自然，在分配过程中将产品分给个人："分配表现为产品的分配，因此它离开生产很远，似乎对生产是独立的。"取而代之，他提出了一种更为深刻的观点，认为产品的这种分配本身又是另一种分配形式的结果，即："（1）生产工具的分配，（2）社会成员在各类生产之间的分配（个人从属于一定的生产关系）——这是上述同一关系的进一步规定。"这两种分配形式不可能被视为独立于生产过程，因为它们被"包括在生产过程本身中并且决定生产的结构"。如果在考察生产时，不考察这些社会关系，那只能导致"空洞的抽象"。[1]马克思的结论在于，生产、分配、交换和消费是"一个总体的各个环节、一个统一体内部的差别"。尽管这些不同"要素"相互之间发生着关系，其中生产居于主导地位，但是生产必须被视为包括生产工具的社会分配和个人从属于一定的生产关系。[2]换句话说，"人们的生活自古以来就建立在生产上面，建立在这种或那种社会生产上面，这种社会生产的关系，我们恰恰就称之为经济关系"。[3]正是由于这种原因， 147
"政治经济学不是工艺学"。[4]

现在看，马克思两种历史理论的立论基础应该是清楚的。在第一种理论中，以生产力首要性为基础，物质生产产生社会关系。在第二种理论中，生产本身被视为一种社会活动，它受到劳动工具分配的制约，而工具的分配又是由特定的生产关系决定的，诸如中世纪的工匠拥有工具，而

1 《马克思恩格斯全集》第46卷上，第33—34页。

2 同上，第36—37页。

3 同上，第488页。

4 同上，第23页。

资本主义社会的雇佣劳动者却与生产资料相分离。这并不是说，在《经济学手稿》中，马克思是在进行一种有意识的“自我批判”。但不管怎样，他承认生产本身是一种社会活动，这就为一种对历史变迁非常不同的解释开启了理论空间，这种解释不同于生产力决定论给出的解释。马克思的立场是前后不一致和模糊的。甚至在将生产概念阐释为社会生产，由此对生产力决定论的诸命题提出了含蓄的批判之后，他仍然继续坚持生产力决定论。在马克思对经济时代的划分中，这两种对历史唯物主义的不同解释在内涵上的差别是明显的，现在我们就转向对这一问题的考察。

（3）如何对不同社会做出区分

对马克思确实持有两种历史理论的最有说服力的证据，就在于他对社会的经济发展阶段做出划分所使用的不同方法。如果生产力决定社会生产关系的性质，那么能够从中推断出：

> 各种经济时代的区别，不在于生产什么，而在于怎样生产，用什么劳动资料生产。……尽管直到现在，历史著作很少提到物质生产的发展，即整个社会生活以及整个现实历史的基础，但是，至少史前时期是在自然科学研究的基础上，而不是在所谓历史研究的基础上，按照制造工具和武器的材料，划分为石器时代、青铜时代和铁器时代的。[1]

如果物质生产是全部社会生活的基础，那么，根据生产力的发展阶段来对社会做出区分，这似乎是符合逻辑的。但是，实际上，马克思并未遵从他自己的观点。在1859年的《〈政治经济学批判〉序言》中，马克思论证：“大体说来，亚细亚的、古代的、封建的和现代资产阶级的生产方式可以看作是经济的社会形态演进的几个时代。”[2]这些时代并不是根据它

---

1 马克思：《资本论》第1卷，第204页。

2 《马克思恩格斯选集》第2卷，第33页。

们的物质生产方式来加以界定的。相反，工业革命将资本主义时代划分 148
为两个不同的物质生产阶段。资本主义不是根据某种特定类型的生产力，而是根据对剩余劳动的特定占有方式加以界定的。[1]从逻辑上看，这种对经济形态的分类源于将生产视为社会生产，将生产工具的分配视为生产的“前提”、“先决条件”和“决定因素”的观念。[2]社会生产是劳动者和生产资料的结合。从中可以推断出，“实行这种结合的特殊方式和方法，使社会结构区分为各个不同经济时期”。[3]换句话说，“使各种社会经济形态，例如奴隶社会和雇佣劳动的社会区别开来的，只是从直接生产者身上，劳动者身上，榨取这种剩余劳动的形式”。[4]正是因为社会的生产关系并不是同它的生产力相适应，所以马克思主义历史学家不是根据人们如何进行生产，而是根据对剩余劳动居于主导地位的占有形式来对社会做出分类。他们做出的这种分类是对下述命题的一种含蓄批判，即我们能够从生产过程的物质内容推断出社会形态。

（4）阶级关系具有首要性：历史实例

马克思的生产力决定论提出如下命题，即社会生产关系同生产力的发展水平相适应，并用许多历史实例来加以说明。他同时还提出了一种非常不同的命题，即社会的生产关系决定着生产结构，以致“生产同阶级关系相适应”，他也用一些实例来加以说明。

例如，在《资本论》第1卷有关“协作”的章节中，马克思论证，在劳动过程中，个人之间的协作是以每种社会形态的阶级关系为基础的。因此，在狩猎民族中，或者例如在印度公社中，协作是“以生产条件的公有制为基础，另一方面，正像单只蜜蜂离不开蜂房一样，以个人尚未脱离氏

1 马克思：《资本论》第3卷，第891—892页。

2 《马克思恩格斯全集》第46卷上，第33—34页。

3 马克思：《资本论》第2卷，第44页。

4 马克思：《资本论》第1卷，第244页。

族或公社的脐带这一事实为基础”。与之相区别，在古代世界、中世纪和现代的殖民地，劳动过程“以直接的统治关系和从属关系为基础，大多数以奴隶制为基础”。不过，在资本主义社会，这种协作“一开始就以出卖自
149 己的劳动力给资本的自由雇佣工人为前提”。[1]麦克默特里认为，社会的劳动关系是生产力的组成部分，它决定着阶级关系；科恩则认为，它们构成生产关系的“基础层面”。[2]但是，在这些引文中，马克思宣称，劳动关系以社会生产关系的某种形式为“基础”、“前提”，或“依赖于”它们。不再是生产过程产生特定的生产关系；取而代之，是特定的社会关系变成某种生产形式的条件。在对社会的解释中，不再是生产力，而是生产关系具有首要性。

马克思在一些段落中反复强调社会生产关系的首要性，将阶级关系视为是古代、中世纪和现代世界的基础，视为它们各自生产方式的基础。因此，在提到古代世界时，马克思指出，“古代世界的基础是直接的强制劳动；当时共同体就建立在这种强制劳动的现成基础上”。[3]古代生产方式“以奴隶制为基础”，作为结果，它的生产者只能支撑一个有限规模的市场，该市场大体局限于必需品的交易。古代世界的平民并不是无产阶级，即使在他们作为农民所持有的土地被剥夺之后依然如此，他们只是变成“无所事事的游民”。因此，继他们的土地被剥夺后形成的大地产制所导致的“生产方式不是资本主义的，而是奴隶占有制的”。[4]类似地，在

1 马克思：《资本论》第1卷，第371页。

2 麦克默特里：《马克思世界观的结构》，第72页；科恩：《卡尔·马克思的历史理论》，第113页。

3 《马克思恩格斯全集》第46卷上，第197页。

4 《马克思恩格斯全集》第26卷第2册，人民出版社1973年版，第603页；《马克思恩格斯全集》第19卷，人民出版社1963年版，第131页。我们这里关注的是马克思命题的理论内涵，而不是它们的历史准确性。

现代世界，我们能够将奴隶制视为一种物质生产方式的基础："奴隶直接被剥夺了生产工具。但是奴隶受到剥夺的国家的生产必须安排得容许奴隶劳动，或者必须建立一种适于使用奴隶的生产方式（如在南美等）。"[1]

对封建生产方式，马克思提出了同样的观点。他论证，一般而言，迄今还不是生产一般交换价值的劳动，即有着某种特定目标或社会形式的劳动，是"中世纪的基础"。[2]在行会制度下，生产的基础是劳动工具分配的特定形式，即工人和生产资料的相互结合。因此，制造业制度不同于行会制度，制造业的"基础"是生产资料同工人相对立。[3]

不过，正是在对资本主义生产方式的讨论中，马克思十分明确地宣称，社会的生产关系是生产过程的基础和前提："资产阶级社会的基本前提是：劳动直接生产交换价值，从而生产货币；而货币也直接购买劳动，从而购买工人，只要后者在交换中让渡自己的活动。"[4]换句话说，生产 150
的社会形式的两个方面：它的目的（生产交换价值）和它的阶级关系（资本和雇佣劳动）是资本主义社会的基本前提。因此，"资本主义生产的基础"是劳动者与生产资料的分离和劳动者转化为雇佣劳动力。[5]从中可以推断出，资本主义生产方式的形成"以及与它相适应的生产关系和分配关系"[6]，"只能是劳动者和他的劳动条件的所有权分离的过程"。[7]最初，

1 《马克思恩格斯全集》第46卷上，第35页。

2 同上，第197页。正如科恩所指出的，生产的目的（诸如为直接消费或为交换而进行的生产）是生产社会形式的组成部分（科恩：《卡尔·马克思的历史理论》，第80—81页）。

3 马克思：《资本论》第1卷，第397页。

4 《马克思恩格斯全集》第46卷上，第175—176页。

5 《马克思恩格斯全集》第26卷第3册，第348页。

6 同上，第473页。

7 马克思：《资本论》第1卷，第783页。

资本主义也许是雇佣工匠，让他们在自己的家中从事生产。在这种情况下，“生产方式本身还不是由资本决定的，而是由资本所发现的”。只是当劳动力被集中到工场中时，资本才创造出一种“与自己相适应的生产方式作为自己的基础”。[1]大规模工业是与资本“相适应”的另一种生产形式。[2]马克思确实说过，只是伴随着机器的采用，资本才获得充分的发展，这种生产方式是“由资本造成的，是资本最适当的形式”。[3]换句话说，并不是新的生产力导致资本主义生产方式的产生，相反，新生产力是资本主义的产物。在任何有关向资本主义社会过渡的分析中，不是技术，而是阶级发挥了主要的和能动的作用。

（5）每种社会生产形式都有它自身的发展规律

生产力决定论以发展命题为基础，即生产力具有内在的发展倾向。一种对马克思的替代性解释将会质疑他对这种超历史规律的依赖。正如马克思所指出的，如果阶级关系是生产过程所采取形式的重要决定因素，那么，从中可以推断出，我们需要确定出每种生产方式发展的“规律”或趋势。这样，我们的关注对象就不再是从超历史的规律中进行推演，而是对特定社会做经验研究。生产力的增长不再被假设为对社会变迁的解释，它本身就需要加以解释。不过，我们首先需要确认，马克思确实相信每种生产方式都有它自身的发展规律。

马克思对较早期的政治经济学做出了批判，其中的一个主要批判就是批判它将资本主义生产方式的规律视为永恒的和自然的规律的倾向；
151 而事实上，这些规律是暂时的和适用于特定历史时期的。因此，马克思对这些经济学家提出批判，批判他们的研究以对所有生产方式“普遍”存在的前提的讨论为基础。而事实上，这些前提原来是一些非常简单的特

1 《马克思恩格斯全集》第46卷下，第84—85页。

2 同上，第83，268页。

3 同上，第205—221页。

征，但被这些经济学家扩展为“浅薄的同义反复”。[1]“一切生产阶段所共有的、被思维当作一般规定而确定下来的规定，是存在的，但是所谓一切生产的一般条件，不过是这些抽象要素，用这些要素不可能理解任何一个现实的历史的生产阶段。”[2]

生产的真正起点不是生产，而是“在社会中进行生产的个人——因而，这些个人的一定社会性质的生产”。[3]“孤立的一个人在社会之外进行生产——这是罕见的事，就像许多个人不在一起生活和彼此交谈而竟有语言发展一样，是不可思议的。”[4]因此，生产不仅无法与社会关系区分开来，而且它本身就是一种社会活动。这种社会活动所采取的各种形式都有它们自身的发展规律。例如，英国和火地岛（Patagonian）有着非常不同的经济制度，以致：

> 谁要想把火地岛的政治经济学和现代英国的政治经济学置于同一规律之下，那么，除了最陈腐的老生常谈以外，他显然不能揭示出任何东西。因此，政治经济学本质上是一门**历史的**科学。它所涉及的是历史性的即经常变化的材料；它首先研究生产和交换的每个个别发展阶段的特殊规律，而且只有在完成这种研究以后，它才能确立为数不多的、适用于生产一般和交换一般的、完全普遍的规律。[5]

对一位俄国评论家有关《资本论》第1卷的评价，马克思表示赞同，并引述了这位评论家对他自己研究方法的总结：“有人会说，经济生活的

1 《马克思恩格斯全集》第46卷上，第23页。

2 同上，第 25页。

3 同上，第18页。

4 同上，第21页。

5 《马克思恩格斯选集》第3卷，第489—490页。

一般规律，不管是应用于现在或过去，都是一样的。马克思否认的正是这一点。在他看来，这样的抽象规律是不存在的。根据他的意见，恰恰相反，每个历史时期都有它自己的规律。”[1]作为例证，我们可以引述马克思对马尔萨斯命题的反驳，马尔萨斯宣称，不管每个时代的社会关系如何，人口增长都具有不断超越生活资料增长的永恒趋势。对此，马克思论证，资本主义社会存在的剩余人口是资本积累过程的特殊产物：“这是资本主义生产方式所特有的人口规律，事实上，每一种特殊的、历史的生产方式都有其特殊的、历史地起作用的人口规律。抽象的人口规律只存在于历
152 史上还没有受过人干涉的动植物界。”[2]

（6）生产力：倒退、停滞和进步

每种生产方式都有它自身的发展规律。不过，确实存在“为数不多的、适用于生产一般和交换一般的、完全普遍的规律”。[3]发展命题——生产力具有内在的发展倾向——是这样一种普遍规律吗？马克思的回答是，它不是这样的规律。他对特定历史情势的分析强调，生产力也许会在几个世纪中保持停滞状态，甚至会出现倒退。在生产力确实获得发展的地方，那也是由于特殊的原因使然，而不是作为一种超历史趋势的结果。

生产力出现倒退的典型例证是从古代生产方式向封建所有制形式的过渡，马克思相信古代生产方式是以奴隶制为基础的。在《德意志意识形态》中，马克思宣称：“趋于衰落的罗马帝国的最后几个世纪和蛮族对它的征服本身，使得生产力遭到了极大的破坏；农业衰落了，工业由于缺

---

1 马克思：《资本论》第1卷，第23页。

2 马尔萨斯：《论人口原理》，伦敦，1973年版，第6—7页；马克思：《资本论》第1卷，第692页；也见《马克思恩格斯全集》第46卷下，第104页。

3 《马克思恩格斯选集》第3卷，第489—490页；《马克思恩格斯全集》第46卷上，第22—23，25页。

乏销路而一蹶不振，商业停滞或被迫中断，城乡居民减少了。”[1]正是生产力出现倒退的这些状况，加上蛮族对帝国征服的特点，构成封建生产方式发展的基础。也就是说，一种新的生产方式之所以产生不是以生产力的发展，而是以它的倒退为基础。科恩也提到这个例子，但他论证，这种倒退也许是由蛮族入侵这一“外部”因素导致的。不过，他承认，帝国的衰落“也有其‘内部’原因”。因此，“真正的问题”就在于“用一种适当严格的方式来界定‘内部’和‘外部’因素这些难以界定的概念”。[2]但我们很难同意科恩对这个问题的看法，因为：

(a) 他并未对内部因素和外部因素做出严格界定，也未确定罗马的衰落到底应归因于哪种因素。这种可能性仍然存在，即帝国的衰落和生产力的倒退是“内部因素”造成的。因此，罗马的衰落将构成对发展命题的反例，而发展命题是生产力决定论的根本基础所在。

(b) 即使我们能够确定征服是一种“外部因素”，生产力的倒退“从社会方面看是不正常的”。但是，我们对罗马帝国的衰落做出解释的任务仍未完成。这才是“真正的问题”所在，而对“内部因素”和“外部因素”做出严格的界定却不是。在这种情况下，我们必须承认，一种重大的社会转型无法根据生产力的增长来加以解释。 153

只有当研究开始之前，我们就假设已经知道社会生产关系之所以发生变革是由于生产力的增长时，这些问题才会出现。如果我们抛弃这种假设，那么，我们就不必再为界定内部和外部因素、正常和非正常这些问题而烦恼了。我们的注意力也就会离开定义问题，转向历史的研究和解释工作。

恩格斯也曾论证过罗马帝国的晚期发生了经济上的衰退。不过，他是根据帝国行政机构所强加的财政剥削这一“内部”因素，而不是根据德

1 《马克思恩格斯选集》第1卷，第70页。

2 科恩：《卡尔·马克思的历史理论》，第156—157页。

意志人入侵所产生的破坏性影响来解释这种衰退的：“普遍的贫困化，商业、手工业和艺术的衰落，人口的减少，都市的衰败，农业退回到更低的水平——这就是罗马人的世界霸权的最终结果。”[1]奴隶主种植园出售产品的市场的衰落导致生产主体从奴隶变为隶农（Colonus），他们是中世纪农奴的前身。到400年后的查理曼大帝时代（768—814年），自由的德意志农民被迫要服同样的封建劳役，就像帝国晚期的隶农一样：

> 这不过证明两点：第一，没落时期罗马帝国的社会分化和财产分配，是跟当时的农业和工业的生产水平完全相适应的，因而是不可避免的；第二，这一生产水平在以后400年间，并没有根本性的下降和上升。[2]

在某种意义上，恩格斯的下述命题是对生产力决定论的一种经典阐释，即社会分层同生产发展的阶段相适应。但是，在另一种意义上，他的分析却对生产力首要性命题提出两种质疑。第一，他对社会变迁是生产力增长结果的假设提出了质疑，因为他论证，经济处于衰落中。第二，生产力的停滞对发展命题提出了质疑：如果生产力能够在四个世纪中处于停滞状态，那么就不可能再假设它们在其他时期一定是处于进步状态，而是需要给出具体的解释。

生产力能够在几个世纪中保持停滞状态，前资本主义生产方式并不具有实现社会生产力增长的内在倾向，这些都是在马克思的著作中反复出现的命题。在前资本主义生产方式中，“生产力的发展并不是占有的基础”，但在资本主义生产方式中，被迫进行剩余劳动的生产是“最有利于
154 生产，最有利于创造财富的生产方式”。[3]例如，在古代世界，以奴隶制为

1 《马克思恩格斯选集》第4卷，第149页。

2 同上，第154—155页。

3 《马克思恩格斯全集》第46卷下，第104页；《马克思恩格斯全集》第26卷（转下页）

基础的生产并不会产生以资本形式出现的剩余，从而作为资本的剩余能够以系统的方式加以应用以扩大生产规模。“生产很难说是建立在解放和发展物质生产力的基础上。”因此，古代社会不存在生产力的无条件发展，而这种发展是资本主义社会的特征所在。[1]

并非只是古代世界缺乏生产力的持续增长，这种增长“使资本同以往的一切生产方式区别开来”。[2]在亚细亚社会和农民从事农业生产的封建社会，社会结构“都同样不适合于把劳动发展为社会劳动，不适合于提高社会劳动的生产力”。[3]马克思接受了下述观点，即认为东方社会在社会发展上是停滞的，在技术方面是保守的。例如，“从遥远的古代直到19世纪最初10年，无论印度过去在政治上变化有多大，它的社会状况却始终没有改变”。那里并不具有生产力发展的内在倾向。相反，我们已经习惯于看到：“农业在一个政府统治下衰败下去，而在另一个政府统治下又复兴起来。”[4]亚细亚农村公社的自给自足和劳动分工的欠发展所导致的就是：“亚洲各国不断瓦解、不断重建和经常改朝换代，与此截然相反，亚洲的社会却没有变化。这种社会的基本经济要素的结构，不为政治领域中的风暴所触动。”[5]“而所有以往的生产方式的技术基础本质上是保守的”，这一事实是“发展命题”所面临的一个主要难题，而发展命题又

（接上页）第2册，第124页。

1 《马克思恩格斯全集》第26卷第2册，第603页。

2 《马克思恩格斯全集》第46卷下，第34页。

3 《马克思恩格斯全集》第26卷第3册，第466页。再次地，在这个问题上，我们关注的是马克思的理论假设，而不是他分析的历史准确性。

4 《马克思恩格斯选集》第1卷，第763页；也见安德森：《绝对主义国家的谱系》，第462—472页。

5 马克思：《资本论》第1卷，第397页；《马克思恩格斯全集》第28卷，人民出版社1973年版，第271—272页。

是为生产力决定论进行辩护的重要证据所在。[1]正如我们已经看到的，科恩并未对这个问题提供答案。[2]

与前资本主义生产方式形成鲜明的对比，资本主义的生产“由于它本身的内在规律”不得不发展社会的生产能力。正是资本主义生产方式，“是最有利于生产，最有利于创造财富的”，因为生产力的普遍发展是资本自身再生产的前提。[3]马克思提出许多理由来说明，资本主义为什么会具有这种发展社会生产力的独特能力。在《哲学的贫困》中，马克思将生产力的这种发展解释为市场扩大的结果，正是市场的扩大刺激了生产的发展。从1825年以后，资本家阶级就开始利用机械化来削弱工人阶级的斗争性、降低劳动的技术含量和减少工资。[4]《共产党宣言》和《雇佣劳
155 动和资本》强调了资本家之间竞争的重要性，它迫使单个资本家总是力图在最低价格上出售产品以攫取更大的市场份额，这成为强迫资本主义不断进行创新和实现机械化生产的动力所在。[5]

最后，在他成熟的经济理论中，马克思论证，资本主义对劳动过程施加了一种非常有效的控制，使它能够不断地进行创新，并通过减少必要劳动时间来增加相对剩余价值。剩余价值的增加使得资本家的财富相应增加，这使他能够进一步扩大生产规模。生产增长本身就变成进一步刺

1 马克思：《资本论》第1卷，第533页；《马克思恩格斯选集》第1卷，第275页。

2 科恩：《卡尔·马克思的历史理论》，第169—171页；见本书边码第119—124，153—156页。

3 《马克思恩格斯全集》第26卷第3册，第86页；《马克思恩格斯全集》第26卷第2册，第124页；《马克思恩格斯全集》第46卷下，第35页；马克思：《资本论》第1卷，第533—534页。

4 《马克思恩格斯选集》第1卷，第166—167页。

5 同上，第276，279页；《马克思恩格斯选集》第1卷，第356—357页。

激生产力增长的因素，因为资本家阶级能够由此获得规模效益。[1]

“发展命题”并不适用于前资本主义生产方式，因为在那些生产方式中，生产力并不具有内在的发展倾向。对分析资本主义生产方式而言，发展命题也是不必要的，因为在该种生产方式中，能够根据它所特有的市场和阶级结构来对生产力的增长做出解释。如果我们否认发展命题的正确性，那么我们也必须同时否认首要性命题的正确性。因为正如上文提到的，首要性命题将发展命题视为它的出发点。马克思对特定社会的分析，导致我们对首要性命题和发展命题这些超历史的论断提出质疑。因此说，马克思分析所暗含的内容与他自己提出的生产力决定论的诸命题是相矛盾的。

（7）马克思有关向资本主义过渡的论述

马克思对从古代世界向封建社会过渡的分析，事实上构成一种对生产力决定论的批判。因为，它对发展命题做出的假设提出了挑战，即生产力在整个历史过程中都具有内在的发展倾向。他对从封建社会向资本主义社会过渡的分析，同样提供了否定生产力决定论的证据，它暗含着对首要性命题的否定。马克思论证，并不是生产力的变化导致资本主义的产生。相反，正是资本主义的发展，导致生产力的增长稍后进入一个新的阶段。只有当我们假设，这种生产关系的变革是由在将来才会出现的生产力的要求所导致时，生产力决定论的诸命题才能被挽救。但是，第七章已经论证，不必根据并不存在的生产力的功能要求来解释新阶级关系的出现。下面，我们将提出一种对资本主义的产生的替代性解释。在这里，我们只需确定，马克思提出了有关资本主义的产生不是生产力增长结果的最终判断；相反，资本主义才是那种增长的原因所在。 156

正是在《德意志意识形态》中，马克思对向资本主义过渡的分析最

1 《马克思恩格斯全集》第26卷第1册，第423页；《马克思恩格斯全集》第46卷下，第291—293页。

大程度地应用了他的生产力决定论。马克思论证，社会劳动分工的发展程度是生产力发展阶段的表征。事实上，他的分析采取了描述社会劳动分工发展过程的形式：城乡分离、伴随着商人阶级发展而实现的在商业和生产之间的分工、城镇之间劳动分工的发展、带有新资本主义社会关系的制造业的兴起，最后是工业革命。[1]就他写作的时间来看，马克思的分析无疑是杰出的。不过，他并未提供对资本主义兴起的解释。相反，它提供的只是"一种描述，并希望它能够是自我解释的"。[2]如果说它确实提供了一种解释的话，那这种解释是基于贸易的增长，这种增长成为封建社会瓦解的"主要动力"。

《共产党宣言》提出了相似的分析，其中资产阶级成长壮大的源头被追溯到中世纪的城镇，在世界市场演进的推动下经历了它的各个发展阶段。贸易为什么会发展和它为什么会导致资本主义的产生，其中的原因从未被说明。马克思宣称，一般而言，劳动分工是衡量生产力增长的尺度，但事实上，正是劳动分工——它是由需求的范围和程度决定的——在导致资本主义的产生上发挥了积极作用。马克思接受了斯密的观点，即经济增长能够根据劳动分工的发展来加以考察，并强调城镇、贸易和工业在促进资本主义产生中的重要作用。[3]

在《经济学手稿》和《资本论》中，马克思对他较早期的观点提出了含蓄的批判。马克思一再强调，仅仅是货币财富和贸易的发展不足以导致

---

1 《马克思恩格斯选集》第1卷，第104—115页。

2 J.贝希勒尔：《资本主义的起源》，牛津，1975年版，第12页。

3 《马克思恩格斯选集》第1卷，第68，104—115页；《马克思恩格斯选集》第1卷，第272—276页；G.E.玛麦（Mumy）：《亚当·斯密〈国富论〉中的乡村与城镇》，《科学与社会》第62期（1978—1979年冬季第4册），第458—477页；布伦纳：《资本主义发展的起源：对新斯密式马克思主义的批判》，《新左派评论》1977年7—8月第104期，尤其见第27，33—38页。

资本主义的产生，“否则，古代罗马、拜占庭等就会以自由劳动和资本来结束自己的历史了”。贸易对社会瓦解作用发挥的程度是由它所影响的那个社会的性质决定的。“在古代世界，商业的影响和商人资本的发展通常导致的是一种奴隶制经济。”现代早期的商业革命无疑有助于瓦解封建阶级关系，但无论如何，商业本身不可能导致资本主义的产生，“只是在现代生产方式的各种条件在中世纪内已经形成的地方，才得到了发展”。[1]
遗憾的是，马克思并未确定这些条件到底是什么。157

马克思强调农业资本主义的出现是这一过渡过程的基础，这在他较早期的著作中是没有的：“虽然作为商业资本的资本没有土地所有权的这种改造也能充分发展，但是作为产业资本的资本就做不到这一点。甚至工场手工业的发展也要以旧的土地所有权的经济关系开始解体为前提。”[2]任何存在交换的社会都能够借助商人资本来实现商品流通，但资本要获得对生产的控制，必须以农村阶级关系的转型为前提。资本主义生产方式得以在其中产生的原始积累时期，因而也就是自由的雇佣劳动力阶级产生的时期：“所谓的原始积累只不过是生产者和生产资料分离的历史过程。”[3]在封建生产方式中，绝大多数生产者当然是农民，他们拥有维持自身生存的生活资料。因此，从中可以推断出，“对农业生产者即农民的土地的剥夺，形成全部过程（原始积累——作者注）的基础”。[4]马克思探讨了资本主义产生的三个方面：即剥夺农业人口的土地，资产阶级农场主的出现和工业资本家的产生。尽管他的分析见解深刻，但无论如何，它在本质上仍然是一种对资本主义兴起的描述。资本主义取代封

1 《马克思恩格斯全集》第46卷上，第509，511—514页；《马克思恩格斯全集》第46卷下，第389—390页；马克思：《资本论》第3卷，第372页。

2 《马克思恩格斯全集》第46卷上，第235页。

3 马克思：《资本论》第1卷，第783页。

4 同上，第784页。

建主义的原因从未被加以确定。[1]

不过，马克思确实驳斥了在对资本主义兴起解释上的几种错误观点。第一，正如上文提到的，他否定有关贸易增长是这种过渡主要动力的思想。就资本主义经济关系在生产领域的产生而言，商业增长是必要的而非充分的条件。就我们的讨论而言，更为重要的是，在对资本主义兴起的详细分析中，马克思并未运用他自己的生产力决定论命题，即封建所有制关系束缚生产发展的桎梏将被打破。[2]更不必说他运用自己有关资本主义生产关系的兴起是未来生产力要求的结果的观点。列宁也许准确地总结了马克思的生产力决定论，他宣称，马克思已经揭示，资本主义是如何“作为生产力增长的结果”而从封建生产方式中产生的。但在《资本论》第1卷中，马克思揭示的却是相反的情况，即生产力之所以会增长，是资本主义产生的结果。[3]

158 马克思论证，生产力的增长是新生产关系被引入农业和工业的结果。他相信，现代农业制度起源于18世纪中期议会颁布的圈地法，但“生产方式由以发生变化的基础，即土地所有权关系的变革还要早得多”。[4]类似地，在资本主义工业的发展过程中，资本最初是使自身适应于当时存在的劳动过程的形式。只是在后来，它才发展起资本主义生产的独特形

1 马克思：《资本论》第1卷，第24章（所谓原始积累）。对马克思分析的历史价值的一种非常不同的评价见K.柯林斯（Collins）：《马克思论英国农业革命：理论和证据》，《历史和理论》1966年第6期，第351—381页；J.萨维勒（Saville）：《原始积累和英国的早期工业化》，《社会主义名册》1969年，第247—271页。

2 例如见《马克思恩格斯选集》第1卷，第277页；《马克思恩格斯全集》第46卷上，第235页；《马克思恩格斯全集》第46卷下，第211页。

3 列宁：《马克思主义的三个来源和三个组成部分》，第7页。

4 马克思：《资本论》第1卷，第738页。

式，即制造业和稍后的大规模工业。[1]换句话说，“如果在这些传统的已经被资本置于自身支配之下的劳动过程中发生了变化，那么这些变化也只能是已有的传统劳动过程从属于资本之后逐渐发生的结果”。[2]甚至在制造业阶段：“从工艺上来看，劳动过程完全同以前一样，只不过现在是作为从属于资本的劳动过程罢了。”[3]

如果资本主义的产生并不是贸易增长的结果，也不是新生产力出现的结果，那么它为什么会产生呢？从他给出的答案看，马克思是从以下几个方面考察了自由无产阶级在英格兰的发展，即封建扈从关系的瓦解、牧羊的农场替代了传统的农业生产（他错误地将羊毛出口的增长归因于佛兰德地区）和资本主义租地农场主从宗教改革运动中获得的机会。他还强调了国家的作用，尤其是在1688年光荣革命后的作用，光荣革命巩固了资产阶级的权力。[4]换句话说，马克思的分析（a）只适用于特定的历史条件，向资本主义的过渡是英格兰在现代早期所具有的特殊条件的结果；（b）是以阶级和政治权力的作用为中心；（c）忽略了新生产力的作用，因为它们不是原始积累过程的起点，而是它的结果。

每当我们问：“资本主义为什么会代替封建主义？”马克思的生产力决定论就会回答：资本主义之所以产生，那是作为生产力在过去或未来增长的结果。但在《资本论》第1卷中，马克思对资本主义兴起的分析提出了一种不同的解释方法，其中他用于阐释问题的概念本身就需要进行具体的历史研究才能确定其正确性。这后一种方法似乎更为可取，因为它所基于的假设是，每当我们提问时（或甚至在提问之前），我们预先并不知道问题的答案。正如本章其余部分要论证的，它肯定能够被证明是最

1 《马克思恩格斯全集》第46卷下，第84—85页。

2 《马克思恩格斯全集》第49卷，人民出版社1982年版，第80页。

3 同上，第86页，也见第90—91页。

4 马克思：《资本论》第1卷，第24章第1—4节，即第781—813页。

159 有利于历史研究。

就社会的生产力和它的阶级关系之间的关系而言，马克思提出了相互矛盾的论断，我们不大可能对它们做出评断，而后决定哪一种论断是“最具马克思主义特性的”。在这一问题上，马克思本人并没有给出明确的说法，因为他从未受到过质疑，也没有对他的观点做出明确阐释的迫切要求。例如，在《资本论》第3卷的一页中，马克思指出，在封建社会，社会的物质生产方式同它的社会生产关系“相适应”，接着他又指出，这些社会关系是同社会劳动生产力的不发展状况“相适应”。[1]但在同一章的其他地方，他指出，阶级关系是直接从生产本身产生，而又对生产发生决定性的反作用。[2]换句话说，社会首要性被赋予了阶级，然后才是生产力，接下来宣称两者发生着相互作用。因此，现代研究者能够引用马克思的著述来为相互矛盾的观点进行辩护，对他们而言，马克思要么是一位明确的生产力决定论者，要么明显不是生产力决定论者。关键的问题并不在于哪一种解释更具马克思主义的特性，而在于哪一种解释更有利于历史研究的进行。我们现在就转向对这一问题的研究。

B部分：在过渡问题上产生的争论

马克思提出了他自己的历史哲学，这种历史哲学以生产力的决定作用为基础；但自相矛盾地，他又否认这种观点的合理性，即历史趋势能够根据“一般历史哲学理论这把万能钥匙”加以概括，这种理论的最大优势就“在于它是超历史的”。[3]这样做，他就为提出对历史唯物主义的不同解

1 马克思：《资本论》第3卷，第893—894页。

2 同上，第891页。

3 《马克思恩格斯全集》第32卷，人民出版社1974年版，第672页；《马克思恩格斯选集》第3卷，第342页。

释开辟了道路。替代性解释以它颇具特色的问题和概念为基础，而不是提出一种独特的历史确证方法或一揽子预先就已经准备好的答案，能够回答社会变迁是如何发生的各种问题。[1]在对从封建社会向资本主义社会过渡的争论中，我们能够考察生产力决定论的缺陷和马克思提出的替代性解释的价值。过渡问题是马克思主义历史学中的一个中心问题。确实像列宁和马克思（有时）所宣称的那样，向资本主义的过渡能够根据生产力的增长加以解释吗？在这里，我们关注的不是这场争论的历史细节，而是就马克思历史理论所提出的相互矛盾的解释而言，这场争论揭示了它们各自存在着什么样的优缺点。我们将论证，在解释向资本主义过渡的问题上，诸如多布和斯威齐等学者事实上已经能够不再运用生产力决定论。沃勒斯坦试图根据生产的要求来解释特定阶级关系的存在，但他 160
的分析存在许多问题。以阶级和阶级斗争的首要性为基础，罗伯特·布伦纳提出的方法揭示出那种否定生产力决定论解释的优势所在，即使他对历史做出的解释仍需在经验上加以验证。

（1）多布和斯威齐

马克思对原始积累过程的分析是描述性的，而不是解释性的，这一事实促使多布和斯威齐尝试去确定向资本主义过渡背后的“原动力”。多布论证，尽管资本主义是由商品生产构成的，但商品生产的兴起本身不可能解释资本主义的产生。像现代早期东欧经济的例子所表明的，“似乎有证据证明，货币经济的增长本身导致了农奴制的强化，正像有证据证明它是导致封建社会衰落的原因一样”。[2]多布将封建制度衰落的主要原因确认为它所具有的发生危机的内在倾向，而不是诸如商人资本等“外部因素”的影响。他的分析基于以下诸方面：封建社会作为一种生产制度的低效性、统治阶级不断增加收入的要求，以及人口不断增长的趋势。封

1 汤普森：《理论的贫困》，第229—242页。

2 M.多布：《资本主义发展研究》，伦敦1975年版（1946年第1版），第40页。

建社会生产的低效性意味着，不断增长的人口对它施加了不断增加的压力；统治阶级的压榨意味着，存在一种生活水平不断降低和农业生产率不断下降的趋势。就其本性而言，封建制度注定会产生危机。[1]

尽管见解深刻，但多布的解释也存在许多问题。尤其是，他从未指出，资本主义为什么会从封建社会的危机中产生。这样一种趋势被简单假设为危机的自然结果。[2]多布未能确定资本主义为什么会产生的原因，以及承认欧洲的不同地区在现代早期采取了不同的发展道路，这两者之间是矛盾的：在英国，由地主、资本主义租地农场主和雇佣劳动者共同发展出了农业资本主义；在法国，由农民从事的农业生产得到巩固，农民事实上获得了对他们占有土地的自由持有权；东欧的道路则是“农奴制再版”，封建地主对不自由的农民强加了沉重的劳役和严格的控制。[3]

在某一点上，多布论及了阶级斗争在决定这些不同结果上的重要
161 性。他指出，正是在欧洲的不同地区，贵族对封建危机的不同反应决定了随后几个世纪的经济史。不过，他的结论却是：“政治因素……不可能被视为对欧洲不同地区出现的不同历史进程做了充分的解释……所有迹象都表明……经济因素必然发挥了显著的影响。”[4]多布的上述论断存在两个问题。第一，他从未说明，经济因素为什么“必然”会发挥最大的影响力；第二，他并未说明，阶级斗争为什么应该被视为“政治的”而不是社会的或经济的因素。在诸如封建社会这样性质的社会中，这尤其构成为一个问题。因为正如多布所宣称的，这种生产方式的基础是借助法律和政治手段从生产者身上榨取剩余劳动的超经济剥削。

---

1 多布：《资本主义发展研究》，第42页。

2 见R.布伦纳：《多布论从封建社会向资本主义社会的过渡》，《剑桥经济学杂志》1978年第2辑，第121—140页。

3 多布：《资本主义发展研究》，第39—42，51—53，124—126页。

4 同上，第52—53页。

除这些理论问题外，多布的分析还存在许多经验上的缺陷。他试图用“经济因素”来解释向资本主义的过渡，导致他将土地和劳动力的相对稀缺视为对社会变迁的解释：在劳动力稀缺的地方，地主倾向于将农民束缚在土地上，用劳役来生产剩余。东欧农奴制的延续可以用劳动力的稀缺来加以解释。而在英格兰，正是15世纪以后的人口增长导致劳役支付形式发生转变和农奴制的终结。[1]这一分析的问题在于：

（a）直到16世纪早期，一直不存在人口的净增长，即在抵消了1348年黑死病所造成的人口损失后的净增长。[2]在这个时期之前，不大可能用人口增长来解释农奴制的衰落。

（b）正如马克思所认识到的，到14世纪末，农奴制已经不存在了。换句话说，农奴制并非像多布所宣称的那样，是在一个人口增长的时期消失的，而是在继黑死病之后的劳动稀缺时期消失的。确实，目前的正统派将农奴制的终结解释为劳动稀缺的结果（农民由此具有了较强的讨价还价能力）。而这恰恰是多布认为将会强化农奴制的条件。[3]

多布对封建制度瓦解的“内因”解释遭到了斯威齐的反对。斯威齐强调远距离贸易这一“外部”因素在瓦解封建制度中的重要性，他将封建制度视为一种为使用而生产的体制。既然“贸易决无可能被视为封建经济的一种形式”，那么从中可以推断出，贸易增长是瓦解封建制度的关键 162
因素。结果是一种新商品生产体制的兴起，它最初与旧的体制共存，但旧

1 多布：《资本主义发展研究》，第54—67页。

2 I.布兰查德（Blanchard）：《人口增长、圈地和都铎早期的经济》，《经济史评论》1970年第2辑第23期，第427—445页；J.康沃尔（Cornwall）：《16世纪早期的英国人口》，出处同上，第32—44页；J.哈彻（Hatcher）：《黑死病、人口和英国经济：1348—1530年》，伦敦，1977年版，第69页。

3 马克思：《资本论》第1卷，第784—785页；M.M.波斯坦：《中世纪的经济与社会》，伦敦，1972年版，第151—152页。

体制的低效性表现得越来越明显。[1]斯威齐分析的问题在于，人们很难从他的分析中得出一种对封建阶级关系瓦解的连贯性解释，因为他自己也承认，“交换经济的成功发展并不必然暗示农奴制或封建庄园耕作制度的终结”。[2]其次，即使贸易确实导致传统庄园耕作制度的终结，庄园是由不自由的农奴提供劳役来耕作的，但斯威齐也并没有给出理由来说明，为什么随后产生的支付货币地租的自由佃农制度就应该让位于以雇佣劳动为基础的资本主义。[3]

斯威齐的分析更多地借鉴了《共产党宣言》的观点，在那里，马克思是根据城市资产阶级的发展来描述资本主义的产生，城市资产阶级又是在市场扩大的影响下获得发展的。最终，与这一阶级相联系的新生产力的发展超出了封建阶级关系的容纳能力。封建制度的桎梏被打破，一种新的生产方式形成。可以肯定，斯威齐［斯威齐接受了皮瑞尼（Pirenne）的分析］将贸易视为生产率不断增长的结果，而生产率的增长又是由于劳动分工、专业化和市场竞争的发展所导致。但是，斯威齐本人同时还论证，“人们不可能说，封建制度已经创造了那些只能在资本主义制度下予以维持和发展的生产力——例如，就像人们能够说资本主义已经创造了那些只能在社会主义制度下予以维持和发展的生产力那样”。[4]事实上，在将贸易增长描述为资本主义发展的一种必要的而非充分的条件上，斯威齐并没有比马克思更进一步。[5]他并没有试图提出一种对过渡问题的

1 斯威齐：《一种批判》（1950年），载R.H.希尔顿编：《从封建社会向资本主义社会的过渡》，伦敦，1976年版，第35，40页。

2 希尔顿编：《从封建社会向资本主义社会的过渡》，第44页。

3 斯威齐：《一种答辩》（1953年），载希尔顿编：《从封建社会向资本主义社会的过渡》，第106—108页。

4 同上，第106页。

5 同上，第106—107页。

生产力决定论解释，尽管他对贸易重要性的强调使他非常接近于这种解释。

多布—斯威齐争论的显著特点是集中关注于将“内因”还是“外因”作为主要动力，诸如贸易能不能解释从一种生产方式向另一种生产方式的过渡。这是非常缺乏创见的。封建生产方式是根据榨取剩余劳动的主导形式，即封建地租来加以界定的，这必然导致将贸易视为“外因”的观点，即相对于这一定义而言是“外部”因素。不过，对封建生产方式的界定只是一种抽象；尽管是一种有用的抽象，但仍不过是一种抽象。并不是封建生产方式经历了向资本主义的过渡，而是拥有独特经济结构、国家形式、文化等的个体社会形态，经历了那种过渡。对过渡问题争论的关键并不是“资本主义社会为什么会取代封建社会”？而是（例如）“资本主义为什么会在一个特定时期和以一种特定形式在英国产生”？比照封建 163
生产方式的定义，贸易也许是外因，但不管怎样，它都是封建生产方式存在于其中的那个社会的一个组成部分。[6]确实，正是贸易与封建阶级关系的和谐共存，使历史学家对下述论断提出质疑：贸易导致了向资本主义的过渡。并不是因为贸易作为一种“外部”因素的理论地位，我们才否认它是对封建制度瓦解的主要解释，而是因为历史证据表明，贸易既能强化，也能破坏封建制度。[7]

（2）沃勒斯坦

对下述问题，伊曼纽尔·沃勒斯坦提出一种替代性解释，即：在现代早期的东欧，贸易增长不是破坏，而是恰恰相反，强化了封建制度。沃勒斯坦认为，资本主义“世界经济”的本质特征是为了在市场上销售而进行的生产，其目标是实现利润的最大化。创新是这种制度的自然结果，因为生产者在不断地努力扩大其利润收益。这种世界体系是资本主义性质

---

1 斯威齐：《一种答辩》，第105页。

2 布伦纳：《农村阶级结构》，第42—46页。

的。从中可以推断出，世界体系内的任何地区也都是资本主义性质的，即使它的生产过程不是以自由的雇佣劳动为基础。在资本主义制度中，雇佣制度只是劳动获得报酬的一种可能形式。农奴制和奴隶制也可能构成资本主义世界体系的组成部分。因此，有关资本主义世界体系形成的基本命题并不是生产者由此转化为无产阶级的过程，而是资本主义世界市场的扩张过程。[1]

沃勒斯坦的分析存在许多问题，尤其是它依赖于某种形式的生产力决定论。沃勒斯坦论证，组成世界经济的各个地区之所以存在不同的阶级关系，是特定生产过程的技术要求所致："为什么会存在不同的劳动组织方式——奴隶制、'封建制'、雇佣劳动、自由职业？……那是因为每种劳动控制方式都是最适合于特定生产类型的。"[2]但是，正如上文提到的，东欧农奴制并未实现农业生产率的最大化。相反，由农民持有的小块土地每亩却生产和销售了更多的谷物。贵族自己领地的生产率也在不断下降，只能将谷物总产出的一个较小比例用于出口："这种制度（庄
164 园耕作制度）产生的主要原因并不在于它能够生产更多的粮食，而在于它能够使统治阶级增加收入。"[3]东欧在现代早期之所以实行农奴制，并不是因为它是最适合谷物生产的阶级关系形式。相反，在英格兰实行以雇佣劳动为基础的农业生产，是为了避免出现在波兰发生的那种生产率的不断下降和在现代早期法国发生的那种马尔萨斯危机。由此可见，之所以实行农奴制，并不是作为对一种特定生产过程的"要求"的反应。东欧之所以接受那种生产形式，是地主维护他们阶级权力的能力增强的结果。至于他们为什么能够维护这种权力和为什么其他地区却走上了不同的经济发展道路，这不可能从生产力的性质或"农业生产"的要求做出

1 I.沃勒斯坦：《现代世界体系》，伦敦，1974年版，尤其见第346—351页。

2 同上，第87页。

3 布伦纳：《资本主义发展的起源》，第69—70页。

推断。[1]

（3）布伦纳

在某种意义上，多布《资本主义发展研究》的出版是不合时宜的。因为此时（1946年），一派历史学家正要发动一场经济史研究的革命，这派历史学家以马尔萨斯和李嘉图的理论为基础展开他们对前工业经济的研究。以人口变化的周期为基础，这个学派创制了一种记述经济变迁的新编年史，其中人口的不断增长是与较高的地租、不断提高的食品价格、不断减少的实际工资和可耕地的拓展相联系，而人口的不断下降则是同与此相反的情况相联系。[2]这个学派取得的成就是如此之大，以致对它做出批判似乎是无礼的。但无论如何，将人口作为社会变迁的主要动力确实存在许多缺陷，尤其从比较分析看更是如此。在对“马尔萨斯”学派的批判中，罗伯特·布伦纳提出了这些问题，该批判构成他对长期社会和经济变迁做出替代性解释的基础，在新的解释中阶级斗争发挥着中心作用。[3]

将人口变化作为对社会变迁的解释，其缺陷很明显地表现在16世纪的英格兰、朗格多克和波兰所走的不同经济发展道路上。在朗格多克，正如马尔萨斯所预见的，人口增长导致对土地需求的不断增加、地租的不断上涨、土地占有权的碎化、生活水平的不断下降、收入的不断减少，

---

1 布伦纳：《资本主义发展的起源》，第69—77页。对沃勒斯坦研究的经验批判见P.奥布莱恩（O'Brien）：《欧洲的经济发展：边缘区的贡献》，《经济史评论》1982年第2辑第35期，第4—18页。

2 波斯坦：《中世纪农业和中世纪经济一般问题论文集》，剑桥，1973年版；波斯坦：《中世纪的经济与社会》；E.勒华·拉杜里（E. Le Roy Ladurie）：《朗格多克农民》，伊利诺斯，1976年版；H.J.哈巴卡克（Habakkuk）：《现代英国经济史》，《经济史杂志》1958年第18期，第486—488页。

3 布伦纳：《农村阶级结构》，第32—42页；布伦纳：《欧洲资本主义的农业根源》，《过去与现在》1982年第97期，第20—28页。

最终由于人口增长超出资源的承载力而导致人口危机。[1]但是，在英格兰，根据博登（Bowben）的研究，人口增长并未导致农场规模的不断变小和生产率的不断下降。恰恰相反，对食物需求的不断增加导致产出的不断增长，这是通过更有效的农业生产来实现的，它以较大规模的生产单位为基础。[2]在波兰，根据庞德斯（Pounds）的研究，16世纪是人口不断
165 增长的时期。土地对劳动力的比率赋予地主以相对于农民而言的优势，地主不断增加对农民的控制，强迫他们接受更高的地租和更多的劳役。[3]换句话说，人口的不断增长分别对朗格多克由自由农民耕作较小规模的农场、英格兰的较大规模的资本主义农业企业，以及波兰由农奴从事生产，做出了解释。

对马尔萨斯学派提出质疑的另一个比较研究，是对11世纪的英格兰和15世纪的英格兰做比较研究。在15世纪，由于黑死病的反复爆发，较低的人口水平赋予农民以相对地主而言的优势地位。土地需求量不大。结果是地租的下降和庄园对农民控制的削弱。[4]但是，有学者论证，11世纪的英格兰也是处于这样一个时期，那时劳动力短缺，土地过剩。为了维持较高的收入水平，地主必须运用庄园的各种权力，来确保地租水平高于市场对土地需求所产生的地租水平。[5]换句话说，土地过剩分别对15世纪的农民自由权和11世纪的农奴制做出了"解释"。很明显，有两种逻辑在

1 拉杜里：《朗格多克农民》，第289—296页。

2 P.博登：《农产品价格、农场利润和地租》，载H.R.芬伯格（Finberg）编：《英格兰和威尔士农业史》第2卷（1500—1640年），剑桥，1974年版，第593页。

3 N.J.G.庞德斯：《中世纪欧洲经济史》，伦敦，1974年版，第475页。

4 哈彻：《黑死病、人口和英国经济》，第36—44页；波斯坦：《中世纪的经济与社会》，第152页。

5 哈彻：《英格兰农奴制和佃农对土地的使用权：一种重新评估》，《过去与现在》1981年第90期，第26—33，37—39页。

起作用：农民的逻辑，它试图利用土地过剩来确保地租的低水平；地主的逻辑，它试图克服这种较低的劳动力—土地比率所造成的不利影响，以维持他们的收入水平。但土地—劳动力比率本身无法决定哪种逻辑将居于主导地位。

希尔顿曾在1953年指出，为地租而进行的斗争是推动封建经济发展的主要动力。他稍后对英格兰农奴制衰落的研究表明，并不仅仅是中世纪晚期人口的不断下降导致了农民获得自由。农民自身进行的斗争也有助于阻止封建领主为首的反动力量取得胜利，以及地主将他们的逻辑强加给农民。[1]布伦纳将这种类型的分析扩展到对中世纪晚期到现代早期整个欧洲历史的研究。并不是人口、贸易增长或特定生产类型的要求导致特定社会关系形式的出现，而是特定阶级斗争的结果为经济和社会发展开辟了特殊的道路。

布伦纳提供了三种个案研究：在东欧，封建地主的逻辑占据优势，农民被农奴化；在法国，农民的逻辑取得了胜利，农民事实上获得了对土地占用权的保障；在英格兰，地主不可能将东欧那种严苛的农奴制强加
给农民，但是，农民也无法赢得像法国那种对土地占用权的保障。结果， 166
地主的最终胜利为经济发展开辟出一条新的道路，它以雇佣挣工资劳动力的资本主义大农场为基础。人口或贸易的增长也许会对经济变革发挥很好的推动作用，但是，正如马克思就商业增长所言，这种变革之所以发生，并不是由于贸易或人口本身，而是由于社会的性质，它决定了这些因素所能发挥作用的程度。[2]

1 希尔顿：《一个评论》，载希尔顿编：《从封建社会向资本主义社会的过渡》，第115页；希尔顿：《农奴制在中世纪英格兰的衰落》，伦敦，1969年版，第32—34，57页。

2 布伦纳：《农村阶级结构》；布伦纳：《欧洲资本主义的农业根源》。对阶级斗争作用的类似强调见J.E.马丁：《从封建社会到资本主义社会：英格兰农村发展中的农民和地主》，伦敦，1983年版。

布伦纳的第一个任务是解释地主在东欧取得成功的原因。他的解释以东欧农民共同体力量的薄弱为中心。尽管这些共同体最初是自由的，但它们并没有什么手段来抵制封建领主对其自主性的侵犯，这种侵犯自15世纪以来在不断加剧。东欧社会是西欧进行殖民和移民的结果。贵族在促成这种殖民中起了关键作用，以致尽管农民是自由的，但地主潜在的权力非常强大。村庄的规模一般较小，而且处于一个领主的控制之下。这不像西欧，那里的村庄规模较大，通常能够从多个领主统治的矛盾中获益。缺乏公用土地、个体化经营的农业和无力在村级组建农民组织，这些都有助于解释农民力量的薄弱和他们无力抵抗领主对其权力的侵犯。结果就是传统庄园制度的确立，庄园拥有大片领地，实行很重的劳役，并对农民的自由施加了诸多限制。[1]

与东欧相区别，在法国，农民努力争取实行固定地租、遗产继承权和对使用公用土地的保障；简而言之，争取一种有保障的自由土地占有权和缴纳货币地租。由于农民获得的保障，使法国无法走英国的发展道路。在英国，生产者与生产资料相分离，生产主体由农民变成农业无产阶级。布伦纳认为，法国的发展是与绝对君主制国家的兴起相联系的。绝对君主制国家保护农民的自由土地占有权，并允许他们继承这种权力，同时限制地主阶级的权力。但是，具有讽刺意味的是，这种“保护”也对农民施加了限制。对地主的要求进行限制就为国家的勒索开辟了道路。到17世纪，农民剩余的主要攫取者不再是收取封建地租的地主，而是强征税赋的绝对君主制。结果，农民的反抗一般会指向强征税赋的国家，而不是地主。[2]

如果说封建制度在东欧得到强化、在法国被重新加以组织的话，那

1 布伦纳：《农村阶级结构》，第52—60页；布伦纳：《欧洲资本主义的农业根源》，第66—76页。

2 布伦纳：《农村阶级结构》，第69—75页；布伦纳：《欧洲资本主义的农业根源》，第76—83页。

么它在英国则是完全消失了。英国地主被证明无力在中世纪晚期维护他们对庄园的控制权，但无论如何，最终还是能够发展出一种新的农业生产制度，它是以得到巩固的、雇佣工资劳动力从事生产的大土地占有制为 167
基础。在地主和资产阶级租地农场主之间的合作取代了地主对农民的剥削，租地农场主以租借形式占有地主的土地。这种合作，再加上以商品生产为基础的地区专业化生产、规模经济和竞争，推动了一种更有效的农业生产形式的发展。在增加产出和增加剩余之间的冲突——这是由地主和农民组成的封建关系所固有的——被一种新的制度所取代。它的高生产率满足了人口的需求并有助于创造需求，而这是实现工业化所必需的条件。东欧无力逆转生产率不断下降的趋势，法国也继续受到人口危机的打击，但英国却在17世纪末成为一个谷物出口国。这与14世纪形成鲜明对比。那时，尽管人口水平相似，但英国却遭受到经济和人口危机的打击。正是新的阶级关系使英国能够避免陷入封建经济的马尔萨斯陷阱。[1]

从历史经验看，布伦纳的分析存在许多问题。能够根据农民抵抗力量的大小和乡村组织建设的不足，来解释东欧地主在将农民重新农奴化上的成功吗？[2]由于法国北部确实存在着得到巩固的大农场，那么，还能够以如此明确的国别划分来概括英国和法国之间的不同吗？[3]如果绝对君主制国家的发展解释了法国农民所获得的权力保障，那么又是什么能解释绝对君主制国家的发展呢？布伦纳指出，毕竟在英格兰，正是缺乏独立的农民阶级作为财政收入的来源抑制了绝对君主制国家的发

1 布伦纳：《农村阶级结构》，第61—68页；布伦纳：《欧洲资本主义的农业根源》，第83—110页。

2 H.文德尔（Wunder）：《德国东部和西部的农民组织和阶级冲突》，《过去与现在》1978年第78期，第47—55页。

3 J.P.库珀（Cooper）：《探查农业资本主义》，《过去与现在》1978年第80期，第20—56页。

展。那么，绝对君主制国家是一个独立的农民阶级存在的原因，还是后果呢？[1]

这些都是非常重要的问题，但这里，我们感兴趣的是布伦纳研究的方法论内涵，尤其是他对生产力决定论的否定。举个例子，布伦纳对东欧农奴制发展的解释，这种农奴制以独特的乡村组织形式为基础。有学者论证，德国西部的农村结构（农民自由得到发展）和德国东部的农村结构（农奴制兴起）之间并不存在本质差别。但是，事实仍然是，德国东部的农民重新沦为农奴。如何解释德国东部与德国西部的这种差别呢？学者们提出了许多其他解释来说明"农奴制再版"的原因，诸如向西欧出口谷物的增加、缺少作为逃亡农奴避难所的城镇，或农民在反抗中缺乏同
168 盟军，等等。[2]不管我们接受哪一种解释，乡村组织、谷物贸易、城镇的较小作用，这些本身都不可能从封建生产方式的概念中推演出来。因为，其他封建社会拥有不同形式的贸易、城镇生活和农村结构，有着不同的经济发展道路。在这种意义上，探寻封建经济发展"原动力"的努力必须确定一些因素，这些因素能够对上述历史*差别*做出解释。因为，以贸易增长、人口增长或生产力要求为基础的解释往往会在比较研究的验证下失效。

布伦纳研究方法的优势在于，它考虑到了经验上的复杂性和多样性。在这种意义上，马克思是非常正确的。他论证，尽管有可能对一般意义上的生产做出界定，但恰恰是那些不为所有生产形式所共有的因素解

1 布伦纳：《农村阶级结构》，第71—72页；布伦纳：《欧洲资本主义的农业根源》，第50—56，77—89页。

2 文德尔：《德国东部和西部的农民组织和阶级冲突》，第52页；沃勒斯坦：《现代世界体系》，第87，90—99页；安德森：《从古代向封建社会的过渡》，伦敦，1977年版，第252—254页。

释了特定时期的发展。[1]任何有关封建社会发展“原动力”的说法，都必须能够解释不同的封建经济为什么走上不同的发展道路，诸如英国、法国和波兰等。

我们从布伦纳的研究中获得的第二个结论在于，生产关系不可能根据社会生产力的要求来加以解释。相反：

（a）在一定的生产力发展水平上，不同的社会可以沿着不同的道路发展（英国、法国）；

（b）居主导地位的生产关系并不是对社会生产力要求的反映，它们是较早期阶级斗争的结果。不一定是有利于生产力发展的社会形式，阶级关系可能具有导致生产率不断下降和人口危机的内在倾向（波兰、法国、中世纪的英国）；

（c）资本主义生产方式的发展并不是作为对生产力要求的反应，生产力的发展受到封建阶级关系的阻滞。封建阶级关系确实阻滞了生产力的增长，但这本身无法解释它们的消亡，因为在法国和波兰，它们继续阻滞生产力的进步。当新的生产力确实获得发展时，它并不是作为生产关系变革的原因，而是这种变革的结果（英国）；

（d）只有当我们假设，新的阶级关系之所以会产生，是为了使生产力在未来获得发展，这样，将生产力作为对资本主义兴起解释的做法才能得到补救。因此，我们必须确定其中的机制或至少有理由相信存在这样 169
一种机制，它能够使迄今尚不存在的生产力产生历史的变迁。

以阶级斗争的偶然结果作为基础的研究方法，对历史变迁的目的论解释给予了“致命一击”。我们可以将这种研究方法同有关生物进化的科学解释做比较。在对生物进化的科学解释中，进化之所以发生，并不是为了确保最适者的生存。这种结果是进化过程的结果（偶然变异和自然选择）而不是它的原因。类似地，生产力在资本主义生产方式下的增长同样

1 《马克思恩格斯全集》第46卷上，第22页。

是这些新阶级关系演进的结果。这并不意味着，资本主义之所以会产生，是为了确保生产力在未来的增长。动物物种的进化和阶级关系的演进，都不可能根据它们的未来结果加以解释。在这种意义上，正是科恩对社会变迁的分析，而不是一般而言的历史唯物主义，仍然处于达尔文之前
170 的水平。[1]

1 科恩：《答埃尔斯特论〈马克思主义、功能主义和博弈论〉》，《理论与社会》1982年第11期，第488页。

第三部分

历史唯物主义中的基础和上层建筑

我们已经批驳了马克思的如下命题，即社会生产关系的性质同生产力的发展水平相适应。那么，经典历史唯物主义的第二个中心命题，即生产关系构成“基础”，它决定着政治、法律和意识形态这些社会“上层建筑”性质的命题又有多大说服力呢？在这里，我们将对马克思所使用的“基础和上层建筑”隐喻的替代性解释做出考察，论证“基础”应该根据所有那些发挥着生产关系功能的因素（包括法律、政治或意识形态）来加以界定，而不是用狭隘的“经济”关系来加以界定（第九章）。接着，我们用这种界定作为起点，去讨论社会经济形态的依次更替，它最初是由马克思和恩格斯大致勾勒的，被后来的马克思主义者予以了系统发展（第十章）。在确定了社会的“经济基础”的性质之后，我们就能够对马克思的国家理论（第十一章）和社会意识理论（第十二章）的价值做出评估。最后就马克思对历史学的贡献做出评估。

在这些章节中，有许多命题会反复出现并存在交叉关系：

（a）事实上，能够对“基础”和“上层建筑”做出区分吗？

（b）如何对各种形式的“基础”做出区分？

（c）“基础”真的是在发挥马克思赋予它的“决定作用”吗？如果是这样，它是如何发挥这种作用的？

（d）社会的政治和意识形态上层建筑的性质能够由生产关系的要
176 求在功能上加以解释吗？

第九章

基础和上层建筑：定义和决定关系

人们通常认为，马克思的历史唯物主义只不过是由下述命题构成的，即：社会的生产关系是“基础”，有法律、政治和意识形态的“上层建筑”竖立于其上。在本章中，我们将确定，就马克思的社会理论而言，这一隐喻的内涵是什么；同时关注其他相似的隐喻，马克思用它们来表述在经济、政治和社会意识形态之间的关系。接着，我们会探讨对基础和上层建筑隐喻的各种解释（“正统的”和“辩证的”观点），并将马克思有关社会的另一种隐喻视为一个有机的整体。基础和上层建筑隐喻的问题是，不援引政治和意识形态的因素就不可能界定“基础”，但政治和意识形态通常被视为“上层建筑”的组成部分。对马克思做“有机论”解释的问题是，它对基础和上层建筑相互作用和相互渗透的解释一般会同马克思的下述命题相矛盾，即社会的生产方式发挥着决定作用。

在这里，我们将论证，必须在最广义上来界定“基础”，它包括所有那些发挥着生产关系功能的因素；因此，马克思的理论不是那种宣称某些纯“经济”层面具有首要性的命题。再接下来，我们将用这种对社会的所谓“经济基础”的界定作为否定阿尔都塞命题的基础，他认为，经济发挥着最终的决定作用。最后，我们将关注一种对社会结构做有机论解释的模式的危险所在。这种模式认为，社会系统本身变成社会变化的动因所在，它将个体作为社会关系的承载者。因此，根据构成生产关系的要素对基础所做的功能解释，就被用作对社会关系进行分类的出发点。我们
177 将在第十章中提出这种分类。

基础和上层建筑的隐喻

所有对马克思历史理论的评估，都必须考察他在1859年《〈政治经济学批判〉序言》（以下简称《序言》）中提出的各种明确论述，该文本是马克思的所有研究者都不得不参考的著作。我们已经详细地探讨了马克思在《序言》中提出的第一个主要命题，即社会的生产关系同生产力的发展水平或其未来的要求相适应。在这里，我们将关注马克思在《序言》中提出的第二个主要命题：

> 人们在自己生活的社会生产中发生一定的、必然的、不以他们的意志为转移的关系，即同他们的物质生产力的一定发展阶段相适合的生产关系。这些生产关系的总和构成社会的经济结构，即有法律的和政治的上层建筑竖立其上并有一定的社会意识形态与之相适应的现实基础。[1]

必须立即加以强调的是，照字面理解，阶级关系并不是“基础”，国家也不是“上层建筑”。基础和上层建筑是一种建筑学的隐喻，马克思用它来说服读者相信，某种正确观察事物相互关系的方法是有用的。但不幸的是，它变成了一种不利于对马克思做正确理解的隐喻，以致一些马克思主义者有时会问，都有哪些因素包括在其中每个范畴之中，就好像两个范畴是实际存在的。事实上，上层建筑并不存在。它只是一种类比，目的是将我们的注意力吸引到一种特定的关系上，即“x”（“上层建筑”）

---

1 《马克思恩格斯选集》第2卷，第32页。

是由"y"（社会的生产关系）决定的。因此，从《序言》中引述的那段话并未将社会意识包括在上层建筑范畴内。这并不重要，重要的是，国家和意识都以相似的方式同社会的经济结构相适应："从物质生产的一定形式产生：第一，一定的社会结构；第二，人对自然的一定关系。人们的国家制度和人们的精神方式由这两者决定。"[1]的确，在其他地方，马克思将各个时代的社会组织视为"国家的基础以及任何其他观念的上层建筑的基础"。而与此同时，正是在《序言》中，马克思稍后似乎是将社会意识包括在社会的"全部庞大的上层建筑"中，随着经济基础的变更，上层建筑也将发生变革。[2]国家和社会意识形态并不是上层建筑的组成部分，因此也不依赖于阶级关系；与这种观点相反，国家被视为（类比看）上层建筑的组成部分，因为它是由阶级关系决定的。[3] 178

基础和上层建筑隐喻直接产生的另一个问题是，"基础"并不构成社会最"基本"的要素。马克思将生产关系的总和，即经济结构视为社会的"基础"。[4]许多学者将此理解为，"基础"包括一般意义上的经济，而经济既包括生产关系，也包括生产力。[5]不管这种解释的效力有多大，但它却不是马克思在《序言》中所做出的概念界定。在《序言》中，生产关系被视为社会的"基础"，但依次地，这种基础又"同他们的物质生产力

1 《马克思恩格斯全集》第26卷第1册，第296页。

2 《马克思恩格斯选集》第1卷，第131页；《马克思恩格斯选集》第2卷，第33页。

3 科恩：《卡尔·马克思的历史理论》，第216—217页；埃尔斯特：《理解马克思》，剑桥，1985年版，第31—32页。

4 《马克思恩格斯选集》第2卷，第32页。

5 例如见S.霍尔：《对"基础与上层建筑"隐喻的反思》，载布卢姆菲尔德编：《阶级、霸权和政党》，伦敦，1977年版；J.拉瑞恩：《意识形态概念》，伦敦，1979年版，第66页；M.雷德：《马克思对历史的解释》，纽约，1979年版，第57页。

的一定发展阶段相适合”。[1]作为表述生产力决定论的文本，《序言》区分出社会的三个层次：物质生产力、生产关系和社会的上层建筑。我们已经否定了下述命题，即生产力决定生产关系的性质；所以，生产关系和上层建筑之间的关系就成为这里争论的焦点所在。

《序言》不仅提供了对社会结构的共时性素描，而且提供了对历史变迁的历时性分析。正如生产力的发展要求定期抛弃已成为生产进步桎梏的生产关系一样，生产关系的变化也会导致“全部庞大的上层建筑或慢或快地发生变革”[2]，因为政治和意识同阶级关系相适应。《序言》宣称，当生产关系变成生产力的桎梏时，社会革命的时代就到来了。但这些社会变革是以“意识形态”的形式完成的，意识形态包括法律的、政治的、宗教的和哲学的等。必须从生产力和生产关系的冲突着手解释这些意识形态，而不仅仅是在那些社会革命的时代，思想才植根于社会现实。从一般意义上讲，“不是人们的意识决定人们的存在，相反，是人们的社会存在决定人们的意识”。[3]

因此，“基础和上层建筑”是一种类比，马克思用它来说明有关社会结构的共时性判断和有关社会变迁的历时性判断。在特定的社会形态中，相比政治和意识形态而言，正是生产关系具有因果解释上的首要性。“国家的现实基础”和“国家所依赖的”关系，因而是社会的生产力和它的社会交往形式。“这些现实的关系绝不是国家政权创造出来的，相反地，它们本身就是创造国家政权的力量。”[4]类似地，马克思的历史解释坚
179 持社会存在相对于思想和意识而言具有首要性。[5]这并不是说，马克思否

1 《马克思恩格斯选集》第2卷，第32页。

2 同上，第33页。

3 同上，第32页。

4 《马克思恩格斯全集》第3卷，第377—378页。

5 《马克思恩格斯选集》第1卷，第98—99页。

认社会的上层建筑能够发挥因果作用或历史影响。《序言》本身并没有肯定基础和上层建筑之间存在这样一种相互作用，但在其他地方，马克思非常明确地指出，生产力、生产关系、国家和意识形态之间的关系能够“完整地加以描述（因而也能够描述事物的这些不同方面之间的相互作用）”。[1]问题并不是马克思和恩格斯没有认识到基础和上层建筑之间存在着相互作用，而是为什么应该将上层建筑视为是被决定的，而不是决定的。

生产关系在对社会做出解释上的首要性，最明显地表现在马克思对政治和意识形态变革的解释中。在一个建筑物的地基被构建好之前，它的上层建筑是不可能拔地而起的；类似地，必须将经济基础的变革作为新的政治和意识形态形式产生的前提。在编年史记述上，社会变革先于政治变革，这最明显地表现在马克思对资产阶级革命的解释上。他将资产阶级革命解释为是在政治上承认社会生产关系在此之前发生的变化：“新的资产阶级社会建立在完全不同的基础上（即不同于封建制度——作者注），建立在已经改变了的生产方式的基础上，它也要取得政权，它要从代表衰亡社会的利益的人物手中夺取这种政权，因为这种政权的全部组织是在完全不同的物质的社会关系的基础上产生的。于是就产生了革命。”[2]1789年的法国革命标志着资产阶级所有权形式对封建所有权形式的胜利，因此，“政治革命就是社会变革在其中同时被正式表达为争取国家制度的斗争的政治革命，革命就是争取最好的国家制度的斗争”。[3]正如生产力的变化先于生产关系的变革一样，资本主义生产关系是在封建社会中孕育发展的，它逐渐与现存的政治上层建筑发生冲突。绝对君主制的社会基础——封建土地所有制——被历史的发展所侵蚀，国家不

1 《马克思恩格斯选集》第1卷，第92页。

2 《马克思恩格斯全集》第6卷，人民出版社1961年版，第291页。

3 《马克思恩格斯全集》第3卷，第441—442页。

再适应新兴的阶级关系："它已成了束缚新的资产阶级社会及其改变了的生产方式和改变了的需求的桎梏。"[1]类似地，马克思论证，意识形态的变化是社会变革的结果。"一定的意识也是有一定的人和一定的情况与之相符合的"；从中可以推断出，只有经验条件的变化才会导致不同的意识形态。例如，宗教是一种"神圣的形式"，它与现存的社会关系"相适应"。在资本主义社会，人与人之间的关系和劳动都是以抽象劳动的形式出现的，抽象劳动又表现在商品和价值中，新教是最适合它的宗教形式，
180 这种宗教崇拜抽象的个人。[2]马克思和恩格斯对意识做出解释的经典事例，可以通过将他们对新教改革的解释同韦伯提出的解释做比较来加以说明。韦伯认为，加尔文教派的神学是从路德教派的神学中自动发展而来的，稍后在现代早期欧洲的条件下，产生了鼓励资本积累这一意想不到的结果。但马克思和恩格斯却认为，加尔文教派的教义是阶级关系在意识形态上的表现，这种阶级关系的出现先于新神学的产生。[3]

这种在编年史上先记述社会经济基础的变化，然后再记述社会上层建筑变革的做法也有例外，那就是根据生产关系的未来要求对意识形态变革所做的功能解释。例如，科恩论证，正如社会生产关系有可能发生变革，以使迄今尚不存在的生产力在未来获得发展一样，政治制度或社会意识形态也有可能发生变革，以使生产关系在未来获得发展："当马克思指出，'就几乎全部传统的节假日都变成工作日而言，新教在资本产生过程中起了非常重要的作用'。他并不仅仅是在赋予新宗教以某种作用，而

1 《马克思恩格斯全集》第6卷，第121页；也见《马克思恩格斯全集》第3卷，第280，292—293页。

2 《马克思恩格斯全集》第3卷，第162，169—170，279页；马克思：《资本论》第1卷，第96页；《马克思恩格斯全集》第26卷第3册，第474页。

3 G.马歇尔（Marshall）：《探寻资本主义精神》，伦敦，1982年版，第142—143页。

是建议根据那种作用来对新宗教的兴起做出解释（或部分解释）。”[1]遗憾的是，科恩并未对这一论点做出详细阐释。我们将在第十二章考察这种解释的合理性。

其他隐喻

马克思和恩格斯通常将生产关系视为社会的“基础”或“根基”，但在其他地方，他们也用一些别的隐喻来说明阶级、政治和意识形态之间的关系。有时，他们用一种有关植物的类比来说明，国家和政治经济制度有它们的“根茎”，“生长在土地上”或“从资本主义社会的土壤中破土而出”。[2]生产关系在整个社会中的决定作用也被用“表现”这个隐喻来加以强调：“一切经济形式、一切与之相适应的市民关系以及作为市民社会的正式表现的政治制度。”[3]例如，“《拿破仑法典》并没有创立现代的资产阶级社会。相反地，产生于18世纪并在19世纪继续发展的资产阶级社会，只是在这本法典中找到了它的法律表现。这一法典一旦不再适应社会关系，它就会变成一叠不值钱的废纸”。[4]不幸的是，“表现”这个隐喻
一般会使人们对法律和政治范畴做完全被动的理解，正如“反映”这个 181
同样不幸的隐喻一样，人们的思想被描述为是对现实生活的“意识形态反映和反响”，即使这种反映并不总是准确的，甚至是以颠倒的形式来描述世界。康德的哲学据说“反映”了18世纪晚期德国的状况；类似地，法律原则是对经济关系的反映。遗憾的是，反映这个隐喻与其说是揭示，不如说是模糊了两者之间的关系，因为，如果上层建筑不被视为是完全被

1 科恩：《卡尔·马克思的历史理论》，第176—177，278—279页。

2 马克思：《资本论》第1卷，第99页；《马克思恩格斯选集》第3卷，第313页。

3 《马克思恩格斯选集》第1卷，第152页。

4 《马克思恩格斯全集》第6卷，第292页。

动的话，那它就必须被描述为有可能存在不随基础变化而变化的情况，必须被描述为一种“能动地反映”，即它不仅被经济基础所决定，而且反过来也影响和修正经济基础。但不管怎样，选择使用这种不幸的隐喻并非偶然。马克思和恩格斯一直在寻找一种类比，它既能赋予基础以首要性，同时又能顾及社会关系同思想和政治之间的相互作用。也许没有哪个隐喻能胜任这样的任务，但毫无疑问，他们努力要强调的就是这种中心思想，即使它是以一种令人遗憾的方式来表述的。[5]我们将用把社会比喻为一个“有机整体”的隐喻来替代“基础和上层建筑”的隐喻，下文对此做更详细的探讨。

“基础和上层建筑”：正统的观点

确实，马克思的历史理论通常是同他有关经济基础和政治与意识形态上层建筑的隐喻相联系的，甚至被视为是由它们构成的。不过，梅尔文·雷德论证，马克思不仅使用有关基础和上层建筑的解释模式（该模式本身也可以用“正统的”或“辩证的”不同观点来加以表述），而且将社会视为一个有机体，一个“有机的整体”。阿尔都塞的马克思主义也倾向于将社会视为一个“有机的、等级化的整体”，而不是“基础和上层建筑”。在这两种隐喻之间做出区分，对理解马克思的历史理论到底有多大用途呢？

在对马克思的正统解读中，经济、国家和意识形态被视为是“性质截然不同的和存在着外部联系的”。通过这些“外部联系”，社会由不同的

---

1 《马克思恩格斯全集》第3卷，第29—30，211页；《马克思恩格斯选集》第4卷，第702—703页；多布：《历史唯物主义和经济因素的作用》，《历史》1951年第36期，第4页；E.约翰（John）：《对历史唯物主义解释的一些质疑》，《历史》1953年第38期，第4页；汤普森：《理论的贫困》，伦敦，1978年版，第79页。

独立要素联合而成，而不是作为一个由“内部关系”组成的体系，其中社会本身所采取的任何一个举动的性质都是不完全的，只有根据它所依赖的整个体系才能全面地加以理解。在这种正统观点中，经济是社会的动力层面，它会产生上层建筑层面的相应变化。结果，因果决定论被视为几乎完全是单向性的，上层建筑不大可能会对基础产生反作用。对马克思 182
所使用隐喻的正统解释暗示，“在上层建筑被构建之前，基础已经存在。这种结论，和辩证互动论所持的基础与上层建筑相互决定的认识是不一致的”。[1]

就是否确实存在一个持正统观点的马克思，或者这种解释只是后来的读者强加给他的，对此，雷德似乎并不确定。但他同意，“无须做引证”来支持这种解读，因为，马克思的朋友和敌人、哲学家和革命者已经在以这种方式解读马克思了。他甚至承认下述可能性是存在的，即无法对马克思的思想做单一的、连贯的解读，马克思思想的伟大之处“正是在于缺乏这种逻辑上的连贯性”。不过，他的结论是，对政治和意识形态，马克思并不是持一种简约主义的或正统的观点，除了“在一些孤立的段落中偶尔提到外”，它们并不是他成熟观点所真正信奉的东西。因此，对基础和上层建筑的正统解读是一种“错误解读”，必须予以纠正。[2]

雷德的问题在于，如果对基础和上层建筑正统观点的表述只是存在于一些孤立的和不具代表性的段落中，那么，这种观点为什么会变成对马克思的“普遍性解释”，既为马克思主义者，又为非马克思主义者所共同持有。事实上，不难揭示，马克思确实持有一种正统观点，它提出了对基础和上层建筑的简约主义解释。下述论断并不是正统观点对马克思所做的错误解释，即“基础在上层建筑之前已经存在”。相反，它正是马克思对资产阶级革命所做解释的全部基础所在，他宣称，资产阶级革命是

1 雷德：《马克思对历史的解释》，第xx，3，70页。

2 同上，第4—5，8，9，56，97，184—185页。

在政治方面对资本主义在经济和社会方面发生变化的承认或表现，资本主义是在封建生产方式内部孕育发展的。资产阶级在经济方面取得的每一次进步都会伴随着“相应的政治上的进展”。[1]在这里，政治变革仅仅被描述为此前已经发生的社会转型在政治上的表现。类似地，马克思将资产阶级思想仅仅视为是资本主义生产的产物，将现代法律仅仅视为是阶级愿望或经济关系的表现，将哲学家的研究仅仅视为是“现实世界的反映”。[2]马克思的批判者必须抓住的不应是这种易于批驳的经济决定论，而应是马克思遗产中最强有力的成分。恩格斯和雷德提出了对马克思理论的替代性解读，即“辩证相互作用”和“有机整体”两种观点。这两种解读克服了对马克思正统解读存在的缺陷，但是，它们又都存在各自
183 的问题。

“基础和上层建筑”：辩证的观点

那些相信他们已经发现了真正的、非决定论的马克思的人，被迫为后来对马克思著作的“庸俗”理解寻找一个替罪羊。恩格斯成了牺牲品，他通常被选择来扮演这个角色。但是，正是恩格斯首先对有关基础和上层建筑正统观点存在的危险发出警告，他还提出了一种主张“辩证相互作用”的替代性模式。在这种对马克思的解读中，社会制度的各个层面仍然被视为“截然不同的和存在着外部联系的”，但不像正统模式，上层建筑在这里被视为积极的历史力量，有其自身存在的合理性，即使经济基

1 《马克思恩格斯选集》第1卷，第274，300，306页；《马克思恩格斯全集》第6卷，第291—292页；《马克思恩格斯选集》第1卷，第68页。

2 《马克思恩格斯全集》第3卷，第211页；《马克思恩格斯选集》第1卷，第289页；《马克思恩格斯全集》第4卷，人民出版社1958年版，第117页。

础仍然发挥着最终的决定作用。[1]

恩格斯论证，对历史唯物主义的正统解释是“错误的”和“歪曲的”，他同时承认，“青年们有时过分看重经济方面，这有一部分是马克思和我应当负责的”。我们的本意并不是要做出那种“毫无内容的、抽象的和荒诞无稽的”论断，即经济因素是唯一的决定因素。那些做出这种断言的人是在和风车作战。对批判者而言，做出如下判断是愚蠢的，即：我们否认思想会对历史产生任何影响，只是因为我们否认意识形态会有“独立的历史发展”。思想家们并不仅仅是在对经济状况做被动的反映；相反，他们继承了现存的思想体系，并将它们作为研究的出发点。因此，在思想和经济之间存在一种辩证的相互作用。物质存在方式在社会中是具有首要性的力量，但“这并不妨碍意识形态领域会反作用于它和影响它的发展”。[2]

类似地，恩格斯否认，政治能够被视为对经济基础完全被动的反映。阶级斗争、政治、宪法、司法形式等，都“对历史斗争的过程发生影响并且在许多情况下主要是决定着这一斗争的形式”。国家的积极作用表现在它有能力阻止经济沿着某种路线发展，并有能力为它规定另外的路线。法律也能表现出某种相对于经济而言的独立性：“在现代国家中，法不仅必须适应于总的经济状况，不仅必须是它的表现，而且还必须是不因内在矛盾而自相抵触的一种内部和谐一致的表现。而为了达到这一点，经济关系的忠实反映便日益受到破坏。”仅仅根据经济必然性来解释政治和法律史的全部细节是迂腐的，诸如解释每一个小的德意志国家的存在，或法国和英国立遗嘱人所享有的不同程度的自由。这些细节不可能 184

1 雷德：《马克思对历史的解释》，第xx，3—4，10页。

2 《恩格斯致约·布洛赫》（1890年9月21/22日），《马克思恩格斯选集》第4卷，第696，698页；《恩格斯致康·施米特》（1890年10月27日），《马克思恩格斯选集》第4卷，第704页；《恩格斯致弗·梅林》（1893年7月14日），《马克思恩格斯选集》第4卷，第728页。

完全根据经济来加以解释，但“却会对经济领域产生非常大的影响”。[1]

恩格斯强调需要考察马克思在《资本论》，尤其是在《路易·波拿巴的雾月十八日》中对他的唯物主义方法的运用。可以肯定，在《资本论》中，马克思对向资本主义过渡时代国家的分析为对基础和上层建筑做“辩证”的解释提供了证据。英国资产阶级在17世纪40年代和1688年革命中的胜利，也许正是以资本主义在此前的发展为基础。但是反过来，资产阶级在政治上的胜利又促进了资本主义的发展，资产阶级通过下述新的财政和关税制度推动着资本主义的发展：殖民制度、国债、新的税收形式和贸易保护制度。类似地，马克思还强调国家在诸如普鲁士和俄罗斯等政体中发挥的积极作用，在这些地方，军事上的失败表明需要进行社会改革。因此，政府政策引致了“巨大的社会变革”，改变了旧社会的经济基础。一些现代研究者也同样拥有恩格斯对《路易·波拿巴的雾月十八日》的热情。例如，威廉斯将这部著作同马克思较早期的著作《1848年至1850年的法兰西阶级斗争》进行了比较研究。在较早期的著作中，马克思是在阶级、个人、政治思想和政党之间直接画等号的。不过，在《路易·波拿巴的雾月十八日》中，“政治的自主性得到应有的强调”。将政治视为一个领域的观念，替代了那种认为在阶级和政治之间存在直接联系的观念，其中政治不再仅仅是对阶级利益的反映，而是发挥着能动的调节作用。[2]由此可见，事实上，在承认政治和思想具有某种相对于经济决定作

---

1 《恩格斯致约·布洛赫》（1890年9月21/22日），《马克思恩格斯选集》第4卷，第696页；《恩格斯致康·施米特》（1890年10月27日），《马克思恩格斯选集》第4卷，第702，703页；《恩格斯致弗·梅林》（1893年7月14日），《马克思恩格斯选集》第4卷，第728页。

2 《恩格斯致康·施米特》（1890年10月27日），《马克思恩格斯选集》第4卷，第704页；《恩格斯致博尔吉乌斯》（1894年1月25日），《马克思恩格斯选集》第4卷，第732—733页；《马克思恩格斯全集》第3卷，第479页；《马克思恩格斯全集》第6卷，第124—125页；《马克思恩格斯全集》第7卷，人民出版社1959年版，第248页；马克思：《资本论》（转下页）

用而言的自主性上，在承认两者都在历史变迁中发挥了积极的因果作用上，马克思和恩格斯并不存在任何异议。

因此，在生命临近结束时，恩格斯感到必须否认那种对历史唯物主义所做的简约主义解读，厘清他和马克思原本的“意旨”。这是否就是马克思的“意旨”，大体而言并不是关键所在。关键在于，恩格斯提供了一种对马克思的合法解读，将马克思视为是“辩证相互作用”观点的倡导者。他承认，政治和思想同经济相互作用，但同时论证，这种相互作用是“很不相等的力量，其中经济运动是最强有力的、最本原的和最有决定性的”。正是经济因素“具有最终的决定作用”、“最终的决定性”和“最终注定要表现自身”。因此，经济是“首要的力量”，意识形态仅发挥“次要的作用”，所考察的时期越长，这种作用以经济发展为基础就表现得越明显。[1] 185

恩格斯所表达的意思非常明确。但是，如果历史发展是多种力量相互作用的结果，那我们不大明白，为什么就应该认为，经济必然享有“最终的决定地位”。恩格斯对这一问题的回答并不特别令人信服。他论证，生产力和生产关系是法律、政治和意识形态的基础。[2]但在什么意义上说，经济是政治和社会意识的基础呢？在马克思葬礼的演说中，恩格斯给出了答案，他论证，马克思做出了惊人的发现：

> 人们首先必须吃、喝、住、穿，然后才能从事政治、科学、艺术、宗教等等；所以，直接的物质的生活资料的生产，从而一个民族或一个时

（接上页）第1卷，第617—618页；《马克思恩格斯全集》第46卷上，第510页；《马克思恩格斯选集》第3卷，第102页；G.威廉斯：《雾月十八日：马克思和挫折》，载B.马修斯：《马克思：一百年之后》，伦敦，1983年版，尤其见第12—13，32—33页。

1 《马克思恩格斯选集》第4卷，第705，732页。

2 同上，第696页。

> 代的一定的经济发展阶段，便构成基础，人们的国家设施、法律观点、艺术以至宗教观念，就是从这个基础上发展起来的，因而，也必须由这个基础来解释，而不是像过去那样做得相反。[1]

马克思提出了相似的观点，他指出，“中世纪不能靠天主教生活，古代世界不能靠政治生活”。[2]但是，指出生产是人类存在的前提，并不意味着生产的性质“因此”就决定着社会生活其他方面的性质；正如生物学意义上的再生产是人类存在前提的事实，并不会由此决定社会将采取一种特定的家庭组织形式那样。[3]恩格斯对马克思做辩证解读的优势在于，它承认上层建筑能够发挥积极的历史作用，但这种解读留给我们的问题在于，为什么应该将上层建筑视为是“次要的”，而将基础视为是首要的，即“上层建筑”为什么首先应该被视为仅仅是上层建筑。

基础和上层建筑隐喻对有机整体隐喻

雷德论证，在对基础和上层建筑的正统观点和辩证观点之外，马克思还使用了将社会比喻为“有机整体”的隐喻。这种隐喻将社会视为是由许多不同性质的因素构成的一个整体，其中各组成部分在功能上与其他部分形成互补关系，它们只能被理解为某个整体的组成部分。不过，这并不意味着，社会仅仅是由这些同样重要的因素聚合而成。正如在人体中，某些器官要比其他器官更为重要一样，马克思也将社会有机
186 体视为是一种等级结构，其中某些因素要比其他因素更为重要。尤其需要强调，社会生产方式是整体中最重要的因素。确实，正是这种对生产

1 《马克思恩格斯选集》第3卷，第776页。

2 马克思：《资本论》第1卷，第99页。

3 普列梅内茨：《人与社会》第2卷，伦敦，1963年版，第278页。

方式决定作用的强调，有助于将马克思主义同结构功能主义的社会学区别开来，两者具有表面上的相似性。因此，有机整体论保留了对基础和上层建筑处于不同等级的认识，但它是一种“更为精致和连贯”的认识。这两种隐喻或模式应该被加以区分，因为它们之间存在着重要的差别。[1]

可以肯定，马克思确实使用了将社会视为一个有机体的隐喻，他将生产、法律和政府形式视为“有机地联系在一起的”；尽管我们不太清楚，马克思的隐喻是否一直具有雷德希望赋予它的理论重要性。有时，马克思使用该隐喻只是为了强调，全部社会形态都是暂时性的，社会“不是坚固的水晶，而是能够发生变化的有机体，并处于不断的变化之中”。[2]同时应该强调的是，马克思在许多场合都使用了有机整体的隐喻，但他关注的并不是作为一个整体的社会，而是经济领域。例如，正是资本主义经济关系构成一个“统一的整体”，其中所有因素都是以彼此为前提的；正是生产、分配、交换和消费构成“一个总体的各个环节”；正是现代社会的各种经济关系（价值、劳动分工、竞争，等等）构成“同时存在而又相互依存的社会机体”。[3]这些段落关注的并不是在阶级、国家和意识形态之间的关系。也不可能用它们作为证据，证明将马克思的社会形态理论做有机论的解读是合理的，正如一些研究者所做的那样。[4]更不可能用

1 雷德：《马克思对历史的解释》，第xx，70，75—76，78，181，186，204页。

2 同上，第57页；马克思：《资本论》第1卷，第23页；《马克思恩格斯全集》第46卷上，第25页。

3 《马克思恩格斯全集》第46卷上，第36—37页；《马克思恩格斯选集》第1卷，第142，143页。

4 博托莫尔和鲁贝尔编：《卡尔·马克思：社会学和社会哲学选集》，哈蒙德斯沃斯，1970年版，第33—34页；雷德：《马克思对历史的解释》，第58，60页。

这些段落来论证，有机整体的隐喻更忠实于马克思的“成熟理论”。[1]早在《德意志意识形态》中，马克思就提到生产、阶级、国家和意识形态的“互动关系”，但在较晚期的著作中，他继续使用有关基础和上层建筑的隐喻。[2]

不过，最重要的不是对马克思著作的某些段落做“正确”的解释，而是有机整体的隐喻是否为人们所熟悉的基础和上层建筑隐喻增添了新的内容。在对基础和上层建筑解释的正统观点与有机整体类比之间的差别是明显的。但是，在对基础和上层建筑解释的辩证观点与有机整体类比之间，存在着任何重要差别吗？这两者在许多方面都是相似的，因为它
187 们都承认上层建筑能够发挥积极的因果作用，同时又保留了经济基础的首要性。我们为什么应该赞同使用有机整体类比呢？雷德论证，有关基础和上层建筑的隐喻“内含着稳定，而不是变革，不像有机整体类比那样暗示着内在的发展倾向”。但这种说法为什么就应该能够成立呢？[3]基础和上层建筑的解释模式对社会变迁之所以发生提出了许多原因：生产力具有所谓的内在发展倾向；作为结果，在生产力和生产关系之间发生的冲突；在新生产关系与政治和意识形态上层建筑之间的不适应定期发生；特定生产关系内部存在的阶级斗争，以及有关基础和上层建筑的辩证观点承认思想和政治能够发挥积极的因果作用。因此，我们仍不太清楚，在对基础和上层建筑解释的辩证观点与有机整体观点之间到底存在着什么样的差别。[4]

1 雷德：《马克思对历史的解释》，第56，58—60，119页。

2 《马克思恩格斯选集》第1卷，第92页；马克思：《资本论》第3卷，第891—892页。

3 雷德：《马克思对历史的解释》，第82页。

4 马克思：《〈政治经济学批判〉序言》，《马克思恩格斯选集》第2卷，第32—33页。马克思希望避免受到普鲁士书报检查官的注意，这使他在1859年《序言》中未强调阶级斗争的作用。见A.M.普林茨：《马克思写作1859年〈序言〉的背景和内在动机》，《思想（转下页）

基础和上层建筑的相互渗透：存在的问题

雷德选择有机整体隐喻而不是基础和上层建筑隐喻的另一个原因在于，只有有机整体模式才能使我们理解社会诸因素之间的“内部关系”，社会诸层面是通过这些关系而相互依赖和相互渗透的。基础和上层建筑并不是缺乏联系的独立结构，上层建筑也不仅仅是对基础的反映。例如，法律建立起一套有关权利、预期和义务的特殊制度，没有这套制度，“现代经济体系是不可能存在的”。法律并不仅仅是相对于经济而言的上层建筑，而且也是经济的一个组成部分。科学、教育和政治都使得在基础和上层建筑之间的任何明确区分归于无效，因为它们在某些方面是上层建筑而在某些方面属于基础。只有有机整体模式才能使我们理解这种相互依赖和相互渗透。[1]

基础和上层建筑的相互渗透，最明显地表现在马克思主义对前资本主义生产方式的经典解释中。在这种生产方式中，作为直接生产者的农民事实上有效地占有着土地和工具，即占有着生产他们自身所需生活资料的生产资料。作为结果，生产者并不是在经济强制下去生产剩余劳动的。因此，必须通过超经济剥削——例如通过庄园权力——来榨取剩余劳动。[2]与之形成鲜明对比，在资本主义生产方式下，生产者被剥夺了生 188
产他们自身所需生活资料的生产资料，被迫出卖他们的劳动力以维持生存，生产能够给雇主带来利润的商品。因此，前资本主义生产方式是通过非经济手段来确保剩余劳动生产的，而不管这种手段是法律的、政治的，还是意识形态的：血缘关系、宗教、法律和国家这些“上层建筑”必然

（接上页）史杂志》1969年第30期，第437—450页。

1 雷德：《马克思对历史的解释》，第3, 10, 27—28, 35—36, 38—39, 40—41, 70, 72页。

2 马克思：《资本论》第3卷，第791页。

会成为各种前资本主义社会形态的生产方式结构的组成部分。资本主义社会关系仅仅要求在法律上保障财产所有权作为这种关系存在的前提。在前资本主义生产方式，剥削机制本身就属于“上层建筑”范畴：“作为结果，除非借助政治和意识形态的上层建筑，否则不可能对前资本主义生产方式加以界定，因为正是这些上层建筑因素决定了超经济剥削的类型，而超经济剥削又是用于界定前资本主义生产方式的特征所在。”[3]因此，在前资本主义社会，不可能将生产方式视为是一种纯“经济”的核心，能够同意识形态和政治区别开来。在这些社会中，获得政治上的权威资源对社会关系而言具有根本的重要性，就像在资本主义社会统治阶级享有的对分配资源的控制那样。[4]问题并不是马克思未意识到这一事实，因为正是马克思本人强调了超经济剥削在前资本主义社会的中心地位。[5]问题在于，承认在基础和上层建筑之间存在着相互渗透关系，这会对马克思有关经济基础具有首要性的一般理论命题产生什么样的影响。如果不可能独立于所谓的上层建筑来对经济基础加以界定的话，那么，如何可能赋予社会的经济基础以解释上的首要性呢？如果不援引上层建筑的因素，我们就不可能总结社会经济基础的特征的话，那么，马克思在1859年《序言》中提出的整个历史解释模式就会受到质疑。但是，我们不可能利用基础和上层建筑这种相互渗透关系来否定生产关系在解释上的首要性，因为有机整体论提出的相互渗透模式明显意在保留这种首要性。[6]

---

1 安德森：《绝对主义国家的谱系》，第403—404页。

2 R.S.戈特利布（Gottlieb）：《封建主义和历史唯物主义：批判和综合》，《科学与社会》1984年第48期，第3—4页；A.吉登斯：《历史唯物主义的当代批判》，伦敦，1981年版，第4，7，212—214页；E.M.伍德：《资本主义社会中经济和政治的分离》，《新左派评论》1981年5—6月第127期，第66—95页。

3 马克思：《资本论》第3卷，第891页。

4 雷德：《马克思对历史的解释》，第28，181页；S.卢克斯：《能够将经济基础（转下页）

正是因为明显地不可能在独立于上层建筑的前提下对基础做出界定，这使得诸如阿克顿和普列梅内茨等学者将此视为马克思体系的致命缺陷所在。社会的经济基础“不是那种明显一看就能区别于人们的法律、道德和政治关系的东西，它较少能观察到”。在基础和上层建筑之间做出区分是站不住脚的，因此从前者推演出后者是不合法的。法律和道德不可能被限制在上层建筑范畴内，而是各种社会活动形式的组成部分。所有权关系包括道德、习俗、行为准则和对权利的承认。它们因而包括一揽子对事物的看法，在那 189
些关系下生活的人们往往会有同样的看法。法律、道德和意识并不能简单地从社会关系中推演出来，它们是那些关系的一个内在组成部分。[1]

雷德宣称，有机整体的类比保留了基础和上层建筑隐喻在解释方面的优势（它强调生产方式的首要性），同时否定后者的简约主义倾向。事实上，像基础和上层建筑隐喻那样，有机整体的类比也可以做两种解读。第一种解读几乎无法同有关基础和上层建筑的辩证观点相区别，两者都承认上层建筑能够发挥积极的历史作用，同时赋予基础以因果关系上的首要性。不过，在对有机整体类比的第二种解读中，这种类比发挥着批判经济基础具有首要性的功能。因为如果基础和上层建筑是相互渗透的话，如果社会的所有组成因素都是彼此依赖的话，那就没有理由认为，经济基础应该在有机等级体中保留“最强有力的地位”。因此，有机整体的类比明显保留了基础在决定关系中的首要性，同时却又暗中为阿克顿和普列梅内茨提出的那种反对意见开辟了道路，他们对基础具有的那种首要性提出质疑。[2]

（接上页）与上层建筑区分开来吗？》，载D.米勒和L.西登托普编：《政治理论的本质》，牛津，1983年版，第104，111页。

1 阿克顿：《时代的幻象》，第164—168，177，258页；普列梅内茨：《人与社会》第2卷，第283—289，345页。

2 雷德：《马克思对历史的解释》，第40—41，56，70，84—86，97，181页。

基础和上层建筑的相互渗透：可能的解决方案

对阿克顿和普列梅内茨提出的反对意见，有两种可能的回应。第一种是由科恩做出的传统式回应，即有可能不借助上层建筑因素来界定经济基础；第二种回应是由戈德利耶提出的修正主义解决方案，它包括对基础和上层建筑做重新的界定。科恩论证，有可能通过区分事实上的权力和法律上的权利，来对基础和上层建筑做出区分。在表现为法律上的财产所有权之前，生产关系也许在事实上已经存在。因此，在使用和占有一块土地上，这块土地的擅自占有者和合法佃农也许有着相似的权力，即使擅自占有者是靠武力来保持这种占有而佃农则是根据合法的权利占有。两者的经济地位、他们使用土地的权力，也许能够同支撑那种权力的东西区别开来。财产所有权也许有助于维系事实上存在的基本生产关系，但这只是证实，法律上层建筑的性质在功能上可以根据它对经济基础发挥的有利作用来加以解释；它并不意味着法律所有权实际上构成了
190 基础的组成部分。[1]

科恩为那种认为能够将基础和上层建筑区别开来，并从前者推演出后者的观点进行辩护，不过，对此存在许多可能的反对意见。第一种反对意见认为，尽管有可能在理论上将某些生产关系同以财产所有权为表现的法律形式区别开来，甚至可能举出从事实上的权力向法律的权利转化的历史实例，但问题在于，这种范式是否在所有情况下都适用："因为在许多情况下，并没有独立存在的控制关系，它是由法律关系加以维系

1 科恩：《存在、意识和角色：论历史唯物主义的基础》，载C.阿布拉姆斯基（Abramsky）和B.J.威廉斯：《纪念E.H.卡尔论文集》，伦敦，1974年版，第88页；科恩：《评对历史唯物主义的一些批判》，《亚里士多德学会论文汇编》1870年第44期增刊，第121—124页；科恩：《卡尔·马克思的历史理论》，第223—224页。

的。”[1]更重要的反对意见认为，即使我们能够不借助法律来界定生产关系，但这并不意味着，我们能够不借助所有上层建筑的因素，尤其是各种意识形态来界定生产关系。科恩论证，社会地位包括在特定关系中承担一种角色，其行为方式也许可以不借助思想来加以界定。[2]但是，绝大多数社会角色都包括对规则和习俗的内在认同，即它们包括各种形式的社会意识。如果我们根据那些不包括思想在内的关系来界定基础的话，那么我们就会将基础简约为那些非规范性的生产关系，例如简约为那些完全依赖暴力和强制加以维系的关系。这意味着，基础将只包括一个非常狭小范围的社会关系，由此将会失去它宣称具有的在解释上的普遍首要性。科恩并未揭示，可以一直不借助法律和意识形态来界定经济基础。因此，对阿克顿和普列梅内茨提出的那种问题，科恩对基础和上层建筑的解读并没有真正加以解决。[3]

科恩解释的弱点在于，它将法律视为一种制度，要么必须属于基础范畴，要么必须属于上层建筑范畴，而阿克顿和普列梅内茨正是用这种假设来对基础和上层建筑解释模式提出质疑的。事实上，不援引通常被视为上层建筑的因素，似乎不大可能对社会经济基础，即生产关系的特征加以总结。例如，在澳大利亚的土著社会中，对自然占有的前提是作为一个血缘集团成员的资格。换句话说，血缘关系发挥着生产关系的功能。血缘观念并不是对现存生物关系的反映，相反，正是血缘关系决定了哪一种生物关系将被视为重要的。因此，血缘关系是通过思想加以建构的，是思想在组织社会实践。那么，这是否意味着，思想在土著社会结构中具有首要性呢？类似的问题也出现在古代苏美尔人的社会中。在那里，农 191
民生产者要把剩余劳动以贡物的形式交给寺庙和祭司，他们在名义上拥

1 埃尔斯特：《理解马克思》，第403页。

2 科恩：《存在、意识和角色》，第91—92页。

3 卢克斯：《能够将经济基础与上层建筑区分开来吗？》，第103—119页。

有城邦的土地。作为一种通常被视为上层建筑组成部分的制度或意识形态，宗教在苏美尔人的社会中是占据主导地位吗？在古希腊，公民权制度决定了谁有权获得土地这一关键性的生产资源，政治所具有的这种明显主导地位是对社会经济基础的决定作用的反驳吗？在所有这些例子中，基础和上层建筑都是相互渗透的。历史唯物主义的问题在于，正是所谓上层建筑因素似乎在发挥更基本和决定性的作用。[1]

基础和上层建筑的相互渗透对历史唯物主义提出质疑，戈德利耶对此的解决方法是对基础和上层建筑进行重新的概念建构。他是通过反思宗教、血缘关系或政治，在苏美尔人、土著人和古希腊人的社会中所具有的明显的首要性来完成这种建构的。毕竟，许多社会都拥有一种宗教，它提供了道德规范、解释了宇宙的本质、使特定阶级的统治合法化，等等。但是，人们并不认为宗教在所有这些社会中是居主导地位的因素。政治或血缘关系也是理解社会关系的关键所在。换句话说，指出在古代苏美尔社会中，宗教在社会中居于主导地位，这恰恰是意指它在发挥生产关系的功能。因此，一种制度，诸如宗教，也许可以发挥许多社会功能。宗教既可以发挥生产关系的功能，也可以发挥意识形态的功能。在某些社会中，存在着制度专门发挥一种功能的趋势。但在其他地方，就像在苏美尔人的社会中那样，一种制度既可以发挥“经济”的功能，也可以发挥上层建筑的功能。[2]

我们已经看到，某些思想可以构成生产力的组成部分，因为它们发挥着技术性—生产性的功能。类似地，某些形式的意识形态也可以构成生产关系的组成部分，诸如在土著社会中的血缘关系构成基础；而其他形式的意识形态可以构成意识形态上层建筑的组成部分，诸如国王权力

1 M.戈德利耶：《基础建设、社会与历史》，《新左派评论》1978年11—12月第112期，第83，87—88页。

2 同上，第88—90页。

神授的学说。如果我们将基础和上层建筑视为彼此独立的制度，那么，两者之间明显存在的相互渗透就会对经济基础具有首要性的命题提出质疑，即使当它们被视为是一个复杂有机整体的组成部分时也是如此。如果我们根据它们所发挥的功能来界定基础和上层建筑，那么，两者在功能上的相互渗透就不会再授人以柄，让阿克顿和普列梅内茨对此做出批判。这种根据功能做出的界定，使我们能够将那些发挥着生产关系功能的政治或意识形态，包括在社会的“经济”基础范畴内。因此，上层建筑 192
并不是由全部的法律或社会意识组成的，而只是包括那些“不可能被视为生产关系组成部分的法律和政治制度与社会意识形态，即使它们有助于维系这种生产制度的存在”。[1]

到目前为止，我们强调了基础和上层建筑在前资本主义社会中的相互渗透。在这些社会中，由于剩余是通过非经济机制加以占有的，所以这种相互渗透表现得最为明显。但是，如果我们在规范意义上界定经济作用，那么所谓的“上层建筑”因素也将有助于建构资本主义社会的生产关系。[2]如果某种形式的法律和私人所有权是资本主义存在的一个前提的话，那么从中可以推断出，这些法律关系和法律形式也是资本主义生产关系的基本组成部分。资本主义和前资本主义社会之间的区别并不在于：在前者中基础和上层建筑是彼此独立的，而在后者中是相互渗透的。区别在于，在资本主义社会，政治和法律因素构成剩余生产的一般性前提条件；而在前资本主义社会，剥削机制也许本身就是政治的或意识形态的，它与劳动力购买和商品销售这些界定资本主义生产方式的特征形成鲜明对比。[3]

1 伍德：《资本主义社会中经济和政治的分离》，第79页。

2 卢克斯：《能够将经济基础与上层建筑区分开来吗？》，第11—16页。

3 雷德：《马克思对历史的解释》，第40—41页；伍德：《资本主义社会中经济和政治的分离》，第68，77—79页。

基础和上层建筑："经济"具有首要性吗？

对马克思主义的传统解释坚持认为，先前存在的经济发展水平具有解释上的首要性，它决定着统治者和被统治者之间的关系；政治权力不同于那些居于首要地位的经济和社会因素，并且是可以从经济和社会因素中推演出来，而不是构成那种首要性因素的内在组成部分。例如，德圣·克鲁瓦论证，那种认为统治和服从关系是前资本主义阶级关系的内在组成部分的论断，是"与马克思的观点明显相左的"。马克思认为，政治权力仅仅是强化了经济统治地位。[1]事实上，有可能引述马克思的话，大意是：支配另一个人意愿的统治关系是生产关系形态的组成部分，但这并不是中心问题所在。[2]我们主要关注的，不是哪一种对生产关系的解释最具"马克思主义"的特征，而是哪一种解释最有用。生产关系是根据它们的功能，根据它们对谁掌握社会的生产力和劳动产品的决定关系来界
193 定的。意识形态和权力也许是这些功能的内在组成部分，由此是生产关系的组成部分，而不仅仅是次要的、生产关系的衍生物。这并不是说，如果马克思写作了原来计划的有关国家的著作，那么，马克思认识到在基础和上层建筑之间存在相互渗透就会是明白无误的[3]；而是说，面对阿克顿和普列梅内茨的批判，承认在基础和上层建筑之间存在相互渗透，是使马克思的论断具有合理性的唯一途径。[4]

---

1 克罗伊克斯：《古代希腊世界的阶级斗争》，第43—44，49，98页；E.盖尔纳(Gellner)：《苏联人和野蛮人》，《时代文学增刊》3789（1974年10月18日）。

2 马克思：《资本论》第3卷，第890—891页；《马克思恩格斯全集》第46卷上，第502—503页。

3 雷德：《马克思对历史的解释》，第41页。

4 阿克顿：《时代的幻象》，第164—168，177，258页；普列梅内茨：《人与社会》（转下页）

强调这种在基础和上层建筑之间所做的功能区分是重要的，这种区分承认两者在制度上存在着相互渗透。如果我们将法律、政治和社会意识视为生产关系可能的组成要素的话，那么，就不可能再保留任何纯“经济”层面的观念，它决定着政治层面的性质。例如，在古代苏美尔人的社会中，国家并不仅仅是起源于先前存在的经济状况，它通过发挥剩余劳动攫取者的功能，本身就构成“经济”基础的内在组成部分。但如果这是事实所在，那么，我们就不可能再继续坚持“经济”的主导地位。除了在最广义上提出“经济基础”是由生产关系组成的以外，1859年《序言》也不再会被视为提出了这种基础具有首要性的命题。要使马克思的命题能够为人们所理解，它必须被视为暗示了生产关系具有首要性，而不是一种被狭隘界定的经济层面具有首要性。当然，我们仍然可能反对马克思的假设，但承认基础和上层建筑存在相互渗透，这至少可以不在第一个跨栏前就摔倒。再次地，我们必须认同这种对马克思著述所做的最强有力的解释，即正是马克思有关生产关系具有首要性的命题构成了他思想中最强有力的内容。

“经济具有决定性”：阿尔都塞的解决方案

最近对马克思的历史唯物主义最具影响力的一种解释是由阿尔都塞提出的。像雷德一样，阿尔都塞倾向于将社会类比为一个有机整体，而不是类比为基础和上层建筑。阿尔都塞的著作提供了一种原创性的尝试，他试图对“经济具有首要性”做出一种非简约主义的解读。相比恩格斯晚年有关唯物史观著名通信所提供的阐释而言，经济所具有的“最终”决定性被赋予一种更为准确的内涵，但这是一次最终被证明是不成功的尝 194
试。阿尔都塞认为，对马克思的简约主义解读应将社会视为一个“表现性

（接上页）第2卷，第283—289，345页。

整体”，而不是一个“有机的等级化整体”。[1]在一个表现性整体中，经济的、社会的、政治的、法律的和意识形态的关系和事件构成一个历史时期的具体内容，它们被简约为“一种具有内在统一体的本原”。[2]作为统一体的组成部分，这些要素中的每一个都包含着对其中心矛盾的表现，这种中心矛盾的影响最终会扩及社会整体的所有层面。例如，在1859年《序言》中，正是不断发展的生产力和阻滞生产力发展的生产关系之间的矛盾，以政治革命和意识形态斗争的形式在社会的其他层面表现出来。[3]颇具讽刺意味的是，阿尔都塞被指责为扮演了斯大林主义诱骗者的角色，诱使无辜的年轻人接受经济简约主义的方法。因为，阿尔都塞正是将“表现性整体”的简约主义作为他的主要批判对象。[4]关键并不是阿尔都塞没有意识到简约主义存在的问题，而是他未能解决这一问题。

对“表现性整体”的观念，阿尔都塞提出一种替代性观念，它将社会视为一个“复杂的结构统一体”。这种观念认为，社会的各个层面并不仅仅是反映某个中心矛盾。因此，“由某种复杂的形式构成社会形态，这种结构统一体由能够被称为层面或状况的东西组成，这些东西是不同性质的和‘相对自主’的，共同存在于这种复杂的结构统一体中，并根据某种特殊的决定关系彼此联系在一起”。[5]并不存在经济对社会其他层面的简单决定关系，因为社会的每个层面都有它自身的发展史和它自身的内部冲突，它们不可能被简约为对某个单一中心矛盾的表现。因此，任何特定历史时刻都是由总体的每个层面的影响“共同决定的”。例如，在革命时

1 阿尔都塞和巴里巴尔：《读〈资本论〉》，第98页。

2 同上，第17页；阿尔都塞：《为马克思辩护》，伦敦，1977年版，第103页。

3 《马克思恩格斯选集》第2卷，第32—33页；阿尔都塞：《列宁和哲学及其他论文》，伦敦，1971年版，第201页。

4 汤普森：《理论的贫困》，第254，355，360页。

5 阿尔都塞和巴里巴尔：《读〈资本论〉》，第97页。

期，正是在生产力和生产关系之间的总体矛盾规定了革命情势的到来，但是，具体到革命的某一个特定阶段，它同时也是大量背景条件的产物，它们不可能被简约为仅仅是这种总体矛盾的表现。政治和意识形态层面都有它们自身的影响力，每个层面都既是被决定者，又是决定者，每个层面对社会形态的再生产而言都是必要的。因此，政治和意识形态并不仅仅是对此前存在的经济基础的反映，因为“特定的生产关系是以法律—政治和意识形态上层建筑的存在为前提的”。[1]因此，经济层面绝非一直 195
是主动的，而社会的上层建筑也绝非是纯粹被动的现象，“当作用发挥完后或当时代来临时，它们就会谦恭地退出历史舞台；或者当经济陛下沿着辩证法的皇家大道大步前行时，上层建筑就会烟消云散。这种所谓最终的时刻永远不会来临”。[2]阿尔都塞认为，一种生产方式并非仅仅是由经济层面（由生产力和生产关系构成）构成的，它还应包括政治和意识形态层面。[3]正如上文已经提到的，这些层面中的每一个都有它自身的影响力和发展史。那么，对这一复杂的有机整体，什么才是马克思主义特有的观点呢？阿尔都塞论证，尽管整体的每个层面都具有“相对的自主性”，但正是经济层面是“具有最终决定性”的层面，它决定着具有复杂结构的整体中所有层面之间的特定联系。[4]经济层面的这种决定性能够以两种方式加以理解：决定社会的哪些层面将产生；决定社会整体中每个层面发挥影响力的程度。第一，经济层面决定着哪一种可能的状况或层面将会产生。例如，在无阶级社会中，特定生产关系的存在意味着不需要一种特定政治状况，即国家的存在，国家是一种社会组织形式，只有当社会被

1 阿尔都塞和巴里巴尔：《读〈资本论〉》，第177页；阿尔都塞：《为马克思辩护》，第96—101页。

2 阿尔都塞：《为马克思辩护》，第113页。

3 阿尔都塞和巴里巴尔：《读〈资本论〉》，第183页。

4 同上，第97页。

划分为各种阶级时才需要它的存在。[1]

第二，正是经济状况决定着社会的哪一个层面将在整体中居于主导地位。[2]正如马克思所指出的，很明显，“中世纪不能靠天主教生活，古代世界不能靠政治生活。相反，这两个时代谋生的方式和方法表明，为什么在古代世界政治起着主要作用，而在中世纪天主教起着主要作用”。[3]如果我们考察一下封建农奴制的例子，这种决定性的本质就会表现得非常明显。在封建社会，生产者有效地占有着维持他们自身生计所需的资料，以致贵族只能通过在法律和政治上的权力来攫取剩余劳动，即以封建地租形式来攫取。[4]在这个例子中，正是政治层面在社会中居于主导地位，确保了封建阶级关系的再生产。但正是以特定生产关系形式为表现的经济，决定了政治层面应该是居于主导地位的。在资本主义社会中，通过经济手段，即通过购买劳动力和销售商品来攫取剩余劳动，这意味着经济既是决定性的，又是居于主导地位的。这样一种巧合在前资本主义社会不可能被视为想当然的，正如上文提到的，在这些社会中生产方式的其
196 他层面也许在发挥主导作用。

阿尔都塞的社会整体观承认每个层面都有它自身的“相对自主性”，同时否定每个层面都是独立的。每个层面的影响力都是以它在整体中同其他层面的联系为基础，是以它在整体中对其他层面的某些依赖形式为基础的，这些形式最终是由经济层面决定的。总起来看，这些层面构成了一个有机的等级，其中基础和上层建筑的影响力具有一种不同于简约主义的“表现性整体”的意义。[5]

1 阿尔都塞和巴里巴尔：《读〈资本论〉》，第177页。

2 同上，第177—178页。

3 马克思：《资本论》第1卷，第99页。

4 阿尔都塞和巴里巴尔：《读〈资本论〉》，第220—224页。

5 同上，第100，187，223—224页。

对阿尔都塞的“结构因果性”命题，该命题认为经济层面决定着整体中哪个层面享有主导地位，我们可以提出两种主要反对意见。第一个反对意见，结构因果性实际上并不是某种形式的决定性，因此它不可能被用于揭示经济层面具有最终的“决定性”。这个问题在巴里巴尔对农奴制的分析中表现得最为明显。在这个例子中，政治层面的主导地位是以地租形式攫取剩余劳动的前提所在。但是，在何种意义上它意味着经济状况是“决定性”的呢？只有在生产关系的定义使我们能够确定那些生产关系再生产所必需的前提条件的意义上，它才是决定性的；而在这个例子中是贵族在法律—政治方面所具有的权力的意义上。换句话说，如果要攫取封建地租的话，那就必须具备某些政治条件。不过，确定“x”存在所必需的条件，并不意味着这些条件就会被实际地予以满足。如果我们论证，封建地租存在的这些前提是生产关系的要求，必须予以满足的话，那这只是某种形式的决定论。但是，如果特定生产关系的存在必然会造成它们自身存在条件的再生产的话，那么这些生产关系将会是永恒存在的。事实上，生产关系不可能自动产生维持它们自身存在的意识形态和政治条件。[1]除了在反事实假设的意义上，否则，社会关系是不会有“要求”的；反事实假设是指如果某些条件不具备，那么这些社会关系根本就不会存在。这些要求通常被证明是同义反复：“x”要存在的话，它要求“y”，但“y”通常被证明恰恰就是界定“x”的东西。[2]因此，如果我们将非经济强制视为封建剥削的定义性特征，那么指出封建生产关系的“要求”就是非经济强制制度的存在，就是同义反复。经济层面具有

1 阿尔都塞和巴里巴尔：《读〈资本论〉》，第100，187，223—224页；辛德斯和赫斯特：《前资本主义生产方式》，第13—15页；辛德斯和赫斯特：《生产方式和社会形态》，第55—56页；吉登斯：《历史唯物主义的当代批判》，第19页；吉登斯：《社会理论的中心问题》，伦敦，1979年版，第113页。

2 吉登斯：《社会和政治理论研究》，伦敦，1979年版，第111—112页。

最终决定作用所面临的第一个问题是，事实上它并不是某种形式的决定
197 论，而仅仅是确定经济层面存在所“要求”的前提条件。

经济具有最终决定性所面临的第二个缺陷是，它坚持要在经济和政治/意识形态之间做某种类型的区分，而这种区分的合理性是我们已经否认的。但这并不是说，我们应该拒绝在这两者之间做任何类型的区分。如果我们回到澳大利亚土著人或古代苏美尔人社会的例子，很明显，经济层面并不仅仅是赋予意识形态和政治以某种程度的影响力；而是在这些例子中，政治和意识形态就是生产关系，因而是经济层面的组成部分。有时，阿尔都塞实际上确实打破了在经济和其他层面之间的区分，正如他的分析所揭示的那样，即需要某种法律关系和特定的意识形态和政治行为以确保资本主义经济再生产的顺利进行。在这里，整个上层建筑“以某种特定方式暗含在生产关系中”。不过，如果这是事实所在，那么就没有理由继续坚持必须在经济生产关系和上层建筑的法律—所有权关系之间做出明确的区分，正如阿尔都塞在他的宏大理论建构中所做的那样。[1]我们在这里再次引述安德森的话：“在前资本主义社会形态中，血缘关系、宗教、法律或国家等上层建筑进入了生产方式的组成结构之中。”[2]从中可以推断出，所谓的经济层面不可能具有一种事先给定的性质。正是因为生产关系并不仅仅是经济现象，而且还可以包括意识形态和政治因素，这些因素能够发挥生产关系的功能，所以“必须建构分别适用于每种生产方式的经济概念”。[3]

我们不同意安德森的论断，首先是因为，他将基础和上层建筑的相互渗透扩展到所有生产方式中，而不仅仅是前资本主义时代的生产方式；其次是不同意他的下述论断，即就它们作为生产的组成部分发挥作

1 阿尔都塞和巴里巴尔：《读〈资本论〉》，第177—178页。

2 安德森：《绝对主义国家的谱系》，第403页。

3 阿尔都塞和巴里巴尔：《读〈资本论〉》，第183页。

用而言，意识形态和政治就不再是“上层建筑”的组成部分，而能够在功能上界定为“基础”的组成部分。

保罗·赫斯特将安德森的生产方式概念描述为“令人惊诧的”。但很明显，在他自己对前资本主义生产方式的界定中，赫斯特本人也不可能避免援引“上层建筑因素”。例如，他将古代生产方式的特征总结为通过公民权占有剩余劳动。正如赫斯特后来承认的，该定义将古代生产关系 198
的概念建构为“在形式上是超经济的，基本上是政治的”。类似地，在原始共产主义社会，生产关系是“在个体之间意识形态关系的基础上建构的”，社会产品是通过下述关系进行再分配的，这些关系“是确定的意识形态实践的产物”。[1]在这两个例子中，所谓的“上层建筑”因素（国家、意识形态）构成社会生产关系的中心部分。只有当我们根据它们所发挥的功能来重新界定基础和上层建筑时，这种解释才不再构成问题。因此，我们的任务就是评估这些被广泛界定的生产关系相对于那些不构成“基础”的国家和意识形态因素所具有的首要性。

上层建筑的变化和生产方式的类型学

安德森对生产方式性质的分析更成问题的地方在于他的如下论断，即：既然法律和政治形式是生产关系的中心内容，那么从中可以推断出，“对这些法律和政治形式做审慎而准确的分类……是对前资本主义生产方式建立任何全面的类型学的前提。”例如，不可能仅仅将封建制度界定为一种生产方式，其中私人地主从农民生产者那里攫取地租；而应将它等同于国家这种上层建筑的一种特定形式，包括主权的分割、诸侯和采

1　赫斯特：《马克思主义和历史编撰》，伦敦，1985年版，第100页；辛德斯和赫斯特：《前资本主义生产方式》，第18—19，44，82，229—330页；辛德斯和赫斯特：《生产方式和社会形态》，第33，51页。

邑制。从中可以推断出，缺乏这种上层建筑形式的社会不是真正的封建社会，即使它们有地主和农民，后者在超经济强制的束缚下生产剩余劳动。[1]

政治和意识形态因素可以构成社会生产关系，由此构成生产方式的组成部分。从这个正确的前提出发，安德森得出了一个颇成问题的结论，即：生产方式可以根据上层建筑的变化本身加以区分。不过，我们认为，一种特定形式的上层建筑的存在对确定一种特定生产方式而言并不是必需的。例如，在资本主义生产方式下，上层建筑可以采取法西斯主义专制、民主共和国或军政府等形式。所有这些政治形式都与资本主义生产方式相适应，因为它们并没有改变基本的生产关系。[2]只有当“上层建筑”形式的变化导致剩余劳动的表现形式或剩余劳动的生产机制发生变
199 化时，它才能够被用于对生产方式做区分。但在这个例子中，根据定义，这种变化就不再仅仅是“上层建筑”的变化。正是因为这些所谓的“上层建筑”因素是社会生产关系的组成部分，它们才使我们能够在特定生产方式之间做出区分。

尽管我们不同意安德森将特定生产方式等同于特定上层建筑形式的做法，但我们对他强调这一点的最初动机是赞同的，他试图由此提供一种对前资本主义社会形态做出准确分类的类型学。因为如果像中国的明朝、印度的莫卧儿王朝、叙利亚的倭马亚王朝和英格兰的诺曼王朝等这样差别很大的社会都能被称为“封建社会”的话，那么封建概念还能有任何解释力吗？如果欧洲、亚洲和非洲的绝大部分社会都是“封建社会”的话，那为什么内生的资本主义只在其中的一个大陆出现？封建生产方式概念能够解释社会形态差别和不同历史发展道路这些事实吗？[3]

1 安德森：《绝对主义国家的谱系》，第401—404，408页。

2 赫斯特：《马克思主义和历史编撰》，第113页。

3 安德森：《绝对主义国家的谱系》，第402—403页。

事实上，有可能保留生产方式这样宏大的范畴，同时承认每个历史社会都能够有自身独特的结构和演进道路。第一，不同的社会形态也许可以解释为一种生产方式下的不同次级形态。例如，封建生产方式的地租可以以货币、实物或劳役形式征收。它可以同商品生产存在较大程度的联系，也可以存在较小程度的联系，其中要么是农民，要么是地主发挥着更大的作用。它可以采取较多自由，也可以采取较多奴役的形式。第二，特定的生产方式能够与一揽子上层建筑形式相适应，这一事实可以解释各种不同社会形态的存在。例如，从将社会的阶级关系界定为资本主义的前提出发，我们不可能推演出它的政治体制是共和制还是君主制，是民主还是独裁。一个特定的社会为什么是法西斯专制的，而不是民主的，这只能根据它自己独特的经济、社会、政治和意识形态的历史加以解释。不这样做的话，将会落入一种经济简约主义的陷阱，其中具体的历史解释被从最广义的经济范畴推演出特定的政治形式所取代。

每种生产方式下都有不同的次级形态存在，即：一种特定社会形态可以包括许多种生产方式和一种特定生产方式可以与多样的上层建筑形式相联系的事实，意味着即使是那些拥有共同的主导生产方式的社会也不会展现出共同的历史演进道路。特定的社会发展道路既不能从特定的 200
生产方式中推演出来，也不能从特定的政治上层建筑中推演出来。因此，只是因为这些社会没有经历向资本主义的内生性过渡，对非洲或亚洲社会是否能够被称为“封建社会”，安德森错误地提出质疑。正相反，封建社会向资本主义的过渡，其中并不存在内在的、目的论式的必然性。甚至在安德森所谓的“真正”的西方封建生产方式中，每个国家也都是以自己独特的方式完成向资本主义过渡的，都有着自己独特的发展历史。

“有机整体”和马克思主义的结构主义

到目前为止，对基础和上层建筑的“相互渗透”，我们已经提供了一种更为准确的阐释，雷德将这种“相互渗透”视为“有机整体类比”相对于“基础和上层建筑类比”所具有的一种优势。法律和政治“在某些方面是上层建筑的，在其他方面是基础的”，这一事实并不意味着基础和上层建筑是“相互重叠”的。[1]如下这样说将更为准确，即并不是基础和上层建筑在相互渗透，而是诸如法律或宗教等特定的制度，它们本身执行的功能是相互渗透的，即或者执行属于“基础”范畴的功能，或者执行属于“上层建筑”范畴的功能。这种解释具有某种优势，它使我们能够将所谓的基础首要性不是视为有关“经济”具有决定性的命题，而是视为社会生产关系具有首要性的命题。“有机整体类比”的第二个优势在于，它使我们能够保留在基础和上层建筑之间的辩证互动关系。有机整体类比提醒我们，上层建筑可以发挥主动的历史作用，这种作用在正统解读中一直被忽视，正统解读将基础视为是决定性的，将上层建筑视为是“反映性”的。

将社会类比为“有机体”具有如下优势，它可以避免犯简单的经济决定论的错误；但它也有自身的危险，尤其是在处理结构和人的能动性的关系问题时更是如此。有机体类比的危险在《资本论》的序言中表现得非常明显，在序言中，马克思将资本主义社会视为一个“有机整体”，它的“经济细胞形式”是商品。这种社会有机体被认为有它自己的“自然规律”，规律是“以铁的必然性发生作用并且正在实现的趋势”。因此，“社会经济形态的发展是一种自然历史过程”，只是作为“经济范畴的人格
201 化，作为一定的阶级关系和利益的承担者”才会涉及个人。因此，不能要个人对这些社会关系负责，“他在社会意义上总是这些关系的产物”。正如汤普森所指出的，似乎有理由相信，马克思在写作这段话时并不是“虚情假意说说罢了”。因为马克思后来赞同地引述了一位俄国评论家对《资本论》的评论，他将马克思的著作总结如下：“马克思把社会运动看作受

1 雷德：《马克思对历史的解释》，第27—28，36页。

一定规律支配的自然历史过程，这些规律不仅不以人的意志、意识和意图为转移，反而决定人的意志、意识和意图……经济生活呈现出的现象，和生物学的其他领域的发展史颇相类似。"[1]正是从这些段落中，阿尔都塞得出结论：

> 生产关系的结构决定着生产主体所占据的地位和所发挥的功能，就他们只是这些功能的执行者而言，他们不过是这些地位的占据者。因此，真正的"主体"（就构成该过程的主体而言）不是这些地位的占据者或发挥功能的人，不是……"具体的个人"、"现实的人"——而是对这些地位和功能的界定和分配。**真正的主体是界定和分配这些地位和功能的要素：即生产关系**（以及政治的和意识形态的社会关系）。[2]

并不是达尔文的《物种起源》帮助结构主义者搭建起政治经济学的陷阱（这种政治经济学将社会视为一个有机体系，社会就它自身的主体，"它根据自身不可抗拒的逻辑完成它的自我实现"），而是马克思将经济演进视为"一种自然历史过程"的愿望，构成结构主义者对《资本论》解读的基础。这种解读认为，生产关系，而不是具体的人构成人类社会历史发展的主体。[3]

将社会变迁同有机体的进化做类比，这种做法的问题在于，它导致一种错误认识，即个体不会对历史产生任何影响。但事实上，"每个公民都必须认识到，他自身的愿望既在社会演进中发挥作用，同时又是先前存在各种条件的结果"。[4]有机主义的或结构主义的马克思主义遭到了与帕森

1 马克思：《资本论》第1卷，第8，12，20—23页；汤普森：《理论的贫困》，第340页。

2 阿尔都塞和巴里巴尔：《读〈资本论〉》，第180页。

3 汤普森：《理论的贫困》，第252—256页。

4 H.斯宾塞：《社会学研究》，载K.汤普森和J.滕斯托尔编（Tunstall）：（转下页）

斯的社会学相同的批判；这两种思想学派都将抽象的社会体系加以具体化并转化为社会行为者，而不是解释为社会行为的结果。在这两种研究方法中，社会整体被赋予诸如拥有目的或目标等特征，而严格说来，目的或目标只是个人或由个人组成的集体的特征。因此，人变成只是满足体系
202 要求的力量。社会被视为主体、人之外的实体，有它自身内在的规律，这种规律不以人的意志为转移。[1]

不过，要解释社会和历史的变迁，必须重视对人的行为和意图的研究。这并不是出于任何实际的要求，例如要求认识到我们是自由的[2]，而是因为社会、社会决定性和人的能动性最好被理解为是非常复杂的博弈：

> 如果四个人围坐一张桌子一起玩牌，他们构成一个结构。在这个例子中，有可能服从游戏规则和谈论游戏，就好像游戏是独立存在的一样……但尽管在游戏过程中，所有表象都有将自身客体化的倾向，但很明显，它们是一组相互依赖的个体行为的结果。[3]

这并不是说，历史或社会结构仅仅由个体行为者有意识的愿望和意图所产生的直接结果构成的。同样对历史和社会结构产生影响的还包括无意识的愿望和动机、行为的结构条件、行为意料之外的结果，以及个体行为的相互作用。[4]

（接上页）《社会学观点》，哈蒙德斯沃斯，1971年版，第38页。

1 N.埃利亚斯（Elias）：《什么是社会学？》，伦敦，1978年版，第20页；汤普森：《理论的贫困》，第271页。

2 汤普森：《理论的贫困》，第344页；安德森：《英国马克思主义的内部争论》，伦敦，1980年版，第18页。

3 埃利亚斯：《什么是社会学？》，第130页。

4 吉登斯：《社会和政治理论研究》，第123—134页；埃尔斯特：《理解马克思》，（转下页）

对马克思做一种结构主义的解读无疑是合法的。因为，他反复提到经济关系是一个过程的主体，而个人只是它的“表现”或“人格化”。这些经济关系被描述为主体，有着它们自己的“要求”，有能力产生与这些要求相适应的经济形态。[1]这些隐喻是有用的，它们提醒我们注意，社会不是由个人构成，而是“表示这些个人彼此发生的那些联系和关系的总和”，黑人就是黑人，“只有在一定的关系下，他才成为奴隶”。[2]尽管如此，但它们也倾向于掩盖这一事实，即社会关系并不像柏拉图所认为的那样，将具体个人作为它们的物质形式；一种社会关系体系是由相互依赖的主体完成的一揽子行为，这些行为是反复发生的。“正是个人相互间的这种私人的个人的关系”创立着现存的关系，“并且每天都在重新创立着。”[3]社会不是“一种单独的主体”或一种“与个体相对的抽象物”。社会、资本或生产方式并不是有着它们自己目的的主体，利用“人”来实现这些目的。像“历史”一样，社会“不过是追求着自己目的的人的活动而已”。在社会中就像在游戏中那样，人们创造他们自己的历史，“但是他们并不是随心所欲地创造，并不是在他们自己选定的条件下创造，而是在直接碰到的、既定的、从过去承继下来的条件下创造”。[4]玩家在游戏中扮演角 203
色，但这并不意味着，他们仅仅是游戏得以进行的“工具”或被“游戏所

（接上页）第1章。也见埃尔斯特、科恩、罗默、伯格和奥菲、范帕里斯和吉登斯之间的争论，载《理论和社会》第11期（1982年），第457—539页。

1 例如见马克思：《资本论》第1卷，第74—75，470—471页；马克思：《资本论》第3卷，第874—875，894页。

2 《马克思恩格斯全集》第46卷上，第220页；《马克思恩格斯选集》第1卷，第344页。

3 《马克思恩格斯全集》第3卷，第515页。

4 《马克思恩格斯全集》第2卷，第118—119页；博托莫尔和鲁贝尔编：《卡尔·马克思：社会学和社会哲学选集》，第78，91—92页；《马克思恩格斯选集》第1卷，第585页；《马克思恩格斯全集》第46卷上，第31页。

操控”。社会和游戏都不是有着它们自己要求和能动性的主体，就像结构主义理论力争使我们相信的那样。根据这种替代性的游戏类比来考察社会，使我们能够既赋予结构以规则性又赋予人的能动性以作用。将社会视为一种有机结构，有它自身的能动性，这种对马克思的解读是有根据的；但在解释社会结构和历史变迁上，将社会比喻为一种“游戏”的隐喻
204 更为有用。[1]

1 汤普森：《理论的贫困》，第345页。

第十章
生产方式："基础"的多样形式

生产方式概念是从理论上加以界定的，往往不会同任何特定的社会完全一致。例如，一个特定的社会也许会包括许多种生产方式，同时包括许多种"上层建筑"形式，后者不可能被简约为仅仅是经济"基础"的附带现象。[1]尽管如此，但生产方式概念确实是指具体的历史关系，而且在马克思主义对社会结构和历史变迁的解释中发挥着关键作用。正是生产方式概念所具有的这种中心地位，"使它不论对错，都赋予了作为一种社会理论的马克思主义以标志性特征"，而且解释了马克思主义者对这一概念所具有的"真正的、无法摆脱的偏爱"。[2]

正如上文已经提到的，马克思自己就在以多种方式使用"生产方式"一词。但就像上文所论证的那样，这个概念可以界定为特定的生产关系（与生产方式概念相等同）同多样的生产力形式相结合，这样界定最具有解释力：原始共产主义可以在同劳动过程的农业形式或前农业形式的

---

1 阿尔都塞和巴里巴尔：《读〈资本论〉》，第97，207页。

2 T.洛弗尔：《对现实的各种认识》，伦敦，1980年版，第27—28页；R.米什拉（Mishra）：《马克思理论中的技术和社会结构：一种解释性分析》，《科学与社会》1979年第43期，第134页；汤普森：《理论的贫困》，第346页。

结合中存在，资本主义可以在同工业或前工业技术的结合中存在。[1]马克思认为，正是社会的生产关系，即从直接生产者身上榨取剩余劳动的独特形式，使各种社会经济形态区别开来。[2]正如上文提到的，生产关系并不是狭义理解的"经济"概念，它还包括政治和上层建筑的因素，后两者可以作为生产关系的组成部分发挥其功能。因此，可以根据阶级结构、攫取剩余劳动的特定形式和机制、社会"剥削"的特定方式来对社会做出
208 区分。在本章中，我们将更详细地探讨"剥削"、"阶级"和"剩余劳动"概念，接着考察马克思主义者是如何对特定的历史生产方式做出界定的，以厘清这种对社会所做分类的优势和劣势。

"剥削"和"剩余"劳动

剥削和剩余劳动似乎是马克思主义历史学所使用的主要词汇。它宣称，所有社会都生产剩余劳动，即高于和超过满足生产者的直接需求（随历史发展而变化）的生产水平。即使是原始共产主义，其标志性特征也不是缺乏剩余劳动，而是对剩余劳动的公共占有。有学者指出，如果一个社会是剥削性的，那它就存在一种机制，这种机制强迫生产者为一个非生产阶级从事剩余劳动。[3]因此，强制（生产者被迫进行生产）和剩余劳动因素是剥削概念的中心所在。剥削不仅是一种"经济"关系，而且是一种权力关系。

马克思写作《资本论》的主要目的是要揭示，资本主义生产方式是以剥削为基础的；资产阶级对生产的控制不仅是技术性劳动分工的组成

1 汤普森：《理论的贫困》，第98—100，111页。

2 马克思：《资本论》第1卷，第244页。

3 辛德斯和赫斯特：《前资本主义生产方式》，第22页；科恩：《卡尔·马克思的历史理论》，第82—83页。

部分，而且是一种阶级分工，通过这种分工，资产阶级能够攫取工人阶级生产的剩余价值。资产阶级对劳动过程的控制并不仅仅是一种中立的管理工作，“它同时也是剥削社会劳动过程的职能，因而也是由剥削者和他所剥削的原料之间不可避免的对抗决定的”。[1]不过，对“剥削”和“剩余劳动”概念在描述阶级社会中的中心地位，其他一些学者并不信服。例如，达尔顿（Dalton）将这些术语仅仅视为是“带有偏见的词汇”，用于描述那些我们在道德上或政治上不赞同的对象，而不是社会科学的专业概念。[2] 下文我们将论证，有可能在不使用剥削和剩余劳动概念的前提下，根据生产方式对社会进行分类。同样有可能在不借助最终以主观道德标准为基础的概念的前提下，根据生产关系和统治阶级收入所采取的特定形式来对生产方式加以描述。

为什么统治阶级获得的收入就应该被视为某种形式的剥削呢？马克思为什么将这种收入视为是剩余劳动的一种具体化呢？答案在封建社会的例子中最容易理解。在封建社会，农民生产者将他们的一部分劳动时 209
间交由地主支配，这部分劳动时间或表现为实际劳役的形式，或表现为产品的形式（实物地租），或表现为在市场上销售产品所得到的货币的形式（货币地租）。马克思认为，在这个例子中，地租就是剥削性剩余劳动的一种形式，因为农民的劳动在为别人生产收益，但农民自己并未获得与付出相当的收益。[3]类似地，马克思相信，在资本主义社会，工人阶级为资产阶级付出劳动，但他们并未以工资形式获得与付出相等的收益，即资本家按其价值购买了劳动力，但劳动力能够生产出一个额外的价值，

---

1 马克思:《资本论》第1卷，第368页。

2 G.达尔顿:《农民究竟是如何被“剥削”的》，《美国人类学家》1974年第76期，第553—561页。接下来的争论见《美国人类学家》1975年第77期，第337—338页；1976年第78期，第639—642页；1977年第79期，第115—119页。

3 马克思:《资本论》第1卷，第243—244页。

这部分价值被资本家所攫取。[1]在所有这些情况下，似乎都存在着剥削关系，在这种关系中，“我是通过我使别人受到损失的办法来为我自己取得利益”。[2]在这种情况下，收益采取的形式就是统治阶级获得的收入；损失就是生产者被迫进行的额外劳动。

不过，对马克思宣称的封建地租或资本利润只是剥削的不同形式的论断，存在明确的反对意见。例如，新古典经济学论证，劳动/财富转移到资产阶级手上并不必然就是剥削性的，因为只有通过某些生产要素的结合，生产过程才有可能展开，而生产者是生产过程的受益者。资本家阶级正是由于对某些要素的贡献而获得报酬的，诸如提供资本或协调生产。[3]类似地，有学者论证，相对农民的要求而言，他们支付的地租并不必然是“多余的”，因为作为收获地租的回报，农民可以获得保护以防止土匪的侵扰，可以在领主法庭上获得公正待遇[4]，或非常明显的是可以获得土地，而土地是一种生产要素，地主能够从中获得收益。

对马克思主义者为什么将这些关系视为一种不平等交换、一种剥削，罗默提供了一种更为确切的说明。要说明被视为剥削性的社会不平等，我们必须设想一个社会（“N”），它由主体（“S”）联合而成，而不在“S”之中的“N”的成员被称为T。由S组成的联合体据说遭受着剥削。如果“存在一种替代性状况，我们能够假设这种状况是可能的，其中‘S’要比它目前的状况好些”，而“T”要比目前的状况糟些。进一步而言，要使这种状况被界定为剥削性的，“T”必须处于支配“S”的地位，以阻止那种替代性状况出现。在替代性状况中，相比原来的状况，“S”将变得更

1 马克思：《资本论》第1卷，第264—265页。

2 《马克思恩格斯全集》第3卷，第479页。

3 P.斯隆（Sloan）：《马克思和正统经济学家》，牛津，1973年版，第44—45页。

4 D.C.诺思和R.P.托马斯：《庄园制的兴衰：一种理论模式》，《经济史杂志》1971年第31期，第777—803页。

好，"T"将变得更糟。[1]

封建社会的例子应该能够说明罗默理论的含义。要使封建生产方式被视为剥削性的，那么在一种假设可能的替代性生产方式中，在一个特定社会（"N"）中生存的农民生产者（"S"）将会变得更好，而封建地主（"T"）将会变得更糟。通过这种替代性生产方式，农民将获得收益，即通过结束地主对他们的统治，农民不必再缴纳地租，并获得对他们自身事物的更大控制权；而从财富、地位和权力方面看，地主将会变得更糟。在这个假设的替代性状况下，农民将获得土地，提供对自身的保护和执行自己的法律，而这比通过向领主"支付报酬"来换取这些服务要更好些。正是因为这似乎就是中世纪欧洲的事实所在，所以农奴制被视为剥削性的，而不是简单的服务交换。[2] 210

类似地，说雇佣劳动者在资本主义生产方式下遭受剥削，就是暗示存在一种替代性生产方式，其中目前由资本家阶级履行的功能（提供资源、从事管理等）能够在没有资本家阶级的前提下履行，而且劳动者将变得比目前状况更好。

罗默强调，"T"所享有的收益是以"S"的损失为代价，但应该强调的是，"T高于S"的权力是这种剥削关系的内在组成部分。如果我们设想一种在那些不能工作的人（老人或病人）和生产者之间的关系，那么乍看起来我们似乎发现了一种剥削状况，因为假如他们退出这种关系的话，生产者（"S"）的状况将变得更好，而非生产者（"T"）将变得更糟。在这个例子中，非生产者并不享有支配生产者的统治地位，正是这一事实

1 J.E.罗默：《有关剥削和阶级的一般理论》，剑桥、马萨诸塞，1982年版，尤其见第7章。

2 S.菲诺阿尔泰亚（Fenoaltea）：《一种理论模式的兴衰：庄园制》，《经济史杂志》1979年第35期，第386—409页。

使我们不能将它描述为是剥削性的。[1]不过，尽管所有形式的剥削都包含一种权力关系，但并不是所有权力关系也都必然是一种剥削关系。有可能设想一种情势（正像黑泽明在《七武士》中所描述的那样），其中农民生产者需要，也愿意为军队保护他们免于土匪袭扰而支付报酬。从个人利益的角度看，任何村民都希望避免为这种保护而支付报酬，但同时却能分享这种对全体村民提供的保护。在这种情况下，为了全体的利益，必须强迫个人缴纳他们应缴的那份钱。只有当被强制者无法获得最大利益时，即没有获得保护，或如果他们能够更廉价地自己保护自己时，强制才将构成剥削。类似地，压迫可以界定为一种限制，它限制人们实现利益的最大化：强迫每个驾车人都在路的同一边行驶因而是一种限制，但并不
211 构成压迫。

相比以前的各种尝试，罗默的理论取得了很大进展。但尽管如此，它仍然包含两种主要的缺陷，这使我们对“剥削”一词在社会科学中的用途提出质疑。这些缺陷与罗默的下述论断有关，即：要说明“S”是被剥削者，那就必须存在一种“假设具有可行性”的替代性状况，其中“S”将“变得更好”。[2]但不幸的是，“假设具有可行性”的替代性状况和“变得更好”这两个概念将主观道德标准引入了对剥削的定义之中。除非研究者也赞同这些标准，否则的话，剥削和剩余劳动就确实会变成“带有偏见的词汇”，而不是社会科学的术语。

假设具有可行性的替代性状况（其中“S”将不再遭受剥削）存在的问题，在罗默的“社会必要剥削”概念中表现得非常明显。其中由于断绝他们与“T”的关系，“S”（农民、工人等）将在短期内，或者在一个较长时期变得更糟。例如，如果在没有地主的前提下，农民由于缺乏军事保护而变得更糟，那么他们与地主的关系就是一种“社会必要剥削”。也许存

1 罗默：《有关剥削和阶级的一般理论》，第237页。

2 同上，第192—196页。

在一种假设的替代性状况,在没有“T”的前提下,农民将变得更好,但实际上这并不是事实所在。[1]但既然通过这种制度安排,农民实现了他们利益的最大化,那么在何种意义上说这种所谓的社会必要剥削实际构成剥削呢?在将一种情势界定为“剥削”上,存在一种“假设”的替代性状况并不比一种实际存在的替代性状况更重要。

因此,在资本主义生产方式中,如果存在具有实际可能性的替代性状况的话,其中工人阶级将变得更好,资产阶级将变得更糟,那么我们就能将无产阶级界定为受剥削的阶级。否则的话,资本主义社会中的工人将实现他们利益的最大化,而资本家阶级获得的利润也将不构成剥削;正像新古典经济学所主张的那样,利润仅仅是作为对贡献某些生产要素的激励/报酬。因此,只有当利润高于获得资本这种生产要素所需付出的报酬的水平时,利润才能被界定为是剥削性的。这也适用于社会主义的情况:使用资本,使用一般意义上的“资源”并不以资本主义的存在为前提,这里的资本主义是指在一种特定社会关系意义上的资本主义;任何支付给资产阶级的报酬都不是社会必要性的,因此构成剥削性剩余。但在这个例子中,利润并不构成一种“剩余”,除非我们将社会主义视为一种实际可行的替代性状况。因此,我们也许可以对罗默有关剥削的定义做重新的阐释,即从“S”在假设的替代性状况下将变得更好,变为“S” 212
在具有实际可能性的替代性状况下将变得更好(“T”变得更糟)。

这种对剥削界定的问题在于,它假设就什么构成具有实际可行性的替代性状况存在着一致认识。但是,例如就社会主义是否构成一种对资本主义具有现实可行性的替代,存在非常大的争议。这方面的争议还包括对“人性”的各种评价和对某些经济、社会与政治政策可行性的评价;这种评价将以评论者的道德和政治标准为基础。对社会主义者而言,社会主义是一种合意的和具有现实可行性的替代,这是不言而喻的;但对

1 罗默:《有关剥削和阶级的一般理论》,第7—9章,尤其见第265页及其后。

其他人而言，却并非如此。在关于替代方式的现实可行性缺乏一致认识的前提下，“剥削”将不是一种对现实社会关系的描述（例如，就像雇佣劳动概念所描述的那样），而仅仅是观察者的主观性认识。至少可以这样说，将这种对剩余劳动和剥削的认识作为对生产方式做出分类的基础，似乎是成问题的。

罗默对剥削界定的另一个并不十分重要的问题是，它要求我们确定一种情势，其中“S”将变得“更好”。[1]他似乎认为对“更好”的界定是不会引起什么争议的，但事实上，对“S”在这种状况下或那种状况下是否变得更好的评价，再次地也是以评论者的主观认识为基础的。例如，许多现代学者都同意对它“很难做出判断”：农民共同体就是受剥削的，以及中世纪农民并没有通过封建生产关系实现他们的利益最大化。[2]不过，有学者论证，从长期看，中世纪农民是从他们的贫穷、无权和无地位中获益的：“穷人可以公正地要求升入天堂，而富人只能承蒙上帝的恩赐与怜悯才能如此。”[3]只是因为现代人通常并不会对贫穷或逆来顺受做出好的评价，所以才将农民所处的情势界定为一种受剥削的状况，而这似乎并非以主观标准为基础的。许多学者都同意，可以根据物质报酬和政治上的自决来对利益做出评价，但该事实并没有使这种评价成为主观性较少的道德评价。像“对剥削具有现实可行性的替代性状况”的界定一样，对“更好”的界定也是以评论者自己的道德和政治价值观为基础的。

一种试图做出改进的方法将下述情势界定为是剥削性的，即：如果存在一种具有现实可行性的替代方式，其中根据他们自己的好坏标准来

1 罗默：《有关剥削和阶级的一般理论》，第7—9章，尤其见第265页。

2 B.摩尔：《民主与专制的社会起源》，哈蒙德斯沃斯，1973年版，第471页；也见菲诺阿尔泰亚：《一种理论模式的兴衰：庄园制》，第386—409页。

3 W.朗格兰德（Langland）：《对庄稼汉的研究》，哈蒙德斯沃斯，1974年版，第123页。

衡量，"S"的成员将变得更好。这种方法的优势在于，它避免了评论者去做主观性的评价，而只是援引被评论者的主观评价。但是，如果"S"的成 213
员相信他们自己并没有受到剥削，那他们真的就没有遭受剥削吗？如果他们未能觉察到一种具有现实可行性的替代方式的存在，那他们就不再受剥削了吗？只有当生产者认识到社会主义的可能性时，资本主义才是剥削性的吗？以"S"成员的认识为基础所引发的问题，像它所解决的问题一样多。

乍看起来，罗默的理论似乎提供了一种对剥削的界定，它将作为社会科学中的描述性概念发挥作用。但事实上，这种理论包含了对"替代性方式"的道德和政治评价，即生产者将在替代性方式中变得"更好"；而根据该理论，这些评价是主观性的和任意的，应予以避免。说中世纪的社会关系包括农民，他们向地主缴纳地租，这是从概念上对现实做出描述。但说这种情势是剥削性的，这就是一种以主观标准为基础的道德评价。就我个人观点而言，它也许是一种我们赞同的评价，但它不大可能作为对社会形态进行分类的基础。

阶级和生产关系

如果"剩余劳动"和"剥削"是成问题的概念，那么马克思对社会所做的分类似乎并不会对历史学家或社会科学家提供什么帮助，这种分类以从生产者身上榨取"剩余劳动"的形式为基础。不过，有可能将马克思对社会形态所做分类的描述性基础同它的主观性的道德上层建筑区分开来。社会应该根据"剩余"劳动的特定形式加以区分。这个命题能够根据一种描述性分类学重新加以表述，这种分类学得到了那些持有不同道德和政治观点的学者的赞同：

> 不论生产的社会形式如何，劳动者和生产资料始终是生产的因素。

> 但是，二者在彼此分离的情况下只在可能性上是生产因素。凡要进行生产，就必须使它们结合起来。实行这种结合的特殊方式和方法，使社会结构区分为各个不同的经济时期。[1]

巴里巴尔对这些因素做了更为准确的界定，它们结合起来将构成一种特定的生产方式。这些因素包括：

(a) 劳动者；

214 (b) 生产资料（劳动对象和劳动资料）；

(c) 攫取“剩余劳动”的非劳动者。

根据在这些因素之间存在的不同关系，我们能够鉴别出不同的所有制形式。最后，我们必须考察直接生产者能够运用生产资料的程度，即直接生产者在劳动过程中占用生产资料的过程。[2]

这些因素和它们之间的关系使我们能够对如下两种状况做出对比：一方面是在不依赖资本家阶级的前提下，无产阶级无法独立运用这些生产资料，另一方面是手工业者所享有的在生产上的自主性。类似地，它们也能够使我们在奴隶和无产阶级之间做出区分，尽管他们都缺乏独立运用生产资料的权力，但却可以根据所有权关系对他们做出区分：雇佣劳动者拥有，并且能够出售作为商品的劳动力，而奴隶却并不拥有对自己劳动力的控制权，他们本身就是商品。马克思的阶级理论远没有暗示奴隶和自由雇佣劳动者是同一个阶级的成员，就像芬利所指出的那样，在他们所拥有的要素的基础上对这些阶级做出区分，正是马克思主义理论的目标所在；在资本主义社会，生产者拥有和出售他们自己的劳动力，但在奴隶社会，生产者并不拥有此种权力。[3]出于建立一种有关社会形态的类

1 马克思：《资本论》第2卷，第44页。

2 阿尔都塞和巴里巴尔：《读〈资本论〉》，第212—216页。

3 科恩：《卡尔·马克思的历史理论》，第63—66页；埃尔斯特：《理解马克思》，（转下页）

型学的目的，我们因而可以将阶级界定为"一个集团，其成员由于他们所拥有的资源而被迫从事同样的活动，如果他们想最好地利用他们所拥有的资源的话"。因此，"除非根据他在所有权关系网中的客观地位"，否则无法确定一个人的阶级属性，这种地位的客观存在与个人的主观认识无关。[1]

马克思将这种对"自在"阶级的客观定义，同拥有主观阶级意识的"自为"阶级区别开来。自在阶级是根据所处的共同情势和所拥有的共同利益来加以界定的，这种客观的生活状况预先决定了一个人一生的地位。只有当一个阶级为了保护它自身的利益而同另一个阶级进行斗争，而这种斗争又采取政治形式时，一个自为的阶级才真正形成。[2]乍看起来，这种对阶级的客观定义似乎非常不同于汤普森给出的广为人们所熟悉的定义："阶级之所以产生，那是因为在确定的生产关系中，人们确定他们之间的对立关系，并进行斗争，而且他们以阶级的方式进行思考和做出评价；因此，阶级形成的过程就是自我塑造的过程，尽管他们是在'既定'的条件之下进行这种自我塑造的。"汤普森认为，衡量一个阶级是否真正形成的标准是阶级意识。一个阶级不仅是"如此多的人处于相对生产资料而言的同样关系中"，而且包括自为阶级对他们共同利益的明确表达。[3]不过，这个问题大体上是一个语义学的问题。如果我们希望把"阶级"标签只保留给"自为"阶级的话，那我们就必须找到某个其他术语来指代一群"处于相对生产资料而言的同样关系中"的人。[4]当马克 215

（接上页）第254页；M.芬利：《古代经济》，伦敦，1979年版，第49页。

1 埃尔斯特：《理解马克思》，第231页；科恩：《卡尔·马克思的历史理论》，第73页。

2 《马克思恩格斯选集》第1卷，第121页；《马克思恩格斯选集》第1卷，第193页。

3 汤普森：《理论的贫困》，第298—299页；汤普森：《英国工人阶级的形成》，伦敦，1980年版，第9—10页。

4 科恩：《卡尔·马克思的历史理论》，第73—77页；安德森：《英国马克思主（转下页）

思宣称，我们可以根据劳动者和生产资料的不同组合来对社会做出区分时，他所援引的正是这后一种概念，即对阶级的客观定义。更具体地说，我们可以根据如下标准对社会的经济结构做出区分：

(a) 根据他们所拥有的生产资料来界定生产者阶级的性质：奴隶、农民、无产阶级等；

(b) 非生产者阶级的性质：奴隶所有者、封建地主、工资劳动力的雇主等；

(c) 非生产者的收入所采取的形式和攫取这种收入所采取的手段。

我们可以继续遵从惯例，将这种收入称为“剩余劳动”。但我们必须强调，对该术语的使用并未暗示将以对剥削的主观—道德定义为基础，那是我们在上文明确予以否定的。

在使用这些概念对特定历史社会的性质做出分析上，马克思、恩格斯和后来的马克思主义者究竟取得了多大成功呢？

马克思的历史学，还是马克思的方法？

对马克思的历史理论进行研究的一种方法，是就他对每种历史生产方式的分析做细致的评述；同时详细地考察，马克思主义历史学家是如何对这种分析做进一步精细化改进的。不过，我们这里将不对马克思有关过去社会的著述做详细的考察。第一，因为在马克思从事写作的时段上，很难说对过去的科学研究已经真正开始（因此，他的许多具体论述都遭到稍后研究的批评）。第二，因为与其表面的意思相反，马克思有关前资本主义生产方式的许多论述，其原意并不是作为有其自身合理性的历史分析而提出的，只是为了强调资本主义生产方式的历史特殊性。在

（接上页）义的内部争论》，第39—43页。

这些段落中，马克思主要关注的不是过去，而是现在。例如，在《经济学手稿》中，马克思真正优先关注的并不是分析古代或封建社会的性质，他是要确定劳动力和生产资料相结合的各种形式，而这才是这些社会的特征所在；劳动力和生产资料在古代或封建社会的结合方式同资本主义生 216
产方式形成了鲜明对比，在后一种生产方式下劳动力和生产资料实现了分离。他论证的要点在于，资本的社会关系不是自然的、必然的或永恒存在的，而是特定的和暂时的历史条件的产物。类似地，在《资本论》第3卷中，马克思对前资本主义各种形式地租的讨论，其目的实际上是要强调资本主义社会关系的性质，以揭示剩余劳动在资本主义生产方式中并不是直接采取地租的形式。因此，对马克思历史理论的真正检验并不是检验他有关各种历史社会的零散论述是否准确，而是检验他提供的方法和一般概念能够在多大程度上使我们实现对过去社会的理解。[1]这里不是详细研究全部马克思主义历史著述的地方，而是试图对所有权形式和生产关系做出界定，正是它们将马克思和恩格斯所称的各种生产方式区别开来。同时，考察一些重要的理论和经验问题，这些问题是一些有代表性的马克思主义者在将这些概念运用于历史分析中所遇到的。

原始共产主义

关于"原始"社会生产关系的论述对马克思主义的分析提出了许多问题，尤其是恩格斯对"高贵的野蛮人"所具有的"纯朴的崇高道德"的赞美所留下的传统。恩格斯将原始社会描述为不存在贫困，也没有什么需求；所有的人都是自由和平等的；尽管不存在强制性政府，但"一切都

1 《马克思恩格斯全集》第46卷上，第474—482，504—516页；马克思：《资本论》第3卷，第714—720，889—904页；辛德斯和赫斯特：《前资本主义生产方式》，第221页；布洛赫：《马克思主义和人类学》，第10，151—152页。

是有条有理的”；社会所塑造的个人都具有勇敢、高贵和正直的品格。史前社会是否确实是一个共产主义的黄金时代，只能根据我们个人的道德标准来加以判定，该时代是由于偷盗、强制、欺诈、背信的产生而终止。[1]我们的真正任务就是要确定这些社会中存在的生产关系。对这些社会组织形式的主观好恶并不是我们的分析对象。布洛赫曾论证，在将原始社会的特征总结为无阶级方面，马克思和恩格斯并未能提供一种充分的说明，因为“阶级”是马克思主义社会理论进行描述和解释的中心概念。[2]不过，马克思和恩格斯并不是仅仅根据阶级来对社会进行分类，也不是仅仅根据阶级和阶级斗争来解释社会变迁和意识形态的诸种形式。他们的社会理论是以社会生产关系概念为基础的，而阶级关系仅仅是社会生
217 产关系的一个次级范畴。那么，就原始社会中存在的生产关系，我们该如何总结其特征呢？

“原始共产主义”的概念并不必然是一个表达道德好恶的概念，这在《德意志意识形态》和《经济学手稿》提供的对人类社会最早期形态的分析中是非常明显的。马克思和恩格斯是根据它们的所有权形式和生产者占有生产资料与社会产品的权利来对这些社会做出区分的。他们宣称，最早期人类社会的特征是存在部落所有权，其中生产资料是部落的公共财产，不管它们是用于狩猎、放牧，还是早期的农业生产。只有作为部落成员，个人才拥有占有生产力和生产过程结果的权利。不过，尽管财产是公共的，但这并不意味着，部落内的社会关系必然是平等的。相反，部落内部可以区分出部落首领、部落群众和奴隶，其中奴隶是部落的公共财产。部落关系是作为家庭关系的拓展发展而来，而家庭关系最初是唯一的社会关系。但即使是在家庭中，也可能存在不平等的关系，妻子和

1 《马克思恩格斯选集》第4卷，第95—97页。

2 布洛赫：《马克思主义和人类学》，第16—19，54，162页。

孩子是作为潜在的奴隶发挥作用的。[1]

在马克思和恩格斯对原始社会的分析中，最为人们所熟悉的当然是恩格斯的《家庭、私有制和国家的起源》。但令人失望的是，这部著作将绝大部分的注意力放在血缘关系（现代人类学家将恩格斯这方面的分析视为是最过时的），而不是所有权关系和国家上面。[2]恩格斯将原始社会划分为两个时期：野蛮时期，其中狩猎和采集构成生计的基础；蒙昧时期，在这一时期，人们驯养了动物和引入了农业生产。恩格斯宣称，在野蛮和蒙昧两个时期，血缘关系在所有社会的社会秩序中都起着"决定性作用"，但遵从摩尔根的观点（恩格斯的研究主要就是参考他的研究），恩格斯将注意力主要集中在蒙昧时期的较高级阶段。这里，社会在血缘集团（"氏族"）的基础上组织起来，血缘集团构成以氏族和部落形式出现的整个社会组织的基础。例如，印第安人的易洛魁（Iroquois）部落通过多功能的血缘关系来组织他们的社会关系，其中血缘关系不仅决定着继承权，而且使拥有血缘关系的各家族能够相互支持，并发挥着政治和意识形态的作用。部落没有独立存在的国家和权威，在部落的成员之间也不存在社会的不平等。在性别之间已存在劳动分工，但这种分工尚未演变成一种不平等的关系，每种性别在它自己的活动领域都居于主导地位。在工具和用具方面，已存在个人所有权，但大的共产主义家庭所共同 218
使用的资源（诸如房屋、菜园或船只）构成公共财产；猎场是整个部落的公共财产。令人惊讶的是，恩格斯几乎没有关注原始社会的生产关系或所有权形式，而是强调不存在阶级和性别上的不平等，不存在私人所有权，因此也就不存在保障这种所有权的国家权威。[3]

---

1 《马克思恩格斯选集》第1卷，第68—69，82，83—84页；《马克思恩格斯全集》第46卷上，第470—471，482—487页。

2 布洛赫：《马克思主义和人类学》，第68页。

3 恩格斯：《家庭、私有制和国家的起源》，第1—3章，第9章，见《马克思恩（转下页）

正像存在公共所有权本身并不足以总结一种特定生产方式的特征一样，将奴隶、封建和资本主义社会的特征总结为都拥有一种“私人所有权”的生产方式也是不充分的。马克思本人曾论证，公共所有权能够在许多社会形态中存在，不仅包括部落所有权，而且包括古代城邦的公共所有权（在那里，私人所有权最初是处于从属地位，奴隶属于公民共同体所有）和亚细亚农村公社的公共所有权（也是以“部落或公共所有权”为基础），其中个人对土地的所有权取决于他作为一个更大的共同体成员的资格。[1]

马克思和恩格斯曾论证，“部落所有权”是最早的所有权形式，血缘关系在原始社会关系中起着决定性的作用。但事实上，这似乎并非事实所在。血缘关系在社会中只发挥次要作用的一个例子是姆布蒂的俾格米人（Mbuti pygmies），那是一个在扎伊尔的雨林带从事渔猎和采集的社会。姆布蒂人的社会组织是以大约7到30名男性猎人和他们的家庭组成的群体为基础的。男人用网捕鱼，妇女和儿童则在捕鱼过程中驾驶渔船。妇女还采集蘑菇和其他植物，它们占群体食物来源的一半以上。每个群体都有它自己活动的地域。只有作为共同体的成员，个人才能够生存，被共同体驱逐就等于判了死刑。并不存在独立的国家权威，在群体中也不存在社会的不平等，尽管男性，尤其是年龄较大的男性确实享有较高的地位。该群体的生产关系是以群体成员之间在渔猎和采集生产方面的日常分工为基础。每个群体都拥有一个特定的地域作为成员共同活动的区域，工作任务是根据年龄和性别加以分配的。结果，血缘关系在姆布蒂人的社会中只发挥次要作用。辛德斯和赫斯特将这种社会的特征总结为，拥有一种对社会产品进行再分配的“简单”机制，其中所有参与生产过程

（接上页）格斯选集》第4卷。

1 《马克思恩格斯选集》第1卷，第68—69页；《马克思恩格斯全集》第46卷上，第470—471页。

的人都直接分享渔猎和采集所获得的产品的一个份额。[1] 219

在其他社会中，在生产和社会产品再分配的组织中，血缘关系起着更为中心的作用，而且可能与集体组织的其他形式相重合，诸如家庭、乡村和部落。对产品进行这种"复杂再分配"的一个例子是古努人（Gouru）的狩猎。古努人对大型动物的围猎是一小群人在发现动物的猎人的领导下进行的。这位领导人将获得动物的某些特殊部位，诸如长牙、象鼻、足部或心脏和肝脏。村里的老年人也会获得动物的某些部位，剩余部分分给村里的其他居民和相邻部落的成员。在这里，对产品的分配不仅取决于对劳动过程的直接贡献，而且也是个人在血缘和地位的社会等级中所处位置的结果。这种通过社会关系而实现的对社会产品的"复杂"再分配是先于特定的劳动过程而存在的，这在农业领域甚至表现得更为明显，古努人当时生产稻米、玉米、甘薯等农作物。在这里，工作队之间存在着劳动分工，它们分别执行着清理土地、播种、看护作物和收割等任务。这些工作队是在性别、血缘和邻里关系的基础上组成的，由村里有血缘关系的人中年龄较大的人进行管理。因此，收获物根据个人的年龄、性别和地位由共同体进行分配，部分产品被个体家庭保留，其余的由共同体储存，然后在需要时进行再分配。[2]

因此，并没有理由来说明，公共所有权形式的存在为什么就应该导致在共同体所有成员之间的社会平等。例如，在新几内亚的巴鲁亚人（Baruya）中，土地所有权是集体所有："一个共同祖先的子孙是祖先开垦的土地的共同所有者。"尽管如此，但在性别之间却存在着明显的不

---

1 M.戈德利耶：《马克思主义人类学的各种观点》，剑桥，1977年版，第51—58页；辛德斯和赫斯特：《前资本主义生产方式》，第44—47页。

2 辛德斯和赫斯特：《前资本主义生产方式》，第46—50页；梅娅苏：《象牙海岸古努人的经济人类学》，巴黎，1964年版，尤其见第98—99，123—125，188页；E.特里（Terray）：《马克思主义和"原始"社会》，纽约，1972年版，第93页及其后。

平等，这种不平等相比部落内部所有其他形式的不平等具有更为根本的重要性，其他形式的不平等诸如伟大武士或萨满巫师所具有的较高地位等。[1]其他社会，像尼日利亚的蒂夫人（Tiv）也在财富分配方面形成了更大的不平等，已经出现了“头人”，其特征是已经有财富的积累，以及能够获得群体的暂时支持。不过，这种权力、声望和财富只是个人性的和暂时的，并不构成一个持久的和世袭的贵族等级出现的基础；即不像波利尼西亚人酋长的例子，其中存在一个稳定的地位等级，而不管地
220 位占有者的个人能力——它不像巴鲁亚族的“伟大人物”，或蒂夫族的“头人”。

其他一些人类学研究所得出的结论在古努人的例子中得到突出表现：“生产及其关系并不构成一种独立存在的经济层面，它支配着整个社会关系，因为生产关系就是血缘关系。”[2]不过，血缘关系在社会生产关系中的这种中心地位只存在于一些特定的原始社会中。而在其他地方，正是群体，而不是部落、乡村、血缘集团或家庭，才是集体所有权的所有者，并构成社会产品再分配的基础。我们是将这些多样的情况视为构成各种独立的生产方式，还是将它们仅仅视为“原始共产主义生产方式”的次级形式，并不重要。我们的中心论点是，生产关系概念使我们能够描述这些社会，并在它们之间做出区分。不过，实际上，抛弃“原始共产主义”标签也许是最有利于研究的。因为它暗示，只存在一种单一的集体所有权形式，它是所有原始社会都共有的；此外，还因为它暗示了平等主义和满足。

---

1 戈德利耶：《新几内亚巴鲁亚人中的社会等级》，载A.斯特拉森（Strathern）编：《新几内亚高地社会中的不平等》，剑桥，1982年版，尤其见第6，15—20页。

2 N.莫杰斯卡（Modjeska）：《生产和不平等：从新几内亚中部得出的观点》，载斯特拉森编：《新几内亚高地社会中的不平等》，第51页。

"亚细亚"生产方式

在1859年《序言》中，在他所列的各种社会经济结构形式中，马克思将"亚细亚"生产方式包括在其中，但他并未提供对这种生产方式详细的或前后连贯的分析。在《经济学手稿》中，马克思强调，亚细亚社会的基础是"部落或公共所有权"，甚至在有攫取剩余劳动的国家存在的地方也是如此。在这一分析中，亚细亚专制君主"是共同体的代表"，它所包含的生产关系是各种形式的原始共产主义生产方式，其中生产者作为共同体的成员拥有占有生产资料的权利。[1]然而，这些生产关系并不是一种原型性的原始共产主义的生产关系，因为它包含了国家对剩余劳动的占有，而这种独立的公共权威通常被视为在原始共产主义中并不存在。因此，诸如戈德利耶等马克思主义者将亚细亚生产方式视为社会生产的形式，它体现了从无阶级社会向阶级社会过渡的特征，其中国家是以一种类似阶级的方式在发挥作用。马克思也把这个概念运用于对印度莫卧儿人复杂社会的研究，而戈德利耶将这个社会视为封建社会的一种类型。[2]马克思的观点由于"灌溉农业"这一分散注意力的话题而进一步复杂化，他宣称，在东方的气候条件下，农业生产需要灌溉工程的支持，而这些灌溉

---

1 《马克思恩格斯选集》第2卷，第33页；《马克思恩格斯全集》第46卷上，第472—474页；马克思：《资本论》第3卷，第373页；也见A.M.贝利（Bailey）和J.R.略韦拉（Llobera）编：《亚细亚生产方式》，伦敦，1981年版；H.鲁巴茨（Lubasz）：《马克思的亚细亚生产方式概念：一般性分析》，《经济与社会》1984年第13期，第456—483页；S.阿维纳尼编：《卡尔·马克思论殖民主义与现代化》，纽约，1969年版。

2 戈德利耶：《马克思主义人类学的各种观点》，第64，116—117页；戈德利耶：《亚细亚生产方式》，载贝利和略韦拉编：《亚细亚生产方式》，第264页；安德森：《绝对主义国家的谱系》，第405—407，486页。

221 工程只能由中央集权的国家提供。事实上，在重大灌溉工程、绝对君主制和缺乏土地私人所有权之间并不必然存在理论上的或历史事实上的对应关系。现代早期的波斯、土耳其和印度都缺乏土地私人所有权，但它们的国家并没有重大公共灌溉工程项目。中国有这种公共工程，但其特征是存在着私人封建所有权；而现代早期的俄罗斯拥有专制君主，但它既非以缺乏土地私人所有权为基础，也非以广泛的公共灌溉工程为基础。[1]

当然，"亚细亚"生产方式的标志性特征并不是只在亚洲存在。相反，这一概念的现代辩护者努力将它的适用范围扩展到非洲或哥伦布到达之前的美洲。[2]不可能根据一种特定的生产力形式——灌溉农业——的存在来界定"亚细亚"生产方式。所谓的"亚细亚"生产方式必须根据一种特定的所有权形式，根据它的生产关系来加以界定。在《资本论》第3卷中，马克思对这些关系的性质做了最明确的表述：

> 如果［直接生产者］不是私有土地的所有者，而像在亚洲那样，国家既作为土地所有者，同时又作为主权者而同直接生产者相对立，那么，地租和赋税就会合为一体，或者不如说，不会再有什么同这个地租形式不同的赋税。在这种情况下，依附关系在政治方面和经济方面，除了所有臣民对这个国家都有的臣属关系以外，不需要更严酷的形式。……因此那时也就没有私有土地的所有权，尽管存在着对土地的私人的和共同的占有权和使用权。[3]

所有前工业的亚洲社会都能够根据一种单一的生产方式加以描述，安德

1 安德森：《绝对主义国家的谱系》，第491页；《马克思恩格斯选集》第1卷，第762页。

2 戈德利耶：《亚细亚生产方式》，第267页。

3 马克思：《资本论》第3卷，第891页。

森在否定上述这种认识上确实是正确的，但不能从中推断出，"亚细亚"生产方式概念需要完全加以抛弃，这种生产方式的特征是地租和税收合一。确实，在对欧洲入侵之前的印度莫卧儿人的描述中，安德森介绍给我们的似乎就是这样一种社会。在莫卧儿人的统治下，农业用地"从属于君主这一唯一的经济和政治权力"，这种从属关系并不是源于国家所提供的灌溉工程，而是源于伊斯兰教的法律，即所有土地都是君主所有。正如马克思所指出的，土地并不是公共所有，而只是由享有世袭占有权的农民耕种，条件是他们要支付赋税—地租（以货币或产品形式），它的总量可能要占到农民产出的一半或更多。这些收入大体上被用于供养一群军队精英，即曼萨卜达尔（mansabdar），有8 000名军官负责指挥国家的骑兵部队。例如在1647年，445名曼萨卜达尔获得的收入占国家总收入的60%还多。但是，不像西欧的封建地主，这些军事精英并不享有私人和世袭的 222
所有权。他们根据君主的意旨加以任命，只被授予暂时获得收入的资格，而且定期在全国换防，以防止他们发展起地区性的权力根基。国家的其他收入被赐予柴明达尔（zamindar），他们是权力较小的军事领导，负责指挥步兵和防守城堡。[1]农民生产者将赋税—地租交给地主—国家，这使我们能够在理论上对"亚细亚"生产方式做出界定，而印度莫卧儿人似乎提供了这种所有权形式存在的经验例证。

不过，在《前资本主义生产方式》中，辛德斯和赫斯特拒绝承认"亚细亚"生产方式概念的合法性。他们认为，可以将一种生产方式界定为"一种对产品的特定占有方式与一种对自然的特定占有方式的有机结合"；换句话说，是特定生产关系与一揽子特定生产力的结合。所以，对剩余劳动的赋税—地租占有形式无法构成对一种生产方式进行概念建构的基础，因为它至少可以与两种生产力相对应：即由独立农民进行的耕种和由共同体进行的耕作。生产关系和生产力的这些结合是任意的，

1 安德森：《绝对主义国家的谱系》，第475，482—483，497，518—519页。

因为两种生产力都同样能够从赋税—地租概念中“推演”出来。因此，一种生产力替代另一种生产力并不会导致生产关系的转型。进一步而言，“亚细亚”生产方式的生产力能够与其他生产方式的生产关系相适应。例如，由独立农民进行的耕作能够与封建地租的存在相适应。[1]从这种对生产方式的定义看，“亚细亚”生产方式概念似乎缺乏任何理论上的前后连贯性，因而不可能应用于经验研究。

不过，在这里我们无法接受辛德斯和赫斯特对生产方式的界定，也不赞同他们由此对亚细亚生产方式概念的完全否定。我们能够同意，生产方式的特征能够由特定的生产关系加以总结，因为正是所有权形式的变化构成对生产方式做任何类型的划分的基础。但没有理由说明，生产方式为什么就应该由特定的生产力来总结其特征。因此，亚细亚生产方
223 式能够与个体独立的或共同体的耕作形式相适应，正如原始共产主义能够与生产力的农业或前农业形式相适应一样，也正如资本主义既能够在工业形式中，也能够在前工业形式中存在一样。最好是将一种生产方式界定为一种特定的生产关系与一揽子潜在的多样生产力的结合。在亚细亚生产方式中，劳动过程的多样形式使我们能够界定出这种生产方式的各种次级形态，而不是像辛德斯和赫斯特那样完全否定这种概念的合法性。

“古代”生产方式

马克思并没有对古代世界的阶级关系做出详细的说明，但他有关该主题的零散论述有两个主要的着重点。第一是，作为剩余劳动生产的主导形式，奴隶制居于中心地位；第二是，公民权和城市共同体在希腊和罗

1 《马克思恩格斯全集》第28卷，人民出版社1973年版，第271—272页；马克思将土地的国家所有权解释为是受伊斯兰教影响，而不是灌溉农业的结果。

马社会中的重要性。马克思主义对古代世界的研究倾向于在这两种观点之间各执一端：诸如瓦尔班克、安德森和德圣·克鲁瓦等学者强调奴隶制在古代社会关系中的重要性，而诸如威克姆、辛德斯和赫斯特等学者则强调公民权和国家的重要性。[1]

在《德意志意识形态》中，马克思勾勒了奴隶制是如何从较早期的公共所有权形式中产生的。最早的部落所有权形式让位于城邦公共所有权形式，其中只有作为城邦共同体的成员，公民才有权利获得财富包括奴隶。这种公共所有权形式依次地又受到私人所有权发展的破坏，最初是在动产，接着是在不动产方面形成的私人所有权。伴随着所有权集中到少数人手中，在公民和奴隶之间的阶级关系取得了它的完整形式。马克思后来补充道，这种发展由于战争、征服、商业和商品生产的增长而加速。因此，古代国家和社会以奴隶制为基础，因为至少在古代罗马，"奴隶是最大的财源"。不过，这并不意味着，古代政治的表现形式是在奴隶主和奴隶之间的对立。相反，"阶级斗争只是在享有特权的少数人内部进行，只是在富有的自由民与贫穷的自由民之间进行……而奴隶，则不过为这些斗士充当消极的舞台台柱"。[2]尽管芬利提出了相反的观点，但马克思专注于强调在古代奴隶和现代自由雇佣劳动力之间存在的区别。劳动力与生产资料相分离，只有通过资本主义劳动力市场的作用，两者才有可能重新结合在一起。不过，在奴隶制下并不存在这种分离，更确切地说： 224
"劳动本身作为生产的无机条件与其他自然物同属一类的，是与牲畜并

1 F.W.瓦尔班克：《西罗马帝国的衰落》，伦敦，1946年版；瓦尔班克：《可怕的革命》，利物浦，1969年版。也见下面注释中提到的参考书。《阿瑞托萨》（*Arethusa*）杂志1975年春季版（第8卷，第1期）是对马克思主义与古代世界的专题讨论。

2 《马克思恩格斯选集》第1卷，第69，125—126，131—132页；马克思：《资本论》第3卷，第940页；《马克思恩格斯全集》第2卷，第36页；《马克思恩格斯选集》第1卷，第581页。

列的。”[1]在研究古代经济的历史学家中，最具理论意识的一位历史学家能够宣称，马克思的分析将奴隶和无产阶级囊括在同一阶级范畴，这种分析凸显了马克思主义对古代世界的研究缺乏影响的原因。德圣·克鲁瓦的《古希腊世界的阶级斗争》则雄心勃勃地试图弥补这种缺陷。由于运用马克思主义的许多概念，使克鲁瓦能够洞察和强调古代世界的许多方面，而其他历史学家对这些方面却是熟视无睹的。但他最终得出的中心论点却并不令人信服，即“希腊和罗马世界一直处于我们可以称之为‘奴隶社会’的范畴中”。[2]就“奴隶社会”而言，德圣·克鲁瓦并非意指绝大部分人口都是奴隶。相反，劳动力的大多数（在大约公元300年之前）是自由农民和独立的手工业者。不像艾伦·伍德，德圣·克鲁瓦没有将这一事实作为他对古代社会关系分析的基础。一种生产方式不是根据其大多数成员的职业来界定的，而是根据它的生产关系，尤其是有产阶级获得收入的形式来界定的。德圣·克鲁瓦认为，古代的统治阶级“主要是从非自由劳动（尤其是奴隶劳动）那里攫取剩余的”。[3]

1 芬利：《古代经济》，第49页；《马克思恩格斯全集》第46卷上，第488页；《马克思恩格斯选集》第1卷，第336—337页。

2 德圣·克鲁瓦：《古希腊世界的阶级斗争》。对此的批判性评估见R.布朗宁（Browning）：《古希腊的阶级斗争》，《过去与现在》1981年第100期，第147—156页；安德森：《古希腊的阶级斗争》，《历史作坊》1983年秋季第16期，第57—73页；P.A.布伦特（Brunt）：《对罗马史的一种马克思主义认识》，《罗马研究杂志》1982年第72期，第158—163页。

3 德圣·克鲁瓦：《古希腊世界的阶级斗争》，第52，54，113，179页；E.伍德：《马克思主义和古希腊》，1981年春季号《历史作坊》第11期，第10—11，16—18页；R.H.希尔顿：《奴隶获得解放》，伦敦，1977年版，第10页；K.霍普金斯（Hopkins）：《征服者和奴隶》，剑桥，1980年版，第7页。马克思：《资本论》第3卷，第909页：自耕农的小块土地所有制形式“在古典古代的极盛时期是社会的经济基础”。芬利论证：“奴隶劳动是精英大（转下页）

德圣·克鲁瓦的分析存在许多问题;这些问题并不是源于他对阶级和生产方式的客观—结构性的定义,而是源于他没有能将这种定义的逻辑坚持到底。第一,不太清楚,在何种意义上能够说奴隶制是在古代世界中存在的各种非自由劳动形式中“最重要的”。有时它似乎是指,这种重要性是在数量意义上的,统治阶级的大部分收入来源于奴隶劳动。不过,德圣·克鲁瓦实际上从未揭示,奴隶是古代剩余劳动的主要生产者。在他著述的其他地方,奴隶劳动被说成是非自由劳动中“占主导地位的形式”,在这种意义上,奴隶制与非常相似的债务奴役关系一道构成整个希腊—罗马古代世界中“非自由劳动的原型形式”,“这成为生活在那个时代的各个阶级心理中普遍存在的认识……即使正是自耕农为有产阶级提供了大多数剩余”。因此,奴隶制成为古代世界对各种形式的非自由劳动认识的标准模式。在这里,德圣·克鲁瓦对奴隶制居于中心地位的原创性客观定义让位于古代世界居民的主观性认识。德圣·克鲁瓦甚至接受了安德森的观点,即“在希腊和罗马文明发展的最鼎盛时期,奴隶制是最 225
重要的非自由劳动形式”,这个命题就以现代历史学家的主观评价替代了古代人的主观评价。事实上,奴隶制在整个古代时期是主导性的剥削形式(而不是国家或地主对农民生产者的“剥削”),这个命题从未被德圣·克鲁瓦的分析所证明;如果古代的作者也不这样认为的话,那就更值得质疑。[1]

德圣·克鲁瓦研究的第二个重大缺陷是,他没有在奴隶制和其他形式的非自由劳动之间做出明确的区分:“希腊和罗马世界一直是我们不严格地称之为的‘奴隶社会’,其中非自由劳动一直是剥削的主要来源。”但

(接上页)部分收入的来源”,载《古代奴隶制和现代意识形态》,伦敦,1980年版,第82页。

1 德圣·克鲁瓦:《古希腊世界的阶级斗争》,第39, 43, 44, 173, 179页;安德森:《从古代向封建社会的过渡》,伦敦,1977年版,第22页;B.D.肖(Shaw):《解剖吸血蝠》,《经济与社会》1984年第13期,第221—228页。

将非自由劳动界定为“剩余劳动”的主要形式，并不能够使我们确定古代的社会关系，因为“非自由劳动”这一广义概念能够包括奴隶制和农奴制等非常不同的生产关系，其中生产不是由奴隶，而是由农民生产者执行的。“非自由劳动”在古代世界中居于主导地位，这种论断使我们能够将古代与资本主义生产方式的自由劳动做出对比，但这种对比与其说是揭示了古代世界的，不如说是揭示了资本主义生产方式所具有的独特性。[1]

根据“非自由劳动”居主导地位来界定古代生产方式的缺陷，在德圣·克鲁瓦对农民的分析中表现得非常明显。正如德圣·克鲁瓦正确指出的，如果农民构成一个阶级的话，如果这个阶级不包括奴隶的话，那么从中可以推断出，在奴隶劳动作为剩余劳动主要来源的社会（诸如公元前5世纪的雅典或公元前1世纪的罗马），它们所拥有的阶级关系不同于下述类型的社会，即那些大部分剩余劳动是由非自由农民完成的社会（诸如斯巴达的农奴或罗马晚期的隶农）。剩余劳动所采取的形式，由此主导性生产方式所具有的性质，在这些社会中存在着显著的差异。[2]德圣·克鲁瓦的问题源于他最初接受古希腊世界具有统一性的观点，而这种统一性只能用文化术语加以界定。事实上，没有理由将“古代”视为一种社会形态或生产方式，正像“没有理由将达·伽马以来的非洲视为一种社会形态或生产方式一样”。[3]也没有理由说明为什么应该将古代视为一个社会统一体，更别提可以根据作为剩余劳动主要形式的奴隶制居主导地位来总结这种统一体的特征了。

在《经济学手稿》中，马克思论证，“古典古代的历史是城市的历史”。正是这种对古代城市共同体的强调，构成了辛德斯和赫斯特对“古
226 代生产方式”所下定义的基础。像德圣·克鲁瓦一样，辛德斯和赫斯特

1 德圣·克鲁瓦：《古希腊世界的阶级斗争》，第52，113，173页。

2 同上，第149，210，222页及其后。

3 同上，第7—9页；辛德斯和赫斯特：《生产方式和社会形态》，第41页。

认为,在古代世界中,劳动过程的主导形式是农民和手工业者的劳动。他们都同意,有独立生产者存在本身并不能总结出一种特定生产方式的特征。对辛德斯和赫斯特而言,古代世界居于主导地位的社会生产关系是“凭借公民权对剩余劳动的占有”。国家作为剩余劳动的集体占有者,是根据公民的政治权力在他们中间进行再分配。公民权也即是获得土地和资源的权利,获得贡物、战利品、税收和国家救济的权利。这种定义的优点在于,它能够顾及由法律界定的等级或地位集团在古代世界的突出地位。但它对德圣·克鲁瓦的分析提出了一个难题,即这些等级同以前存在的阶级关系是一种什么样的关系,它们是否能够被简约为这种阶级关系。辛德斯和赫斯特认为,地位系统创造了一套不同的政治权力,它们决定着哪些等级占有剩余劳动:“阶级之间的关系是在政治层面上实现的,而政治层面又表现为一个由法律界定的地位系统。”[1]

正如辛德斯和赫斯特的“自我批评”所承认的,他们分析的缺陷在于:它一直假设一种单一的古代生产方式居主导地位。因此,必须对古代生产方式的概念予以扩展,以适用于诸如斯巴达、雅典和罗马等不同社会。对辛德斯和赫斯特所界定的“古代生产方式”,斯巴达的例子确实提供了一个经典例证。斯巴达社会不可能被归类到“不严格界定的”“奴隶社会”范畴,这样做是无益的。在斯巴达,直接生产者(农奴)被排除在公民权之外,构成一个没有政治权利的依附人群。军队精英由斯巴达的公民组成,他们的收入主要来源于国家赐予的土地。土地本身或希洛农奴都不属于公民个人,但公民能够凭借他们的政治权利要求国家分配给他们土地。[2]

---

1 《马克思恩格斯全集》第46卷上,第474—477,480页;《马克思恩格斯选集》第1卷,第69页;辛德斯和赫斯特:《前资本主义生产方式》,第82—85页;德圣·克鲁瓦:《古希腊世界的阶级斗争》,第45—50,85—95页。

2 辛德斯和赫斯特:《生产方式和社会形态》,第40—41页;辛德斯和赫斯特:(转下页)

如果斯巴达确实提供了一种“古代”生产方式的例子，其中剩余劳动凭借公民权占有，那么，我们需要将这种社会关系同雅典或罗马的社会关系区别开来，其中公民并不构成一个统一的阶级，也不是占有剩余劳动的非生产者。相反，在这些社会中，公民群体从社会地位上看划分为手工业者、农民、地主和商人。在这些例子中，公民本身可能受到“剥削”，即要么受到国家（以税收或强制劳动的形式），要么受到其他公民（通过地租或债务奴役）的剥削。在斯巴达，“剩余劳动”的主导形式是由国家
227 所拥有的农奴以实物形式缴纳的地租；在公元前5世纪的雅典或公元前1世纪的罗马，有产阶级收入的主导形式来源于奴隶劳动。确实，在雅典，“民主”的存在和贫穷公民的政治权力一般会增加有产公民对奴隶制的依赖程度。[1]我们需要将斯巴达的国家农奴制生产关系同奴隶制生产关系区别开来。在前者中，剩余劳动凭借公民权占有；在后者中，剩余劳动凭借某种形式的财产所有权，而不是凭借公民权本身占有。辛德斯和赫斯特界定的“古代生产方式”在古代世界确实存在，但绝对没有总结所有城邦国家的特征，更别提罗马帝国晚期的历史。“古代”生产方式在古代所具有的普遍性，绝不比“亚细亚”生产方式在亚洲更普遍。

罗马帝国晚期完成了从奴隶制向农奴制的转化，其中农业人口被束缚在土地上。这些措施也许受到有产阶级的欢迎，他们的主要作用是为国家征税、提供士兵和劳役。对3世纪的经济和政治危机，帝国的反应是扩大国家管理范围和增加财政收入，以支撑不断扩展的政府机构，尤其是军队。因此，社会剩余越来越多地被国家直接占有。正是国家对剩余这种不断增加的占有，构成威克姆对“古代生产方式”做出界定的基础，其中税收是“决定经济方向和界定主导性生产方式的制度”。从公元300

（接上页）《前资本主义生产方式》，第85—86页；德圣·克鲁瓦：《古希腊世界的阶级斗争》，第113，149页。

1 德圣·克鲁瓦：《古希腊世界的阶级斗争》，第113，149页。

年到700年这段时期是两种生产方式共存的阶段:即以国家占有剩余为基础的古代生产方式和以私人占有地租为基础的封建生产方式,它们结合在一种社会形态中。正是后者最终获得了胜利。但这并不意味着,当封建地租占到剩余劳动的51%时,社会就会变成“封建社会”。而是说,剩余劳动所采取的形式将会对上层阶级的意识形态,对城镇的作用(在封建制度下不再是税收和管理的中心)和对政治权力的性质产生实质性的社会影响,政治权力会变得越来越私有化,掌握在取代罗马帝国的德意志王国的农村贵族手中。[1]

威克姆所界定的“古代生产方式”是“贡物制生产方式”的一种类型,这种生产方式是由阿明概括的。阿明区分出五种生产方式,“贡物制生产方式”是其中的一种。其他生产方式包括:原始公社所有制的生产方式;奴隶所有制的生产方式;资本主义的生产方式;从事简单小商品生产的生产方式,它通常以从属形式与某种主导性生产方式共存(例如,在中 228
世纪的欧洲,手工业生产从属于封建社会关系)。贡物制生产方式是根据生产关系加以界定的,其中农村共同体以贡物形式向统治阶级缴纳剩余产品,统治阶级是指垄断政治权力的阶级。[2]假如我们是要强调这种生产方式的各种次级形态的话,这个概念是有用的。它包括如下的次级形态:“亚细亚”次级类型,其中国家垄断土地,以税收—地租形式占有剩余;斯巴达次级类型,剩余是根据公民权利加以占有;晚期罗马次级类型,存在着私人土地所有权,但国家以税收形式攫取一份比例越来越大的社会产品。我们是将所有这些形式的社会关系视为截然不同的生产方式,还是视为“贡物制”生产方式的各种次级形态,并不是真正重要的;尽管在这些社会中,将国家占有剩余同私人占有地租区别开来是有益的,私人

1 德圣·克鲁瓦:《古希腊世界的阶级斗争》,第250—251页;威克姆:《另一种过渡:从古代世界向封建社会的过渡》,《过去与现在》1984年第103期,第9,20,27—28页。

2 S.阿明:《不均衡发展》,哈索克斯,1976年版,第13—16页。

占有地租是封建生产方式的特征所在。给这些社会加标签大体而言是一种语义学的问题。在这里，我们关注的是根据生产者的性质，根据从生产者那里获得收入的阶级的性质，以及根据获得这种收入的形式和机制来对这些社会做出描述和区分。正是这些在所谓“贡物制生产方式”的各种次级形态之间的差别是我们必须加以强调的。如果在部落社会和工业社会之间的整个人类历史不被简化为一种单一的、无法确定其特征的“农民”生产方式的话，那它也就不具有分类或解释的价值。[1]

封建生产方式

从马克思对过去各种社会的论述中推演出一种有关前资本主义生产方式的“马克思主义”分析，其中存在的问题可以由封建生产方式的例子给予明确的说明。马克思关注于揭示，在资本主义生产方式下地租采取了一种特殊的形式，这将它同以前各种社会中的地租区别开来。在资本主义社会中，生产者同生产资料相分离，“剥削”通过资本与劳动的交换并通过剩余价值的生产而发生，剩余价值是资本主义所特有的剩余劳动形式，它体现在商品中。在这些条件下，地租本身并不是从生产者那里获得剩余劳动的基本形式。相反，剩余价值是由资本主义企业生产的，以利
229 润和地租形式被资本家和地主分享。地租并不直接构成剩余劳动，而是对在生产过程中所创造的剩余劳动的一种再分配。因此，有可能通过将土地国有化来废除地租，但却并不会触动资本主义的基本关系。马克思将这种情况与前资本主义社会做了对比，在那些社会中生产者尚未同生产资料相分离。在那里，劳动者“还占有自己的生产资料，即他实现自己的劳动和生产自己的生活资料所必需的物质的劳动条件”。由于生产者拥

1 D.索纳（Thorner）：《作为经济史研究中一个范畴的农民经济》，载T.沙宁编：《农民和农民社会》，哈蒙德斯沃斯，1975年版，第202—208页。

有他们自己的生活资料，所以并不存在什么经济强制力，强迫他们为地主提供剩余劳动。从中可以推断出，"在这些条件下，要能够为名义上的地主从小农身上榨取剩余劳动，就只有通过超经济强制"，所有权关系必然是"作为一种贵族和劳役的直接关系而出现的"。[1]

正是这种认为"农民和生产资料相结合"的观点，在马克思对封建生产方式的许多论述中居于主导地位。希尔顿的著作成为马克思主义研究方法具有经验价值的榜样，他重复着马克思的下述论断，即"由于农民家庭有效地占有着用于维持生计的生产资料，所以剩余劳动的转移必须是强制性的，因为与雇佣劳动者形成鲜明对比，农民并不必为了生存而让渡出他的劳动力"。在中世纪时期的英格兰，这种超经济的强制转移是由庄园执行的，尽管其经验存在形式是多样的，但庄园制度都发挥着一种同样的功能，那就是为地主提供一种分散的政治权利，使他们能够从农民生产者那里攫取剩余劳动。[2]不过，尽管这种分析作为一种经验描述是有价值的，但它未能给出"占有"生产资料的确切含义，生产者据说享有这种权利。

尽管马克思强调，封建生产方式下的农民是生活资料的占有者，但他同时也强调，生产者并不是生产资料的所有者。只有以缴付剩余产品为条件，他们才能拥有这种占有权，这种缴付能够通过制定法律或甚至由"契约予以固定"来确保其执行。因此像资本主义生产方式一样，封建土地所有权是"以某些个人对某些地块的垄断为基础的"。农民生产者所享有的

---

1 马克思：《资本论》第3卷，第714—720，890—896页；安德森：《从古代向封建社会的过渡》，第147—153页。

2 希尔顿：《〈从封建社会向资本主义社会的过渡〉序言》，载希尔顿编：《从封建社会向资本主义社会的过渡》，伦敦，1976年版，第14页；希尔顿：《1381年之前英格兰的农民运动》，《经济史评论》第2辑第2册（1949—1950年），第117—122页；E.A.科斯敏斯基（Kosminsky）：《13世纪英格兰农村史研究》，牛津，1956年版。

占有权因而是有条件的占有："地租是以土地所有权为前提的。"由此可
230 见，地主对农民占有土地进行控制的权力，最好是理解为生产者和生产资料的分离，而不是两者的结合或一种简单的占有。[1]

如果地主排斥生产者获得生活资料的权利决定着地租的缴纳，那么从中可以推断出，"没有理由来说明直接生产者为什么应该在法律上处于从属地位，成为地主的农奴"。[2]封建生产关系所要求的是某种形式的政治权力，这种权力将保障地主能够实现他们的所有权。这正像在资本主义社会，利润生产仅仅要求国家保障某种形式的所有权和契约神圣不可侵犯那样，而不是进行直接干预去占有剩余劳动。

如果农奴制的存在和对农奴的奴役并不是封建社会关系的内在组成部分，那么，我们需要对为什么实际上会有一些封建社会以这种形式出现做出历史解释。一种可能的解释可以由17世纪波希米亚的例子予以说明：在这里，三十年战争导致人口减少50%以上。结果是，由于对食物需求的下降和劳动力的短缺，导致谷物价格下降和工资上涨。这种情况"可以预见"的结果是，地主实行劳役制，以为国内外市场生产谷物，而不借助昂贵的雇佣劳动力进行生产。因此，从17世纪中期开始，在贵族掌握政治和法律手段实施非经济强制的支持下，劳役数量大大增加。在中世纪晚期的英格兰，劳动力短缺所产生的同样"可以预见"的结果却是农民获得自由，我们在这里暂时不予关注。我们想要表达的重要观点是，在对土地需求不断下降的时期，波希米亚地主借助超经济手段来获取地租；换句话说，他们获得的地租数量超出了市场能够产生的水平。[3]

---

1 马克思：《资本论》第3卷，第714—715，890—891，893—894页；J.E.马丁：《从封建社会到资本主义社会》，伦敦，1983年版，第1章；辛德斯和赫斯特：《前资本主义生产方式》，第5章。

2 辛德斯和赫斯特：《前资本主义生产方式》，第236页。

3 A.克利马（Klima）：《前工业时期波希米亚的农村阶级结构和经济发展》，（转下页）

在13世纪晚期的英格兰，我们能够看到相反的趋势在发挥作用。在那里，人口的增长和对土地需求的增加为地主提高地租提供了可能性。不过，事实上这种可能性一直未能充分实现，因为从佃农那里获取地租的水平有时会受到习惯力量的制约，这种力量能够代表农民生产者的利益来限制剩余被榨取的程度。马克思注意到了它的存在。根据习惯，非自由农民对土地的长期租用曾经将地租提高到市场的价格水平之上，但在土地稀缺时期，它却变成一种对非自由佃农的潜在保护，因为契约租佃农奴不可能从地主那里获得长期租佃的权利。[1]不过，非自由的惯例持有佃 231
农和自由的契约持有佃农都必须缴纳封建地租。因此，封建社会本身并不以农奴制的存在为前提，但它可以在广义上被视为一种生产方式，其中地主享有对土地的私人垄断权，农民生产者向地主缴纳地租（以货币、产品或劳役形式）。地租的特定形式和农民的自由程度必须由经验研究加以确定，但它们本身并不构成这种生产方式的标志性特征。

资本主义生产方式

"资本是货币，资本是商品"，这是马克思对资本主义分析开始的话。这种分析从流通领域开始，在生产领域和阶级关系中结束。马克思将资本流通同简单流通区别开来。在简单流通中，一件商品（C）的所有者出售商品（例如一件大衣）换取货币（M），以购买具有相同价值（例如桌子）的另一件商品（C）。因此，简单流通的循环采用了C—M—C的形式，其中流通过程的目的是消费商品，享受它的使用价值，例如在桌子这个例

（接上页）《过去与现在》1970年第85期，第52—53页；C.戴尔（Dyer）：《15世纪英格兰的收入再分配》，《过去与现在》1969年第39期，第11—33页。

1 J.哈彻（Hatcher）：《英格兰农奴制和佃农对土地的使用权：一种重新评估》，《过去与现在》1981年第90期，第21—27页；马克思：《资本论》第3卷，第894页。

子中那样。在资本流通中，不是享受使用价值，而是积累交换价值，才是整个过程的目的所在。因此，资本能够由M—C—M’的公式加以表述，其中最初的资本（M）用于购买商品（C），然后在取得某种利润（M’）价格水平上出售，由此为资本家创造一种增加的量，这种增量成为新一轮扩大积累的基础。[1]

贱买贵卖在商人资本形式中表现得最为明显。其中，商人在一个地方购买了一种商品，并不改变其形式就在另一个地方出售。在这个例子中，资本仍然留在流通领域。照此，它所要求的存在条件不外是有贸易、商品和货币的存在。由此可见，它能够与原始共产主义、奴隶制，或独立手工业者和农民的生产方式相共存。在这种意义上，马克思对资本的界定非常类似于韦伯的界定：资本家的投资活动是以预期会获得利润为基础的，获利是通过利用交换机会来实现的。马克思将资本的存在同资本主义的存在区别开来，资本主义是一种独特的生产方式，有它自身特定的阶级关系，只有当资本确立了它对生产的控制时才会出现。资本可以存
232 在于各种社会形态，但现代世界已经发展出了一种形式非常不同的资本主义，它不会在其他地方出现：即对（形式上的）自由劳动力进行理性的、资本主义式的组织。[2]

因此，资本主义从事商品生产的事实本身并没有将它同其他生产方式区别开来。关键在于：在资本主义生产方式下，“成为商品是产品的占统治地位的、决定性的性质”。与之相区别，在封建生产方式下，绝大部分生产的目标并不是生产商品，即为了获得交换价值而出售产品，而是生产使用价值，即为了农民和封建家庭的消费而进行生产。由于在谷物消费上存在着一种相对的稳定性，结果就是，收成的波动一般主要反映在用

1 马克思：《资本论》第1卷，第168—169，175—176，635，637页。

2 马克思：《资本论》第3卷，第363—365页；韦伯：《新教伦理与资本主义精神》，伦敦，1978年版，第17，21页。

于销售的谷物数量上。"产品进入商业，通过商人之手的规模，取决于生产方式，而在资本主义生产充分发展时，即在产品只是作为商品，而不是作为直接的生活资料来生产时，这个规模达到自己的最大限度。" 马克思将这种生产划分为两大部类：第一部类生产生产资料，它用于生产性消费；第二部类生产消费资料（包括奢侈品和生活品），它们由资本家和工人以个人形式进行消费。[1]

如果消费品、生活必需品是商品，那么从中可以推断出，生产者并不拥有不依赖他人而存在的生活资料。他们不拥有占用土地的权利（不像农民那样），以种植供他们自己消费的谷物。在资本主义生产方式下，生产者也不拥有工具和原料的所有权（像手工业者那样），使他们能够为了自身的利益生产产品，并在市场上销售。"在资本的公式中，活劳动对于原材料，对于工具，对于劳动过程中所必需的生活资料，都是从否定的意义上即把这一切都当作非财产来发生关系。" 因此，"创造资本关系的过程，只能是劳动者和他的劳动条件的所有权分离的过程"。生产者同生活资料的这种分离采取了一种特殊的形式，它要求劳动者在市场上出售他们的劳动力。在资本主义生产方式下，劳动因而是"自由" 的，但这是在一种双重意义上的自由：第一，生产者在法律上是自由的，他们是自身劳动力商品的出售者，在这种意义上他们是自由的，不像奴隶本身就是商品；但在第二种意义上，它意味着，他们 "并不拥有任何的生产资料"。资本主义并不仅仅是从事商品生产，它还是借助劳动力商品进行商品生产的。
马克思的结论在于，我们不应该将资本仅仅视为是货币或特定的商品，即 233
使资本确实表现为这些形式。资本不是物，它是一种社会关系；正是这种特定的社会关系将货币或商品转化为资本。因此，资本主义生产方式可以根据其生产关系的客观结构加以界定，生产主体之间的关系是资本家

1　马克思：《资本论》第3卷，第364，994页；W.库拉：《一种有关封建制度的经济理论》，伦敦，1976年版，第82页；马克思：《资本论》第2卷，第438—439页。

（他们购买商品以积累更多的交换价值）和无产阶级（他们是劳动力商品的出售者）的关系。[1]

所有大规模的协作劳动过程都要求有一种权威进行指挥。在资本主义生产方式下，管理最初是由资本所有者执行的一种功能。不过，这种管理功能并不仅仅是技术性劳动分工的组成部分，它本身还是资本作为一种特定社会生产关系存在的结果。“资本家所以是资本家，并不是因为他是工业的领导人，相反，他所以成为工业的司令官，因为他是资本家。工业上的最高权力成了资本的属性，正像在封建时代，战争中和法庭裁判中的最高权力是地产的属性一样。”[2]因此，资本并不仅仅是一种经济关系，而且还是一种强制关系，通过这种关系，劳动者从属于资本家阶级。马克思通常在生产者从属于资本的两种形式之间做出区分，即劳动在形式上从属于资本和劳动在实质上从属于资本。劳动在形式上从属于资本是劳动者首次真正地从属于资本，尽管它们也许是在资本和劳动之间以前就存在的关系。例如，在印度，高利贷者也许会借钱给手工业者，他们用这些钱购买原材料和工具。手工业者支付的利息是剩余价值的一种形式，它是以货币形式代表了生产者所生产的剩余劳动，但迄今为止，高利贷资本并未干预生产过程本身。[3]

在劳动在形式上从属于资本的情况下，资本家确实直接干预了生产过程，但并未对现存劳动方式做出实质性的修正。资本仅仅是接管了劳动过程的现存形式。对生产者而言，最初的唯一变化就是工作时间变得更长，更连续，这是相比独立手工业者而言的，后者的服务对象是个体客

---

1 《马克思恩格斯全集》第46卷上，第498—503，504—516页；马克思：《资本论》第1卷，第190—191，783—784页；马克思：《资本论》第3卷，第994—995页；《马克思恩格斯选集》第1卷，第344页。

2 马克思：《资本论》第1卷，第367—369页。

3 同上，第557—558页。

户。在资本和雇佣劳动者之间的关系已经确立，但迄今为止，涉及的资本规模还十分有限，而且资本家"在他们所受教育和行为方式上"与工人并不存在什么差别。既然这时的资本只是小规模的，而且仅仅是对现存生产形式的接管，从中可以推断出，使生产变得更有效的潜力还十分有限。因此，资本家很少有机会减少工作日中用于生产等值于工人工资的那部分产品的时间，即花在"必要劳动"上的时间。作为结果，如果资本家希 234
望增加必要劳动时间之外的劳动时间，那么他所能做的就只有延长工作日。马克思将这称为绝对剩余劳动的生产。[1]

马克思将绝对剩余劳动的生产同相对剩余劳动的生产区分开来。在相对剩余劳动的生产中，剩余量的增加不是通过工作日的延长，而是通过减少用在必要劳动上的劳动时间比例来实现的。为了做到这一点，资本家必须使生产变得更为有效，这或者是通过引入更具生产效率的劳动过程形式，或者是通过增加现存劳动形式的强度来实现的。当然，对工作日能够延长或劳动强度能够增加的程度存在着一些限制。正是通过生产上的创新，即将科学和技术应用于大规模生产，剩余劳动才能够被持续地加以生产。机械化是这方面最明显的例子。手摇纺纱机一次只能纺一个锭，最早的珍妮纺纱机一次能够纺12到18个锭。因此，生产的增加不再依赖于人的劳力。大规模工业生产由此将工人转化为"机器的活的附属物"。[2]

不过，甚至在劳动过程实现机械化之前，资本家就能够生产相对剩余劳动，这是通过增加工厂中的劳动分工实现的，分工可以使生产变得更为有效。马克思将资本主义的这个发展阶段称为"制造业"阶段，将它区别于工业资本主义阶段。最初，制造业也许是简单地采取劳动在形式上从属于资本的形式，许多工人在同一个工厂中劳动，他们在资本家的监督

---

1 马克思：《资本论》第1卷，第343—344，557—558页。

2 同上，第411，463，557—558页；《马克思恩格斯全集》第46卷上，第304—306页。

下完成同样的工作。最终，这将发展成一种更为复杂的劳动分工，其经典样例就是斯密所举的别针制造厂的例子。在别针制造厂中，制造一枚别针所包含的18道工序能够在10个或更多劳动者之间通过分工来完成。甚至在只进行有限劳动分工的条件下，这些工人每天就能够生产4.8万枚别针，而单个的或未受过训练的劳动者每天不可能生产出20枚别针。因此，相对剩余劳动的创造是劳动生产率增长的结果，而劳动生产率的增长又是通过将科学应用于生产、引入机器、利用规模经济或增加劳动分工来实现的。通过这些手段，资本不仅接管了劳动过程，而且改变着它的性
235 质。马克思将这称为劳动在实质上从属于资本。劳动在实质上从属于资本，既是以资本积累为基础，同时又依次导致资本积累的增加，由此造成在雇主和工人之间社会分工的不断复杂化。最终，生产所需的资本不可能再由单个人来提供，而是通过股份公司的机制来提供。作为结果，管理职能和资本所有权相分离，以致资本家的利润变成仅仅是对资本所有权的报酬，“完全与指挥劳动过程的职能相分离”。[1]

由此可见，马克思根据它的特定生产关系，提供了一种对资本主义非常有用的客观—结构性定义，这种定义同韦伯的定义有着许多共同之处。在资本本身和作为一种生产方式的资本主义之间，他做出了有益的区分；他确定了资本主义发展的诸阶段，并强调了从劳动在形式上从属于资本向劳动在实质上从属于资本的转变，这种转变是资本主义所具有的不断提高生产率的内在倾向导致的结果，它促使资本规模的不断增加，最终形成股份公司。不过，在这种对资本主义的结构性定义之外，马克思还提供了一种更进一步的定义：“资本主义生产方式的第二个特征是，剩余价值的生产是生产的直接目的和决定动机。”[2]因此，“生产剩余

1 马克思：《资本论》第1卷，第389—390，533—534，557—558页；斯密：《国富论》，第109—110页。

2 马克思：《资本论》第3卷，第996页。

价值是资本主义生产的特定内容和目的”。[1]我们不可能仅仅根据剩余劳动的生产来界定资本主义，因为剩余劳动的存在是所有生产方式的共同特征。马克思认为，资本主义是根据一种特殊形式的剩余劳动的生产来加以界定的，即剩余价值。马克思对剩余价值形成的说明是对他的劳动价值论的一种扩展；但正是他对资本主义论述的这方面内容引起了后来的研究者们最多的批判。

马克思对剩余价值形成的论述开始于对商品交换的分析。他要探索多样的商品都具有的一种共同因素，它能够使这些进入市场的商品彼此进行比较。马克思找到了这个问题的答案，他宣称，所有商品都是人类劳动的产物。因此，在《资本论》第1卷中，他假设，商品是根据它们所包含的劳动比率进行交换的。不过，这并不意味着，商品进行交换的价值就是对它们所包含的具体劳动时间的直接反映；例如，一件包含五小时熟练劳动的产品将不会和一件作为五小时非熟练劳动产物的产品进行交换。
确切地说，一件商品的价值将根据它所包含的“抽象的社会必要劳动”时 236
间来进行估价，以致包括五小时熟练劳动的产品也许可以同包括（例如）十小时非熟练劳动的产品进行交换。如果资本家在它们各自的价值上购买了劳动力、工具和原材料，然后又在其价值上将产品出售，那么问题就在于，如何解释利润的存在，即资本家是如何在生产过程中扩大资本的价值的？马克思的剩余价值理论就是回答这个问题的一种尝试。[2]

马克思假设，资本家在它们各自的价值上购买生产过程所需的各种商品。接着，这些商品的价值被转移到最终产品的价值中。劳动力商品的价值是再生产劳动力，即维持劳动力生存所需产品的价值。因此，与在生产过程中消耗的劳动工具和原材料的价值一道，劳动力价值被转移到最终产品的价值中。那么，利润是如何从这个过程中产生的呢？马克思论证，资本家

1 马克思：《资本论》第1卷，第330页。

2 同上，第47，52—53，233页。

非常幸运地在市场上找到一种商品，这种商品能够在其价值上加以购买，但它接着能够被用于创造额外的价值；这种商品就是人的劳动力。劳动者的劳动因而被分成两个部分：在第一部分中，他或她创造了等值于自身劳动力的价值，即等值于工资单费用的产品。马克思将这部分劳动时间称为必要劳动时间。在第二部分中，工人创造了超出劳动力价值之外的价值。正是这种“剩余劳动”是资本家利润的来源所在，在这中间，剩余劳动被包括在所生产商品的价值之中。马克思由此将花在原材料和劳动工具上的资本同花在劳动力上的资本区分开来。前者只是购买其价值是固定的，并被转移到最终产品的价值中的商品；后者不仅转移价值，而且创造新的价值。因此，马克思将前者称为“不变资本”，将后者称为“可变资本”。

“剥削”率（或剩余价值率）因而可以表述为必要劳动对剩余劳动的比率，或用价值术语表述为：

剩余价值（S）/可变资本价值（V）

马克思宣称，伴随着资本主义生产变得更有效率，在资本有机构成上会发生变化，不变资本（C）会变得更为重要，这是相对人的劳动力投资而
237 言的。投向雇佣劳动的资本占总资本的比率会下降。但是，只有活劳动才能够在生产过程中创造剩余价值，即总资本中只有比率不断下降的那部分资本才能够创造新的价值。马克思相信，总利润率因而必然存在不断下降的趋势，尽管存在着各种起反作用的趋势会迟滞利润率下降的速度。[1]

最后，应该强调的是，在《资本论》第3卷中，马克思抛弃了这一假设，即商品是在它们的价值上进行交换的，该假设是他在第1卷中各种论点能够成立的充分条件所在。马克思论证，实际上，商品一般并不是在它们的价值上进行交换，而是在它们的生产价格上交换，即在成本价格加平均利润形成的价格上交换。在既定的剩余价值率之下，资本构成的变

1 马克思：《资本论》第1卷，第193—194，222—223，235—236，243—244页；马克思：《资本论》第3卷，第236—237，258—268页。

化将会导致资本获得不同的利润率，例如：

资本A

60c+40v+40s=140

剩余价值率=100%：40s/40v

利润率=40%：40s/60c+40v

资本B

40c+60v+60s=160

剩余价值率=100%：60s/60v

利润率=60%：60s/40c+60v

总起来看，平均利润率是50%，但为了获得这种平均利润，资本A必须获得的产品价格是150，即获得的价值比他创造的要多；而资本B却由于售价低于其价值，只能获得平均利润率：

资本A

生产成本（60c+40v）=100

平均利润率=50%

总产品价格=150

资本B

成本价格（40c+60v）=100

平均利润率=50%

总产品价格=150 238

尽管如此，但在这两个资本中，总价值（140+160）等于总价格（150+150），利润总量（50+50）等于剩余价值总量（40+60）。如果总价格等于总价值的话，那么从中可以推断出，平均价格等于平均价值，即使单个商品并不是在它们的价值上进行交换的。[1]

---

1 马克思：《资本论》第3卷，第193页及其后。马克思分析最初遇到的困难在于，他用产品价格来表示生产过程产出品的价格，但却用价值来表示投入品的价值。当然，（转下页）

因此，马克思是借助他的劳动价值论来解释剩余价值的存在，这种理论假设，商品之所以能够加以比较，仅仅是因为它们都是人类劳动的产物，每种商品所包含的劳动量有多有少。人的劳动是所有价值的源泉所在，正是这一假设构成了他下述判断的基础，即：只有可变资本才能够创造剩余价值。从中可以推断出，如果生产实现了完全的自动化，那么将不存在可变资本，也不会有剩余价值，因而不会有利润。[1]

不幸的是，马克思论证过程的几乎每一个步骤都遭到了致命的批判。首先，人们不可能假设，作为劳动的产物是各种商品唯一的共同特征，并成为它们进行比较的基础。人们同样能够说，相比需求而言，所有商品都是稀缺的；或它们都受市场上供需规律的调节。[2]其次，马克思对价值转化为价格的分析以他对利润率的界定为基础，即s/c+v。不过，任何一个资本家所获得的实际利润率，取决于他购买投入品的价格同他出售产出品的价格的比率。如果价格偏离价值，马克思也坚持认为它们将会产生偏离，那么从中可以推断出，s/c+v计算出的并不是利润率。这种用价值量对利润率所做的界定，实际上“并不是资本家所关心的，资本家对此也是一无所知的，也不存在什么力量能够发挥作用使利润率在各个产业之间变得均等化”。由此可见，在对资本主义生产过程的分析中，它是多

(接上页)问题在于，一个产业的产出是另一个产业的投入。马克思的解释框架因而要求一种特殊产品的存在，当它作为产出品出售时的价格不同于它作为投入品购买时的价格，当然，这是不可能的，因为销售和购买是同一交易的两个方面。I.斯蒂德曼：《斯拉法式的马克思》，第43—44页。

1 马克思：《资本论》第1卷，第73，235—236页；T.莫里斯—苏祖基（Morris-Suzuki）：《机器人与资本主义》，《新左派评论》1984年9—10月第147期，第110，114页。

2 E.冯·博姆—巴维克（von Bohm-Bawerk）：《卡尔·马克思和他体系的终结》，M.斯威齐编，伦敦，1975年版，第75页。

余的,因为在不存在价格的条件下,我们不可能确定利润率。[1]即使$s/c+v$代表的是利润率,但马克思也并未揭示它最终将会下降,即这种下降趋势将压倒各种相反趋势的作用力。[2]利润率远不是依赖于可变资本(活劳动)的存在,我们有可能揭示,正利润率完全能够在一种实现自动化,即零劳动成本的情况下存在。[3]

最后,尽管有可能根据投入品和产出品的劳动价值来表示一个既
定的经济,但不可能从这些价值中推演出价格或利润。总价值并不等 239
于总价格,利润总量也不等于剩余价值总量,按价值衡量的利润率也不等于按价格衡量的利润率。因此,根据价值量评估一个经济是可能的,但却不会是富有成效的,因为正是价格和利润构成了资本主义经济运行的基础。[4]由此可见,劳动价值论远不是马克思对资本主义分析的基本内容所在。[5]事实上,它是马克思理论体系中多余的部分。尽管如此,但却仍有可能保留马克思根据它的特定生产关系对资本主义做出的界定,同时否定他的劳动价值论和从中得出的诸结论。

“后资本主义”社会

用纯“经济”术语来界定一种生产方式的阶级关系,而不考虑任何

---

1 斯蒂德曼:《斯拉法式的马克思》,第30—31页;斯蒂德曼编:《有关价值的争论》,伦敦,1981年版,第17页。

2 G.霍奇逊:《托洛茨基与宿命论式的马克思主义》,诺丁汉,1975年版,第71页。

3 斯蒂德曼:《机器人与资本主义》,《新左派评论》1985年5—6月第151期,第26—27页。

4 斯蒂德曼:《价值、价格和利润》,《新左派评论》1975年3—4月第90期,第71—80页。

5 S.阿明:《价值规律和历史唯物主义》,纽约,1978年版,第3,17—18页。

政治的或意识形态的因素，这种尝试所遇到的问题在马克思主义对“后资本主义”社会总结的特征中表现得非常明显，它们是诸如苏联或中国等社会。我们如何能够对诸如苏联这样的国家的社会关系做出界定呢？它是一种类型的资本主义，还是社会主义？或是能够根据某种其他生产方式来加以界定呢？

马克思本人很少提及未来社会主义社会的性质，但在一般意义上，他提出了一种两阶段框架。共产主义的第一或较低级阶段通常被称为“社会主义”或“无产阶级专政”阶段，其显著特征是废除了生产资料的私人所有制，并由无产阶级国家掌握了它们的所有权，由此实现了生产资料的社会化。因此，国家的性质就成为理解社会主义生产方式的社会关系的关键所在。马克思认为，一个“真正”的国家是以牺牲大多数人的利益为代价来维护少数统治阶级利益的。在这种意义上，即使是民主共和国也不过是资产阶级的专政，即一个特定阶级进行的政治统治。无产阶级专政要比资产阶级共和国更为民主，而不是更不民主，因为它鼓励民众参与政治事务。国家将不再是一种独立的机构从外部强加于社会。政府将由民意代表选出，在一个较短的时期内任职，并且可以罢免。政府成员将出身于无产阶级，而且公务员将只拿和工人同样的工
240 资，法官将由选举产生，专业常备军将被人民民兵所取代。仍需要有政治权力来镇压资产阶级的抵抗，以实现生产资料的社会化。但由于这种权力不再是将少数人的利益强加于社会其他人之上，所以它将不再是一个“真正”的国家，而是国家正在消亡的形式。由于社会掌握了对经济的所有权和群众控制了政府，所以统治者和被统治者之间的长期对立将被消除。

一旦资产阶级的抵抗被最终挫败，对经济进行改造以使它为了社会需求而进行生产的工作完成，那就不再需要有任何政治权力凌驾于民众之上，国家将走向消亡。这一阶段将为社会生产的较高级阶段（“共产主义”）准备条件。在共产主义阶段，个人将不再是按劳分配，而是按

需分配。当然，这将包括把社会财富再分配给那些最需要的人。社会仍然需要满足生产者直接需求之外的剩余，以防备灾祸，以维持和扩大产出水平，以及供养那些从事行政管理和社会服务的群体。因此，社会主义不是根据缺乏剩余劳动，而是根据社会对剩余的占有方式来加以界定的。[1]

这种分析对我们理解苏联的社会关系能提供什么样的帮助呢？苏联的生产关系是资本主义式的、社会主义式的，还是两者之间的过渡阶段？抑或是某种其他生产方式的？当然，苏联并没有宣称自己已达到了共产主义的高级阶段。我们也许都会同意，在苏联，国家尚未消亡，稀缺也并未消灭，个人也不是根据需要来获得报酬的。因此，苏联已达到共产主义阶段的可能性能够被忽略。将苏联描述为“资本主义式的”似乎也不是很合适，因为它缺乏生产资料的私人所有权，缺乏一个世袭的资产阶级、股份所有者等。苏联的官方立场认为，“苏联已经建成发达的社会主义社会”，社会主义的“这种成功”目前正在为向共产主义高级阶段的过渡打基础。[2]不过，许多社会主义者并不愿意在其表面字义上接受苏联统治精英的声明。自托洛茨基时期以来，许多马克思主义者都论证，由于缺乏民主和长期存在的社会不平等，所以这种“后资本主义”社会没有资格被称为“社会主义”。[3]我们给这些社会起什么样的名称，这本身并不特

---

1 见马克思的《法兰西内战》(《马克思恩格斯选集》第3卷，第1—122页）和马克思的《哥达纲领批判》(《马克思恩格斯选集》第3卷，第293—319页)；A.诺夫：《一种可行的社会主义经济学》，伦敦，1983年版，第1部分。

2 L.I.勃列日涅夫：《苏联社会主义共和国建国50周年纪念》，莫斯科，1972年版，第83—84页。

3 M.萨尔瓦托里(Salvadori)：《托洛茨基与社会主义革命：1880—1938年》，伦敦，1979年版，第8，9章；对这些评论的总揽性回顾见P.贝利斯(Bellis)：《马克思主义和苏联》，第69页。

别重要。重要的是，我们如何界定它们的生产关系和居于主导地位的生
241 产方式。

从一种马克思主义立场对苏联进行特征总结的经典性尝试是由托洛茨基在《被叛卖的革命》中完成的。就为什么不应该将苏联视为一个社会主义社会，托洛茨基提出两个主要理由来加以说明。第一个理由是以生产力决定论的命题为基础的，即社会的生产关系同它的生产力水平相适应。相比资本主义而言，社会主义应该同更高的社会生产力水平相适应；苏联的经济发展尚未赶上更先进的资本主义世界的发展水平；从中可以推断出，苏联尚未达到社会主义所要求的生产力发展水平，而是一种处于准备阶段的政体，处于从资本主义向社会主义的过渡阶段。[1]我们已经否定了生产力决定论的科学性。如果我们要总结苏联生产方式的特征的话，我们决不会根据它的生产力水平，而会根据它的主导性生产关系来加以总结。这使我们转向托洛茨基否定苏联是社会主义社会论断的第二个理由。

托洛茨基将苏联的社会关系界定为一种“工人”国家式的社会关系，而工人国家又是根据国家对工业、农业和贸易的垄断加以界定的。不过，俄国在布尔什维克革命时期的落后状态（工业处于不发展状态、农业生产居于主导地位）、随后工人阶级先锋队在内战期间的发展壮大、党的官僚化和国际社会对革命的孤立，所有这些共同导致了工人国家的堕落，国家官僚转化为一个“拥有全部权力的统治等级”。苏联是一个“堕落”了的工人国家，这一论断暗示它一度曾是健康的，这本身就是一个矛盾的论断。将托洛茨基对苏联的界定理解为他将苏联界定为一种“畸形的工人国家”，“这种社会形态的特征是它从制度上排斥工人阶级对自己的国家进行管理，这种管理为党—国家的官僚所垄断”。这并未引起很大争议。苏联的统治阶级是无产阶级，就像在资本主义生产方式下，正是作为统治阶级的资产阶级通过国家来保护他们的所有权一样。以同

1 托洛茨基：《被叛卖的革命》，伦敦，1967年版，第46—48页。

样方式，在拿破仑三世统治下，法国资产阶级被排斥在政治权力之外，但与此同时，国家继续保障资产阶级的所有权。因此，在"苏维埃的波拿巴主义"下，无产阶级是统治阶级，但却被排斥在掌握直接政治权力之外。[1]

对另外一种将苏联的特征总结为"国家资本主义"的尝试，其中官僚通过对国家权力的垄断构成一个新的统治阶级，托洛茨基予以了否定。官僚的权力并不是以一种新形式的社会所有权的出现为基础的，而是被 242
迫保护工人国家的那种所有权形式，其中工人国家是由无产阶级革命建立的。不可能将官僚描述为"国家资产阶级"，因为他们并不拥有世袭的特权，也没有私人所有权，不拥有股票和债券。官僚享有的特权是一种对权力的滥用，而且被迫假称他们并不是一种真实的社会存在。[2]

托洛茨基的这种分析存在许多问题。第一，将苏联无产阶级的地位同拿破仑三世统治下作为统治阶级的资产阶级的地位做比较，并不具有合理性。在资本主义生产方式下，由于他们所处的阶级地位，及作为结果对社会生产资料的控制，资产阶级在获得财富、影响力和权力方面是有保障的。他们并不必拥有政府职位，以使他们被视为社会的主要利益集团，但这个利益集团的决策将会对政府政策和财政支出产生巨大影响。资产阶级的社会和经济权力起到了对国家机构政治权力的制衡作用。但正如托洛茨基自己所承认的，无产阶级并不拥有这种对官僚政治权力的制衡力量。作为结果，官僚构成了苏联社会中唯一拥有特权的和发号施令的阶层，它对权力的垄断是资产阶级的波拿巴主义式的国家所不可比

---

1 托洛茨基：《被叛卖的革命》，第248—249，277—279页；托洛茨基：《资本主义的垂死呻吟和第四国际的任务》，伦敦，1970年版，第47页；贝利斯：《马克思主义和苏联》，第69页。

2 托洛茨基：《被叛卖的革命》，第248—250页。

拟的。[1]

就否定将苏联的特征总结为“国家资本主义”而言，托洛茨基的第二个缺陷是他强调法律对所有权关系的承认。官僚并不拥有私人所有权，它的特权也未得到法律批准。只有当官僚的地位得到法律认可时，对无产阶级革命利益的清算才能得到保证。[2]但这过分强调了法律和私人所有权的重要性，将它们视为阶级统治的基础。托洛茨基论证，官僚缺乏私人所有权意味着不可能将它作为一个阶级来总结其特征。然而，与此相类似，尽管斯巴达的公民、莫卧儿王朝的曼萨卜达尔和中世纪的教会地主都不享有绝对的私人所有权，但将他们所生活的社会视为是阶级社会是合理的。所有权可以采取有效控制的形式，而不一定采取完全私人所有权的形式。借助对政治权力的垄断，苏联官僚所获得的正是这种有效控制。缺乏私人所有权本身并不会使苏联变成一个工人国家，不管是畸形的，还是健康的。

最后，托洛茨基将官僚对权力的占有视为是过渡性的，而不是社会
243 组织的长久形式。苏联要么向前发展为“真正”的社会主义，要么倒退回到资本主义和生产资料的私人所有权。[3]但是，现在看来，无产阶级通过革命掌握政权或复辟资本主义，似乎都不可能是苏联的选择所在。因此，苏联不是一种过渡性的形态，而是一种新的社会形式。如果这是事实所在的话，那么我们如何界定它的生产关系？

在对苏联做概念分类时，最好将它视为一种新形式的阶级社会。生产资料的国家所有权本身并不足以将一个社会界定为社会主义社会。在政治权力被国家机构的工作人员和行政官员所垄断的地方，这些官僚事

---

1 托洛茨基：《被叛卖的革命》，第248—249页；诺夫：《政治经济学与苏联社会主义》，伦敦，1979年版，第213—214页。

2 托洛茨基：《被叛卖的革命》，第248—250页。

3 同上，第249—254页；贝利斯：《马克思主义和苏联》，第236页。

实上已经变成生产资料的所有者。因此,许多学者将苏联的特征总结为一个“国家资本主义”社会,它由一个新的阶级,即“国家资产阶级”进行着统治,该阶级控制着国家的全部经济、政治和社会生活。当然,在这个统治精英层的不同分支(政党、国家、军队、产业、治安)之间存在着差别,正像在资本主义生产方式下,资产阶级的不同派别之间存在差别一样。但不管怎样,我们能够将这种统治精英视为一个新的统治阶级,它不受任何人的控制,也不受任何要求的支配。[1]

因此,在苏联,国家和政治权力并不仅仅是“上层建筑”,而且构成了社会生产关系的组成部分。权力是下述类型社会中阶级关系极其重要的组成要素,其中特权不是以私人所有权为基础,而是以行政决策所决定的资源分配为基础。正是这种政治权力给予行政管理精英层以种种特权:公寓、乡间别墅、假期、轿车、好的学校、消费品、特供商店等。我们由此可以将苏联统治阶级所获得的特定形式的“剩余劳动”或收入形式的特征总结为“剩余收入”形式,即官僚凭借它的政治权力获得一部分社会财富,这部分财富要远远高于按社会标准维持官员、经理和将军生存所必需的水平。给这种社会起什么样的名称并不是特别重要的,尽管将苏联的精英层描述为“资产阶级”也许是错误的,因为它的特权来源于它在一个分层权力等级中的地位和它所掌握的行政资源。再次地,我们必须根据它的生产者阶级、它的统治阶级的性质,以及该阶级收入所采取的形式来界定这种生产方式。[2] 244

1 贝利斯:《马克思主义和苏联》,第4—6章;T.克利夫(Cliff):《俄国的国家资本主义》,伦敦,1974年版;M.德吉拉斯(Djilas):《新阶级》,伦敦,1957年版。

2 诺夫:《政治经济学与苏联社会主义》,第12章;V.K.库辛(Kusin):《阿列克·诺夫在探索给一个阶级起名时提出的建议》,《苏联研究》1976年第28期,第274—275页。

结　论

生产方式是一个非常有用的概念。假如我们并不试图将所有社会都强行纳入马克思在1859年《序言》中所列举的诸种生产方式之内的话，那么这个概念使我们能够在各种社会之间做出区分。不是马克思所提出的特定历史分析，而是他借助生产关系概念对阶级所做的结构性定义，为我们提供了理论工具，使我们能够根据它们的主导性生产方式来考察特定的社会。因此，马克思的理论为我们提供了一些概念，使我们能够建构有关生产方式的诸概念，这些概念是马克思本人没有意识到的。

有关一种特定生产方式的概念并不是直接对一个特定历史社会进行归纳的产物，但这并不意味着生产方式概念“只能从理论方面加以评估”。[1]当然，按照理论连贯性标准来对生产方式做出界定是可取的，但归根结底，这些概念无法在抽象意义上被证明它们的对错，而只有在对特定社会形态的描述中和对它们转型的解释中才能得到检验。本章给出的例子表明，对社会形态，生产方式概念确实提供了一种连贯一致的分类；在第八章中提出的对封建社会向资本主义过渡的分析表明，强调一种生产方式所内在的阶级和阶级斗争并不仅仅在描述对象方面能够发挥作用，而且在对长期历史变迁给出重要解释上也能发挥作用。

最后，必须强调的是，本章所讨论的经验事例进一步证实了第九章的理论结论，即从概念分类方面看，不可能将社会生产关系仅仅归类为一种经济现象，而且它也是由政治和意识形态构成的。阶级概念涉及统治和服从的关系。政治权力、法律和意识形态并不仅仅是从生产关系中推演而来的，它们也可以构成生产关系的组成要素。要使马克思有关“基础”决定社会“上层建筑”的命题具有某种合理性的话，基础就不可能是

1 辛德斯和赫斯特：《前资本主义生产方式》，第2—3页。

用狭隘的经济关系来加以界定。在其最具解释力的形式上，马克思主义的模式宣称，广义理解的生产关系决定着国家和意识形态的某些方面，即不是生产关系组成部分的那些方面。我们现在就必须转向对这些命题 245
的考察。

第十一章
政治的上层建筑

作为阶级统治"工具"的国家

可以根据组成它的那些机构，或根据它所发挥的社会功能来对国家做出界定。前一种类型的经典定义是韦伯提出的著名论断，即国家是"一个人类共同体，它（成功地）获得了在一个特定区域内合法使用暴力的垄断权"。偶尔的，马克思主义者也会根据组成机构来对国家做出类似的定义。韦伯自己曾引用托洛茨基在布列斯特—立托夫斯克问题上的评论，"每个国家都是以暴力为基础的"，列宁也将国家界定为"一种系统使用暴力，并通过暴力使人民臣服的特殊机构"。在《家庭、私有制和国家的起源》中，恩格斯提出的国家定义与韦伯的相类似。国家是一种特殊的权威机构，它拥有军队、监狱、税收和官员，它是一种独立的，和人民大众相分离的公共权力。像韦伯一样，恩格斯也强调，地域性将国家同部落的社会组织形式区别开来，部落成员是由血缘纽带联系在一起的。[1]

---

1 韦伯：《作为一种职业的政治生活》，载A.皮佐尔诺（Pizzorno）编：《政治社会学》，哈蒙德斯沃斯，1971年版，第28页；《马克思恩格斯选集》第4卷，第116，170—171页；列宁：《论国家》，载C.赖特·米尔斯编：《马克思主义者们》，哈蒙德斯沃斯，1969年版，第213页。

马克思主义不同于其他形式的社会理论的地方是,它对国家执行的某些功能予以了强调。就对国家的界定而言,马克思主义既提供了一种功能性定义,也提供了一种机构性定义。韦伯否认有可能根据它所执行的功能来对国家做出界定,因为政治机构能够执行几乎所有的任务,所以没有什么任务是政治组织专属的和特有的。[1]不过,马克思主义者却论证,尽管国家在执行一揽子范围非常广泛的任务,但它确实在发挥一种具有首要性的、能够据此对它做出界定的功能:"国家是维护一个阶级对另一个阶级统治的机器"[2];国家将统治阶级的经济利益视为是"国家意志即法律的一般表现形式。这种表现形式的内容总是决定于这个阶级的关系"[3],国家是"最强大的、在经济上占统治地位的阶级的国家,这个阶级 251
借助于国家而在政治上也成为占统治地位的阶级,因而获得了镇压和剥削被压迫阶级的新手段"。[4]

就对国家的研究而言,在两种马克思主义之间做出区分是有益的。第一种研究将国家——在正常条件下——视为统治阶级的工具:"古希腊罗马时代的国家首先是奴隶主用来镇压奴隶的国家,封建国家是贵族用来镇压农民和依附农的机关……"[5]在每种生产方式中,有产阶级的社会权力"每一次都在相应的国家形式中获得实践的观念的表现,因此一切革命斗争都是针对在此以前实行统治的阶级的"。[6]第二种研究被德雷珀称之为马克思的"一般国家理论"。这种理论认为,国家并非一直是有产阶级的直接工具。一般而言,国家的性质是

1 韦伯:《作为一种职业的政治生活》,第27页。

2 列宁:《论国家》,第27页。

3 《马克思恩格斯全集》第3卷,第378页。

4 《马克思恩格斯选集》第4卷,第172页。

5 同上,第172页。

6 《马克思恩格斯选集》第1卷,第90页。

由现行的社会状况决定的；政治形式同社会关系所采取的形式相“适应”。国家是统治阶级的工具的例子仅仅是这种社会对政治决定性的特例而已。[1]

米利班德论证，第一种研究所持的是一种工具主义的国家观，认为国家是在“按照”统治阶级的命令行事，这是“一种对马克思和恩格斯思想的庸俗化理解”。当马克思和恩格斯论证，现代国家“不过是管理整个资产阶级的共同事务的委员会罢了”时，他们是在个体资本家的利益和作为整体的资本家阶级的利益之间做出了区分。如果说相对于资产阶级而言，国家享有某种程度的自主性，那么它所维护的只能是资产阶级的整体利益。由此可见，国家具有某种程度自主性的认识“植根于对国家的定义中”，是该定义的内在组成部分。[2]

事实上，这并不是对马克思和恩格斯思想的庸俗化理解。持这种理解的人论证，在他们的某些著作中，他们提供的分析只允许资本主义国家享有一种相对资产阶级而言最小的自主性，这些著作将国家描述为“资本剥削雇佣劳动的工具”。[3]这特别适用于他们在马克思的《路易·波拿巴的雾月十八日》发表之前时期对资产阶级国家所做的分析。在19世纪40年代，马克思和恩格斯论证，在较先进的资本主义社会，资产阶级利益和国家权力的融合是正常现象：“目前国家的独立性只有在这样
252 的国家里才存在：在那里，等级还没有完全发展成为阶级”，也就是在那些封建社会法律规定的等级尚未让位于资本主义根据经济划分阶级的地方才存在。因此，现代国家“不外是资产者为了在国内外相互保障各自的

1 H.德雷珀：《卡尔·马克思的革命理论》第1卷，纽约，1977年版，第584页及其后；《马克思恩格斯选集》第2卷，第32页；《马克思恩格斯选集》第1卷，第452页。

2 米利班德：《阶级权力和国家权力》，伦敦，1983年版，第47页；《马克思恩格斯选集》第1卷，第274页。

3 《马克思恩格斯选集》第4卷，第172页。

财产和利益所必然要采取的一种组织形式”。国家是政治组织的形式，资产阶级通过它来维护其共同利益，通过它来赋予其统治以代表普遍利益的表象。此时，马克思关注于批驳施蒂纳（Stirner）的论断，即国家是超然于和制衡统治阶级的“第三种力量”，“只有国家才拥有强大的力量”。与之相反，马克思论证，现代国家缺乏独立性，必然会乞求得到资产阶级的支持，资产阶级最终会“买断”国家。[1]通过资产阶级革命，资产阶级确立了最适合它自身发展的政治组织，及体现该阶级意志的法律形式，“并且必须使自己通常的利益具有一种普遍的形式”。简言之，“政治权力是一个阶级用以压迫另一个阶级的有组织的暴力”。[2]

我们能够在马克思的《1848年至1850年的法兰西阶级斗争》（1850年）中清楚看到这种“工具主义”国家观，马克思在书中论证，法兰西的国家在1815年之后是不稳定的，这恰恰是因为它没有反映资产阶级的总体要求，资产阶级由于内部的经济和政治分歧而发生分裂。在复辟君主的统治下，正是大土地所有者通过波旁王朝的统治发挥他们的影响力。在由1830年革命建立的七月王朝统治下，首先是金融贵族利用国家来维护自身的利益，但这种利益不仅导致来自农民、工人和小资产阶级的反对，而且导致资产阶级内部诸派别，尤其是工业资产阶级的反对。因此，1848年二月革命的任务就是创建一个共和国，其中所有有产阶级都能够分享政治权力。资产阶级的统治由此获得了一种全面的，而不是仅仅偏袒某一部分的形式，这种形式是“整个资产阶级完善的和利益得到明确表现的统治”，它使国家能够将经济和政治分歧中立化，以免威胁到它自身的统治。[3]

---

1 《马克思恩格斯选集》第1卷，第132，134页；《马克思恩格斯全集》第3卷，第410—412，418页。

2 《马克思恩格斯选集》第1卷，第132，277，289，294页。

3 同上，第377—378，383—384页；《马克思恩格斯全集》第6卷，第303页。

因此，当米利班德论证，某种程度的自主性已经被植入国家概念中时，他有犯同义反复错误的危险。在这个例子中，国家所谓的“自主性”并不是国家利益或全体工作人员的自主性，而仅仅是资产阶级个体成员和国家机构在制度上的分离：“换句话说，资产阶级国家的相对自主性只
253 不过是由几乎所有‘行政委员会’所享有的相对自主性，而不是由它所服务的更广泛的选民或群体所享有的相对自主性。”[1]国家的自主性变得只不过是一种功能上的专业化，这是将国家视为一种独立公共机构的思想所固有的主张。我们不可能用这种观点来批驳下述论断，即就资产阶级国家而言，马克思和恩格斯提出了一种非常直接的“工具主义”观念，至少在他们19世纪40年代的著作中是如此。

社会对政治的决定关系

在对国家的工具主义解释之外，马克思还提出了一个适用范围更大的论断，即使在那些国家不是统治阶级直接工具的情况下，国家的性质也是由社会的生产关系和生产力决定的。这些经济关系“绝不是国家政权创造的”，而是恰恰相反，经济关系创造了它，并构成“国家的真正基础”。[2]在这种一般性论断中，国家以政治形式表现了现行的社会和经济状况。国家是统治阶级直接工具的那些事例，只是更一般意义上的，社会对政治决定性的一个特例：“一切经济形式、一切与之相适应的市民关系以及作为市民社会的正式表现的政治制度。”[3]

在“工具主义”国家观和“表现主义”国家观之间存在着差别，这明

---

1 F.帕金：《马克思主义和阶级理论：一种资产阶级的批判》，伦敦，1979年版，第82页。

2 《马克思恩格斯全集》第3卷，第377—378页。

3 《马克思恩格斯选集》第1卷，第152页。

显地反映在马克思两部不同著作对资产阶级共和国所做的不同分析上，一部著作是《1848年至1850年的法兰西阶级斗争》，另一部著作是《路易·波拿巴的雾月十八日》。在前一部著作中，资产阶级共和国被视为资产阶级统治的“最强大最完备的”形式，使它的统治能够获得代表最普遍利益的表象，使资产阶级能够克服内部在经济和政治上的分歧，而这种分歧以前曾威胁到它的统治。[1]但在《路易·波拿巴的雾月十八日》中，马克思强调，资产阶级统治的这种最全面的形式也存在它自身的危险，尤其是这种全面性的统治目前提供给它的敌人一个明确的靶子来加以反对；而当君主制和资产阶级内部存在分歧时，这种靶子是模糊的。资产阶级的一个派别掌握国家权力是危险的，但整个资产阶级掌握国家权力也是危险的。结果就是在国家和资产阶级之间出现一道裂痕，它使国家能够自主的程度是史无前例的。[2]并不能简单地说，马克思在1850年后抛弃了他的“工具主义”国家观；相反，在《路易·波拿巴的雾月十八日》中，马 254
克思将1815年到1851年之间的法兰西国家称为“统治阶级的工具，不管它是如何努力维护自身权力的”。[3]马克思并未抛弃他的这种信念，即国家可能是统治阶级的工具，而是将他的注意力转向下述情况，即由于市民社会的状况，国家不再是统治阶级的工具。他一直强调，“国家权力并不是悬在半空中的”，它是由现行社会状况决定的。但他同时强调，这些状况也许不会导致一种简单的和直接的对应关系，即在经济上居于统治地位的阶级和国家机构的全体人员与政策之间的直接对应关系，而是导致国家的独立性不断增强，即摆脱经济上居于统治地位的阶级控制的独立性不断增强。[4]

1 《马克思恩格斯选集》第1卷，第467页；《马克思恩格斯全集》第6卷，第303页。

2 《马克思恩格斯选集》第1卷，第675—676页。

3 同上，第676页；埃尔斯特：《理解马克思》，剑桥，1985年版，第408页。

4 《马克思恩格斯选集》第1卷，第676—677页。

就国家能够摆脱统治阶级的控制，获得程度不断增加的独立性而言，马克思区分了两种方式。第一种方式是，当两个（或更多）阶级的力量大体处于平衡状态时，通过挑拨两个阶级之间的斗争，国家能够增加其自主性。第二种方式是，经济上居于统治地位的阶级放弃直接掌握政治权力，以保障它在经济和社会方面的长期统治地位。[1]早在《德意志意识形态》（1845—1846年）中，马克思就强调，国家获得独立性的潜力来源于阶级力量的对比。在封建生产方式处于衰落，而资产阶级又尚未强大到足以取得支配地位的情况下，以绝对君主制形式出现的国家能够获得某种独立性，因为“在那里任何一部分居民也不可能对其他部分的居民进行统治”。绝对君主制统治者的统治实现了这种“更为加强的独立性”，它利用新生的资产阶级作为“同贵族抗衡的势力”，尽管马克思也对这种自主性的程度做出限定：在这种阶级力量处于平衡的情势下，国家只能获得相对于两个阶级而言的“一定的独立性的假象”。[2]马克思对奥地利和德意志也做了类似的分析：在奥地利，梅特涅通过平衡贵族、农民和资产阶级的力量，使他们处于一种“相互僵持不下”的局面，从而建立了最全面形式的绝对君主制；在德意志，俾斯麦在容克地主、资产阶级和无产阶级之间进行挑拨，使它们彼此处于斗争状态。[3]

就路易·波拿巴统治所取得的独立性而言，马克思的分析通常被视为国家使统治阶级丧失权力的经典例证，这种状况是由在阶级斗争中形成的僵持不下的局面造成的：“帝国是在资产阶级已经丧失统治国家的

---

1 埃尔斯特：《理解马克思》，第7章。

2 《马克思恩格斯全集》第3卷，第70，72，213，418页；《马克思恩格斯选集》第1卷，第274页。

3 《马克思恩格斯全集》第6卷，第196页；德雷珀：《卡尔·马克思的革命理论》，第327—329，417—424页。

能力而工人阶级又尚未获得这种能力时唯一可能的统治形式。”[1]恩格斯也将第二帝国包括在这些“例外”的时期，即国家不再是阶级统治的直接工具的时期中。在第二帝国时期，“相互斗争的各阶级达到了这样势均力 255 敌的地步，以致国家权力作为表面上的调停人而暂时得到了对于两个阶级的某种独立性”。[2]

然而，就波拿巴主义式的国家所取得的独立性而言，马克思大部分的分析并不是以阶级力量平衡理论为基础，即由于各阶级处于僵持不下的局面，国家能够抵制有产阶级的要求，而维护它自身的意愿，而是以统治阶级让位理论为基础，即有产阶级允许国家拥有某种程度的自主性，以保障自身在经济和社会方面的长期利益。马克思论证，波拿巴主义是资产阶级不再能够直接通过民主共和国来行使国家权力的结果。但是，资产阶级对国家的全面控制表明了国家的本质所在：它实行的是“恐怖的阶级统治”，它对群众的解放运动进行直接和公开的镇压。

在部分掌握权力会增加不稳定性，完全掌握权力又存在危险的情势下，资产阶级唯一的选择就是完全放弃权力。通过传统的政治代议制，资产阶级实行直接的议会统治，但现在这种统治已经变得不再与它自身的利益相适应；因此，资产阶级转而求助于波拿巴，由他组建一个强大的政府，实现稳定，保障工业和商业的繁荣。波拿巴中止了统治阶级的直接政治权力，消除了资产阶级在政治和文学方面代表人物的影响力，转而寻求农民、无产阶级和他自己所属的流氓无产阶级群体的支持。然而，即使在波拿巴的枪杆子面前，资产阶级似乎是谦恭的，但第二帝国所保障的等级制度却仍然使资产阶级和地主继续保持了对生产者的统治。资产阶级由此获得了一定程度的发展，这是连它自己都未预料到的。由此可见，波拿巴的统治似乎独立于资产阶级的控制，但却是现代资产阶级统治的最

1 《马克思恩格斯选集》第3卷，第54页。

2 《马克思恩格斯选集》第4卷，第172，511页。

后和唯一可能的形式（这是马克思做出的错误判断）。[1]

对19世纪中期英国的国家，马克思给出了类似的分析，其中工业和商业资产阶级构成“统治阶级”，但土地贵族组成“官方政府”。资产阶级允许拥有土地的辉格党人建立寡头统治，垄断政府公职，其条件就是要他们代表和维护资产阶级的利益。通过与资产阶级达成的妥协（诸如1846年废除谷物法），辉格党能够对改革的程度做出限制，以保障他们自
256 身的地位；通过与辉格党达成的妥协，资产阶级能够避免与人民群众建立联盟。由于资产阶级长期和渐进式的发展，以及贵族在较早时期就已经向资本主义所有权形式转化，所以地主和资产阶级的结盟变得更为容易。[2]

对一些特定国家，马克思和恩格斯确实提供了一种“工具主义”式的分析。例如，他们将法兰西共和国视为“资本对劳动作战的全国性武器”，而将巴黎公社视为“铲除阶级赖以存在的经济基础的杠杆”。但是，他们同时也意识到，他们可能已在国家和统治阶级之间划开一道裂痕，国家有可能努力维护“它自身的权力”，国家工作人员有可能将政府收入视为其个人财产，视为某种形式的意外之财，他们可能形成一种有组织的力量来使生产者臣服。[3]他们是将波拿巴主义式国家的自主性视为正常的，就如恩格斯在1866年所宣称的那样；还是将这一时期视为是例外的，就如恩格斯在《家庭、私有制和国家的起源》中所宣

---

1 《马克思恩格斯选集》第3卷，第54页；《马克思恩格斯选集》第1卷，第586，612—613，674—677，685页。

2 《马克思恩格斯选集》第1卷，第614页；《马克思恩格斯全集》第7卷，第251页；《马克思恩格斯全集》第8卷，人民出版社1961年版，第384—385页；《马克思恩格斯全集》第11卷，人民出版社1962年版，第50—51，109页。

3 《马克思恩格斯选集》第3卷，第54，59，81页；《马克思恩格斯选集》第1卷，第675—676，682页。

称的那样？对此，我们无从知道。因此，即使在马克思强调波拿巴主义式的国家享有某种程度的独立性的地方，他同时也强调，国家取得对统治阶级的明显胜利，这似乎只有那些缺乏洞察力的人才会有如此的认识。波拿巴的统治仍然是某种形式的阶级专政，这种专政维护了法国资产阶级的物质利益。[1]相对于资产阶级和贵族的控制而言，绝对君主制国家只是拥有“一定的独立性的假象”，因此它是“暂时作为表面上的调停人”出现的。类似地，辉格党之所以能在英国掌权，只是因为它对资产阶级的各种要求做出让步，经济发展过程已经使这些让步变得不可避免。[2]波拿巴挑拨无产阶级同资产阶级进行斗争的事实，并未使无产阶级成为19世纪法国的统治阶级。国家仍然是一种机构，它有助于保障有产阶级在经济和社会方面的长期统治地位，正如绝对君主制时期和19世纪的英国所做的那样。马克思宣称，国家有助于统治阶级的长期总体利益，即使在它被迫抵制个体资本家的短期利益时也是如此。[3]作为一个独立的利益集团，国家存在于社会劳动分工之中，该利益集团会“尽可能地维护它的独立性”；尽管如此，但它也不可能抵制经济发展和阶级利益的压力。确实，试图抵制经济变化潮流的国家，“经过一定的时期都要崩溃”。[4]即使是在维护统治阶级的利益上，国家并非一直是最优的；但一般而言，它在维护那些利益上是
发挥作用的。 257

1 《马克思恩格斯全集》第31卷，人民出版社1972年版，第209页；《马克思恩格斯选集》第4卷，第172页；《马克思恩格斯全集》第1卷，第676页。

2 《马克思恩格斯全集》第3卷，第418页；《马克思恩格斯选集》第4卷，第172页；《马克思恩格斯全集》第8卷，第384页。

3 《马克思恩格斯全集》第3卷，第196页；马克思：《资本论》第1卷，第161，369页。

4 《马克思恩格斯选集》第4卷，第701页。

国家为什么是“阶级的国家”？

由此可见，马克思和恩格斯确实论证过，国家可能是在按照统治阶级的吩咐行事。米利班德更倾向于认为国家是代表统治阶级利益的，而不是直接按它的命令行事，尽管如此，但他也同意：“国家确实是阶级的国家，即统治阶级的国家。”[1]对马克思主义者而言，附加或多或少限定条件，国家就是代表一个阶级利益的国家。但国家为什么就应该代表一个特定阶级的利益呢？我们为什么就应该将国家视为某种外部力量（统治阶级）的表现，而不是构成一种独立的权力来源呢？对这一问题，米利班德区分出三种可能的答案，这种区分是有益的：第一种答案是，国家工作人员的来源解释了它为什么会存在阶级偏见；第二种答案是，可以根据社会等级所施加的结构性限制来解释国家的阶级性；第三种答案是，统治阶级是社会中力量最强大的利益集团。

对国家具有阶级性的第一种解释认为，国家的上层官僚、参谋部人员、法官和内阁成员就是从统治阶级中选拔的。这种形式的解释具有理论上的优势，根据所涉及行为者的意图，它解释了国家为什么会发挥有利于统治阶级的功能。[2]在这种情势下，正是居于统治地位的等级或阶级所拥有的共同背景、教育经历、家庭关系、价值观和意识形态，解释了国家机构为什么预先就倾向于有产阶级，为什么易于将国家的利益同经济上居统治地位的阶级的利益融合在一起。[3]马克思和恩格斯肯定提供了对国家这方面的分析，即强调国家工作人员的阶级出身。例如，在《英国工人阶级状况》中，恩格斯论证，资产阶级“如何以政党，甚至国家政权

1 米利班德：《马克思主义和政治学》，牛津，1978年版，第74页。

2 同上，第87—88页。

3 同上，第68—69页。

出面反对无产阶级”，它通过保护其所有权的法律来保护自己。这些法律是由有产阶级的成员，即治安法官执行的，“本阶级的利益是一切真正的秩序的主要基础”。[1]类似地，马克思也论证，意在对资本家做出限制的工厂法是由特别法庭来执行的；而在法庭中“是工厂主先生自己审问自己”。[2]在19世纪的英国，地方政府仍然掌握在城镇中产阶级和乡村地主手中，它是有产阶级自己在政治上从事管理的政府。[3]在1830年以后的法国，正是金融贵族在直接管理着国家，指挥公共机构的运转。[4] 258

从收入水平和官僚机构建设方面看，国家的完善程度越不发达，国家机构的工作人员与统治阶级的重合就表现得越明显。中世纪英格兰的封建国家是一个典型例证。在那里，拥有土地的权贵不仅在他们自己的私人法庭中有着制度化形式的权力，而且控制着王室和公共机构，即行政和司法机构。因此，在1348年黑死病之后，当地主面临劳工和佃农短缺的压力时，他们能够抵制佃农和雇工改善自我状况的要求。他们这样做不仅是通过他们自己的庄园法庭，而且是通过执行1351年颁布工资冻结法令，这个法令是由地主控制的议会通过而成为法律的，地主同时作为皇家法庭的法官又成为该法令的执行者。“由富人控制的政府是最大限度为富人服务的。”[5]类似地，在现代早期的英格兰，政府、议会、地方政府、官僚机构、军队、海军和教会都是由地主阶级的成员控制的。甚至在现代资本主义国家，国家的工作人员也主要是从商人、有产阶级和专业

1 《马克思恩格斯全集》第2卷，第570页。

2 马克思：《资本论》第1卷，第320页。

3 《马克思恩格斯选集》第3卷，第91页。

4 《马克思恩格斯选集》第1卷，第379页。

5 希尔顿：《中世纪社会》，伦敦，1967年版，第268页；希尔顿：《奴隶获得解放》，伦敦，1977年版，第172页；J.R.兰德尔（Lander）：《15世纪英格兰的冲突和稳定》，伦敦，1971年版，第172页。

阶层的成员中吸纳的。[1]

不过，仅仅根据公职人员的社会出身来解释国家的阶级性，这种尝试存在一些问题。国家并非一直是由在经济上居统治地位的阶级控制的。一个极端的例子是纳粹德国，在那里，传统上执政的统治阶级的权力被大大削弱，“在某些重要领域，最明显的是外交决策领域的权力则被完全取消”。即使在更为因循惯例的资产阶级国家，在国家和商业精英之间也可能存在着很深的敌意，资产阶级反对罗斯福新政或反对社会民主改革纲领就是相关的例证。[2]当然，人们有可能论证，在所有这些例子中，国家维护的是资产阶级的长期利益。但如果是这样的话，我们需要揭示国家是如何，以及为什么能够扮演资产阶级利益代表的角色，即使当资产阶级自己也反对国家时。工具主义论者宣称，在或大或小的程度上，经济上居于统治地位的阶级“控制”着国家。这种论断是有力的，但却并不是对国家所具有的阶级性的终极性解释。

对国家为什么维护统治阶级利益的第二种形式的解释，是以结构决定关系为基础的。国家的性质和实行的政策是由它们对统治阶级所发挥的有益功能来加以解释，这些有益功能又是由国家在特定社会中的地位所保障，并由居于主导地位的生产方式的生产关系加以限制。[3]例如，普兰查斯论证，统治阶级的成员在国家机构中任职不是国家具有阶级性的原因，而是结果。不可能将国家简约为一种在官僚和统治阶级之间具有的主体性关系。国家是一种机构，其功能是保障阶级制度的凝聚力和再生产，这种功能源于它作为社会整体的一个特殊部分所处的地位，它在

1 米利班德：《资本主义社会的国家》，伦敦，1973年版，第55页；也见兰德尔：《15世纪英格兰的冲突和稳定》，第3章各处。

2 米利班德：《资本主义社会的国家》，第84，106页；米利班德：《马克思主义和政治学》，第69—71页。

3 米利班德：《马克思主义和政治学》，第72—74页。

这个整体中发挥着一种客观作用："如果在一个确定的社会形态中，国家的功能和统治阶级的利益相吻合，那么这是由该制度自身的原因造成的。"[1]

制度具有结构上的决定性。这种形式的决定性存在的问题在于，它根本不是一种真正的决定性，而只是一种条件陈述。事实上，普兰查斯是在宣称，如果一种特定的阶级制度要继续存在的话，那么国家就必须执行某些功能。但我们试图确定的正是国家为什么要执行这些功能。结构决定性被证明是在重申我们要努力解决的问题。它提出的是一种同义反复而不是解释：国家之所以执行某些功能，是因为正是这些功能在客观上界定了国家。由此，社会形态被具体化为一种历史行为者，它产生了它自身的后果，并赋予国家以一种特殊的角色。国家的全体工作人员因而只是变成这种客观功能的承载者。事实上，普兰查斯的观点是对一种简单经济决定论的复杂表述：国家之所以必须执行某些功能，是因为它处在一种特定的阶级结构之中。

对国家为什么保障有产阶级的利益，其最终解释是，通过它所拥有的资源、力量和影响力，这个阶级不仅能够作为"压力集团"对国家施加影响，而且是所有压力集团中势力最强大的。[2]通过这种影响，统治阶 259
级能够将他们的利益作为"国家"利益，由此获得国家的关注和同情。托尼·本给出了这方面的一个明显例子，他在国家对待劳资纠纷的态度和对待金融投机的态度之间做了比较：

> 当然，在1978年到1979年油轮驾驶员和资本家进行争议期间，我自己对行政部门的潜在作用的直接经验表明，军队认为他们的功能就

1 N.普兰查斯：《资本主义国家问题》，载R.布莱克本（Blackburn）编：《社会科学中的意识形态》，伦敦，1972年版，第245—247页。

2 米利班德：《马克思主义和政治学》，第71—72页。

是在为一次针对工会的军事行动做准备。但要获得成功，就需要详细了解“敌人”的计划。可见当资本对政府施加压力时，会产生多么不同的结果。1976年出现了对英镑的挤兑风潮，伦敦城市银行和其他银行在其中
260 发挥了主要作用，作为结果，英国的国家利益受到最直接的威胁。但没有证据表明，对这些正在通过投机明显侵害我们国家利益的行为，安全部门予以了关注。

有产阶级能够对资本主义国家施加这种影响，并不仅仅是源于政府和商业拥有一种共同的意识形态观念，也不仅仅是源于家庭和朋友关系，以及将两者联系在一起的社会背景，更不仅仅是源于拥有巨大资源的商业利益建立了组织良好的院外活动集团等事实。除了这些主观影响之外还存在一个简单的事实，促使国家和资本易于建立某种伙伴关系，即控制着经济、投资、生产、金融和贸易的资产阶级对国家行为强加了巨大限制，资产阶级的决策权决定着在哪里生产、生产什么和如何生产，这些决策无疑会影响到工资、价格、利润和贸易收支情况。正是这种经济权力，构成了“资本”产生持续影响的基础，这种权力迫使国家必须赢得“商业”的信任和合作。维护社会秩序、促进经济繁荣和保护国家安全，为了履行它的这些功能，经济成功对政府而言是非常关键的。由此可见，正是经济构成了国家的财政基础；而不仅仅是由于偏见才导致国家利益同私人企业利益的一致。由于国家运作的这种背景和上述的诸种限制，至少可以说，这种利益一致具有很大程度的合理性。[1]

在与统治阶级的关系方面，国家面临的限制在不同社会之间是不同的。例如，在中世纪的英格兰，对国家自主性的“主观”限制是它缺乏对

1 米利班德：《资本主义社会的国家》，第6章；J.维斯特加德（Westergaard）和H.雷斯勒（Resler）：《资本主义社会中的阶级》，哈蒙德斯沃斯，1976年版，第244—277页；A.吉登斯：《历史唯物主义的当代批判》，伦敦，1981年版，第210—219页。

军队的垄断，一旦君主的政策侵害到贵族的特权，贵族就有可能，而且确实会威胁发动针对君主的武装叛乱。对中世纪国家自主性的"客观"限制就是由于封建经济所生产的剩余有限，由此限制了国家所能获得的资源。而受资源的限制，国家无力发展起一个大的官僚机构和一支由它自己支配的军事力量，因此它的成功运行只有依赖于城镇和（尤其是）乡村精英的合作。爱德华二世和理查德二世被罢黜和谋杀表明，那些无视这些限制的君主将会面临的命运。

作为压力集团，统治阶级将施加主观限制，社会和经济制度将施加客观限制（不应将这些限制同普兰查斯作为同义反复的结构决定性相混淆），这两者共同解释了国家为什么要维护统治阶级的根本利益。国家有 261
别于统治阶级，这是其定义所固有的属性，它被定义为"获得了和市民社会并列的并且在市民社会之外的独立存在"；"相对于所有阶级，包括统治阶级而言"，所有国家都享有某种自主性或独立性。[1]正是因为无产阶级专政开始终止这种分离关系，马克思才将它视为国家的消亡形式。[2]不过，国家和统治阶级的分离并不意味着国家享有绝对的独立性，因为根据定义，任何完全独立于其他机构的机构，从一开始就不会和它们有任何联系。[3]因此，国家不可能完全被包括在统治阶级之内，同样地也不可能享有完全的自主性。考虑到此，过分夸大国家的"相对自主性"是非常庸俗的，因为根据定义，国家是自主的，但事实上，这种自主性是相对的和有条件的。

国家并不是完全独立于社会的，它也并不仅仅是统治阶级的工具。因此，对国家与统治阶级之间的关系，一种更为有用的解释模式认为，它

---

1 《马克思恩格斯全集》第3卷，第70页；米利班德：《马克思主义和政治学》，第83页。

2 《马克思恩格斯选集》第3卷，第56—58，121页。

3 吉登斯：《历史唯物主义的当代批判》，第217页。

是“两种不同系列力量之间的伙伴关系，许多线索将它们彼此联系在一起，但它们又都有各自独立关注的领域”。[1]仅仅断言国家具有相对自主性是没有意义的。关键的问题在于，是什么因素改变了国家和统治阶级之间的这种伙伴关系，使国家目前拥有或多或少的独立活动空间？在《1848年至1850年的法兰西阶级斗争》中，马克思提供了一种答案：即国家权力的增长一般是与统治阶级的存在和权力所面临的挑战数量的增长呈正比关系。当相对而言，统治阶级享有对社会无可争议的霸权时，国家和统治阶级之间的关系是相对紧密的；而当统治阶级遭到来自下层的挑战时，国家的自主性将会相应提高，甚至会产生独裁形式的政府。[2]其他影响国家自主程度的因素还包括外部的压力（正如我们将会看到的，这在绝对君主制国家的例子中是一个关键性因素），以及国家所拥有的官僚和财政资源的数量。它们使国家能够在完全不依赖统治阶级支持的前提下实行统治。

马克思和恩格斯提出了许多隐喻，用它们来说明国家和社会之间的关系，包括将国家比喻为统治阶级的“工具”，比喻为市民社会的“表现”
262 或“反映”。所有这些隐喻都是成问题的，因为它们不可能涉及国家的自主性，或它所发挥的积极历史作用。最有用的一种隐喻是将国家和统治阶级之间的关系比喻为一种“联盟”关系。[3]国家的统治不可能长期与社会为敌，正如查理一世所发现的那样，在17世纪的英格兰，他试图在没有有产阶级合作的条件下进行统治，但最终被送上断头台。国家不可能在极其孤立的状态下存在，它必须寻求盟友的支持。它的自然盟友是拥有最大经济和社会权力的阶级，但这个阶级将会对国家的自主性施加最大的限制，它的利益似乎同作为整体的国家利益相一致。智利阿连德政府

1 米利班德：《阶级权力和国家权力》，第72页。

2 同上，第67—68页；《马克思恩格斯选集》第1卷，第458页。

3 《马克思恩格斯选集》第4卷，第173页。

的命运是对此所做的悲剧性说明，它表明，当国家和现存统治阶级之间的伙伴关系破裂，但国家又不能建立一种新的社会联盟作为它的权力基础时，可能会发生什么情况。[1]国家是社会中的一种独立力量，而不是一种来自外部的独立力量。国家试图创造它自己的历史，但并非在它想要，或自己创造的条件下进行，正如阿连德在付出代价后才发现的那样。

国家和功能解释：绝对君主制的例子

认为国家机器和议会“并不是统治阶级的真实存在形式”，而只是他们进行统治的有组织的一般性机构，是旧秩序在政治上的保障与表现形式，这自然是一种对国家的功能解释，是根据它们对维护统治阶级霸权的有益作用，对政治制度做出的解释。[2]这种类型的论证可以被用来解释国家为什么会执行某些功能（诸如保障社会秩序和保护所有权），或国家为什么会采取某种特定的形式。对国家所采取的形式做功能解释的一个例子是米利班德和普兰查斯做出的论证，他们宣称，资本的利益要求国家拥有某种“相对自主性”，以调节资产阶级内部存在的利益分歧，并确保统治阶级的长期利益能够压倒某些个体成员的短期利益。[3]

像上文提到的那样，这种解释的问题是很难确定在其中起作用的机制，而这种机制确保了对统治阶级发挥有益功能的国家形式将会出现。确实，只要统治阶级继续存在，这种功能解释能够很容易地变成一种同义反复：国家对统治阶级发挥有益功能是由那个阶级继续进行统治来“证明”的。很难反驳这种假设，因为从长期看，国家所做的几乎任何事 263

1 米利班德：《阶级权力和国家权力》，第74页。

2 《马克思恩格斯选集》第3卷，第117页。

3 米利班德：《马克思主义和政治学》，第74页；普兰查斯：《政治权力和社会阶级》，伦敦，1973年版，第287页。

情都能够被证明是有益于统治阶级的，只要它能够继续进行统治的话。事实上，我们需要在对国家所提出的两种功能命题之间做出区分：第一个命题是，国家发挥有益于统治阶级的功能，因为它不会威胁统治阶级在社会和经济方面继续保持霸权地位，即国家不会发挥不良功能；第二个命题是，对统治阶级而言，国家的形式和行为是最有利的，即它们使统治阶级能够将其利益最大化。在具体该选择哪一种形式的功能解释上的困难，在安德森对绝对君主制国家兴起的解释中表现得非常明显。

马克思和恩格斯有关绝对君主制的论述往往是非常矛盾的，这也许是因为他们将绝对君主制视为一种非常矛盾的现象。一方面，他们将绝对君主制视为一种“进步”力量，它既是由资本主义的发展所产生的，又反过来加速了资本主义的发展。绝对君主制促进了封建生产方式的衰落；“在同封建制度做斗争以赢得解放的过程中，它是新生的现代社会的武器”。因此，1789年法国革命并非简单地是它所推翻的那种绝对君主制国家的对立面，而是相反，它进一步促进了国家的中央集权化，同时推进了已经开始的资本主义发展。另一方面，绝对君主制最终被证明是阻滞资产阶级发展的桎梏，资产阶级发现自己已经同国家和贵族的联盟处于对立状态，因为它们是旧制度的卫护者。[1]马克思和恩格斯由此论证，绝对君主制国家是从封建社会向资本主义过渡时期的国家形式，它之所以能够取得某种独立性，正是因为它能够挑拨一个阶级的力量去对抗另一个阶级的力量，前一个阶级代表新兴资本主义的利益，后一个阶级代表正在衰落的封建制度的利益。[2]

---

1 《马克思恩格斯选集》第1卷，第458页；马克思：《资本论》第1卷，第819页；《马克思恩格斯选集》第3卷，第111页；《马克思恩格斯选集》第1卷，第277页；《马克思恩格斯全集》第6卷，第121，291—292，301—306页；《马克思恩格斯选集》第3卷，第508页。

2 《马克思恩格斯选集》第1卷，第458页；《马克思恩格斯选集》第1卷，第274页；《马克思恩格斯选集》第4卷，第172页。

绝对君主制是向资本主义过渡时期的国家形式，安德森同意马克思和恩格斯的这种观点，但不接受他们的结论，即国家的独立性是一种“阶级力量平衡”的结果，或是说在绝对君主制国家中存在着多个统治阶级。在《反杜林论》中，恩格斯对绝对君主制提出了一种非常不同的解释，这种解释更接近安德森的观点：“社会的政治结构绝不是紧跟着社会经济生活条件的这种剧烈变革立即发生相应的改变。当社会日益成为资产阶级社会的时候，国家制度仍然是封建的。”[1]安德森的论点是，在西欧，绝对君主制国家的发展是对封建阶级关系形式所发生变化的反映。伴随着劳役制的终结、地租形式的变化、农奴制的衰落和地主庄园 264
权力的消失，封建统治阶级被迫寻找新的社会控制形式，以确保他们继续占有农民的剩余劳动：“绝对君主制就是这样：封建统治机构的一种重新调整和组织，其目的是强迫农民群众重新回到他们传统的社会地位上，而无视和反对农民通过地租形式的普遍转化获得的收益。”地主用一种新形式的中央集权化的和军事化的国家机构来补偿他们在地方庄园政治权力上的损失：“绝对君主制是地位受到威胁的贵族在政治上的保护伞。”因此，绝对君主制国家就获得了一种功能解释：它之所以能够发展，正是因为地主需要维系封建生产关系和榨取剩余，尽管现代早期欧洲的状况已经发生改变。[2]

安德森的论证在理论上的困难是它对功能解释的依赖，这种困难同时也导致了许多经验问题的产生。安德森假设，绝对君主制是解决贵族困境的唯一出路，即：

(a) 贵族的社会地位受到威胁；

---

1 《马克思恩格斯选集》第3卷，第446页；也见斯威齐：《一种答辩》，第108页；希尔顿：《一个评论》，第118—121页，载希尔顿编：《从封建社会向资本主义社会的过渡》，伦敦，1976年版。

2 安德森：《绝对主义国家的谱系》，第1章。

（b）因此它接受了绝对君主制。

事实上，从理论上看，地主还是有其他选择的。例如，在波兰，通过继续维持他们对庄园的控制和将农民重新农奴化，而不是求助于中央集权化的国家，地主想方设法确保他们的地位。换句话说，我们首先需要解释，针对他们所面临的问题，法国地主为什么被迫接受一种特定的解决方案；当然，这是假设绝对君主制就是这样一种解决方案。

不过，安德森论证的主要缺陷是，他不仅假设地主会倾向于一种特定的解决方案，而且假设他们必然能够将他们的偏好强加于社会。但是，如果我们假设地主的要求将不会自动地为历史发展所满足，那么安德森非常明显的功能解释［上文（a）和（b）］就变成一种条件陈述：

（a）贵族的社会地位受到威胁；

（b）因此，如果它要继续维持它的地位的话，它就必须尝试发展某种形式的中央集权化的国家权力，以确保它对剩余的榨取。

条件陈述并不构成解释。贵族具有某些需求的事实并不意味着那些需求将会自动地得到满足。即使我们同意，绝对君主制是地主所面临问题的一种解决方案，我们也必须解释他们如何，以及为什么能够将他们
265 所倾向的方案强加于社会。功能论证不可能替代具体的历史解释，因为事实上它只是重新界定首先需要加以解释的历史结果。

安德森论证中的经验问题是编年史方面的问题，这个问题使我们质疑，是否能够将绝对君主制主要视为对劳役制度变化和货币地租增长的第一反应。例如，在法国，早就从10世纪中期开始，劳役制度就开始了它漫长的衰落过程，到14世纪初几乎已变成一种过去存在的事物；农奴制的衰落过程从13世纪中期开始，在17世纪初实现向绝对君主制转型之前的那个世纪就已经完成。因此，很难证明在农奴制终结和绝对君主制兴起之间存在着任何因果关系。安德森未能将他对绝对君主制的解释置于对封建地租转型的详细说明之中。作为结果，对现代早期欧洲的政治发展，《绝对主义国家的谱系》提供了充满创造性的考察，但他未能证明阶

级关系在因果关系解释上具有首要性这一理论命题，而这是他研究的初衷所在。

就绝对君主制在西欧的兴起而言，安德森的解释在理论和经验上的缺陷又由于他对东欧中央集权化国家权力发展的分析而显得更为突出。在书的一处，他宣称，东欧绝对君主制是“强化农奴制的工具”。但同时又被迫承认，在绝对君主制出现之前的一个世纪中，普鲁士的农奴制就在不断扩展其范围。而在波兰，尽管在建立一种本土化的绝对君主制方面遭遇了完全的失败，但农民重新被农奴化了。那么，绝对君主制为什么会在东欧获得发展呢？东欧的政治上层建筑为什么会同西欧趋同，而它们的经济基础却趋异呢，因为东欧正在变得越来越封建化？安德森提出的解释并不是认为这是由于内部阶级斗争或经济变迁造成的，而认为是由于国际冲突和外交领域的原因使然。例如，普鲁士绝对君主制的形成是对瑞典军事威胁增加的反应；类似地，俄国绝对君主制的发展是在同瑞典和克里米亚鞑靼人的斗争中实现的。[1]

在某种意义上，安德森再次提出了一种对绝对君主制的功能解释。在一个国际战争频仍和外部威胁不断增加的时期，他根据对国家安全所发挥的有利功能来解释东欧绝对君主制的兴起。但为了使这种形式的功能解释具有效力，安德森强调人们的意图所发挥的作用和存在一种选择机制，正是它们使我们能够根据某种制度所发挥的有利功能来解释它的存在。绝对君主制国家是统治者有意实行的制度，其目的在于积聚军事 266
和财政力量，以同竞争国家相对抗；波兰被邻国瓜分丧失了国家地位，它的例子表明，那些未能建立绝对君主制的国家将会遭受的命运。正如市场会青睐那些最有效率的企业，而惩罚那些缺乏效率的企业一样，国际竞争使我们能够对东欧绝对君主制做出一种功能解释。对绝对君主制国家的“需求”并不是一种必须被满足的需求，而是确定要使它继续存在

1 安德森：《绝对主义国家的谱系》，第195—202，212—216页。

的话就必须满足哪些条件：

(a) 在一个国际竞争加剧的时代，国家面临诸多挑战；

(b) 因此，如果国家要继续存在的话，那它就必须建立绝对君主制制度。

绝对君主制的发展具有历史偶然性，必须根据统治者的意图和实施那些意图所能获得的资源来加以解释。对绝对君主制的“需求”本身并不是对绝对君主制为什么会获得发展的解释，正如波兰的例子所揭示的。

东欧的绝对君主制“主要是由国际政治体系中的各种制约因素所决定的，整个地区的贵族在客观上都被整合进这个体系中”，安德森的这一论断因而是有说服力的。确实，在对西欧所做的详细分析中，安德森对绝对君主制的兴起提出的正是这样一种政治解释；尽管在一般性的理论判断中，他认为封建阶级关系的变化是居于首要地位的。他宣称，加速法国绝对君主制发展的三种最重要的因素是百年战争、16世纪的宗教战争和17世纪的投石党运动，而其中似乎并未对法兰西国家所采取的形式提供一种以阶级为基础的解释。安德森论证，从这些危机中产生的是路易十四的绝对君主制统治，其特定目标就是要进行军事扩张。绝对君主制的发展是与招募军队和募集资金以发动对外战争的需求联系在一起的。16世纪，法国军队有五万人；到17世纪30年代增加到十五万人或更多。因此，绝对君主制是“由战争需要所产生”的一种体制。正如安德森自己所指出的，绝对君主制国家是为战争而建造的机器。当然，王朝战争是同现代早期社会的阶级性质和社会结构相联系的，但这给出的是一种对绝对君主制的不同解释，它是根据地租形式的变化做出的解释，安德森最初是这样认为的。[1]

1 安德森：《绝对主义国家的谱系》，第29—33，38—39，102，202页；D.帕克：《法国绝对君主制的形成》，伦敦，1983年版，第60—64，148—149页。

我们不可能仅仅根据内部的阶级斗争和统治阶级在社会方面所具有的统治地位，来对国家所享有的相对自主程度做出解释。我们同时还必 267 须强调对国家的外部威胁，诸如对外战争，或与阶级无关的内部危机，诸如法国的宗教战争，它们导致国家出现危机，由此产生建立独裁主义政府和加强国家权力的可能性。不能将这些危机仅仅视为一种对统治阶级的威胁。例如，在波兰，未能发展起绝对君主制也许导致作为波兰民族组成部分的贵族的终结，但这并不意味着贵族本身的终结。正相反，在俄国占领的波兰领土上（是波兰领土面积较大和人口较多的部分），由于引入了严苛的俄国农奴法，贵族生活得很好，经济繁荣也在继续，甚至繁荣程度还有所增加。[1]由此可见，无论从内部还是从外部看，都不可能仅仅将国家视为统治阶级利益的表现。

但这并不意味着，统治阶级和地主阶级之间的关系与绝对君主制国家的性质或运转毫不相干。在普鲁士，维持常备军的税收是绝对君主制国家机器得以维系的关键因素，它需要由贵族投票通过。而作为回报，国家对容克地主免予征税，并颁布土地法将农民更牢固地束缚在土地之上。在法国，路易十三、黎塞留和马扎然试图通过加强王室的权力，以克服群众骚乱、贵族反叛、外敌入侵和宗教分离主义等造成的威胁。但由于加强王权引起了法国传统特权精英层的抵制，使王权已经取得的成功大打折扣。路易十四成功建立绝对君主制王权并不是源于他在同地主阶级的斗争中取得胜利，而是源于他同地主阶级达成妥协和实现合作。投石党运动向贵族表明抵制法国君主制是无益的，也是危险的；贵族的抵抗也向君主表明，没有地方精英的合作，王室是不可能将其控制强加于社会的。“尽管王室权力无疑有了增加，但路易十四的绝对君主制统治依赖的并不是官僚机构的高效率，而是依赖同社会统治阶级达成的妥协，政

1 安德森：《绝对主义国家的谱系》，第196，297页；P.S.万迪切茨（Wandycz）：《瓜分波兰领土：1795—1918年》，西雅图，1974年版，第18页。

府的运作需要得到他们的支持。”不可能将绝对君主制国家简约为统治阶级的工具，但保障统治阶级的地位、特权和收入是绝对君主制国家得以建立的一个重要原因。[1]

国家作为社会关系的“表现”：绝对君主制的例子

我们这里用绝对君主制国家的例子来对马克思主义有关国家的解释
268 进行检验。绝对君主制并不仅仅是封建统治阶级的工具。相反，由于同为农民剩余的攫取者，当他们的利益受到中央集权国家的威胁时，地主将抵制中央权力的发展，努力维护他们在地方上的权力。而正是因为存在这种抵制，绝对君主制国家最终被迫与之达成妥协，被迫去赢得有产阶级的信任。[2]专制国家肯定不能被仅仅视为是阶级压迫的工具[3]，它也不可能根据封建生产方式的功能需求来加以解释。因为，从理论和经验方面看，这种解释形式都是不充分的。

如果不能根据“工具主义”国家观或功能理论对绝对君主制国家进行解释的话，那么像马克思所宣称的，将国家视为市民社会的“表现”也是无益的。这种解释的困难是，它再次地将国家在历史变迁过程中的作

1 安德森：《绝对主义国家的谱系》，第203页；帕克：《法国绝对君主制的形成》，第86，143，151页；R.邦尼（Bonney）：《投石党运动中的红衣主教马扎然和大贵族》，《英国历史评论》1981年第96期，第818—833页；W.贝克（Beik）：《17世纪法国的绝对君主制与社会》，剑桥，1985年版，第31—32，327—337页。

2 帕克：《法国绝对君主制的形成》，第329—337页；A.D.柳博林斯卡娅（Lublinskaya）：《法国绝对君主制：1620年到1629年重要发展时期》，剑桥，1968年版，尤其见第2，331页；R.布伦纳：《欧洲资本主义的农业根源》，《过去与现在》1982年第97期，第58，80页。

3 《马克思恩格斯选集》第3卷，第12页。

用视为是被动的。国家仅仅是某种更深刻和更根本性的变革在表层的表现。例如，布伦纳（像安德森一样）论证，对农民所有权形式的保障，迫使地主越来越多地依靠中央集权政府以税收形式从农民身上榨取剩余。因此，绝对君主制并不仅仅是对榨取剩余的传统封建形式的保障，而且是“对旧制度的认识发生变化的表现”。[1]布伦纳对中央集权政府在榨取剩余中的重要作用的论证是强有力的，因为扣除国家机构和官员的收入之外，国家税收的大部分被直接转移到地方显贵手中。问题并不在于他对国家和统治阶级之间重新建立的联盟的分析，而在于他将国家仅仅视为社会变迁的“表现”的隐喻。

布伦纳分析的基础是法国农民有能力保持他们对土地的所有权。他论证，不像英格兰农民，在那里农业资本主义已经获得发展；而在法国，在国家的帮助下，农民的地位仍然是稳固的。在与地主的斗争中，国家不仅使农民能够获得短期收益，而且将这些收益建立在一种有保障的基础上，即确立事实上的对土地的自由占有权。在保障农民所有权上，国家有着既得利益，它由此可以根据自己的需要征收农民的剩余；因此，对农民的保障和绝对君主制国家彼此相互依赖携手发展。但是，如果贵族对国家的依赖是农民占有权获得国家保障的结果，如果这种占有权大体上是
由国家政策予以确立和维系的，那么国家自身就成为发挥重大历史作用 269
的主体，有它自己的利益诉求。国家并不仅仅是对社会变迁的反映或“表现”，而且它本身就是促成那种变迁的一种力量。由此可见，贵族对国家的依赖，部分是由国家自身的行为造成的。工具主义国家观、功能理论或“表现”隐喻都不能使我们理解国家所发挥的这种积极的历史作用，这种作用是国家在与地主争夺农民剩余的竞争中发现自身能够发挥的作用。

但是，布伦纳的分析并未告诉我们，国家为什么希望扩展它的权力，

1 布伦纳：《欧洲资本主义的农业根源》，第81页。

并获得一个健全的财政基础。正如我们上文已经提到的，不可能根据内部的阶级斗争来对这种需求做出解释。相反，“正是战争和为战争所做的准备，对行政资源的中央集权化和财政重组提供了最强有力的推动，而中央集权化和财政重组是绝对君主制兴起的特征所在”。[1]

不能像波尔什涅夫（Porshnev）和安德森所做的那样，将绝对君主制国家的“相对自主性”作为现行社会关系的功能要求而予以忽略。[2]必须认真研究国家的自主性，这意味着，国家并不仅仅是社会变迁的表现，而且它本身就是推动那种变迁发生的一种主要力量。绝对君主制国家不是，也不可能是完全独立于有产阶级的；两者也无法合并在一起，以致国家纯粹成为阶级统治的工具。两者之间的关系是一种协商性的伙伴关系，其中双方发现共同维护社会的基本秩序是他们自身的利益所在：通过越来越多地参与不断扩展的国家机构，贵族能够获得收益、权力和地位；君主也发现，过分脱离有产阶级的自主性往往会损害到它自身进行成功统治的能力。结果是国家和地主结成联盟，结盟的条件是由双方各自面临的内部和外部威胁与各自所能获得的资源决定的。像任何其他形式的历史变迁一样，绝对君主制的确立必须根据历史主体的意图（有意识的和无意识的）和行为加以解释，必须根据决定那些意图的因素，对他们行为的限制和那些行为的（预料到的和未预料到的）结果加以解释。在这种解释中，国家自身就是一个历史行为者；不可能将它仅仅简约为是对社会变迁的“反映”或“表现”，是统治阶级的“工具”，或是对封建阶级
270 关系形式变化的“功能”反应。

对马克思有关“基础和上层建筑”的隐喻，这种对国家问题的讨论意味着什么呢？正如我们上文已经提到的，不可能将基础界定为某种预

1 吉登斯：《民族国家与暴力》，伦敦，1985年版，第112页。

2 安德森：《绝对主义国家的谱系》，第108页；B.波尔什涅夫：《1623年到1648年法国人民起义》，巴黎，1963年版，第563页。

先存在的经济层面，并有政治上层建筑依附于它。相反，政治和国家可以构成生产关系的组成要素，由此构成基础的组成要素。这种“相互渗透”最明显地表现在“贡物”生产方式和后资本主义社会的例子之中，其中生产关系不可能独立于国家而存在，国家本身就是生产者所生产剩余劳动的攫取者。即使我们对“基础”做出重新界定，使之能够包括所有发挥生产关系功能的社会因素，但仍然很难保留有关基础和上层建筑的隐喻。因为，我们不可能证明，剩下的政治“上层建筑”在功能上可以由基础的“需求”加以解释，或上层建筑仅仅是对基础的“反映”或“表现”。然而，事实上，国家通常是发挥有利于统治阶级利益的功能的。问题是如何在强调这种功能的同时，认识到国家也是一个积极的历史主体，在统治阶级的利益之外，还有其他一系列因素影响着它的行为。现行的社会生产关系对国家的行为施加了决定性的限制。尽管如此，但这并不意味着，“基础和上层建筑”是最恰当的隐喻，用它能够来表示它们之间的互动关系。正是对国家和统治阶级之间建立联盟或伙伴关系的隐喻，最恰当地把握住了两者之间的关系。国家的“相对自主性”，以及它在这种伙伴关系中独立运作的空间，不可能预先加以界定，而只能通过对特定历史时期的考察才能加以确定。国家和社会之间的关系只能通过一种隐喻予以表现，然而在某种意义上，所有隐喻都是不能令人满意的。“联盟”的隐喻有它自身的缺陷，尤其是它往往会将国家和统治阶级转化为具有同质性的历史行为者，而没有强调它们自身的内部分歧。尽管如此，但正是这种隐喻，在表示经济上居于主导地位的阶级和社会的政治机构之间的关系上，问题最少。 271

第十二章
“意识形态的上层建筑”

马克思宣称，社会的生产关系不仅构成其政治制度的基础，而且构成它独特的思想和意识形态的基础：社会存在决定社会意识。在本章中，我们将考察马克思有关社会决定意识的命题，并论证马克思的命题要比他的批判者通常能够认识到的更为复杂。马克思主义者特别关注意识的意识形态形式，他们往往在批判的意义上用意识形态指代对社会现实的歪曲认识。在这里，我们将考察这种歪曲认识的性质，并论证，尽管马克思主义者描述了意识形态发挥作用的方式，这是非常有用的，但他们试图用这个概念来解释统治阶级统治地位的持续存在却是不成功的。最后，我们将对意识形态的功能解释做出评估；并论证，功能解释在这一领域的有效性非常有限，至少在那些人类意图被确定为反馈机制的情况下是如此；通过这种反馈机制，一种社会制度（在这个例子中是一种特定的思想体系）因为它具有产生某些后果的倾向而建立起来。

社会对意识的决定性

在1859年《序言》中，马克思宣称，生产关系构成“社会的经济结构，即有法律的和政治的上层建筑竖立其上并有一定的社会意识形态与之相适应的现实基础”。[1]卢克斯和普列梅内茨将这段话解读为社会意识源于政治和法律的上层建筑，但这种解读是非常令人费解的。[2]我们最好将《序言》解读为国家和社会意识都直接同社会的经济基础相适应。马克 275
思对他的论点做了反复说明：正如生产关系同生产力相适应一样，人们也“按照自己的社会关系创造了相应的原理、观念和范畴”。[3]有代表性地，马克思还在其他地方论证，生产力对社会意识的直接决定性，以及生产力和生产关系对意识的共同决定性，两者共同构成“意识形态上层建筑”的社会基础。一般而言，他强调的是社会，而不是“技术”对思想的决定性：“不是人们的意识决定他们的存在，而是他们的社会存在决定他们的意识。”[4]

正如上文提到的，这种解释的困难在于，并不是所有的意识形态都能够被纳入“上层建筑”范畴，即有别于生产力或生产关系的上层建筑范畴。相反，思想能够构成生产力（例如科学）或生产关系（例如土著社会中的血缘关系）的组成部分。在各个社会层面之间所做的区分并不是对各种独立的制度所做的区分，或在“物质”和“思想”之间所做的区分。在社会结构的不同方面之间所做的区分是一种功能上的区分。我们不可能宣称，思想仅仅是社会关系的产物，居于次要地位，因为思想本身也可以作为生产关系的组成部分发挥功能。进行思考和拥有意识的能力是人类

---

1 《马克思恩格斯选集》第2卷，第32页。

2 普列梅内茨：《人与社会》第2卷，伦敦，1963年版，第274页；S.卢克斯：《能够将经济基础与上层建筑区分开来吗？》，载D.米勒和L.西登托普编：《政治理论的本质》，牛津，1983年版，第103—104页。

3 《马克思恩格斯选集》第1卷，第142页。

4 《马克思恩格斯全集》第3卷，第29，83—84，169—170页；《马克思恩格斯全集》第26卷第1册，第296页；《马克思恩格斯选集》第2卷，第33页；《马克思恩格斯全集》第46卷下，第35页。

特有的一种属性，就像从事生产的能力那样。确实，马克思将运用意识视为人类生产所特有的一种标志性特征。[1]一般而言，思想并不是上层建筑的组成部分，并由此依赖于基础，而是某些思想之所以能够被（隐喻地）视为意识形态上层建筑的组成部分，是因为它们是由基础决定的。因此，“意识形态的上层建筑”是一种由剩余因素组成的范畴，它包括那些不构成生产力或生产关系组成部分的思想（法律、政治、道德、审美、哲学，等等）。我们在本章所关注的正是这种更为有限意义上的思想。

马克思一再强调，思想和意识不可能构成对人性、社会或国家进行分析的出发点：

> 人们的观念、观点和概念，一句话，人们的意识，随着人们的生活条件、人们的社会关系、人们的社会存在的改变而改变，这难道需要深思才能了解吗？思想的历史除了证明精神生产随着物质生产的改造而改
> 276 造，还证明了什么呢？[2]

例如，当我们试图解释权威原理为什么会出现在11世纪，或个人主义原理出现在18世纪时：

> 我们就必然要仔细研究一下：11世纪的人们是怎样的，18世纪的人们是怎样的，他们各自的需要、他们的生产力、生产方式以及生产中使用的原料是怎样的；最后，由这一切生存条件所产生的人与人之间的关系是怎样的。[3]

---

1 《马克思恩格斯全集》第3卷，第21—22页。

2 《马克思恩格斯选集》第1卷，第291—292页。

3 同上，第146—147页。

在这种意义上，马克思提供了对思想发展的功能解释：

> 一切划时代的体系的真正的内容都是由于产生这些体系的那个时期的需要而形成起来的。所有这些体系都是以本国过去的整个发展为基础的，是以阶级关系的历史形式及其政治的、道德的、哲学的以及其他的后果为基础的。[1]

这并不是说，思想仅仅是对现存社会关系的反映；事实上，它们能够产生持续影响，甚至当它们产生的条件已经不复存在时也是如此。每个时代都创造它自己的哲学，但必须将前一个时代留传下来的思想体系作为它的起点。在这种意义上，“经济在这里并不重新创造出任何东西，但是它决定着现有思想材料的改变和进一步发展的方式”。马克思宣称，社会主义者和共产主义者是无产阶级的理论家，尽管如此，但他们只能通过对现存的哲学、政治和经济思想体系的改造来发展他们的理论。像每一种新理论一样，现代社会主义理论“必须首先从已有的思想材料出发，虽然它的根子深深扎在经济的事实中”。[2]

马克思指出，思想并不是独立存在的，也没有它独立发展的历史，因为它们不是在某种理想天国中，而是在具体个人的大脑中产生的，是对他们“物质生活过程”的升华。伴随着生活过程的变化，它在“意识形态上的反射和反响”也会发生相应的变化。“不是意识决定生活，而是生活决定意识。”[3]不过，这并不意味着，人们只是被动地受外部环境操纵。马克思对费尔巴哈的唯物主义提出异议：他忘记了“人”不仅是由环境改变

1 《马克思恩格斯全集》第3卷，第544页。

2 同上，第515页；《马克思恩格斯选集》第1卷，第155页；《马克思恩格斯选集》第3卷，第355页；《马克思恩格斯选集》第4卷，第704页。

3 《马克思恩格斯选集》第1卷，第73页。

277 的，而且“环境也是由人来改变的”。从他论证思想只能根据它们产生的社会环境来加以解释的那段话中，马克思得出结论，“人们是他们本身历史的剧中的人物和剧作者”。[1]可以肯定，马克思充分认识到思想在历史中的积极作用，例如，新教对资本积累的激励作用。[2]但由于马克思认识形成的背景，他不可能对此做主要的强调。马克思思想上最早的论敌是黑格尔派思想家，他谴责他们将思想视为历史中的决定力量，因为他们将思想同思想家分离开来，由此将思想史描述为观念自我发展的历史。在《德意志意识形态》中，马克思简单地用“意识形态”一词来总结这种唯心主义的特征并予以批判。马克思的成熟思想是通过对当代政治经济学的批判而形成的，至少在其“庸俗”的形式上，他谴责资产阶级将他们有关自身世界的自鸣得意的认识宣布为永恒真理的做法。在这里，“意识形态”有了一种更为一般性的意义，即从一种特定的阶级观点来做辩解。在这种交锋中，马克思一定不会强调思想的积极作用，而是强调思想不是自我发展的，特定的思想体系是特定阶级的地位和利益在理论上的表现。[3]

马克思用相同的隐喻来表述他有关社会决定意识的命题，即用他在说明国家和社会之间关系时所使用的隐喻。可以将思想描述为对社会活动的“反射”、“反映”和“回声”，尽管正如我们将要看到的，他相信这种反映可能会采取一种歪曲的形式。人们的意识被描述为“上层建筑”，它竖立在市民社会的“基础”之上。思想是社会条件的“产物”，它们同这些条件“相适应”或“相一致”。[4]尤其是，马克思使用“表现”这一隐喻：

1 《马克思恩格斯选集》第1卷，第55，147页。

2 《马克思恩格斯全集》第46卷上，第183页。

3 《马克思恩格斯全集》第3卷，第55—56，162—163页；马克思：《资本论》第1卷，第98页注32；B.帕瑞克（Parekh）：《马克思的意识形态理论》，伦敦，1982年版，第1章。

4 《马克思恩格斯全集》第3卷，第29—30，42—43，169—170，199—200，206，211页；《马克思恩格斯选集》第1卷，第142页；《马克思恩格斯选集》第2卷，第32页；（转下页）

意识据说是物质社会关系的“观念表现”；经济范畴只是社会生产关系的“理论表现，即其抽象”。[1]

阶级与意识形态

正如上文提到的，马克思不仅否定唯心主义的认识，即意识领域是独立存在的和自我发展的，而且批判诸如费尔巴哈等人，他们运用一种抽象的唯物主义来解释世界。像马克思一样，费尔巴哈试图证明宗教思想的世俗基础，但在这样做时，他将宗教的本质归结为一种抽象的“人类本质”。马克思反驳道，不是抽象的个人，而是具体的、从属于一个特定社 278
会的个人产生了宗教和其他的意识形态：“人的本质不是单个人所固有的抽象物。在其现实性上，它是一切社会关系的总和。”

思想既不是“人性”的产物，也不是对社会的“抽象”。相反，“一定的意识也是有一定的人和一定的情况与之相符合的”。[2]因此，在特定的社会中，将会有多样的意识形态存在，并且处于竞争状态。例如，在19世纪上半期的法国，存在着许多阶级和阶层，他们产生了同自身状况相对应的政治意识形态形式：

> 在不同的占有形式上，在社会生存条件上，耸立着由各种不同的、表现独特的情感、幻想、思想方式和人生观构成的整个上层建筑。整个阶级在它的物质条件和相应的社会关系的基础上创造和构成这一切。[3]

（接上页）《马克思恩格斯选集》第1卷，第289页。

1 《马克思恩格斯全集》第3卷，第52页；《马克思恩格斯选集》第1卷，第141页；《马克思恩格斯全集》第46卷上，第487页。

2 《马克思恩格斯全集》第3卷，第199—200，279页。

3 《马克思恩格斯选集》第1卷，第611页。

大地产的利益表现在波旁王朝的意识形态中，金融资本的利益表现在奥尔良王朝的意识形态中，工业资产阶级的利益表现在共和派的意识形态中，小资产阶级的利益表现在社会民主派的意识形态中，其中小资产阶级的愿望就是要调和资本和劳动的关系。因此，1848年5月4日的选举不是将拥有共和派意识形态的抽象的政治公民，而是将具体的社会的个人选进国民议会，他们“代表不同阶级”的利益。[1]

不过，马克思承认，在知识分子的社会出身和他们所“代表”的阶级之间并不存在简单的对应关系。例如，代表法国小资产阶级的社会民主派并不必然是店主本人，甚至不是热情拥护店主利益的人。就他们所受的教育和拥有的社会地位而言，思想家和他们所代表的阶级可能相隔天壤：

> 使他们（社会民主党人）成为小资产阶级代表人物的是下面这样一种情况：他们的思想不能越出小资产者的生活所越不出的界限，因此他们在理论上得出的任务和解决办法，也就是小资产者的物质利益和生活地位在实际生活上引导他们得出的任务和解决办法。**一般说来**，一个阶级的政治代表和著作代表同他们所代表的阶级之间的关系，都是这样。[2]

可以肯定，马克思并没有根据他自己所处的特定社会地位，而是根据无产阶级的社会地位，来解释他的革命观点是如何形成的。他宣称，这是因为共产主义意识能够在一些知识分子中产生，即在那些能够思考现
279 代社会中无产阶级地位的知识分子中产生。[3]类似地，用文学表达有产

---

1 《马克思恩格斯选集》第1卷，第395，406，611—612，614页。

2 同上，第614页。

3 《马克思恩格斯全集》第3卷，第77—78页；《马克思恩格斯选集》第1卷，第282页。

阶级利益的人并不必都是有产阶级的一员。魁奈的经济思想体系“代表了即将取得胜利的法国资产阶级”，但他本人却是路易十五的御医。[1]托马斯·马尔萨斯是位牧师，他为地主所有制进行辩护，李嘉图认为这种所有制阻碍了资本主义的发展；然而很难说，马尔萨斯的观点就是他自身经济利益的直接表现。正如他拿自己的地位同他的朋友李嘉图进行对比时所说的：“李嘉图先生拿着巨额地租，本不应该对地租的重要性做如此低的评价；而我却从未拿过或想要去拿过任何地租，却被谴责对地租的重要性做了过高的评价。这真是有点奇怪。”[2]因此，在统治阶级内部，在这个阶级的思想家和积极成员之间存在着劳动分工，“思想家把编造这一阶级关于自身的幻想当作谋生的主要源泉”，这种劳动分工“甚至可以发展成为这两部分人之间的某种程度的对立和敌视”。[3]

马克思承认，在思想家所处的社会地位和他或她的思想所代表的阶级所处的地位之间，可能存在着距离；但这并没有使他不再将这种意识形态理论简单地解释为由一种既得利益所造成的欺骗，并对它进行冷嘲热讽式的批判。马克思确实不时地给出这种冷嘲热讽：“英国的托利党人曾长期认为，他们是热衷于王权、教会和旧日英国制度的美好之处，直到危急的关头才被迫承认，他们仅仅是热衷于地租。”[4]马克思还冷嘲热讽地将波旁王朝称为“不过是地主世袭权力的政治表现”，将奥尔良王朝称为“不过是资产阶级暴发户篡夺权力的政治表现”。但是，他同时指出，这种个人的政治忠诚也是同“旧日的记忆、个人的仇怨、忧虑和希望、

1 《马克思恩格斯选集》第1卷，第136页。

2 《马克思恩格斯全集》第26卷第3册，第50页；W.J.巴伯（Barber）：《经济思想史》，哈蒙德斯沃斯，1977年版，第79页。

3 《马克思恩格斯全集》第3卷，第53页；《马克思恩格斯选集》第1卷，第134页。

4 《马克思恩格斯选集》第1卷，第612页。

偏见和幻想、同情和反感、信念、信条和原则”联系在一起的，简言之，并不“仅仅”是对社会物质利益的反映。[1]对小资产阶级的世界观，马克思提出类似的但不是冷嘲热讽式的解释：人们“不应该狭隘地认为，似乎小资产阶级原则上只是力求实现其自私的阶级利益。相反，它相信，保证它自身获得解放的那些特殊条件，同时也就是唯一能使现代社会得到挽救并使阶级斗争消除的一般条件”。[2]马克思论证，一般而言，思想是由社
280 会条件决定的。尽管如此，但对过去思想的继承、思想家和他们思想最适合的那个阶级之间的劳动分工、复杂的个人动机，和认识会对社会发展产生重要影响的事实，所有这些都意味着，在社会阶级和意识形态之间不大可能存在一一对应的相关关系，也不存在简单的社会对思想的单向决定关系。

马克思在意识形态和意识形态之间做出区分，前者是最有利于一个阶级的利益的思想，后者是该阶级实际上接受的思想。他由此进一步拉开了在阶级和它的意识形态之间的距离。马克思相信，就维护他们自身权力和特权的意识形态而言，这并不是一个统治阶级能自然提出的问题，不管是封建主阶级对等级制的强调（证明社会不平等的合理性），还是资产阶级对工人和资本家处于平等地位的强调，即他们作为市场上的买主和卖主之间的平等（事实上否认他们之间存在任何实质性的社会不平等）。[3]

因此，马克思并不相信，生产者阶级能够很容易地获得一种表现他们自身利益的意识形态。例如，社会主义者和共产主义者也许是“无产阶级的理论家”，但马克思充分认识到，无产阶级并不必然拥有他们的理论

1 《马克思恩格斯选集》第1卷，第611页。

2 同上，第614页。

3 《马克思恩格斯全集》第3卷，第190—191页；马克思：《资本论》第1卷，第190页。

观点。[1]确实，马克思甚至宣称，“统治阶级的思想在每一时代都是占统治地位的思想”。统治阶级不仅拥有物质生产资料，而且拥有“精神生产资料”，因此“能够管理他们那个时代思想的生产和分配”。[2]作为结果，生产者阶级所形成的思想观念并不必同它自身的最大利益相一致。19世纪的法国农民求助于路易·波拿巴来恢复他们往昔的荣耀，他们所拥护的那种意识形态是建立在“偏见”和“幻想”、“同情”和“反感”、“信念”、“信条”和“原则”之上的，是农民在垂死挣扎中所产生的。[3]

类似地，马克思论证，无产阶级的意识并不会自动地表现它的真正利益。工人阶级在现代社会中所处的地位使它同所有其他阶级都处于矛盾之中，这使它具有形成一种革命的共产主义意识的潜力，即争取消灭阶级的意识。但是，这种潜在的意识后来被卢卡奇称为“从外部灌输的意识”，它并不必然是无产阶级在所有时间和地点上实际都会拥有的意识。[4]确实，马克思在1850年宣称，他“一向反对无产阶级的反复无常的意见”。[5]因此，他在工人阶级实际拥有的意识和它“应该”拥有的意识之间做出区分：“他们应当摒弃‘做一天公平的工作，得一天公平的 281
工资！’这种保守的格言，要在自己的旗帜上写上革命的口号‘废除工资制度’。”[6]

马克思指出，只有当资产阶级社会获得其最充分的发展，资本主义的生产力同它的生产关系之间的冲突导致一场新的危机时，工人阶级意

1 《马克思恩格斯选集》第1卷，第155页。

2 同上，第98，292页。

3 同上，第611—614页。

4 同上，第90—91页；T.洛弗尔：《意识形态和英国的大众化肥皂剧》，载R.戴尔(Dyer)编：《英国的大众化肥皂剧》，伦敦，1981年版，第42页。

5 《马克思恩格斯全集》第7卷，人民出版社1959年版，第615页。

6 《马克思恩格斯选集》第2卷，第97页。

识的这种潜在形式才能获得发展；这场危机源于生产领域，但却是在法律、政治、艺术、哲学，“简言之，在意识形态的形式”中通过斗争加以解决的。[1]

马克思论证，一个特定阶级的意识形态是由“物质利益和社会地位”决定的。[2]发达资本主义国家劳工运动的政纲在战术和战略上都是改良主义的。从中可以推断出，工人阶级未能形成一种共产主义的意识，也未能进行消灭阶级的斗争，这要么是由其物质利益，要么是由其社会地位造成的。当然，改良主义的回答是，劳工运动的意识是最有利于他们自身利益的，因此，在工人阶级的利益和它所接受的政纲之间并不存在任何真正的分歧。

革命论者对这一问题的回答是，改良主义政纲并不是最有利于工人阶级利益的。因此，工人阶级社会地位的某些方面必然是在阻止他们形成某种意识，即他们自身的利益会使他们形成的意识。可以将阻止工人阶级形成一种革命意识的候选因素分成两大类：即工人阶级内部的分裂（诸如劳工贵族所享有的特权；男性在家庭中所享有的权力和地位；分享在对第三世界的剥削中获得的利益），以及由居于统治地位的统治阶级意识形态所产生的不良影响（掩盖资本主义剥削的真正本质的商品拜物教；鼓励阶级之间联合的民族主义；资产阶级和国家所掌握的大众传媒的影响力；由政治民主产生的平等假象，其中资本家和工人拥有平等的投票权利；工厂所有者进行家长制管理的权力，等等）。作为对工人确实拥有的那种意识的解释，而不是作为对工人并不拥有革命论者认为他们应该拥有的那种意识形态这一假命题的答案，这些论点是有用的。这种观点所面临的问题并不是解释工人阶级的意识是如何形成的历史问

1 《马克思恩格斯选集》第1卷，第90—91页；《马克思恩格斯选集》第2卷，第33页；《马克思恩格斯选集》第1卷，第470—471页。

2 《马克思恩格斯选集》第1卷，第614页。

题，而是如何克服这种意识的政治问题；正是工人阶级意识存在的问题使革命群体作为少数宣传鼓动派处于劳工运动的边缘地位，他们试图用“正确”思想的力量来反对工人阶级所处社会地位产生的意识。 282

“统治阶级的思想是占统治地位的思想”，阿尔都塞将这一命题用作功能解释，以此来解释统治阶级是如何维持其统治地位的。阿尔都塞论证，社会生产关系的再生产不仅是由发挥镇压功能的法律—政治国家机构，而且更重要地是由意识形态国家机构实现的：即教育、家庭、政党、工会，等等。在维系阶级社会的长期存在上，意识形态起到了关键作用：“没有对国家意识形态机构的控制权，是没有哪个阶级能够长期掌握国家政权的。”[1]对阶级关系再生产的这种“霸权”解释存在的问题是，它事实上只是变换说法提出了要回答的问题，因为生产者为什么会接受统治阶级的思想恰恰是首先要回答的问题。对统治阶级试图实现其霸权的机制的描述，本身并不构成对这种机制为什么会取得成功的解释。

进一步的问题是，生产者阶级的成员在多大程度上接受了统治阶级的思想。例如，19世纪和20世纪早期的工人阶级事实上接受了资产阶级有关自由市场、个人主义的意识形态了吗？工人阶级也许并没有形成马克思希望他们形成的那种共产主义意识，但在导致大规模社会变迁的发生上，工人阶级的集体斗争确实发挥了作用。因此，居于“统治”地位的意识形态并不仅仅是自上而下强加的。它会遭遇到斗争、抵制和讨价还价。这个问题在前工业社会表现得尤为明显，其中，国家所发挥的社会作用有限和大众传媒机构的缺乏，使统治阶级在宣传他们的意识形态上尤为困难。封建阶级关系的持续存在，也许并不是任何意识形态具有霸权地位的结果，而是农民在“单调的经济必然性的支配下”，主要关注于勉强谋

1 阿尔都塞：《列宁和哲学及其他论文》，伦敦，1971年版，第137—141页；T.贝内特对阿尔都塞的理论做了很好的总结，见贝内特：《形式主义和马克思主义》，伦敦，1981年版，第112—118页。

得生计，以及他们被孤立在地方共同体中与外界隔绝共同造成的。与外界隔绝阻止他们形成一个具有全国规模的“自为”的阶级，能够团结起来反对共同的敌人。在阶级斗争中，农民的胜利因而是地方性的和零碎的，而不是全国范围反抗的结果，只有中央政府的腐败和苛捐杂税才可能引
283 发全国规模的联合和反抗。[1]因此，统治阶级努力维系它统治地位的事实，本身并不意味着它的意识形态能够获得大多数人的积极支持。

意识形态的歪曲认识

到目前为止，我们一直是在一种松散的意义上使用“意识形态”一词，意思是指有关社会性质的一揽子思想和假设。列宁是以这种方式使用该词的，他指出，“唯一的选择要么是资产阶级的，要么是无产阶级的意识形态”。不过，其他马克思主义者却是在一种更具体的意义上使用该词。例如，拉瑞恩论证，意识形态并不仅仅是一个特定阶级的意识，而且是一套能够产生特定影响的思想体系，它能够发挥掩饰社会矛盾的功能，由此服务于统治阶级的利益。因此，意识形态只是包括社会上层建筑的一个部分，例如，能够将它同一个时代的“自由精神生产”区别开来。两者都是以生产力和生产关系为基础，但思想是由社会决定的事实本身并不足以将它界定为意识形态的。马克思宣称，所有思想，包括他自己的都是由社会决定的：“革命思想在特定时期的存在是以革命阶级的存在为前提的。”[2]在其他地方，对革命思想产生的社会决定性，马克思给

1 马克思：《资本论》第1卷，第830页；《马克思恩格斯全集》第1卷，第677—678页；N.阿伯克罗姆毕（Abercrombie）、S.希尔（Hill）和B.S.特纳（Turner）：《占统治地位的意识形态命题》，伦敦，1980年版，尤其见第3章。

2 列宁：《怎么办？》，第40页；拉瑞恩：《意识形态概念》，伦敦，1979年版，第60—63页；《马克思恩格斯全集》第26卷第1册，第296页。

出了一种较为松散的界定。就其存在而言，这种思想并不是以一个革命阶级的存在为前提的，但它确实依靠这样一个阶级来产生某种功效。（这大概就是马克思自己的革命思想为什么在发达资本主义国家产生如此小的影响的原因所在。）共产主义乌托邦的思想可以一再地产生，但如果没有生产力的充分发展和与之相应的革命阶级的发展，这种思想是不会产生任何实际影响的。即便如此，那些较早期的共产主义设想也不是脱离社会而产生的。它们是资本主义的产物，那时无产阶级尚处于发展的幼年期，对哲学家而言，他们只是一个受苦最深的阶级，而不是作为革命主体而存在的阶级。[1]因此，马克思论证，特定思想的产生和它们所能发挥的历史作用都是由社会决定的。

那些在一种具体的批判意义上使用意识形态一词的马克思主义者论证，作为意识形态的思想不仅是由社会决定的，而且它们也是一种对世界的不充分的、偏颇的或歪曲的认识。保罗·赫斯特否定这种将意识形态视为一种“错误的意识”的观点：“意识形态并不是虚假的……因为任何能够产生影响的东西怎么可能会是假的呢？难道有可能说黑布丁或压路机是假的吗？”[2]不过，某些事物确实发挥影响的事实并不意味着它 284
不可能是假的。中世纪反犹太的意识形态坚持认为，黑死病是由犹太人在井里下毒引起的，这种说法肯定会产生影响（导致对犹太人的攻击），但是它仍然可能是假的。不像压路机和黑布丁，意识形态一般是对社会的性质所做的判断。除非我们接受相对主义的立场，认为所有这些判断都是同等有效的，否则的话，还是有可能在它们之间做出区分的。可以肯定，对一种思想是否正确的评估是历史解释的内在组成部分，就瘟疫是否是由犹太人在井里下毒引起的而言，我们如何解释这种认识，在很大

1 《马克思恩格斯全集》第3卷，第44，53页；《马克思恩格斯选集》第1卷，第303—304页。

2 赫斯特：《意识形态理论中存在的问题和新的进展》，剑桥，1976年版，第16页。

程度上首先要取决于我们是否相信犹太人真的在井里下了毒。

但是，错误或不充分本身并不足以将一种思想界定为意识形态的，因为科学史在很大程度上就是试错的历史。因此，当一种错误是由社会所造成，尤其是当它服务于统治阶级的目标时，马克思主义者才将它视为是意识形态的。事实上，我们是否将“意识形态”标签仅限于指代那些错误的或发挥有利于统治阶级功能的思想，这大体上是一种语义学的问题。[1]如果我们以这种方式使用该词的话，那么我们就需要其他词汇来指代那些既不是错误的，也不是服务于统治阶级利益的思想。在广义的对社会和政治的性质所做的一般判断上，意识形态可以被划分为四类：

（a）传统的居于统治地位的意识形态。它是对现实的不充分解释和维护统治阶级利益的。中世纪的一种论断是它的典型例证，即封建制度是神圣意旨的组成部分，其中各种社会集团构成一种相互依赖的等级体系。

（b）对现实做了不充分的说明，但却是同统治阶级的利益相对立的颠覆性的意识形态。一个典型例证是激进的宗教运动。托马斯·蒙泽（Thomas Munzer）相信，上帝的选民应该通过杀死不敬神的人，包括教士和诸侯来为太平盛世做准备。这在16世纪的德国很难说是一种服务于统治阶级统治的力量，但是它肯定不是一种对社会现实的完全充分的说明。

（c）对现实做了充分的说明，但却是反对统治阶级利益的颠覆性的意识形态。托洛茨基的“持续革命”理论正确地预见到，俄国革命不是由资产阶级所领导，或仅局限于资产阶级的目标。这能够被视为一个例证。

---

1 洛弗尔：《对现实的各种认识》，伦敦，1980年版，第41，51—53页；J.麦卡尼（McCarney）：《最近对意识形态的各种解释》，《经济与社会》1985年第14期，第77—93页。

(d)后革命意识形态是对现实的充分描述，而且服务于新统治阶级 285
的利益，例如在无产阶级革命之后的马克思主义的、科学的社会主义。由于无产阶级革命迄今尚未能以马克思所预见到的形式建立社会主义，所以我们必须将“实际存在”的社会主义社会的官方意识形态包括在(1)类型中，即对现实做了不充分说明，但却是服务于统治阶级利益的。苏联官僚对它自身构成一个阶级的否定是这方面的典型例证。

马克思主义对意识形态的解释倾向于强调意识形态，尤其是那些服务于统治阶级利益的思想在科学方面的缺陷。《德意志意识形态》的副标题是“对现代德国哲学的批判”，《资本论》的副标题是“政治经济学批判”。在这两部著作中，通过对各种思想体系存在缺陷的批判，马克思阐释了他自己对社会现实的观点。在前一部著作中，马克思关注的是由哲学家们明确阐释的思想；在后一部著作中，他同时关注一些含蓄的假设，对那些参与生产过程的主体而言，它们是不言而喻的“常识”。在《德意志意识形态》中，马克思强调的是由意识形态所造成的颠倒性歪曲认识：“在全部意识形态中，人们和他们的关系就像在照相机中一样是倒立成像的”；在《资本论》中，他更多关注的是在错误的外部表象和内在实质（或本质）之间的区别，而科学使我们能够理解其本质。[1]不过，值得注意的是马克思在两部著作中对意识形态分析的连续性。

在《德意志意识形态》中，马克思强调的是黑格尔对现实的颠倒性歪曲认识。保守的黑格尔派和激进的青年黑格尔派都将人类存在归结为意识。根据青年黑格尔派的观点，“人们之间的关系、他们的所有作为……都是意识的产物”。对黑格尔而言，意识是将社会联系在一起的纽带；对青年黑格尔派而言，它们是束缚人性的桎梏，这些桎梏只有通过意识的改变才能打破。因此，青年黑格尔派批判由受压抑的人性所产生的观念和思想，而不是批判造成这些观念和思想的条件。马克思论证，这是对

1 《马克思恩格斯选集》第1卷，第72页。

现实头脚倒置的认识；不是思想构成社会的基础，而是社会关系构成政治和思想的基础。黑格尔派忘记了思想是特定社会中现实的人的产物，由此将思想描述为独立存在的实体；人脑的创造物被视为某种不同于和独立于它的创造者的东西。[1]正如原始部落的拜物教赋予无生命物体以
286 力量一样，在宗教和哲学中，“人脑的产物表现为赋有生命的，彼此发生关系并同人发生关系的独立存在的东西”。马克思将这种拜物教观念应用于对资本主义商品生产的研究中：“正像人在宗教中受他自己头脑的产物的支配一样，人在资本主义生产中受他自己双手的产物的支配。”因此，资本主义是作为商品之间的关系出现的，但事实上，这些商品只不过是人类劳动和社会关系的产物。[2]

因此，意识形态是对现实的颠倒性认识，在这样做时，它就将人脑和人手的产物实体化为独立存在的被崇拜的客体。构成人类历史经验基础的那些具体的社会关系由此变成“理念”的、“国家”的或“商品”的属性。[3]不过，问题仍然是，哲学家、经济学家和生产过程的主体为什么会产生或接受这种对现实的颠倒性歪曲认识。马克思的回答是，歪曲并非是人类愚蠢的产物，而是源于这样一个事实，即现实本身是以歪曲的形式出现。意识形态是对人类状况的一种“反映”，但却是对社会关系的错误外部表象的反映，而不是对它们内在本质的反映，例如，对特定阶级的统治只不过是特定思想统治这种外部表象的反映。类似地，在他对政治经济学的批判中，马克思论证，“庸俗经济学”专注于表象领域，而不是要揭示它们内在的规律，这些规律能够支配和解释那些表象：

---

1 《马克思恩格斯全集》第3卷，第15，21—23，29—30，43—45，55—56，162—163，169页。

2 马克思：《资本论》第1卷，第89，681页。

3 《马克思恩格斯全集》第2卷，第250—251，254—255，272—273页；马克思：《资本论》第1卷，第24页。

> 庸俗经济学所做的事情，实际上不过是对于局限在资产阶级生产关系中的当事人的观念，教条地加以解释、系统化和辩护。因此，毫不奇怪，庸俗经济学对于各种经济关系的异化的表现形式感到很自在……但如果事物的表现形式和事物的本质会直接合而为一，一切科学就都成为多余的了。[1]

因此，意识形态是对世界的一种“幻想的反映”，而不是一种正确的反映。掩盖社会关系的真正本质正是统治阶级意识形态的任务所在，即掩盖它们是人类的产物，因而能够反映人类变化的事实。由此可见，所有统治阶级都试图不仅是在现实中，而且是在思想领域将他们所处的社会关系永恒化。[2]例如，通过将他们的统治描述为是由上帝神授的，封建社会的意识形态使封建社会关系合法化。[3]通过将资本主义描述为是“神圣不可侵犯的自然规律”的表现，现代政治经济学将资本主义社会关系永恒化：“正如神学家将不是他们自己的各种宗教都描述为是人的创造物一样，经济学家将资本主义制度描述为自然的，而将其他社会制度描 287
述为‘人为的’。因为资本主义社会关系被视为是自然的，因而是永恒的，所以作为历史的变迁的时代已经结束。”[4]以此方式，借助某些更为广泛的抽象概念，诸如圣意、人性（如果他们是悲观主义的）、人类理性（如果他们是乐观主义的）或民族利益来实现社会关系的和谐，居于统治地

---

1 马克思：《资本论》第1卷，第410页；马克思：《资本论》第3卷，第923页。

2 《马克思恩格斯选集》第3卷，第666—667页；《马克思恩格斯选集》第1卷，第289页。

3 《马克思恩格斯全集》第3卷，第162—163页。

4 《马克思恩格斯全集》第46卷上，第22—24页；《马克思恩格斯选集》第1卷，第151页。

位的意识形态试图减少阶级冲突。

马克思强调意识形态是一种错误的认识和一个时代的“常识”，阿尔都塞的意识形态理论对此做了发展。正如上文提到的，就试图解释阶级关系为什么会被再生产而言，阿尔都塞对意识形态的解释存在一些问题。尽管如此，但就意识形态是如何发挥作用的而言，阿尔都塞的解释还是有很多东西可以为历史学家所借鉴的。首先，意识形态并不仅仅是一个抽象的思想体系，而且还是一揽子物质行为、实践和仪式。例如，清教的意识形态不仅体现在加尔文或威廉·帕金斯（William Perkins）的著作中，而且也是“活生生地存在于”清教徒的行为中：布道、家庭崇拜、遵守安息日的惯例、否定传统的体育运动，等等。其次，意识形态并不仅仅是对社会关系的被动反映。意识形态是一种积极的过程，会产生它自己的结果：人类意识的形成。意识形态塑造作为主体的具体个人。正是通过意识形态，个人获得他们的社会认同（例如，作为新教徒的英国人）和认知他们在社会结构中的地位。不过，对那些通过亲身经历体验到它的人而言，尽管意识形态是一种“活生生的现实”，但它却并不是对现实的充分描述，因而是一种虚构的关系，即个人对他们实际存在状况的错误认识。[1]

正是因为意识形态是对社会关系的不充分描述，所以对马克思主义者而言，它不可能提供理解一个时代的钥匙：“在日常生活中任何一个小店主都能精明地判别某人的假貌和真相，然而我们的历史编纂学却还没有获得这种平凡的认识，不论每一时代关于自己说了些什么和想象了
288 些什么，它都一概相信。”[2]像迪尔凯姆、弗洛伊德和帕累托一样，马克思

1 阿尔都塞：《列宁和哲学及其他论文》，第137—141，153—162页；T.贝内特对阿尔都塞的理论做了很好的总结，见贝内特：《形式主义和马克思主义》，伦敦，1981年版，第112—118页。

2 《马克思恩格斯选集》第1卷，第102页；《马克思恩格斯选集》第1卷，第611—612页；《马克思恩格斯选集》第2卷，第32页。

“不是根据那些参与它的人的观念，而是根据未被意识察觉到的、更深层次的因果关系来解释社会生活的”。[1]温奇反对这种方法，他论证，必须根据那些为观察者和被观察者所熟悉的观念来对社会做出解释。哲学的任务就是要比较各种不同思维方式理解世界的方式，但将任何一种特定的解释形式奉为理解现实的钥匙则不是哲学的任务：“颁发特许状给科学、宗教或别的什么并不是它的任务所在。”[2]

很难想象哪种历史学能够遵守这些训诫。例如，对现代早期英格兰巫术罪行的指控。对这种指控，我们的解释直接取决于下述评价，即女巫是否确实存在和她们是否造成了那些指控她们的后果。如果我们授予科学以特许状，并假设女巫并不拥有某种魔力的话，那么我们就能够自由地提出其他理由来解释人们为什么会做出这种指控。其中的一种社会解释认为，对巫术的指控源于某些焦虑，它们是由主张共同体进行施舍的观点和主张个人积累的观点之间的对立引发的，这种对立导致那些拒绝进行施舍的人感受到来自那些被拒绝施以帮助的人的敌意。[3]这种解释援引了一些不为被观察者所熟悉的观念（无意识等），而且宣称在理解现实上，他们比那些对巫术做出指控的人更胜一筹。我们是否接受这种对巫术的独特解释并不重要。它只是表明，有关巫术的历史解释以假设巫术对现实的解释是不充分的为前提。如果我们拒绝做出这样一种评价的话，那么我们就不可能超越我们最初的认识，即人们之所以对巫术做出指控，是因为他们信奉女巫。在这种意义上，马克思主义部分代表了19世纪和20世纪早期社会科学所取得的成就，它不仅将思想视为是历史解

1 迪尔凯姆的观点引自P.温奇：《社会科学的理想和它与哲学的关系》，伦敦，1977年版，第23页。

2 温奇：《社会科学的理想和它与哲学的关系》，第48，102—103页。

3 K.托马斯（Thomas）：《宗教和巫术的衰落》，哈蒙德斯沃斯，1973年版，第670页。

释，而且认为也需要对思想本身做出社会方面的解释。

社会解释、功能解释和意识形态：新教的例子

在某种意义上，马克思对意识形态提出了一种功能解释："所有时代创造的思想体系都是将它们所从中产生的那个时代的需要作为它们的真实内容。"功能解释是这样一种解释，其中"某种行为或社会制度的结果是那种行为的原因的基本组成部分"。换句话说，"在试图解释一种社会现象时，考察它的后果通常是一种好的方法"。斯廷施孔布宣称，可以根据它对现行生产关系所发挥的有益作用来对意识形态做出功能解释："这种方法可以用一句著名的话来加以总结，即'统治阶级的思想在每一时代都是占统治地位的思想'。"[1]无疑，可以根据它所发挥的有益作用，来解释统治阶级为什么会接受特定的意识形态，即它要么是有益于加强统治阶级自身内部的凝聚力，要么是有益于维系它对其他阶级的统治地位。例如，马克思论证，宗教有助于使统治阶级的特权合法化和维系
289 不平等的社会制度。[2]但就大多数功能解释而言，这种论断仅仅是重新提出我们正努力要回答的问题，即宗教为什么能够如此有效地履行维系社会不平等的功能（假设它确实有这种功能）？尤其是，被统治者为什么会接受一种有益于他们的统治者，而不利于他们自己的意识形态呢？

在其他地方，根据它对穷人和无权者的慰藉作用，马克思对宗教为什么会有吸引力做出了解释。再次地，马克思提供了一种功能解释：生产者之所以接受某种特定的意识形态，是因为它发挥了有益的功能，即安慰他们将因为在这个世界遭受的痛苦而在来世获得回报。在这些例子中，功能解释是合法的，因为人们的意图被确定为在其中起作用的机制，

1 A.L.斯廷施孔布：《建构社会理论》，纽约，1968年版，第80，93—99页。

2 《马克思恩格斯全集》第3卷，第170页。

用于解释人们为什么会接受那些将对他们产生有益结果的思想。这并不必然意味着，人们会有意识地坐下来对不同思想体系所发挥的有益功能进行评估。事实恰恰相反，人们将接受那些他们的社会地位促使他们接受的思想。[1]

但如果这是事实的话，我们就不可能宣称，宗教之所以存在是为了巩固现存的社会关系，不管这在多大程度上就是统治阶级的意图（有意识的或无意识的）。宗教的消极影响是它对穷人的慰藉作用的一种非预期性结果。这种非预期性结果构成了支持功能解释论据的缺陷所在，功能解释假设，因为x总是伴随着y，所以x之所以发生是为了导致y发生。如果援引人们的意图能够使功能解释合法化的话，那么非预期性结果必然会使功能解释面临严重质疑。

在对意识形态做功能解释中存在的问题明显表现在科恩对清教兴起所做的解释中：

> 新教之所以兴起是因为它是一种适合于激励资本主义企业发展和强化劳动纪律的宗教……当马克思指出，“新教几乎把所有传统的假日都变成了工作日，光是这一点，它在资本的产生上就起了重要作用”时，他不仅仅是赋予这种新宗教以某种功效，而且还根据它所发挥的功效对它的兴起提出了一种（部分）解释。[2]

让我们暂时假设，在新教和资本主义兴起之间存在着某种因果关系。[3]历史学家和社会科学家是如何认识这种关系的？他们对功能解释有效性的

1 斯廷施孔布：《建构社会理论》，第86页；《马克思恩格斯选集》第1卷，第614页。

2 科恩：《卡尔·马克思的历史理论》，第279页；马克思：《资本论》第1卷，第305页注释（124）。

3 布伦纳最近对向资本主义过渡的研究简单地忽略了这一问题，见第八章。

说明会产生什么样的影响？

290 马克思主义经典作家对新教的解释是，新的宗教，尤其是它的加尔文教分支是伴随着资本主义兴起而产生的经济和社会变迁的结果："加尔文的信条正适合当时资产阶级中最果敢大胆分子的要求。他的宿命论的学说，从宗教的角度反映了这样一件事实：在竞争的商业世界，成功或失败并不取决于一个人的活动或才智，而取决于他不能控制的各种情况。"在一个经济革命的时代，新兴的资产阶级接受了一种意识形态，这种意识形态不仅反映了它的社会地位，而且会转而积极增进它的经济和政治利益。[1]

在对英国清教的解释中，克里斯托弗·希尔强调了社会和意识形态之间的这种互动。希尔充分认识到，宗教不仅是一种社会的合理化，它发挥着掩盖既得利益的作用，而且作为一种思想体系，清教还包括在精神上进行深刻质询的内容，同时也是支配人们去杀人和被杀的各种原则。但是，为了解释这种思想体系为什么会有吸引力，我们仍然需要确定它的社会根源："要理解清教，我们就必须理解虔诚的手工工匠、自耕农、乡绅和牧师以及他们妻子的需求、希望、恐惧和渴望，他们是清教教义的支持者……它似乎指出了通向天国之路，因为它有助于人们在尘世生活。"早期对清教的研究倾向于关注它的社会和经济教义，诸如对高利贷禁令的稍微放宽。像韦伯一样，希尔论证，清教徒更多地关注于灵魂的拯救，而不是较低的利率。正是清教神学的基本内容，而不是它居于次要地位的经济教义，构成他在《社会和清教》中分析的中心内容。例如，清教徒坚持遵守星期日作为休息日的惯例，这可以被视为是非理性的《圣经》崇拜，正如由如下激烈争论所表明的那样，即有关是星期六还是星期日应作为安息日予以保留的争论。然而，《圣经》几个世纪以来都被人们毫不质

1 《马克思恩格斯选集》第3卷，第706—707页；马克思：《资本论》第1卷，第305页；《马克思恩格斯全集》第46卷上，第183页。

疑地加以解读，并被视为是重要的：“《圣经》是一部内涵丰富的大书，其中不同时代的人们在不同背景下会有不同的解读。”根据自耕农、手工工匠和商人的需求，希尔解释了人们新的关注点的出现，他们关注于遵守每周休息的惯例，这些“勤奋工作的人”构成了清教的骨干力量。在遵守安息日惯例中，这个中间阶级发现了一种有吸引力的教义，它有助于取消中世纪社会存在的许多不规范的工作惯例，这种不规范的惯例包括许多圣徒节日。1561年在日内瓦，由于有违上帝的意旨，学徒传统的周三假期被取消；17世纪晚期，一位英国经济学家计算出每个节日要花费国家五万英镑的支出。不过，清教并不仅仅是对资本主义兴起的“反映”。它也是 291
一种积极的力量，能够加速从一种社会向另一种社会的过渡，在前一种社会中劳动被视为对人类的诅咒，而在后一种社会中献身于天职是颂扬上帝的一种手段；在这种社会中，贫穷不再被视为虔诚，而被视为是邪恶的表现；在这种社会中，贪婪的恶行已经变成勤俭的美德，不加区别地进行施舍已经被针对“值得帮助的穷人”的施舍所取代。[1]

当然，我们能够对希尔的观点提出反对意见，他认为，遵守安息日惯例仅仅是新教对天主教会“迷信”更广泛攻击的一部分，天主教会的仪式和对圣徒的信仰妨碍了个人信仰者对上帝的信奉。但即使这是事实的话，我们仍然需要回答如下问题，即需要解释一个时代的信仰为什么会变成另一个时代的迷信。不可能加以反驳的是，希尔的论点意味着，清教只对资产阶级这一中间阶级具有吸引力。希尔论证，清教对个人内心信仰的坚持，能够为抵制各种形式的传统权威提供合理性辩护，它也可能对

1 希尔：《1640年英国革命》，伦敦，1940年版，第44—45页；希尔：《清教和革命》，伦敦，1969年版，第21，215页；希尔：《17世纪英格兰的变迁和延续》，伦敦，1974年版，第82，89页；希尔：《革命之前英格兰的社会和清教》，伦敦，1969年版，第131，142，145，494—495页；韦伯：《新教伦理与资本主义精神》，伦敦，1978年版，第89页。

苏格兰或匈牙利造反的乡绅，或荷兰城镇较下层阶级具有吸引力。[1]正如在20世纪的中国，马克思主义在不同时间分别成为革命知识分子、城市工人阶级、农民、民族主义者的意识形态，并最终成为使共产党统治合法化的手段一样，新教也能够执行许多功能和吸引到不同的阶级。它有可能成为知识分子和乡绅的“政治宗教”，也可能成为自耕农和商人的社会宗教。它能够允诺提供社会秩序和纪律，也能够成为激进的个人主义的基础。[2]

就我们的研究目标而言，重要的是，希尔的论证逻辑是有效的；勤奋的、处于中间地位的人群之所以接受清教，是因为它有利于他们，适合于他们的利益和社会地位。希尔分析的缺陷不是在方法论上，而是在经验上。他的失败之处在于对“中间类型”人群的模糊界定，这个群体有它自身的内部利益分歧。事实上，尽管希尔自己的意图是好的，但他的分析似乎揭示，清教对乡绅、普通律师和富裕商人具有吸引力，而遵守安息日惯例肯定是由地方官和市政机构强加给中间类型人群的。希尔对清教的解释在经验上是否有效，并不是我们这里所关注的。它只是提供给我们一个经典例证，即就一种特定的意识形态对一个特定的社会群体具有吸引力给出社会解释的例证。如果这是一个科恩所赞同的论点，那么它以功能形式加以表述（即根据它的功效来对新教做出解释），并不会有所助
292 益。因为事实上，它只是一种从目的方面给出的论证（即在他们的社会地位和利益的制约下，人们接受某些思想）。

在新教和资本主义的关系上，韦伯的分析通常被视为是与马克思的

1 希尔：《17世纪英格兰的变迁和延续》，第99页；韦伯：《新教伦理与资本主义精神》，第108页。

2 M.沃尔泽：《圣徒的革命》，纽约，1974年版，第328页；P.柯林森（Collinson）：《新教徒的宗教》，牛津，1982年版，第150页。

分析相对立的，但事实上，两者的差别并没有那么大。[1]韦伯论证，由于强调勤俭、努力工作和献身于自己的天职，新教在形成一种理性的、资本主义的积累精神上发挥了关键作用。加尔文教是否确实促进了一种无限积累精神的形成，并不是我们这里所关注的。重要的是，韦伯强调，资本主义精神是宗教改革运动的一种未预期到的，甚至是它不希望发生的结果。相比中世纪晚期主张追求财富的神学，加尔文教的禁欲主义实际上并不开明。韦伯认为，加尔文教的宿命论教义产生了个人对在来世能否获得拯救的焦虑，这种焦虑必须由在现世的行为予以克服。因此，加尔文教对懒惰的谴责倾向于鼓励个人进行资本积累，但这种功效是加尔文教本身所反对的。[2]

韦伯的文章并不是在记叙资本主义兴起的历史，需要在他更宏大目标的背景下予以解读，他是要追溯宗教对经济变迁的影响。不过，这种目标也意味着，韦伯很少会去关注清教为什么会具有吸引力和它本身受经济和社会变迁影响的程度等问题。事实上，韦伯简单地假设，清教是在中间阶级中存在的；小资产阶级和农场主强调勤俭和有节制的家庭生活，这与贵族家庭的炫耀性消费形成了鲜明的对比。[3]问题是，没有对清教为什么会和对谁具有吸引力的分析，韦伯的解释就会陷入一种循环论证：清教徒的行为是对他们焦虑感的反应，但他们的焦虑本身又是由清教的宿命论教义所引起的。[4]问题仍然是，特定的群体为什么首先会接受这种教义，马克思主义至少对这个问题提供了一种答案。像马克思一样，韦伯相信，新教激励了资本主义的兴起，但他将这视为是新教神学的一种未预

1 G.马歇尔：《探寻资本主义精神》，伦敦，1982年版，第140—143页；吉登斯：《马克思、韦伯和资本主义的发展》，《社会学》1970年第4期，第302页。

2 韦伯：《新教伦理与资本主义精神》，第90，112—114，157，175页。

3 同上，第83，91，171—172，174，179页。

4 沃尔泽：《作为一种革命意识形态的宗教》，第71页。

期到的结果。因此，这些结果不可能作为对清教的一种解释，因为它们并未提供在其中起作用的反馈机制，由此a促使b发生的倾向就保证a是首先存在的。

弗洛姆（Fromm）和沃尔泽对新教提供了一种解释，这种解释在许多
293 方面是将马克思主义和韦伯的解释进行了综合。弗洛姆同意韦伯的观点，即清教是对一种焦虑、忧虑和困惑状况的反应，但他同时论证，导致这种个人不安全感产生的原因，必须在现代早期的社会变迁中，尤其是在资本主义的兴起、商业和竞争中去寻找，伴随它们而来的既有危险，也有机遇。新宗教提供了解决办法，它们使个人能够应付这些焦虑，否则的话焦虑就是无法忍受的，但对弗洛姆就像对韦伯一样，这实际上是对变革时代的一种保守反应。但是，由新的宗教所激励的行为方式，却产生了激励资本主义进一步发展这种自相矛盾的结果。像马克思主义者一样，弗洛姆探求新教的社会根源，同时像韦伯一样，他也强调新教所产生的非预期性的结果。[1]

这些历史解释中的哪一个是同科恩对新教的功能解释相一致的，很难做出判定。如果像韦伯或弗洛姆一样，他也将新教对资本主义的激励作用视为一种未预期到的结果，那么他就不可能援引功能解释，因为未预期到的结果并没有提供在其中发挥作用的机制，由此导致新教的出现。如果科恩相信，在宗教改革之前，资本主义并不会获得发展的话，那么他就必须确定导致新教产生的机制，因为它将对资本主义的未来发展发挥有利的功能。但他并未尝试这样做。最后，科恩可能接受了经典马克思主义的立场，认为伴随着资本主义开始发展，作为最适合他们利益的观点，新兴的资产阶级接受了新教。这是一种从意图角度给出的论证，它

1 沃尔泽：《作为一种革命意识形态的宗教》，第71，76，89页；弗洛姆：《对自由的恐惧》，伦敦，1975年版，第53，62，68，74，78，86—88页；韦伯：《新教伦理与资本主义精神》，第116—117页。

在逻辑上是有效的，但用功能术语来表述却并无助益。援引人们的意图并不能证明功能解释是错误的，但是却能使它变得完全不必要。

结 论

马克思有关人类意识是由社会决定的命题，也许是他的历史唯物主义中争议最少的命题。思想随着社会的变化而变化，现在已经成为历史学和社会科学中的常识性认识。只有根据那个时代的社会结构，才能对意识形态的变化和这种变化所产生的影响做出充分的解释。但这并不意味着，思想仅仅是对他们所处时代的被动反映。意识形态是积极的历史力量，既能产生预期到的，也能产生未预期到的结果。如果我们强调，这种解释是援引人类意图作为将原因和功能结果联系在一起的机制的话，那么社会对意识的决定作用可以用功能形式予以表述（一种意识形态之所以具有吸引力，是因为它有益于特定的社会群体）。如果意识形态的影 294
响并不是所预期的，就像宗教对穷人的慰藉作用一样，那么功能解释就不是合法的，即使当意识形态能够被证明对现行的生产关系发挥了功能作用时也是如此。我们可以不赞同马克思主义对特定意识形态为什么会具有吸引力的解释，诸如希尔对清教的分析，但我们的任务仍然是根据那个时代的社会结构对思想的产生和影响做出解释。例如，将清教视为“一种顽固存在的宗教现象”，是由于“偏好和选择”而被人们所接受，这是不充分的；尤其是在这样一个时期，那时宗教并不是作为一种“私人领域”而存在，已经同那个时代的社会、政治和文化领域相分离。[1]当然，社会解释是概率性的；希尔的论点并不意味着，所有中间阶级的成员都认为清教是有吸引力的，或所有那些为清教所吸引的人都是中间阶级的

1 柯林森：《新教徒的宗教》，第241页；柯林森：《英国的清教》（历史协会手册，总第106辑，1983年），第5—6页。

成员。不过，他们提醒我们，历史研究是对因果关系的研究，在解释一个时代的意识形态时，我们不可能仅仅接受那个时代对它自己的看法。至少在这种假设中，马克思的历史方法已经成为现代社会科学的一个组成
295 部分。

结论：马克思主义、政治学和历史学

当我们被迫要在总体上对马克思的各种论断下结论，即以冷战方式予以肯定或完全抛弃时，时间已经过去很久。当有可能建构许多种有文本支持的马克思，其中一些马克思能够为另一些马克思所反驳时，决定支持或反对“马克思”是没有意义的。有主张生产力决定论的马克思和强调阶级具有首要性的马克思。有主张经济决定论的马克思和强调在“经济基础”与政治的和意识形态的“上层建筑”之间存在辩证互动的马克思。有主张结构主义的马克思，他将人仅仅视为是经济关系的表现；同时也有将人视为是他们自己历史的剧作者和剧中人物的马克思。问这些中的哪一个是“真正的”马克思同样是无意义的。关键是要探求哪一个是最有用的马克思。

对马克思最有益的解读是强调社会生产关系而不是生产力具有首要性。正是生产关系使我们能够在不同社会之间做出区分，它同时决定着生产力的发展速度。生产力确实对社会生产关系的性质发挥着重要的影响。尤其是，它们发挥着一种“消极”的决定作用[1]，即设定了生产关系不可能存在的边界和限度：一个掌握渔猎技术社会的社会关系肯定不同于

1 R.威廉斯：《马克思主义与文学》，牛津，1977年版，第84—87，144—146页。

掌握微型芯片计算机技术社会的社会关系。但这并不意味着，社会生产关系应该同生产力的发展水平“相适应”，生产关系在功能上可以由生产力的需求加以解释，或由于它们具有所谓的内在发展倾向，生产力因而
299 成为推动社会变革的原动力。对社会生产关系所采取的形式，不可能给出任何单一的、一般性的解释。

能够合理地将历史唯物主义解读为这样一种历史哲学，即一旦我们向它提出问题，它就能够自动地给出答案；但将它视为一种历史理论会更为有用，它使我们能够提出问题和假设，而不是作为提供现成答案的工具。正是它提出的概念和问题，而不是它进行研究和证明的方式，将“马克思主义”的历史学同其他类型的历史学区别开来。

马克思对社会科学的主要贡献是，他根据生产关系来对不同的社会进行分类。不过，必须强调的是，不能似是而非地将这些生产关系视为社会的经济基础，因为它们还包括那些发挥生产关系功能的政治和意识形态因素。根据它们特定的剥削或“剩余”劳动形式，马克思提出了他对社会类型的分类方法，但就我们目前的研究目标而言，此类概念必须予以抛弃，因为它们依赖的是主观性很强的道德标准。马克思历史理论的核心是一种对阶级关系进行分类的类型学。我们是否将此类关系视为“剥削”关系，对我们发挥作为“公民”的职责至关重要，但此类判断不可能作为一种具有普适性的对社会关系进行分类的基础。

的确，更一般地看，在马克思的政治学和马克思的历史学之间做出区分是重要的。接受马克思有关历史的论述，并不必然要信奉他的革命政治学，他的革命政治学也并不是运用他的历史研究方法就会必然得出的。因此，我们很有可能今天接受马克思主义有关向资本主义过渡或清教具有社会吸引力的解释，但明天却投保守派的票。马克思社会分析的基础是他对人类解放可能性的更宏大的关注，尽管如此，但他的分析必须根据其自身价值，而不是根据他进行分析时的革命动机来做出评判。马克思建构他的社会理论最初的动力来自他的革命政治学，但马克思主

义社会科学的价值通常会遭受损失，这是由于它与政治的联系常常会将马克思的各种假设转化为信条（例如，劳动价值论）或转化为过于简单的政治宣传（例如，国家无非是一个阶级镇压另一个阶级的机器）。[1]

在最近的一篇文章中，彼得·埃布尔教授问道，是否值得付出努力去理解马克思。为给我们自己所生活世纪的真正社会理论奠定基础就有如此多的研究需要去做，为什么还要去研究19世纪的思想呢？[2]对这个问题
的一种回答是，不管社会理论处于什么样的发展状态，但绝大多数历史 300
编撰仍然处于一种前马克思主义的发展阶段上。尤其是，尽管绝大多数最能引发人们兴趣的马克思主义历史研究都是关注前工业社会的，但恰恰是在历史编撰的这个领域，强调社会对政治和意识形态制约性的马克思主义却并未产生什么影响。对马克思多样的，甚至矛盾的论断进行辨析，会使历史学家提出的问题、概念和对解释形式的认识更为深刻，这将体现在他们的历史著作中。站在马克思的肩膀上，我们也许能够脱颖而出。马克思的深刻洞察力使我们能够看得更清和更远，但正是这种对马
克思的辨析却是许多历史学家迄今尚未去做的。 301

1 斯蒂德曼：《斯拉法式的马克思》，第21—26页；《马克思恩格斯选集》第3卷，第13页。

2 埃布尔：《厘清马克思混乱的遗产》，《高等教育时代增刊》第689期（1986年1月17日），第18页。

参考文献

（出版地均为伦敦，除非专门注明）

一、马克思和恩格斯的著作

K. Marx, *Early Writings* (Harmodsworth, 1975).

K. Marx & F. Engels, *Collected Works*, vol.III (1975).

K. Marx & F. Engels, *Collected Works*, vol.IV (1975).

K. Marx & F. Engels, *Collected Works*, vol.V (1975).

K. Marx, *Wage Labour and Capital* (Moscow, 1970).

K. Marx, *The Poverty of Philosophy* (Moscow, 1973).

K. Marx & F. Engels, *The Communist Manifesto* (Harmondsworth, 1970).

K. Marx, *The Revolutions of 1848* (Harmondsworth, 1973).

K. Marx, *Surveys from Exile* (Harmondsworth, 1973).

K. Marx, *The Class Struggles in France 1848-1850* (Moscow, 1972).

K. Marx, *The Eighteenth Brumaire of Louis Bonaparte* (Moscow, 1972).

K. Marx, *Grundrisse* (Harmondsworth, 1974).

K. Marx, *Pre-capitalist Economic Formations* (1975).

K. Marx, *A Contribution to the Critique of Political Economy* (1971).

K. Marx, *Capital*, vol.I (London, Lawrence & Wishart edn; 1977) (Harmondsworth, Pelican edn; 1976).

K. Marx, *Capital*, vol.II (London, Lawrence & Wishart; 1976) (Harmondsworth, Pelican edn;1978).

K. Marx, *Capital*, vol.III (London, Lawrence & Wishart; 1979) (Harmondsworth, Pelican edn;1981)

K. Marx, *Theories of Surplus Value*, part I (1969);part II (1969);part III (1972).

K. Marx, *The First International and After* (Harmodsworth, 1974).

K. Marx, *Wages, Price and Profit* (Moscow, 1970).

K. Marx, *The Civil War in France* (Peking, 1970).

K. Marx, *Critique of the Gotha Programme* (Moscow, 1971).

S.Avineri (ed.), *Karl Marx on Colonialism and Modernization* (New York, 1964).

T.B.Bottomore & M. Rubel (eds.), *Karl Marx: Selected Writings in Sociology and Social Philosophy* (Harmodsworth, 1970).

F. Engels, *Herr Eugen Dühring's Revolution in Science* (London, Lawrence & Wishart; n.d.).

F. Engels, *The Origin of the Family, Private Property and the State* (Moscow, 1968).

F. Engels, *Ludwig Feuerbach and the End of Classical German Philosophy* (Moscow, 1969).

F. Engels, 'Introduction' to *Socialism: Utopian and Scientific* in L.Stone (ed.), *Social Change and Revolution in England 1540-1640* (1970).

K. Marx & F. Engels, *Selected Correspondence* (Moscow, 1975).

K. Marx & F. Engels, *Selected Works*, vol.II (Moscow, 1962).

二、其他作者的著作

P. Abell, 'Sorting out Marx' confusing legacy', *The Times Higher Education*

Supplement 689 (17 January 1986).
N. Abercrombie, S. Hill & B.S.Turner, *The Dominant Ideology Thesis* (1971).
P. Abrams, *Historical Sociology* (Shepton Mallet, 1982).
H. B. Acton, *The Illusion of the Epoch* (1951).
L. Althusser, *Lenin and Philosophy and other Essays* (1971).
——, *For Marx* (1977).
L. Althusser & E.Balibar, *Reading Capital* (1975).
S. Amin, *Unequal Development* (Hassocks, 1976).
——, *The Law of Value and Historical Materialism* (New York, 1978).
P. Anderson, *Passages form Antiquity to Feudalism* (1977).
——, *Considerations on Western Marxism* (1977).
——, *Lineages of the Absolutist State* (1979).
——, *Arguments Within English Marxism* (1980).
——, 'Class struggle in the ancient world', *History Workshop* 16 (autumn 1983).
R. Aron, *Main Currents in Sociological Thought*, vol.I (Harmondsworth, 1965).
J. Baechler, *The Origins of Capitalism* (Oxford, 1975).
A. M. Bailey & J.R.Llobera (eds.), *The Asiatic Mode of Production* (1981).
W. J. Barber, *A History of Economic Thought* (Harmondsworth, 1977).
J. Barnave, *Power, Property and History* (New York, 1971).
W. Beik, *Absolutism and Society in Seventeenth Century France* (Cambridge, 1985).
P. Bellis, *Marxism and the U.S.S.R.* (1979).
C. Belsey, *Critical Practice* (1980).
T. Bennett, *Formalism and Marxism* (1981).

C. Bettelheim, *Class Struggles in the U.S.S.R. 1917-1923* (Hassocks, 1976).

I. Blanchard, 'Population growth, enclosure and the early Tudor economy', *Economic History Review Second Series XXIII* (1970).

M. Bloch, *Land and Work in Medieval Europe* (1967).

M. Bloch, *Marxism and Anthropology* (Oxford, 1983).

M. M.Bober, *Karl Marx's Interpretation of History* (Cambridge, Mass., 1962).

R. Bonney, 'Cardinal Mazarin and the great nobility during the Fronde', *English History Review* XCVI (1981).

P. Bowden, 'Agriculture, prices, farm profits and rent' in H.P.R.Finberg, (ed.), *The Agrarian History of England and Wales*, vol.IV, 1500-1640 (Cambridge, 1967).

R. Brenner, 'Agrarian class structure and economic development in pre-industrial Europe', *Past and Present* 70 (1976).

——, 'The origins of capitalist development: a critique of neo-Smithian Marxism', *New Left Review* 104 (July-August 1977).

——, 'Dobb on the transition from feudalism to capitalism', *Cambridge Journal of Economics* II (1978).

——, 'The agrarian roots of European capitalism', *Past and Present* 97 (1982).

L. I. Brezhnev, *The 50th Anniversary of the Union of Soviet Socialist Republics* (Moscow, 1972).

A. R. Bridbury, review of L.White, *Medieval Technology and Social Change* in *Economic History Review* Second Series XV (1962-1963).

A. Briggs, *Victorian Cities* (Harmondsworth, 1978).

R. Browning, 'The class struggles in ancient Greece', *Past and Present* 100 (1981).

P. A. Brunt, 'A Marxist view of Roman history', *Journal of Roman Studies* LXXII (1982).

N. Bukharian, *Historical Materialism* (Michigan, 1969).

R. N.Carew-Hunt, *The Theory and Practice of Communism* (Harmondsworth, 1969).

E. H. Carr, *What is History?* (Harmondsworth, 1970).

T. Carver, *Marx's Social Theory* (Oxford, 1982).

S. Clark (ed.), *One Dimensional Marxism* (1980).

J. Caughie (ed.), *Theories of Authorship* (1981).

T. Cliff, *State Capitalism in Russia* (1974).

G. A. Cohen, 'On some criticisms of historical materialism', *Proceedings of the Aristotelian Society* XLIV (Supplement, 1970).

——, 'Being, consciousness and roles: on the foundations of historical materialism' in C.Abramsky & J.Williams (eds.), *Essays in Honor of E.H.Carr* (1974).

——, *Karl Marx's Theory of History: A Defence* (Oxford, 1978).

——, 'Functional explanation: a reply to Elster', *Political Studies* XXVIII (1980).

——, 'Reply to Elster on "Marxism, functionalism and game theory"', *Theory and Society* XI (1982).

——, 'Functional explanation, consequence explanation and Marxism', *Inquiry* XXV (1982).

——, 'Forces and relations of production' in B.Matthews (ed.), *Marx: A Hundred Years On* (1983).

J. Cohen, review of G.A.Cohen, Karl Marx's Theory of History: A Defence, *Journal of Philosophy* LXXIX (1982).

G. D. H. Cole, *Socialist Thought: The Forerunners 1789-1850* (1953).

R. G. Collingwood, *The Idea of History* (Oxford, 1976).

K. Collins, 'Marx on the English agricultural revolution: theory and evidence', *History and Theory* VI (1966).

P. Collinson, *The Religion of Protestants* (Oxford, 1982).

S. Connor, *Charles Dickens* (Oxford, 1985).

J. P. Cooper, 'In search of agrarian capitalism', *Past and Present* 80 (1978).

J. Cornwall, 'English population in the early sixteenth century', *Economic History Review Second Series* XXIII (1970).

G. Dalton, 'How exactly are peasants "exploited"?', *American Anthropologist* LXXVI (1974).

R. Davis, *The Rise of the Atlantic Economies* (1977).

G. E. M. De Ste Croix, *The Class Struggle in the Ancient Greek World* (1981).

I. Deutscher, The Prophet Armed (Oxford, 1954).

M. Djilas, *The New Class* (1957).

M. Dobb, *Studies in the Development of Capitalism* (1975).

——, 'Historical materialism and the role of the economic factor', *History* XXXVI (1951).

H. Draper, *Karl Marx's Theory of Revolution*, vol.I (New York, 1977).

C. Dyer, ' A redistribution of incomes in fifteenth century England', *Past and Present* 39 (1968).

T. Eagleton, *Literary Theory* (Oxford, 1983).

N. Elias, *What is Sociology?* (1978).

J. Elster, *Ulysses and the Sirens* (Cambridge, 1979).

——, 'Reply to comments', *Inquiry* XXIII (1980).

——, 'Cohen on Marx's theory of history', *Political Studies* XXVIII (1980).

——, 'Marxism, functionalism and game theory: the case for methodological

individualism', *Theory and Society* XI (1982).
——, *Sour Grapes* (Cambridge, 1983).
——, *Explaining Technical Change* (Cambridge, 1983).
——, *Making Sense of Marx* (Cambridge, 1985).
S. Fenoaltea, 'The rise and fall of a theoretical model: the manorial system', *Journal of Economic History* XXXV (1975).
F. Ferrarotti, 'Notes on Marx and the study of technical change' in D.McQuaire (ed.), *Marx: Sociology, Social Change, Capitalism* (1978).
M. I. Finley, 'Technical innovation and economic progress in the ancient world', *Economic History Review* Second Series XVII (1965).
——, *The Ancient Economy* (1979).
——, *Ancient Slavery and Modern Ideology* (1980).
E. Fromm, *The Fear of Freedom* (1975).
E. Gellner, *Thought and Change* (1964).
——, 'The Soviet and the savage', *The Times Literary Supplement* 3789, (18 October 1974).
N. Geras, *Marx and Human Nature: Refutation of a legend* (1983).
A. Giddens, 'Marx, Weber and the development of capitalism', *Sociology* IV (1970).
——, *The Class Structure of the Advanced Societies* (1978).
——, *Capitalism and Modern Social Theory* (Cambridge, 1979).
——, *Central Problems in Social Theory* (1979).
——, *Studies in Social and Political Theory* (1979).
——, *A Contemporary Critique of Historical Materialism* (1981).
——, *The Nation State and Violence* (1985).
M. Godelier, *Perspectives in Marxist Anthropology* (Cambridge, 1977).
——, 'Infrastructures, society and history', *New Left Review* 112

(November-December 1978).
——, 'The Asiatic mode of production' in A.M.Bailey and J.R.Llobera (eds.), *The Asiatic Mode of Production* (1981).
——, 'Social hierarchies among the Baruya of New Guinea' in A.Strathern (ed.), *Inequality in New Guinea Highland Societies* (Cambridge, 1982).
R. S. Gottlieb, 'Feudalism and historical materialism: a critique and a synthesis', *Science and Society* XLVIII (1984).
H. J. Habakkuk, 'The economic history of modern Britain', *Journal of Economic History* XVIII (1958).
S. Hall, 'Re-thinking the "base and superstructure" metaphor' in J.Bloomfield (ed.), *Class, Hegemony and Party* (1977).
F. Halliday & M.Molyneux, *The Ethiopian Revolution* (1981).
N. Harris, *Of Bread and Guns* (Harmondsworth, 1983).
J. Hatcher, *Plague, Population and the English Economy 1348-1530* (1977).
——, 'English serfdom and villeinage: towards a re-assessment', *Past and Present* 90 (1981).
O. Henderson, *The Life of Friedrich Engels* (1976).
C. Hill (ed.), *The English Revolution of 1640* (1940).
——, *Puritanism and Revolution* (1969).
——, *Society and Puritanism in Pre-revolution England* (1969).
——, *Change and Continuity in Seventeenth Century England* (1979).
——, 'A comment', in R.H.Hilton et al., *The Transition from Feudalism to Capitalism* (1976).
R. H. Hilton, 'Peasant movement in England before 1381', *Economic History Review* Second Series II (1949-1950).
——, *A Medieval Society* (1967).

——, *The Decline of Serfdom in Medieval England* (1969).

——, 'Introduction' and 'A Comment' in R.H.Hilton et al., *The Transition from Feudalism to Capitalism* (1976).

——, *Bond Men Made Free* (Cambridge, 1977).

——, *The English Peasantry in the Later Middle Ages* (Oxford, 1979).

R. H. Hilton & P.H.Sawyer, 'Technical determinism: the stirrup and the plough', *Past and Present* 24 (1963).

B. Hindess & P.Q.Hirst, *Pre-capitalist Modes of Production* (1975).

——, *Mode of Production and Social Formation* (1977).

M. Hirsowicz, 'Is there a ruling class in the U.S.S.R.-a comment', *Soviet Studies* XXVIII (1976).

P. Q. Hirst, *Problems and Advances in the Theory of Ideology* (Cambridge, 1976).

——, *Marxism and Historical Writings* (1985).

Q. Hoare & G.Nowell Smith, *Selections from the Prisons Notebooks of Antonio Gramsci* (1973).

E. J. Hobsbawm, *The Age of Revolution* (1969).

——, *Industry and Empire* (Harmodsworth, 1972).

——, 'Karl Marx's contribution to historiography' in R.Blackburn (ed.), *Ideology in Social Science* (1973).

G. Hodgson, *Trotsky and Fatalistic Marxism* (Nottingham, 1975).

K. Hopkins, *Conquerors and Slaves* (Cambridge, 1980).

G. Ionescu (ed.),*The Political Thought of St.Simon* (Oxford, 1976).

S. Jenkins (ed.), *Fritz Lang: The Image and the Look* (1981).

E. John, 'Some questions on the materialism interpretation of history', *History* XXXVIII (1953).

C. Johnson, 'The problem of reformism and Marx's theory of fetishism',

New Left Review 119 (January-February 1980).

R. Johnson, 'Reading for the best Marx: history writings and historical abstraction' in R.Johnson &G.McLennan (eds.), *Making Histories* (1982).

E. L. Jones, *Agriculture and the Industrial Revolution* (Oxford, 1976).

G. S. Jones, 'Engels and the genesis of Marxism', *New Left Review* 106 (November-December 1977).

K. Kautsky, *Ethics and the Materialist Conception of History* (Chicago; n.d.).

——, *Thomas More and his Utopia* (1927).

M. Kidron, Western Capitalism since the War (Harmondsworth, 1970).

A. Klima, 'Agrarian class structure and economic development in pre-industrial Bohemia', *Past and Present* 85 (1979).

L. Kolakowski, *Main Currents of Marxism*, vol.I (Oxford, 1978).

E. A. Kosminsky, *Studies in the Agrarian History of England in the Thirteenth Century* (Oxford, 1956).

W. Kula, *An Economic Theory of the Feudal System* (1976).

V. K. Kusin, 'A propos Alec Nove's search for a class label', *Soviet Studies* XXVIII (1976).

E. Le Roy Ladurie, *The Peasants of Languedoc* (Illinois, 1976).

J. R. Lander, *Conflict and Stability in Fifteenth Century England* (1971).

W. Langland, *Piers the Plowman* (Harmondsworth, 1974).

J. Larrain, *The Concept of Ideology* (1979).

V. I. Lenin, *The Three Sources and Component Parts of Marxism* (Moscow, 1969).

——, 'The state' in C.Wright Mills, *The Marxists* (Harmodsworth, 1969).

——, *What is to be done?* (Moscow, 1973).

A. Levine & E. O. Wright, 'Rationality and class struggle', *New Left Review* 123 (September-October 1980).

D. Levine, *Family Formation in an age of Nascent Capitalism* (New York, 1977).

G. Lichtheim, *From Marx to Hegel* (1971).

T. Lovell, *Pictures of Reality* (1980).

——, 'Ideology and Coronation Street' in R.Dyer et al., *Coronation Street* (1981).

H. Lubasz, 'Marx's concept of the Asiatic mode of production', *Economy and Society* XIII (1984).

A. D. Lublinskaya, *French Absolutism: the Crucial Phase 1620-1629* (Cambridge, 1968).

G. Lukács, *Political Writings 1919-1929* (1972).

S. Lukes, 'Can the base be distinguished from the superstructure?' in D.Miller and L.Siedentop (eds.), *The Nature of Political Theory* (Oxford, 1983).

R. Luxemburg, *Social Reform or Revolution* (Colombo, 1969).

T. Malthus, *An Essay on the Principle of Population* (1973).

B. Manning, review of C.Hill, Society and Puritanism in Pre-revolutionary England in *English Historical Review* LXXXI (1966).

P. Mantoux, *The Industrial Revolution in the Eighteenth Century* (1947).

F. E. Manuel, *The New World of Henri Saint-Simon* (Notre Dame, 1963).

G. Marshall, *In Search of the Spirit of Capitalism* (1982).

J. E. Martin, *Feudalism to Capitalism* (1983).

J. McCarney, 'Recent interpretation of ideology', *Economy and Society* XIV (1985).

T. McCarthy, *Marx and Proletariat* (Westport, 1978).

B. J. McCromick et al., *Introducing Economics* (Harmondsworth, 1977).

D. McLellan, *Karl Marx* (1976).

G. McLennan, *Marxism and the Methodologies of History* (1981).

J. McMurtry, *The Structure of Marx's World View* (Princeton, 1978).

R. Meek, *Social Science and the Ignoble Savage* (Cambridge, 1976).

F. Mehring, *On Historical Materialism* (1975).

C. Meillassoux, *Anthropologie Economique des Gouru de Côte D'Ivoire* (Paris, 1964).

J. Merrington, 'Town and country in the transition from feudalism to capitalism', in R.H.Hilton et al., *The Transition from Feudalism to Capitalism* (1976).

R. K. Merton, *Social Theory and Social Structure* (Glencoe,1962).

R. Miliband, *The State in Capitalist Society* (1973).

——, *Marxism and Politics* (Oxford, 1978).

——, *Class Power and State Power* (1983).

R. Mishra, 'Technology and social structure in Marx's theory: an exploratory analysis', *Science and Society* XLIII (1979).

M. Modjeska, 'Production and inequality perspectives from central New Guinea' in A.Strathern (ed.), *Inequality in New Guinea Highland Societies* (Cambridge, 1982).

T. Moi, *Sexual Textual Politics* (1985).

B. Moore, *The Social Origins of Dictatorship and Democracy* (Harmondsworth, 1973).

T. Morris-Suzuki, 'Robots and capitalism', *New Left Review* 147 (September-October 1984).

G. E. Mummy, 'Town and country in Adam Smith's "The Wealth of Nations"', *Science and Society* XLII,4 (winter 1978-1979).

D. C. North & R. P. Thomas, 'The rise and fall of the manorial system', *Journal of Economic History* XXXI (1971).

A. Nove, 'Is there a ruling class in the U.S.S.R.?' in A.Nove, *Political Economy and Soviet Socialism* (1979).

——, *The Economics of Feasible Socialism* (1983).

P. O'Brien, 'European economic development: the contribution of the periphery', *Economic History Review*, Second Series XXXV (1982).

P. Oliva, *Panonia and the Onset of Crisis in the Roman Empire* (Prague, 1962).

B. Parekh, *Marx's Theory of Ideology* (1982).

D. Parker, *The making of French Absolutism* (1983).

F. Parkin, Marxism and Class Theory: A Bourgeois Critique (1979).

H. Pirenne, *Economic and Social History of Medieval Europe* (1968).

J. Plamenatz, *Man and Society*, vol.II (1963).

G. V. Plekhanov, *Fundamental Problems of Marxism* (1969).

——, *The Development of the Monist Conception of History* (Moscow, 1972).

B. Porshnev, *Les Soulèvements populaires en France de 1628 à 1648* (Paris, 1963).

M. M. Postan, *The Medieval Economy and Society* (1972).

——, *Essays on Medieval Agriculture and General Problems of the Medieval Economy* (Cambridge, 1973).

N. Poulantzas, 'The problem of the capitalist state' in R.Blackburn (ed.), *Ideology in Social Science* (1972).

——, *Political Power and Social Classes* (1973).

N. J. G. Pounds, *An Economic History of Medieval Europe* (1974).

A. M. Prinz, 'Background and ulterior motive of Marx's Preface of 1859',

Journal of the History of Ideas XXX (1969).

M. Rader, *Marx's Interpretation of History* (New York, 1979).

Z. Razi, *Life, Marriage and Death in a Medieval Parish* (Cambridge, 1980).

J. E. Roemer, *A General Theory of Exploitation and Class* (Cambridge, Mass., 1982).

N. Rosenberg, 'Factors affecting the diffusion of technology', *Explorations in Economic History* X (1972-1973).

——, 'Marx as a student of technology' in L. Levidow & B.Young (eds.), *Science, Technology and the Labour Process* (1981).

M. Sahlins, *Stone Age Economics* (Cambridge, 1983).

M. Salvadori, *Karl Kautsky and the Socialist Revolution 1880-1938* (1979).

J. Saville, 'Primitive accumulation and early industrialization in Britain', *The Socialist Register* (1964).

S. Sayers, 'Marxism and the dialectical method: a critique of G.A.Cohen', *Radical Philosophy* (Spring 1984).

E. Searle, *Lordship and Community: Battle Abbey and its Banlieu 1066-1538* (Toronto, 1974).

T. Shanin (ed.), *Late Marx and the Russian Road* (1983).

B. D. Shaw, 'Anatomy of the vampire bat', *Economy and Society* 13 (1984).

W. H. Shaw, *Marx's Theory of History* (1978).

——, '"The handmill gives you the feudal lord": Marx's technological determinism', *History and Theory* XVIII (1979).

R. Simon, *Gramsci's Political Thought* (1982).

A. Skinner, 'A Scottish contribution to Marxist sociology' in I.Bradley & M.Howard (eds.), *Classical and Marxian Political Economy* (1982).

P. Sloan, *Marx and the Orthodox Economists* (Oxford, 1973).

A. Smith, *The Wealth of Nations* (Harmondsworth, 1976).

——, *The Wealth of Nations*, vol. II (Oxford, 1979).

H. Spencer, 'The study of sociology' in K. Thompson & J.Tunstall, *Sociological Perspectives* (Harmondsworth, 1971).

J. V. Stalin, 'Dialectical and historical materialism' in *Problems of Leninism* (Peking, 1976).

I. Steedman, 'Value, price and profit', *New Left Review* 90 (March-April 1975).

——, *Marx after Sraffa* (1977).

——, et al., *The Value Controversy* (1981).

——, 'Robots and capitalism', *New Left Review* 151 (May-June 1985).

A. L. Stinchcombe, *Constructing Social Theories* (New York, 1968).

——, 'Merton's theory of social structure' in L.A.Coser (ed.), *The Idea of Social Structure* (New York, 1975).

P. Sweezy, 'A critique' and 'A rejoinder' in R.H.Hilton et al., *The Transition from Feudalism to Capitalism* (1976).

P. Sztompka, *Structure and Function* (New York, 1974).

R. H. Tawney, Religion and the Rise of Capitalism (Harmondsworth, 1972).

E. Terray, *Marxism and 'Primitive' Societies* (New York, 1972).

K. Thomas, *Religion and the Decline of Magic* (Harmondsworth, 1973).

E. P. Thompson, *The Making of the English Working Class* (Harmondsworth, 1972).

——, *The Poverty of Theory* (London, 1978).

D. Thorner, 'Peasant economy as a category in economic history' in T. Shanin (ed.), *Peasant and Peasant Societies* (Harmondsworth, 1975).

J. Z. Titow, *English Rural Society 1200-1350* (1969).

E. Tomlinson, 'Althusser, Balibar and production', *Capitalism and Class* 4 (1978).

J. Topolski, 'Economic decline in Poland from the sixteenth to the eighteenth century' in P.Earle (ed.), *Essays in European Economic History 1500-1800* (Oxford, 1974).

L. Trotsky, *The Permanent Revolution and Results and Prospects* (1971).

——, *The Revolution Betrayed* (1967).

——, *The Death Agony of Capitalism and the Tasks of the Fourth International* (1970).

——, *Marxism in our Time* (New York, 1970).

P. van Parijs, 'Functionalist Marxism rehabilitated', *Theory and Society* XI (1982).

E. von Bohm-Bawerk, *Karl Marx and the Close of his System* (1975, ed. P.Sweezy).

F. W.Walbank, *The Decline of the Roman Empire in the West* (1946).

——, *The Awful Revolution* (Liverpool, 1969).

I. Wallerstein, *The Modern World System* (1974).

M. Walzer, 'Puritanism as a revolutionary ideology', *History and Theory* III (1964).

——, *The Revolution of the Saints* (New York, 1974).

P. S. Wandycz, *The Lands of Partitioned Poland 1795-1918* (Seattle, 1974).

M. Weber, *The Protestant Ethic and the Spirit of Capitalism* (1978).

——, 'Politics as a vocation' in A.Pizzorno (ed.), *Political Sociology* (Harmondsworth, 1971).

J. Westergaard &H.Resler, *Class in a Capitalist Society* (Harmondsworth, 1976).

L. White, *Medieval Technology and Social Change* (Oxford, 1971).

C. Wickham, ‘The other transition: from the ancient world to feudalism’, *Past and Present* 103 (1984).

G. Williams, ‘18 Brumaire: Karl Marx and defeat’ in B.Matthews (ed.), *Marx: A Hundred Years on* (1983).

R. Williams, ‘Base and superstructure in Marxist cultural theory’, *New Left Review* 82 (November-December 1973).

——, *Marxism and Literature* (Oxford, 1977).

E. Wilson, *To the Finland Station* (1966).

P. Winch, *The Idea of a Social Science and its Relation to Philosophy* (1977).

E. Wood, ‘Marxism and ancient Greece’, *History Workshop* II (Spring 1981).

——, ‘The separation of the economic and political in capitalism’, *New Left Review* 127 (May-June 1981).

C. Wright Mills, *The Marxists* (Harmondsworth, 1969).

H. Wunder, ‘Peasant organisation and class conflict in east and west Germany’, *Past and Present* 78 (1978).

索　引

（条目后的页码是原书页码，见本书边码）

人名索引

（马克思和恩格斯的名字省略。他们对特定论题的观点见主题索引。）

Abell, P. 埃布尔 300
Acton, H.B. 阿克顿 189—192, 194
Althusser, L. 阿尔都塞 3, 4, 35, 177, 182, 194—198, 202, 283, 288
Amin, S. 阿明 228—229
Anderson 安德森 39, 127, 198—201, 224—225, 264—268

Balibar, E. 巴里巴尔 22—23, 197
Benn, T. 本 260—261
Bloch, M. 布洛赫 217
Bois, G. 博伊斯 3
Brenner, R. 布伦纳 3, 10, 11, 161, 165—170, 269—270
Bukharin, N. 布哈林 27, 62, 66—67

Cohen, G.A. 科恩 3—4, 12—14, 17, 23, 27, 29, 33, 41, 82, 84—90, 92, 94, 96—126, 143—146, 190—191, 290—294
Collingwood,R.G. 柯林伍德 8
Comte, A. 孔德 71

Darwin, C. 达尔文 61, 71, 89, 106, 202
De Ste Croix, G.E.M. 德圣·克鲁瓦 3, 193, 224—227
Deutscher, I. 多伊彻 11
Dobb, M. 多布 160—165
Draper, H. 德雷珀 2—3, 252
Durkheim, E. 迪尔凯姆 288

Elster, J. 埃尔斯特 84—90

Feuerbach, L. 费尔巴哈 8—9, 31, 75, 277
Foster, J. 福斯特 3
Fourier, C. 傅立叶 71
Freud, S. 弗洛伊德 288
Fromm, E. 弗洛姆 293—294

Giddens, A. 吉登斯 84
Godelier, M. 戈德利耶 3, 8, 71, 75, 286—287
Gramsci, A. 葛兰西 61—62
Guizot, F. 基佐 62

Hegel, G.W.F. 黑格尔 3, 8, 71, 75, 286—287
Helvetius, C. 爱尔维修 62
Hill, J.E.C. 希尔 3, 290—295
Hilton, R.H. 希尔顿 3, 10, 109, 166, 230
Hindess, B. 辛德斯 111, 219, 223—224, 226—228
Hirst, P.Q. 赫斯特 111, 198, 219, 223—224, 226—228, 284—285
Hobsbawm, E.J. 霍布斯鲍姆 3
Hodgson, G. 霍奇逊 51
Holbach, P. 霍尔巴赫 62

Kautsky, K. 考茨基 13, 34, 53, 60—61, 241

Larrain, J. 拉瑞恩 284
Lenin, V.I. 列宁 11, 13, 46, 62, 68—69, 72, 158, 160
Lukács, G. 卢卡奇 3, 281
Lukes, S. 卢克斯 275

McCarthy, T. 麦卡锡 54
McMurtry, J. 麦克默特里 12, 17, 23, 27, 33, 41, 51, 66
Malthus, T. 马尔萨斯 73, 152, 280
Mantoux, P. 曼图克思 110
Meek, R. 米克 72
Mehring, F. 梅林 8
Mignet, F. 米涅 62
Miliband, R. 米利班德 252—253, 258, 263
Millar, J. 米拉 72
Morgan, L. 摩尔根 36—37, 218

Pareto, V. 帕累托 288
Parijs, P. van 范帕里斯 88—89
Pirenne, H. 皮瑞尼 163
Plamenatz, J. 普列梅内茨 107, 189—192, 194, 275
Plekhanov, G.V. 普列汉诺夫 13, 60—66, 68—69, 72
Poulantzas, N. 普兰查斯 259—260, 262—263
Proudhon, P.J. 蒲鲁东 3, 31—33

Rader, M. 雷德 182—183, 186—188, 194, 201
Ricardo, D. 李嘉图 3, 280
Robertson, W. 罗伯逊 72, 74
Roemer, J. 罗默 210—214
Rosenberg, N. 罗森堡 27, 52—54, 77

Sahlins, M. 萨林斯 117—118
Saint-Simon, H. 圣西门 63, 71, 73—74
Shaw, W. H. 肖 12, 13, 21, 23, 27, 37, 82, 92, 94—96, 103—105, 120—122
Smith, A. 斯密 14, 23, 53, 69, 72—73, 157
Spencer, H. 斯宾塞 71
Stalin, J.V. 斯大林 62, 67—68
Stinchcombe, A.L. 斯廷施孔布 88—89, 289
Sweezy, P. 斯威齐 14, 160—164
Sztompka, P. 茨托姆卡 86—87

Tawney, R.H. 托尼 14
Thompson, E.P. 汤普森 3, 12, 201, 215—216
Trotsky, L. 托洛茨基 9—11, 13, 62, 68—69, 242—244, 251, 285

Walbank, F.W. 瓦尔班克 224
Wallerstein, I. 沃勒斯坦 160, 164—165
Walzer, M. 瓦尔泽 293
Weber, M. 韦伯 232, 236, 251, 293—294
White, L. 怀特 109
Wickham, C. 威克姆 224, 228
Williams, G. 威廉斯 185
Winch, P. 温奇 288—289
Wood, E. 伍德 225

主题索引

absolutism 绝对主义或绝对君主制 167, 180, 255, 257, 263—270
absorbing Markov machine 非常有趣的马尔科夫机制 88—89
Ancient mode of production 古代生产方式 9, 37—38, 40, 45, 68, 97, 130—131, 133, 149—150, 153—155, 192, 198, 215, 219, 224—229
Asiatic mode of production 亚细亚生产方式 9, 39, 46, 48, 97, 123—124, 155, 219, 221—224, 229

barbarism 蒙昧 37, 110, 218—219 也见原始共产主义
base and superstructure 基础和上层建筑 14—15, 46—47, 第九章各处, 221, 224—245, 271, 276
  fundamentalist version of 正统的观点 177, 182—184, 187
  dialectical version of 辩证的观点 177, 182, 184—188, 190
  interpenetration of 的相互渗透 188—193, 270
Bonapartism 波拿巴主义 242—243, 253—256
bourgeois revolution 资产阶级革命 180, 183, 185

capital, distinguished from 资本，不同于
capitalism 资本主义 232
constant and variable 不变和可变资本 237
capitalist mode of production 资本主义生产方式 20, 22, 24, 48—50, 68, 97—100, 113, 120—121, 124, 128—129, 132—137, 145—146, 149—151, 155—156, 180, 188—189, 199, 209, 210—213, 215, 229—230, 232—240
class and class conflict 阶级和阶级冲突 101, 105, 161—162, 165—170, 188, 215—217, 224, 245
complex redistribution in primitive societies 原始社会复杂的再分配 220
consciousness, human 意识，人类 8—9, 18—19, 29—31, 93, 276—277

distribution, distinguished from production? 分配，不同于生产？34—35, 147

economic reductionism 经济简约主义 8, 10—12, 184—186, 194—195
exploitation 剥削 20—21, 209—214, 237, 300
external relations 外部关系 182—184, 188

fetishism 拜物教 100—103, 107, 286—287
feudal mode of production 封建生产方式 19—21, 25n.5, 38—39, 45—46, 53, 68, 119—122, 129—130, 149—150, 154, 160, 161, 164—165, 180, 196—197, 1999, 209—211, 228—233, 259, 264—265, 285
forms of intercourse 交往形式 21
four stage theory 四阶段理论 72—73
functional explanation 功能解释 15, 32, 82—90, 100—103, 111—112, 117, 119—126, 164—165, 181, 263—268, 277, 283—284, 289—295

Germanic mode of production 日耳曼生产方式 9, 40

historical method 历史方法 104—107, 159, 170
human nature 人性 28—29, 75, 93—94, 118
hydraulic agriculture 灌溉农业 221—222

idealistic superstructure 意识形态的

上层建筑 47, 178, 180—181, 184—186, 275—295
ideas 思想
functioning as a relation of production 发挥生产关系功能 191—194, 198—199, 276, 300
role of in history 在历史中的作用 8—9, 275—278
ideological state apparatus 意识形态国家机构 283
ideology 意识形态 47, 180—182, 184—186, 191—192, 278—295
individual, role in history 个人, 在历史中的作用 10—11, 201—204
industry, see manufacture 工业, 见制造业
inevitability, historical 必然性, 历史 9
internal relation 内部关系 182—183, 188

kinship, as a relation of production 血缘关系, 作为一种生产关系 191—192, 198, 218—221

labour, human 劳动, 人类 18—19, 28—29, 75, 92—94
labour theory of value 劳动价值论 236—240
laws of historical development 历史发展规律 151—152

Manchester, influence of on Marx and Engels 曼彻斯特, 对马克思和恩格斯的影响 75—76
manufacture and industry 制造业和工业 22, 98—100, 145—146, 151, 235
material content of production 生产的物质内容 143—146
merchant's capital 商人资本 232
mode of production 生产方式 24, 148—149, 196, 198—201, 第十章各处

necessary labour 必要劳动 19—20, 237

organic totality, society as an 有机整体, 社会作为一个 177, 182, 186—199, 201—204

political implications of Marxist history 马克思主义历史学的政治影响 14, 300
political superstructure, see state 政治上层建筑, 见国家
population, as explanation of economic change 人口, 对经济变迁的解释 162, 165—166
post-capitalist societies 后资本主义社会也见社会主义和社会主义革命

240—244, 271
pre-capitalist mode of production 前资本主义生产方式 97, 102, 112, 119—124, 126—128, 132, 146, 153—155, 188—189, 第十章各处，尤其见216—232
primitive accumulation of capital 资本原始积累也见从封建社会向资本主义的过渡 158
primitive communism 原始共产主义 9, 36—37, 44—45, 48, 68, 97, 110—112, 198, 199, 209, 217—221
production, as a social activity 生产，作为一种社会活动 146—148, 151—152
productive forces 生产力 17—19, 21—24
as basis for socialism 作为社会主义的基础 48—52, 133—137, 242
development of 的发展 41—42, 63—69, 82—83, 116—126, 153—159, 163—165, 299
fettered by social relations 社会关系对生产力的桎梏 43—46, 126—133
primacy of 的首要性 4, 12—15, 27—41, 46—47, 52—55, 60—69, 72—77, 82, 85—86, 90, 92—116, 133, 143—146, 148—149, 163—164, 242, 299—300
progress, historical 进步，历史 71, 74, see also productive forces, development of 也见生产力发展
Protestantism 新教 47, 180—181, 278, 288, 289—294

rate of profit, alleged tendency to fall 利润率，所谓的下降趋势 49—50, 128, 135, 237—239
reformism 改良主义 136—137, 281—283
relations of production 生产关系 19—25, 43—46, 126—133, 148—151, 194, 第十章各处, 299—300
revolution 革命 179, 195, see also bourgeois revolution; socialism and socialist revolution, 也见资产阶级革命；社会主义和社会主义革命

savagery 野蛮 37, 110, 218—219, see also primitive communism 也见原始共产主义
serfdom 农奴制 228, 231—231, see also feudal mode of production 也见封建生产方式
simple redistribution of product in primitive societiesm 原始社会产品的简单再分配 210
slavery 奴隶制 37—38, 97, 215, 224—226

Slavonic mode of production 斯拉夫生产方式 40
social form of production 社会生产方式 143—146
social formation 社会形态 200, 228
socialism and socialist revolution 社会主义和社会主义革命 48—52, 97, 114—116, 131—137, 240—244, 281—283, 285—286
society, seen as a game 社会, 被视为一种游戏 203—204
state, the 国家 11—12, 30—31, 46—47, 111—112, 159, 178—180, 184—185, 192—196, 198—200, 240—241, 243—245, 第十一章各处, 300
state capitalism 国家资本主义 242—244
structuralism and structural causality 结构主义和结构因果关系 195—198, 202—204, 259—260
subsumption of labour, formal and real 劳动对资本的从属关系, 形式上的和实质上的 234—236
surplus labour, absolute and relative 剩余劳动, 绝对和相对 19—21, 111—112, 120—121, 209—214, 237
surplus value, absolute and relative 剩余价值, 绝对和相对 20, 120—121, 124, 234—237
tax, as surplus labour 税收, 作为剩余劳动 222—223, see also absolutism; Asiatic mode of production也见专制主义; 亚细亚生产方式
trade, as explanation of transition to capitalism 贸易, 作为向资本主义过渡的解释 53, 157—159, 162—165
transition from feudalism to capitalism 从封建社会向资本主义的过渡 11, 13, 45—46, 102—105, 132, 156—170, 180—181, 185, 264, 290—294
tributary mode of production 贡物制生产方式 228—229, 271

worker's state, deformed 工人国家, 畸形的 242
work relations 工作关系 21—24, 108—110, 147

Young Hegelians 青年黑格尔派 31, 278, 286—287

译后记

《马克思主义与历史学》一书是西方专业历史学家出于评估一种历史研究指导理论的初衷对马克思的历史理论做出的评介。[1]作者，英国的斯蒂芬·亨利·里格比（Stephen Henry Rigby），是曼彻斯特大学艺术、历史与文化学院历史学教授，他在专业历史研究和马克思历史理论研究方面都取得骄人的成绩。在该领域出版的著作包括《马克思主义与历史学》和《恩格斯与马克思主义的形成：历史、辩证法和革命》，并发表了诸如《论历史解释中的因果关系》等理论文章。本书是在1987年由曼彻斯特大学出版社出版，十一年后由同一出版社再版，说明该书在西方学术界很受重视，具有一定的学术价值。[2]

我们阅读本书时不难发现，里格比的研究涵盖了唯物史观基本原理的全部内容，即生产力和生产关系、经济基础和上层建筑、存在和意识，以及它们之间的相互关系。尽管里格比教授就我们对唯物史观的传统解释，做出了较

---

1 西方学者往往将马克思有关历史所建构的理论体系称为“马克思的历史理论”，像科恩的代表作《卡尔·马克思的历史理论》；我们往往将它称为“历史唯物主义”或“唯物史观”。

2 英国著名的马克思历史理论的研究者、分析的马克思主义学派的创始人科恩的代表作《卡尔·马克思的历史理论》也只是再版了一次，它初版于1978年，再版于2000年。

全面的批驳和颠覆性解释；尽管我们不能赞同作者对唯物史观基本概念的界定和对唯物史观基本原理所做的替代性解释，但由于以下原因，我们还是将它介绍给国内学术界，尤其是历史学界。

首先，里格比教授从有利于深化历史研究的视角对唯物史观给出积极评价，值得我们思考。里格比如此评价马克思的历史理论："不管社会理论处于什么样的发展状态，但绝大多数历史编撰仍然处于一种前马克思主义的发展阶段上。尤其是，尽管绝大多数最能引发人们兴趣的马克思主义历史研究都是关注前工业社会的，但恰恰是在历史编撰的这个领域，强调社会对政治和意识形态制约性的马克思主义却并未产生什么影响。对马克思多样的，甚至矛盾的论断进行辨析，会使历史学家提出的问题、概念和对解释形式的认识更为深刻，这将体现在他们的历史著作中。站在马克思的肩膀上，我们也许能够脱颖而出。马克思的深刻洞察力使我们能够看得更清和更远。"（见本书边码第301页）观察当前中国史学界的研究现状，以唯物史观为指导已经成为一种形式用语，各种西方史学思潮和方法论正在取代成为史学研究的指导理论，即现时所谓的史学研究指导理论的多元化。为此，西方一些史学理论研究者对待马克思历史理论的科学态度应能引发我们深思。

其二，史学界对唯物史观理论体系做"正本清源和与时俱进"的研究已是不能须臾搁置的大事。但这种研究首先是要熟悉经典作家的著作，特别是一些重要的著作。同时，还应基本掌握唯物史观研究的学术发展史和目前的研究现状，以确定自己的研究起点，并明示自己研究的合理性和创新性所在。回顾自从马克思和恩格斯于《德意志意识形态》正式创立唯物史观以来已历经的一百六十多年，大体经过了四代人的探究。西方马克思主义诸学者像卢卡奇、葛兰西、科尔施、哈贝马斯、阿尔都塞等人已是第三代。虽然他们更多关注于对资本主义制度的研究批判，但都提出了自己对唯物史观全面的或部分的解释。第四代则是西方分析的马克思主义学派，科恩、埃尔斯特、威廉姆·肖等是其代表。唯物史观是分析马克思主义学派的主要研究对象，科恩的《卡尔·马克思的历史理论》、威廉姆·肖的《马克思的历史理论》均试图全面研究唯物史观解释体系。我们对唯物史观理论体系进行全面或部分地研究，有必要了解几代人在相关研究上的观点，以及他们各自的优点和问题。

其三，里格比教授对唯物史观的理解从方法论上有值得借鉴之处。像对唯物史观的检验问题，一些学者往往就某些个别观点断言唯物史观已经过时。但里格比教授却提出："对马克思历史理论的真正检验并不是检验他有关各种历史社会的零散论述是否准确，而是检验他提供的方法和一般概念能够在多大程度上使我们实现对过去社会的理解。"（见本书边码第217页）又比如教授强调马克思研究的目标是历史表象下蕴含的因果关系："历史研究是对因果关系的研究，在解释一个时代的意识形态时，我们不可能仅仅接受那个时代对它自己的看法。至少在这种假设中，马克思的历史方法已经成为现代社会科学的一个组成部分。"（见本书边码第295页）再比如教授非常强调经验历史研究的重要性。可以说，这抓住了马克思和恩格斯强调经验研究的精神实质："政治经济学本质上是一门历史的科学。它所涉及的是历史性的即经常变化的材料；它首先研究生产和交换的每个个别发展阶段的特殊规律，而且只有在完成这种研究以后，它才能确立为数不多的、适用于生产一般和交换一般的、完全普遍的规律。"[1]

此外，里格比教授还提出了一些唯物史观需要进一步研究的问题，也将对我们有所启示。

里格比教授的这本著作介绍了西方现有的两种对唯物史观的解释体系：一种是以科恩为代表的传统解释模式，这种解释模式以"生产力在整个历史解释中居于首要地位"为核心命题，建构起唯物史观的解释体系；另一种是里格比在本书中提出的替代性解释模式，这种替代性解释模式以"生产关系在整个历史解释中居于首要地位"为核心命题，建构起唯物史观的解释体系。他认为，后一种解释模式对指导历史研究最有价值。译者认为，两种解释模式虽各自都存在自身的问题，但相比之下，里格比教授提出的替代性解

1 《马克思恩格斯选集》第3卷，第489—490页。

释模式从基本立论上就值得商榷。

里格比教授的替代性解释模式说“生产关系在历史解释中居于首要地位”。那么，我们要问：生产关系又该由什么决定？生产关系又是怎么发生变化的？我们的结论是：生产关系绝非历史演进因果链条的终极一环。生产关系本身有着复杂的内部构成，其构成要素本身也不是平等并列，而是存在着决定与被决定的关系。马克思和恩格斯在《德意志意识形态》中就曾明确指出：“与分工同时出现的还有分配，而且是劳动及其产品的不平等的分配；因而产生了所有制。”[1]可见，“生产关系在历史解释中具有首要性”这个命题是难以成立的。如果进一步加以辨析，我们将会看到，里格比教授的替代性解释模式存在着以下诸问题：

首先是这一立论的出发点有待商榷。里格比教授明确表示，他所关注的不是对马克思的哪种理解最正确，而是哪种理解对指导历史研究最有用。他甚至讲，将马克思解读为“生产力决定论者”或“生产关系决定论者”都可以找到文本支持，因而也都是合理的。所以，问哪一个是真正的马克思是没有意义的。（见本书边码第viii页）按照教授的这种认识，岂不是可以任意从唯物史观中各取所需地拿出立论依据？！果真如此，对唯物史观的研究也就成为多余的课题。在《德意志意识形态》、《〈政治经济学批判〉序言》中，马克思明确表述了生产力在历史解释中具有首要的地位。他的历史理论的逻辑体系是，人们要生存必须首先解决吃喝住穿问题，即进行生产活动。于是，才有了在生产中的交往，形成生产关系，并形成与生产关系相适应的政治和法律关系，或曰上层建筑。所以马克思反复强调：“人们在发展其生产力时，即在生活时，也发展着一定的相互关系；这些关系的性质必然随着这些生产力的改变和发展而改变。”[2]尽管有论者，包括里格比教授，拿出通过上层建筑来改

1 《马克思恩格斯选集》第1卷，第83页。

2 《马克思恩格斯选集》第4卷，第536页。

变生产关系的事例来反对生产力决定生产关系的命题[1]，但马克思其实已经论及："各代所遇到的这些生活条件还决定着这样的情况：历史上周期性地重演的革命动荡是否强大到足以摧毁现存一切的基础；如果还没有具备这些实行全面变革的物质因素，就是说，一方面还没有一定的生产力，另一方面还没有形成不仅反抗旧社会的个别条件，而且反抗旧的'生活生产'本身、反抗旧社会所依据的'总和活动'的革命群众，那么，正如共产主义的历史所证明的，尽管这种变革的观念已经表达过千百次，但这对于实际发展没有任何意义。"[2]也就是说，没有生产力实质性的发展，要想实现生产关系的根本性变革是不可能的。所以说，以实用主义的态度对待马克思的历史理论最终将会导致"多元化的马克思"，从而抹杀马克思理论相比其他理论的优越性。

其二，在对唯物史观基本概念的界定上存在缺陷。对唯物史观的基本概念做科学的界定是对唯物史观的解释体系进行合理阐释的基本前提。但恰恰是在基本概念的界定上，无论是以科恩为代表的"生产力首要性"解释模式，还是里格比教授所主张的"生产关系首要性"解释模式，都有值得商榷之处。科恩保留了生产力的"要素构成说"，认为生产力包括劳动能力和生产资料两大类。[3]里格比教授更是全盘接受生产力的要素说，"生产力的性质也许可以在劳动过程的三要素中予以明确地考察"（见本书边码第17页）。但是，对"生产力"概念的这种界定源于对马克思有关劳动过程三要素论述的误用。[4]一个最普通的常识是，"过程"不是"力"。"力"是能力，是主体自身在生产生活过程中形成、积累起来的经验、技巧、诀窍等；它的衡量标准是劳

1 哈里·拉特纳：《历史唯物主义：对一些概念的批判性考察》，《新干预》第10卷第2号（2000）。

2 《马克思恩格斯选集》第1卷，第93页。

3 科恩：《卡尔·马克思的历史理论：一种辩护》，第54—55，73页。

4 马克思：《资本论》第1卷，第202页。马克思在《资本论》第1卷论及劳动过程时指出："劳动过程的简单要素是：有目的的活动或劳动本身，劳动对象和劳动资料。"

动生产率。[1]

在对“生产关系”的界定上，里格比教授注意到了他之前的学者对“物质的关系”和“社会的关系”所做的区分，对其中“物质的关系”解释为劳动的分工关系。他明确地将劳动分工归入了生产力的范畴。但这种将劳动分工关系置于生产力范畴是值得商榷的。首先，劳动分工是一种关系，不是力；其次，马克思在《德意志意识形态》中明确指出：“任何新的生产力，只要它不是迄今为止已知的生产力的单纯的量的扩大（例如开垦荒地），都会引起分工的进一步发展”；“分工，分工的阶段依赖于当时生产力的发展水平。”[2]可见，劳动分工关系同生产力并不在同一层面，而是受生产力发展的制约。里格比教授既将劳动分工归于生产力的范畴，又不承认生产力相比生产关系具有解释上的首要性，从而彻底断裂了唯物史观的基本因果链条，也就为他所主张的生产关系决定论开了方便之门。

对“上层建筑”的界定，里格比教授同样有他独特的见解。他认为无法预先将某些因素归入经济基础或上层建筑范畴，而是要看这些因素具体发挥什么样的作用。如是发挥经济基础作用，那就归入经济基础范畴；如是发挥上层建筑作用，就归入上层建筑范畴。这种界定，抹杀了在经济基础和上层建筑之间做出区分的可能性，而马克思是明确了两者的区分的。在《〈政治经济学批判〉序言》中，马克思明确指出：“生产关系的总和构成社会的经济结构，即有法律的和政治的上层建筑竖立其上并有一定的社会意识与之相适应的现实基础。”[3]可见，经济基础明确是指分工、分配、交换、消费等关系，而上层建筑是指维系现存生产关系的政治、法律和意识形态。由是，我们可以历史地观察到，当现存的分配关系、生产资料占有关系同生产力的发展、劳动分工关系相一致时，上层建筑会通过对这种生产关系的卫护与稳定作

1 吴英：《对唯物史观几个基本概念的再认识》，《史学理论研究》2007年第4期。

2 《马克思恩格斯选集》第1卷，第68，135页。

3 《马克思恩格斯选集》第2卷，第32页。

用促进生产力的发展；而当生产关系已经不适应生产发展时，上层建筑则会通过政治、法律和意识形态诸手段阻滞生产关系的变革，从而阻碍生产力的发展。

从以上事例不难看出，里格比教授对唯物史观基本概念的界定目的在于支持他所提出的"生产关系决定论"式的解读，并认为这是最适用于指导历史研究的。其实，从本质上讲，这乃是一种过于强调人的能动性的对唯物史观的"唯意志论式"的解读。

其三，里格比教授所持的乃是多元论的解释模式。他毫不隐讳地说："不管我们明确表述的理论是什么样的，但事实上我们都不可能不是多元论者。"（见本书边码第xiii页）他否定生产力对生产关系的决定关系，认为在许多情况下生产关系决定生产力的发展；否定经济基础对上层建筑的决定关系，认为只要发挥了经济基础的作用，上层建筑也能够被纳入经济基础范畴。由此，以往被纳入上层建筑范畴的因素也可以被归入经济基础，甚至生产力范畴。我们无法想象，在背离马克思历史理论所揭示的层次分析方法或因果链条追溯的方法后，马克思的历史理论还留下什么。

此外，里格比教授对马克思主义理论体系的评价则更需我们郑重地加以辨析。

不过，我们还是要感谢里格比教授。他的这部书为我们展示了当今学术界围绕马克思主义历史学诸命题产生的争论和诸家的观点。即使教授在书中直陈他对唯物史观某些基本观点的批评，也会从反面给我们以警示，促使我们进一步做出多层次、多侧面的思考，而这一切都将对促进和深化我们对马克思历史理论的研究有所裨益。当我告诉里格比教授他的书即将由译林出版社翻译出版，希望他能为中译本写一篇序言时，他非常爽快地答应了，并询问我希望他写什么和什么时间交稿。很快，他就将一篇高质量的中译本序言发给我，对《马克思主义与历史学》成书以来，英国学术界对马克思历史理论的研究状况做了简单而明晰的介绍。对里格比教授的帮助，我再次致以谢意！

我还要特别感谢彭刚先生为出版这本译著做出的努力！我阅读里格比

教授的《马克思主义与历史学》一书是在21世纪初。有鉴于该书乃西方专业历史学家对马克思历史理论所撰写的专著，尽管其中阐发的不少观点有待辨析和批驳，但它却涵盖了当代西方学术界对马克思历史理论的争论，实在是一本供我们了解西方史学理论研究动态的必读书。我迫不及待地将它翻译出来，希望能介绍给同仁们。而在苦于无从联系到出版单位时，彭刚兄向我伸出援助之手。经彭刚兄的大力促成，译林出版社很快解决了版权问题，并同我签订翻译合同，使这个译本能很快和读者见面。对译林出版社能够出版这本马克思主义史学理论研究的译著，我要表达崇高的敬意！

人文与社会译丛

第一批书目

1.《政治自由主义》(增订版),[美]J. 罗尔斯著,万俊人译　118.00 元
2.《文化的解释》,[美]C. 格尔茨著,韩莉译　89.00 元
3.《技术与时间:1. 爱比米修斯的过失》,[法]B. 斯蒂格勒著,裴程译　62.00 元
4.《依附性积累与不发达》,[德]A. G. 弗兰克著,高铦等译　13.60 元
5.《身处欧美的波兰农民》,[美]F. 兹纳涅茨基、W. I. 托马斯著,张友云译　9.20 元
6.《现代性的后果》,[英]A. 吉登斯著,田禾译　45.00 元
7.《消费文化与后现代主义》,[英]M. 费瑟斯通著,刘精明译　14.20 元
8.《英国工人阶级的形成》(上、下册),[英]E. P. 汤普森著,钱乘旦等译　168.00 元
9.《知识人的社会角色》,[美]F. 兹纳涅茨基著,郏斌祥译　49.00 元

第二批书目

10.《文化生产:媒体与都市艺术》,[美]D. 克兰著,赵国新译　49.00 元
11.《现代社会中的法律》,[美]R. M. 昂格尔著,吴玉章等译　39.00 元
12.《后形而上学思想》,[德]J. 哈贝马斯著,曹卫东等译　58.00 元
13.《自由主义与正义的局限》,[美]M. 桑德尔著,万俊人等译　30.00 元

14.《临床医学的诞生》,[法]M. 福柯著,刘北成译 55.00 元
15.《农民的道义经济学》,[美]J. C. 斯科特著,程立显等译 42.00 元
16.《俄国思想家》,[英]I. 伯林著,彭淮栋译 35.00 元
17.《自我的根源:现代认同的形成》,[加]C. 泰勒著,韩震等译 128.00 元
18.《霍布斯的政治哲学》,[美]L. 施特劳斯著,申彤译 49.00 元
19.《现代性与大屠杀》,[英]Z. 鲍曼著,杨渝东等译 59.00 元

第三批书目

20.《新功能主义及其后》,[美]J. C. 亚历山大著,彭牧等译 15.80 元
21.《自由史论》,[英]J. 阿克顿著,胡传胜等译 89.00 元
22.《伯林谈话录》,[伊朗]R. 贾汉贝格鲁等著,杨祯钦译 48.00 元
23.《阶级斗争》,[法]R. 阿隆著,周以光译 13.50 元
24.《正义诸领域:为多元主义与平等一辩》,[美]M. 沃尔泽著,褚松燕等译 24.80 元
25.《大萧条的孩子们》,[美]G. H. 埃尔德著,田禾等译 27.30 元
26.《黑格尔》,[加]C. 泰勒著,张国清等译 135.00 元
27.《反潮流》,[英]I. 伯林著,冯克利译 48.00 元
28.《统治阶级》,[意]G. 莫斯卡著,贾鹤鹏译 98.00 元
29.《现代性的哲学话语》,[德]J. 哈贝马斯著,曹卫东等译 78.00 元

第四批书目

30.《自由论》(修订版),[英]I. 伯林著,胡传胜译 69.00 元
31.《保守主义》,[德]K. 曼海姆著,李朝晖、牟建君译 58.00 元
32.《科学的反革命》(修订版),[英]F. 哈耶克著,冯克利译 58.00 元

33.《实践感》,[法]P. 布迪厄著,蒋梓骅译 75.00 元
34.《风险社会:新的现代性之路》,[德]U. 贝克著,张文杰等译 58.00 元
35.《社会行动的结构》,[美]T. 帕森斯著,彭刚等译 80.00 元
36.《个体的社会》,[德]N. 埃利亚斯著,翟三江、陆兴华译 15.30 元
37.《传统的发明》,[英]E. 霍布斯鲍姆等著,顾杭、庞冠群译 68.00 元
38.《关于马基雅维里的思考》,[美]L. 施特劳斯著,申彤译 78.00 元
39.《追寻美德》,[美]A. 麦金太尔著,宋继杰译 68.00 元

第五批书目

40.《现实感》,[英]I. 伯林著,潘荣荣、林茂译 30.00 元
41.《启蒙的时代》,[英]I. 伯林著,孙尚扬、杨深译 35.00 元
42.《元史学》,[美]H. 怀特著,陈新译 89.00 元
43.《意识形态与现代文化》,[英]J. B. 汤普森著,高铦等译 68.00 元
44.《美国大城市的死与生》,[加]J. 雅各布斯著,金衡山译 78.00 元
45.《社会理论和社会结构》,[美]R. K. 默顿著,唐少杰等译 128.00 元
46.《黑皮肤,白面具》,[法]F. 法农著,万冰译 58.00 元
47.《德国的历史观》,[美]G. 伊格尔斯著,彭刚、顾杭译 58.00 元
48.《全世界受苦的人》,[法]F. 法农著,万冰译 17.80 元
49.《知识分子的鸦片》,[法]R. 阿隆著,吕一民、顾杭译 45.00 元

第六批书目

50.《驯化君主》,[美]H. C. 曼斯菲尔德著,冯克利译 68.00 元
51.《黑格尔导读》,[法]A. 科耶夫著,姜志辉译 98.00 元
52.《象征交换与死亡》,[法]J. 波德里亚著,车槿山译 68.00 元
53.《自由及其背叛》,[英]I. 伯林著,赵国新译 48.00 元

54.《启蒙的三个批评者》,[英]I. 伯林著,马寅卯、郑想译 48.00元
55.《运动中的力量》,[美]S. 塔罗著,吴庆宏译 23.50元
56.《斗争的动力》,[美]D. 麦克亚当、S. 塔罗、C. 蒂利著,李义中等译 31.50元
57.《善的脆弱性》,[美]M. 纳斯鲍姆著,徐向东、陆萌译 55.00元
58.《弱者的武器》,[美]J. C. 斯科特著,郑广怀等译 82.00元
59.《图绘》,[美]S. 弗里德曼著,陈丽译 49.00元

第七批书目

60.《现代悲剧》,[英]R. 威廉斯著,丁尔苏译 45.00元
61.《论革命》,[美]H. 阿伦特著,陈周旺译 59.00元
62.《美国精神的封闭》,[美]A. 布卢姆著,战旭英译,冯克利校 68.00元
63.《浪漫主义的根源》,[英]I. 伯林著,吕梁等译 49.00元
64.《扭曲的人性之材》,[英]I. 伯林著,岳秀坤译 22.00元
65.《民族主义思想与殖民地世界》,[美]P. 查特吉著,范慕尤、杨曦译 18.00元
66.《现代性社会学》,[法]D. 马尔图切利著,姜志辉译 32.00元
67.《社会政治理论的重构》,[美]R. J. 伯恩斯坦著,黄瑞祺译 72.00元
68.《以色列与启示》,[美]E. 沃格林著,霍伟岸、叶颖译 128.00元
69.《城邦的世界》,[美]E. 沃格林著,陈周旺译 85.00元
70.《历史主义的兴起》,[德]F. 梅尼克著,陆月宏译 48.00元

第八批书目

71.《环境与历史》,[英]W. 贝纳特、P. 科茨著,包茂红译 25.00元
72.《人类与自然世界》,[英]K. 托马斯著,宋丽丽译 35.00元

73.《卢梭问题》,[德]E. 卡西勒著,王春华译　39.00 元
74.《男性气概》,[美]H. C. 曼斯菲尔德著,刘玮译　28.00 元
75.《战争与和平的权利》,[美]R. 塔克著,罗炯等译　25.00 元
76.《谁统治美国》,[美]W. 多姆霍夫著,吕鹏、闻翔译　35.00 元
77.《健康与社会》,[法]M. 德吕勒著,王鲲译　35.00 元
78.《读柏拉图》,[德]T. A. 斯勒扎克著,程炜译　68.00 元
79.《苏联的心灵》,[英]I. 伯林著,潘永强、刘北成译　59.00 元
80.《个人印象》,[英]I. 伯林著,林振义、王洁译　35.00 元

第九批书目

81.《技术与时间:2. 迷失方向》,[法]B. 斯蒂格勒著,赵和平、印螺译　59.00 元
82.《抗争政治》,[美]C. 蒂利、S. 塔罗著,李义中译　28.00 元
83.《亚当·斯密的政治学》,[英]D. 温奇著,褚平译　21.00 元
84.《怀旧的未来》,[美]S. 博伊姆著,杨德友译　85.00 元
85.《妇女在经济发展中的角色》,[丹]E. 博斯拉普著,陈慧平译　30.00 元
86.《风景与认同》,[美]W. J. 达比著,张箭飞、赵红英译　68.00 元
87.《过去与未来之间》,[美]H. 阿伦特著,王寅丽、张立立译　58.00 元
88.《大西洋的跨越》,[美]D. T. 罗杰斯著,吴万伟译　108.00 元
89.《资本主义的新精神》,[法]L. 博尔坦斯基、E. 希亚佩洛著,高铦译　58.00 元
90.《比较的幽灵》,[美]B. 安德森著,甘会斌译　79.00 元

第十批书目

91.《灾异手记》,[美]E. 科尔伯特著,何恬译　25.00 元

92.《技术与时间:3. 电影的时间与存在之痛的问题》,
[法]B. 斯蒂格勒著,方尔平译 65.00 元
93.《马克思主义与历史学》,[英]S. H. 里格比著,吴英译 78.00 元
94.《学做工》,[英]P. 威利斯著,秘舒、凌旻华译 68.00 元
95.《哲学与治术:1572—1651》,[美]R. 塔克著,韩潮译 45.00 元
96.《认同伦理学》,[美]K. A. 阿皮亚著,张容南译 45.00 元
97.《风景与记忆》,[英]S. 沙玛著,胡淑陈、冯樨译 78.00 元
98.《马基雅维里时刻》,[英]J. G. A. 波考克著,冯克利、傅乾译 108.00 元
99.《未完的对话》,[英]I. 伯林、[波]B. P. -塞古尔斯卡著,
杨德友译 65.00 元
100.《后殖民理性批判》,[印]G. C. 斯皮瓦克著,严蓓雯译 79.00 元

第十一批书目

101.《现代社会想象》,[加]C. 泰勒著,林曼红译 45.00 元
102.《柏拉图与亚里士多德》,[美]E. 沃格林著,刘曙辉译 78.00 元
103.《论个体主义》,[法]L. 迪蒙著,桂裕芳译 30.00 元
104.《根本恶》,[美]R. J. 伯恩斯坦著,王钦、朱康译 78.00 元
105.《这受难的国度》,[美]D. G. 福斯特著,孙宏哲、张聚国译 39.00 元
106.《公民的激情》,[美]S. 克劳斯著,谭安奎译 49.00 元
107.《美国生活中的同化》,[美]M. M. 戈登著,马戎译 58.00 元
108.《风景与权力》,[美]W. J. T. 米切尔著,杨丽、万信琼译 78.00 元
109.《第二人称观点》,[美]S. 达沃尔著,章晟译 69.00 元
110.《性的起源》,[英] F. 达伯霍瓦拉著,杨朗译 85.00 元

第十二批书目

111.《希腊民主的问题》,[法]J. 罗米伊著,高煜译 48.00 元
112.《论人权》,[英]J. 格里芬著,徐向东、刘明译 75.00 元
113.《柏拉图的伦理学》,[英]T. 埃尔文著,陈玮、刘玮译 118.00 元
114.《自由主义与荣誉》,[美]S. 克劳斯著,林垚译 62.00 元
115.《法国大革命的文化起源》,[法]R. 夏蒂埃著,洪庆明译 38.00 元
116.《对知识的恐惧》,[美]P. 博格西昂著,刘鹏博译 38.00 元
117.《修辞术的诞生》,[英]R. 沃迪著,何博超译 48.00 元
118.《历史表现中的真理、意义和指称》,[荷]F. 安克斯密特著,周建漳译 58.00 元
119.《天下时代》,[美]E. 沃格林著,叶颖译 78.00 元
120.《求索秩序》,[美]E. 沃格林著,徐志跃译 48.00 元

第十三批书目

121.《美德伦理学》,[新西兰]R. 赫斯特豪斯著,李义天译 68.00 元
122.《同情的启蒙》,[美]M. 弗雷泽著,胡靖译 48.00 元
123.《图绘暹罗》,[美]T. 威尼差恭著,袁剑译 58.00 元
124.《道德的演化》,[新西兰]R. 乔伊斯著,刘鹏博、黄素珍译 65.00 元
125.《大屠杀与集体记忆》,[美]P. 诺维克著,王志华译 78.00 元
126.《帝国之眼》,[美]M. L. 普拉特著,方杰、方宸译 68.00 元
127.《帝国之河》,[美]D. 沃斯特著,侯深译 76.00 元
128.《从道德到美德》,[美]M. 斯洛特著,周亮译 58.00 元
129.《源自动机的道德》,[美]M. 斯洛特著,韩辰锴译 58.00 元
130.《理解海德格尔:范式的转变》,[美]T. 希恩著,邓定译 89.00 元

第十四批书目

131.《城邦与灵魂：费拉里〈理想国〉论集》，[美]G. R. F. 费拉里著，刘玮编译　58.00元
132.《人民主权与德国宪法危机》，[美]P. C. 考威尔著，曹晗蓉、虞维华译　58.00元
133.《16和17世纪英格兰大众信仰研究》，[英]K. 托马斯著，芮传明、梅剑华译　168.00元
134.《民族认同》，[英]A. D. 史密斯著，王娟译　55.00元
135.《世俗主义之乐：我们当下如何生活》，[英]G. 莱文编，赵元译　58.00元
136.《国王或人民》，[美]R. 本迪克斯著，褚平译(即出)
137.《自由意志、能动性与生命的意义》，[美]D. 佩里布姆著，张可译　68.00元
138.《自由与多元论：以赛亚·伯林思想研究》，[英]G. 克劳德著，应奇等译　58.00元
139.《暴力：思无所限》，[美]R. J. 伯恩斯坦著，李元来译　59.00元
140.《中心与边缘：宏观社会学论集》，[美]E. 希尔斯著，甘会斌、余昕译　88.00元

第十五批书目

141.《自足的世俗社会》，[美]P. 朱克曼著，杨靖译　58.00元
142.《历史与记忆》，[英]G. 丘比特著，王晨凤译　59.00元
143.《媒体、国家与民族》，[英]P. 施莱辛格著，林玮译　68.00元
144.《道德错误论：历史、批判、辩护》，

[瑞典]J. 奥尔松著,周奕李译　58.00 元
145.《废墟上的未来:联合国教科文组织、世界遗产与和平之梦》,[澳]L. 梅斯克尔著,王丹阳、胡牧译　88.00 元
146.《为历史而战》,[法]L. 费弗尔著,高煜译(即出)
147.《语言动物:人类语言能力概览》,[加]C. 泰勒著,赵清丽译(即出)
148.《我们中的我:承认理论研究》,[德]A. 霍耐特著,张曦、孙逸凡译　62.00 元
149.《人文学科与公共生活》,[美]P. 布鲁克斯编,余婉卉译(即出)
150.《美国生活中的反智主义》,[美]R. 霍夫施塔特著,何博超译　68.00 元

第十六批书目

151.《关怀伦理与移情》,[美]M. 斯洛特著,韩玉胜译　48.00 元
152.《形象与象征》,[罗]M. 伊利亚德著,沈珂译(即出)
153.《艾希曼审判》,[美]D. 利普斯塔特著,刘颖洁译(即出)
154.《现代主义观念论:黑格尔式变奏》,[美]R. B. 皮平著,郭东辉译(即出)
155.《文化绝望的政治:日耳曼意识形态崛起研究》,[美]F. R. 斯特恩著,杨靖译(即出)
156.《作为文化现实的未来:全球现状论集》,[印]A. 阿帕杜拉伊著,周云水、马建福译(即出)
157.《一种思想及其时代:以赛亚·伯林政治思想的发展》,[美]J. L. 彻尼斯著,寿天艺、宋文佳译(即出)
158.《人类的领土性:理论与历史》,[美]R. B. 萨克著,袁剑译(即出)

159.《理想的暴政：多元社会中的正义》，[美]G. 高斯著，范震亚译（即出）
160.《荒原：一部历史》，[美]V. D. 帕尔马著，梅雪芹译（即出）

有关“人文与社会译丛”及本社其他资讯，欢迎点击 www. yilin. com 浏览，对本丛书的意见和建议请反馈至新浪微博@译林人文社科。